beck'sche reihe

b sr

In diesem Lesebuch findet man eine Auswahl von interessanten, mitunter sogar faszinierenden Gedanken, entnommen den Werken zahlreicher bekannter oder auch weniger bekannter Philosophen. Bei der Auswahl wurde darauf geachtet, nur Texte in verständlicher Sprache abzudrucken – solche in esoterischem Stil, zu deren Verständnis erst noch ein eigenes Studium notwendig wäre, wurden grundsätzlich nicht aufgenommen. Die einzelnen Texte sind unabhängig voneinander angeordnet, so daß der Leser bei jedem beliebigen Denker seine Lektüre beginnen kann.

Es gehört zur Eigenart der Philosophen, daß jeder seine Meinung wie eine unanfechtbare, absolute Wahrheit vorträgt; zögerliche, nachdenkliche Formulierungen sind selten. Dennoch wird man gelegentlich mitverfolgen können, wie sich ein bekannter Denker mit einem Problem abmühen muß, ohne am Ende als strahlender Löser aller Fragen zu erscheinen. Vielleicht wird dies dem modernen Leser künftig Mut machen, sich auf das Abenteuer des eigenen Denkens und auf die Herausforderung einzulassen, die in der Auseinandersetzung mit fremden Gedanken liegt.

Hubert Schleichert lehrt seit 1967 als Professor für Philosophie an der Universität Konstanz. Seine Hauptarbeitsgebiete sind politische Philosophie, außereuropäische Philosophie, Argumentationstheorie, Aufklärung, logischer Empirismus sowie die Werke Voltaires und Nietzsches. Bei C.H. Beck ist bislang von ihm erschienen: Wie man mit Fundamentalisten diskutiert, ohne den Verstand zu verlieren. Anleitung zum subversiven Denken, München 1997.

Hubert Schleichert (Hrsg.)

Von Platon bis Wittgenstein

Ein philosophisches Lesebuch

Verlag C. H. Beck

Die Deutsche Bibliothek – CIP Einheitsaufnahme

Von Platon bis Wittgenstein: ein Philosophisches Lesebuch / hrsg. von Hubert Schleichert. – Orig.-Ausg. –
19.–24. Tsd. – München: Beck, 1999
  (Beck'sche Reihe ; 1345)
  ISBN 3 406 42145 8

Originalausgabe
ISBN 3 406 42145 8

19.–24. Tausend
Unveränderter Nachdruck der 1. Auflage (1999)
Umschlagentwurf: +malsy, Bremen
© C.H. Beck'sche Verlagsbuchhandlung (Oscar Beck), München 1998
Gesamtherstellung: C.H. Beck'sche Buchdruckerei, Nördlingen
Gedruckt auf säurefreiem, alterungsbeständigem Papier
(hergestellt aus chlorfrei gebleichtem Zellstoff)
Printed in Germany

Leer ist die Rede jenes Philosophen, durch die keine menschliche Leidenschaft geheilt wird. Wie nämlich die Medizin nichts nützt, wenn sie nicht die Krankheiten aus dem Körper vertreibt, so nützt auch die Philosophie nichts, wenn sie nicht die Leidenschaft aus der Seele vertreibt.

Epikur

Inhalt

I. Philosophie und Erkenntnis

Philosophie und Philosophieren

Erkenntnis

Körper und Geist

III. Glaube und Glaubenskritik

Vernunft und Aberglauben

Religion

Nihilismus

IV. Staat und Gesellschaft

Staat und Politik

V. Geschichte

Geschichtsphilosophie

VI. Kultur

Kultur, Fortschritt, Mensch

Kunst

VII. Lebensweisheit

Lebensweisheit und Menschenkenntnis

Weltsichten

Tod

Auslassungen in den Texten sind markiert durch [...]. Folgen
Textstücke desselben Autors aufeinander – entweder ganz unabhängige, etwa zwei Aphorismen, oder aus weit entfernten Kapiteln
desselben Textes –, so ist dies durch ein zwischen den Texten stehendes Sternchen kenntlich gemacht.

Vorwort

In diesem Lesebuch findet man eine Auswahl von interessanten, mitunter vielleicht sogar faszinierenden philosophischen Gedanken, entnommen aus den Werken zahlreicher bekannter oder auch weniger bekannter Philosophen. Bei der Auswahl wurde darauf geachtet, nur Texte in verständlicher, nicht allzu technischer Sprache abzudrucken; Texte in esoterischem Stil, zu deren Verständnis erst noch ein eigenes Studium erforderlich wäre, wurden grundsätzlich nicht mitaufgenommen. Die Textstücke sind in einer losen systematischen Abfolge angeordnet, aber da die einzelnen Texte jeweils unabhängig voneinander sind, kann der Leser bei jedem beliebigen Text zu lesen beginnen.

Die allermeisten Textstücke stehen für sich selbst, man kann sie ohne Rückgriff auf einen historischen oder systematischen Kontext lesen; gelegentlich finden sich aber auch mehrere, einander geradezu widersprechende Standpunkte zu ein- und demselben Thema. Dies soll einen Eindruck davon geben, wie sehr philosophische Positionen immer kontrovers waren und wie sehr die Philosophie von der Auseinandersetzung zwischen höchst unterschiedlichen Meinungen lebt.

Es gehört zur Eigenart der Philosophen, daß jeder seine Meinung wie eine unanfechtbare, absolute Wahrheit vorträgt; zögerliche, nachdenkliche Formulierungen sind selten. Immerhin wird der Leser gelegentlich mitverfolgen können, wie sich ein Denker mit einem Problem abmüht, herumschlägt, ohne dabei als strahlender Löser aller Fragen aufzutreten – so, wenn Aristoteles über die Wahrheit oder Falschheit von Sätzen über zukünftige Ereignisse nachdenkt.

Das Lesebuch soll auch eine Vorstellung von der großen Vielfalt der Themen vermitteln, mit denen sich das philosophische Denken befaßt hat. Tatsächlich ist ja das Philosophieren nicht so sehr durch einen scharf definierten Themenbereich charakterisiert, als durch eine bestimmte Geisteshaltung, das systematische, zugleich phantasievolle und disziplinierte, kritische Nachdenken. Nicht Gegenstand der Philosophie sind nur solche Fragen, auf die von den empirischen Wissenschaften Antworten gegeben wurden oder zu erwarten sind. Deshalb ist zum Beispiel die Frage, ob das organische Leben auf unserem Planeten aus unbelebten chemischen Verbindungen und Prozessen entstehen konnte oder könnte, heute kein Gegenstand einer seriösen Philosophie mehr. Diese Frage wird von der Biochemie geklärt, und zwar vollständig. Die andersartige Frage allerdings, was es denn heiße, „eine Frage zu klären", etwas zu *erklären,* etwas zu *erkennen,* ist ein wichtiges Thema der Philosophie.

Nicht immer ist es aber möglich, das philosophische Nachdenken von der empirischen Erfahrung zu trennen. Alles, was mit Staat und Gesellschaft, aber auch mit Moral und menschlichem Verhalten zu tun hat, kann nie ganz unabhängig von den harten Fakten behandelt werden. Das Nachdenken über Fragen aus solchen Bereichen hat stets von gewissen Grundeinsichten über das menschliche Verhalten auszugehen, denn es macht keinen Sinn, beim Philosophieren ein Idealbild des Menschen zugrundezulegen, dem in der Realität nichts entspricht. Mehrere Philosophen haben das sehr nachdrücklich betont, etwa Machiavelli, Spinoza, Hobbes, Han Fei Zi.

Zuletzt sei noch erwähnt, was der Leser von dieser Auswahl nicht erwarten darf. Sie gibt keinen komprimierten Überblick über die Systeme einzelner Philosophen und keinen historischen Querschnitt durch die historische Entwicklung der Philosophie. Sie ist auch nicht „ausgewogen" in dem Sinn, daß jede irgendwann einmal prominente philosophische Strömung gleichermaßen zu Wort kommt. Wer derartige Darstellungen sucht, sei auf die umfassenden Lehrbücher der Geschichte der Philosophie verwiesen. Diese Auswahl will nur eines sein: eine Auswahl von philosophischen Gedanken, die es wert sind, daß man über sie nachdenkt. Einiges, das hier aufgenommen wurde, wird und soll vor allem provokativ wirken. Es gibt Thesen, die heute niemand mehr ernsthaft vertreten kann, wie jene, *daß es in der Weltgeschichte vernünftig zugehe.* Wenn der Leser eine solche These hier trotzdem aufgenommen findet, so um ihm in aller Deutlichkeit zu zeigen, wie sehr sich unsere Welt und ihre Philosophie im Laufe der Jahrhunderte verändert haben. Es gibt auch Thesen, die in einer abgeschwächteren Form häufig anzutreffen sind, die hier aber in einer extremen und dadurch aufregenden Fassung wiedergegeben werden, zum Beispiel die Thesen von F. A. v. Hayek über soziale Gerechtigkeit. Aber auch dies gehört zum methodischen Vorgehen der Philosophie, eine These einmal schonungslos zu Ende zu denken und dadurch erst richtig verständlich zu machen.

I. Philosophie und Erkenntnis

David Hume

Philosophie (1758)

Die Philosophie des Geistes oder die Wissenschaft von der menschlichen Natur läßt sich auf zwei verschiedene Weisen behandeln, von denen jede ihr besonderes Verdienst hat und zur Unterhaltung, Belehrung und Besserung der Menschheit beitragen kann. Die eine betrachtet den Menschen hauptsächlich als zum Handeln geboren, in diesem Handeln durch Geschmack und Gefühl beeinflußt, einem Gegenstand nachstrebend und den anderen vermeidend, je nach dem Wert, den diese Gegenstände zu haben scheinen, und der Beleuchtung, in der sie sich darstellen. Nun ist von allen Gegenständen die Tugend der wertvollste, und so malen die Philosophen dieser Gattung sie in den anmutigsten Farben, entlehnen dazu die Hilfsmittel der Dicht- und Redekunst und behandeln ihren Vorwurf in einer leichten und einleuchtenden Weise, wie sie der Einbildung am wohlgefälligsten ist und die Neigungen fesselt. Sie wählen die schlagendsten Beobachtungen und Beispiele aus dem täglichen Leben, stellen einander entgegengesetzte Charaktere in geeigneten Kontrast, und nachdem sie uns durch die Aussichten von Ruhm und Glück auf die Pfade der Tugend gelockt haben, lenken sie unsere ferneren Schritte durch höchst gesunde Vorschriften und leuchtende Beispiele. Sie lassen uns den Unterschied zwischen Laster und Tugend empfinden; sie erwecken und regeln unsere Gefühle, und können sie nur unsere Herzen für die Liebe zu Rechtschaffenheit und wahrer Ehre gewinnen, so glauben sie den Endzweck ihrer Anstrengungen voll erreicht zu haben.

Die Philosophen der zweiten Gattung betrachten den Menschen mehr im Lichte eines vernünftigen, als eines tätigen Wesens und bemühen sich mehr, seinen Verstand zu bilden, als seine Sitten zu veredeln. Sie betrachten die menschliche Natur als einen Gegenstand spekulativen Nachdenkens und prüfen sie aufs genaueste, um diejenigen Prinzipien aufzufinden, welche unseren Verstand regeln, unsere Gefühle erregen und uns veranlassen, ein bestimmtes Ding, eine Handlung oder ein Betragen zu billigen oder zu tadeln. Nach ihnen gereicht es aller Wissenschaft zum Vorwurf, daß die Philosophie noch immer nicht über jeden Streit erhaben die Grundlage der Moral, der Vernunfttätigkeit und der Geschmacksurteile festgelegt hat; daß sie fortwährend über Wahrheit und Unwahrheit, Laster und Tugend, Schönheit und Häßlichkeit redet, ohne die Quelle dieser Unterschiede bestimmen zu können. Sie nehmen diese mühevolle Aufgabe in Angriff und lassen sich dabei durch keine Schwierigkeiten abschrecken; sondern von Einzelfällen zu allgemeinen Prinzipien aufsteigend, dehnen sie ihre Forschungen auf noch allgemeinere aus und gönnen sich keine Ruhe, bis sie zu jenen Prinzipien gelangen, welche in jeder Wissenschaft den menschlichen Erkenntnistrieb beschränken müssen. Mögen auch ihre Spekulationen dem gewöhnlichen Leser abstrakt, ja unverständlich erscheinen, – sie erstreben die Billigung des Gelehrten und des Weisen und halten sich für die Anstrengungen ihres ganzen Lebens genugsam entschädigt, wenn sie einige verborgene Wahrheiten entdecken können, die vielleicht zur Belehrung der Nachwelt beitragen.

Ludwig Wittgenstein

Philosophieren (1921)

4.111 Die Philosophie ist keine der Naturwissenschaften. (Das Wort „Philosophie" muß etwas bedeuten, was über oder unter, aber nicht neben den Naturwissenschaften steht.)

4.112 Der Zweck der Philosophie ist die logische Klärung der Gedanken.

Die Philosophie ist keine Lehre, sondern eine Tätigkeit.

Ein philosophisches Werk besteht wesentlich aus Erläuterungen.

Das Resultat der Philosophie sind nicht „philosophische Sätze", sondern das Klarwerden von Sätzen.

Die Philosophie soll die Gedanken, die sonst, gleichsam, trübe und verschwommen sind, klar machen und scharf abgrenzen.

4.113 Die Philosophie begrenzt das bestreitbare Gebiet der Naturwissenschaft.

4.114 Sie soll das Denkbare abgrenzen und damit das Undenkbare.

Sie soll das Undenkbare von innen durch das Denkbare begrenzen.

4.115 Sie wird das Unsagbare bedeuten, indem sie das Sagbare klar darstellt.

4.116 Alles was überhaupt gedacht werden kann, kann klar gedacht werden. Alles, was sich aussprechen läßt, läßt sich klar aussprechen.

6.5 Zu einer Antwort, die man nicht aussprechen kann, kann man auch die Frage nicht aussprechen.

Das Rätsel gibt es nicht.

Wenn sich eine Frage überhaupt stellen läßt, so *kann* sie auch beantwortet werden.

6.51 Skeptizismus ist *nicht* unwiderleglich, sondern offenbar unsinnig, wenn er bezweifeln will, wo nicht gefragt werden kann.

Denn Zweifel kann nur bestehen, wo eine Frage besteht; eine Frage nur, wo eine Antwort besteht, und diese nur, wo etwas *gesagt* werden *kann*.

6.52   Wir fühlen, daß, selbst wenn alle *möglichen* wissen-
        schaftlichen Fragen beantwortet sind, unsere Le-
        bensprobleme noch gar nicht berührt sind. Freilich
        bleibt dann eben keine Frage mehr; und eben dies ist
        die Antwort.

6.521   Die Lösung des Problems des Lebens merkt man am
        Verschwinden dieses Problems.
        (Ist nicht dies der Grund, warum Menschen, denen
        der Sinn des Lebens nach langen Zweifeln klar wur-
        de, warum diese dann nicht sagen konnten, worin
        dieser Sinn bestand?)

6.522   Es gibt allerdings Unaussprechliches. Dies *zeigt*
        sich, es ist das Mystische.

6.53   Die richtige Methode der Philosophie wäre eigent-
        lich die: Nichts zu sagen, als was sich sagen läßt, also
        Sätze der Naturwissenschaft – also etwas, was mit
        Philosophie nichts zu tun hat –, und dann immer,
        wenn ein anderer etwas Metaphysisches sagen
        wollte, ihm nachzuweisen, daß er gewissen Zei-
        chen in seinen Sätzen keine Bedeutung gegeben
        hat. Diese Methode wäre für den anderen unbe-
        friedigend – er hätte nicht das Gefühl, daß wir ihn
        Philosophie lehrten – aber *sie* wäre die einzig streng
        richtige.

7   Wovon man nicht sprechen kann, darüber muß man
        schweigen.

                              ✳

        Motto: . . . und alles, was man weiß,
        nicht bloß rauschen und brausen gehört hat,
               läßt sich in drei Worten sagen.
                    Kürnberger

Rudolf Carnap

Scheinprobleme in der Philosophie (1928)

Sachhaltigkeit als Kriterium der sinnvollen Aussagen

Der Sinn einer Aussage besteht darin, daß sie einen (denkbaren, nicht notwendig auch bestehenden) Sachverhalt zum Ausdruck bringt. Bringt eine (vermeintliche) Aussage keinen (denkbaren) Sachverhalt zum Ausdruck, so hat sie keinen Sinn, ist nur scheinbar eine Aussage. Bringt eine Aussage einen Sachverhalt zum Ausdruck, so ist sie jedenfalls sinnvoll; und zwar ist sie wahr, wenn dieser Sachverhalt besteht, falsch, wenn er nicht besteht. Man kann von einer Aussage schon wissen, ob sie sinnvoll ist, noch bevor man weiß, ob sie wahr oder falsch ist.

Enthält eine Aussage nur Begriffe, die schon bekannt und anerkannt sind, so ergibt sich aus diesen ihr Sinn. Enthält dagegen eine Aussage einen neuen Begriff oder einen solchen, dessen Legitimität (wissenschaftliche Verwendbarkeit) in Frage gestellt wird, so muß angegeben werden, welchen Sinn sie hat. Dazu ist notwendig und hinreichend, daß angegeben wird, in welchen Fällen von (zunächst nur gedachter) Erfahrung sie wahr heißen soll (nicht: „wahr ist"), und in welchen Fällen sie falsch heißen soll. Die geforderte Angabe ist erstens *hinreichend;* es braucht nicht etwa so etwas wie der „Sinn des Begriffes" angegeben zu werden. [. . .]

Die geforderte Angabe ist aber auch *notwendig.* Denn wenn man es für zulässig ansehen wollte, in der Wissenschaft eine Aussage zu machen, deren Gültigkeit nicht in bestimmter Weise durch Erfahrungen bestätigt oder widerlegt werden kann, so würde man das Eindringen auch ganz offenkundig sinnloser (Schein-)Aussagen nicht verhindern können.

Beispiel: Betrachten wir die folgende *Reihe* von schrittweise schlimmer werdenden *Zeichenkomplexen.* Soll hierin

(1) als sinnvoll (wenn auch vielleicht falsch) hingestellt werden, so dürfte es schwierig sein, ohne Willkür ein Kriterium aufzustellen, durch das irgendwo in der Reihe eine Grenze zwischen Sinnvollem und Sinnlosem gezogen würde. 1. „In dieser Wolke sitzt Jupiter (er drückt sich aber weder in der Gestalt der Wolke aus, noch ist seine Anwesenheit in irgend einer anderen Weise durch Wahrnehmungen erkennbar)"; 2. „dieser Stein ist traurig"; 3. „dieses Dreieck ist tugendhaft"; 4. „Berlin Pferd blau"; 5. „und oder dessen"; 6. „bu ba bi"; 7. „–)] ▽ – – –". Man wird zugeben, daß (6) ebenso sinnlos ist wie (7). Denn (6) besteht zwar aus solchen Zeichen (nämlich Buchstaben), die sonst auch in sinnvollen Sätzen vorkommen; aber die Art ihrer Zusammenstellung macht hier doch den ganzen Satz sinnlos. Das Verhältnis zwischen (4) und (6) ist im Grunde nicht anders; (4) ist ebenso sinnlos wie (6), obwohl es aus größeren Zeichenkomplexen zusammengesetzt ist, die sonst auch in sinnvollen Sätzen vorkommen. Das wird man auch noch leicht zugeben. Und nun müssen wir uns klar machen, daß auch (3) und dann auch (2) ebenso sinnlos sind wie (4); (2) und (3) bestehen zwar aus Worten, die (im Unterschied zu (4)) so zusammengestellt sind, wie es ihr *grammatischer* Charakter verlangt; nicht aber, wie es ihre Bedeutung verlangt. Wenn man auf den ersten Blick glaubt, zwischen (3) und (4) bestehe ein wesentlicher Unterschied, so wird dieser Irrtum verursacht durch eine *Mangelhaftigkeit unserer gewöhnlichen Sprachen,* die darin besteht, daß ein Satz grammatisch einwandfrei und trotzdem sinnlos sein kann. Infolgedessen kommt es leicht vor, daß man einen Scheinsatz für einen sinnvollen Satz hält; und das ist *für die Philosophie* an manchen Stellen *verhängnisvoll* geworden. [. . .]

Die Aussage „im Nebenzimmer steht ein dreibeiniger Tisch" ist *nachprüfbar;* denn es läßt sich angeben, unter welchen Umständen (Hinübergehen und Hinschauen) ein Wahrnehmungserlebnis von bestimmter Art eintreten wird, durch das diese Aussage fundiert wird. Diese Aussage ist daher auch sachhaltig. Die Aussage „es gibt eine Farbe Drommetenrot, deren Anblick Entsetzen erregt" ist nicht nachprüfbar, denn wir wissen nicht, wie wir es anzustellen haben, um zu einem diese Aussage fundierenden Erlebnis zu gelangen; die Aussage ist aber trotzdem *sachhaltig*, denn wir können uns ein Erlebnis denken und seiner Beschaffenheit nach beschreiben, durch das die Aussage fundiert werden würde; ein solches Erlebnis müßte nämlich die Sehwahrnehmung einer Farbe von rotem Farbton enthalten und zugleich ein Gefühl des Erschreckens über diese Farbe. Die Scheinaussagen 1, 2, 3 des vorigen Beispiels sind *nicht sachhaltig*.

Ist eine Aussage nur durch vergangene Erlebnisse fundiert und jetzt nicht mehr nachprüfbar, so wird ihr nicht dieselbe Sicherheit beigemessen, wie einer nachprüfbaren Aussage. In Geschichte, Geographie, Ethnologie wird man sich häufig mit Aussagen von solcher Art begnügen müssen; in der Physik wird man im Allgemeinen verlangen, daß eine Aussage auch nachprüfbar sei. Sehen wir von dem Sicherheitsgrad einer Aussage ab und achten wir nur darauf, ob sie sinnvoll ist oder nicht, so besteht kein Unterschied zwischen den früher fundierten und nicht mehr nachprüfbaren Aussagen und den jetzt noch oder auch zu jeder beliebigen Zeit nachprüfbaren Aussagen: beide Arten von Aussagen sind sicherlich sinnvoll, also wahr oder falsch. [...]

Alles jedoch, *was jenseits des Sachhaltigen liegt, muß unbedingt als sinnlos angesehen werden;* eine (scheinbare) Aussage, die grundsätzlich nicht durch ein Erlebnis fundiert werden könnte und daher nicht sachhaltig wäre, würde gar keinen auch nur denkbaren Sachverhalt zum Ausdruck bringen, also gar keine Aussage sein, sondern ein bloßes Konglomerat sinnloser Striche oder Geräusche.

Die Forderung der Sachhaltigkeit für jede Aussage wird von allen Realwissenschaften (Naturwissenschaften, Psychologie, Kulturwissenschaften) *anerkannt und praktisch durchgeführt.* [...]

Nur im Gebiete der Philosophie (und Theologie) kommen vermeintliche Aussagen vor, die nicht sachhaltig sind; Beispiele hierfür sind, wie unsere späteren Überlegungen zeigen werden, die Thesen des Realismus und des Idealismus. [. . .]

Theoretischer Gehalt einer
Aussage und begleitende Vorstellungen

Wenn wir eine Aussage aussprechen oder auch nur denken, so geht im Allgemeinen der Vorstellungsablauf seinem Inhalt nach über den Inhalt der Aussage hinaus. Sage ich z. B. „jene Bank ist klein", so zeigt meine Vorstellung die Bank außerdem auch als grün, während in der Aussage davon nichts gesagt ist. Bekanntlich kommen in die Deduktionen aus festen Prämissen leicht dadurch Fehler hinein, daß außer den Sachverhalten, die den Inhalt der Prämissen bilden, noch andere Sachverhalte, die mit ihnen zugleich vorgestellt werden, bei der Deduktion unvermerkt verwendet werden. [. . .]

Wir haben bei den Vorstellungen, die man beim Aussprechen oder Denken einer Aussage erlebt, unterschieden zwischen den ausgesagten Vorstellungen und den Begleitvorstellungen. [. . .] Bei der Aussage „jene Bank ist klein" ist die Vorstellung von der Kleinheit der Bank die ausgesagte Vorstellung. Die Vorstellung von der Grüne der Bank ist eine Begleitvorstellung; da sie eine Sachverhaltsvorstellung ist, so kann sie durch eine zusätzliche Aussage „jene Bank ist grün" mit in den Aussageinhalt aufgenommen werden. Nun möge das Aussprechen der Aussage „jene Bank ist klein" gleichzeitig in mir noch die Vorstellung eines bestimmten musikalischen Klanges auslösen und etwa zugleich noch die eines vergnügten Gefühles. Diese Vorstellungen [. . .] können nicht in die Aussage über die Bank mit aufgenommen werden: wir können der Bank nicht den Klang oder die Vergnügtheit als Eigenschaften beilegen. Versuchen wir das doch (etwa verführt durch eine hier leergehende Tendenz zum Urteilen), so erhalten wir Scheinaussagen, sinnlose Zeichenzusammenstellungen. *Da die begleitenden Gegenstandsvorstellungen* nicht Aussageinhalt werden können, so stehen sie *jenseits von wahr und falsch.* Während der theoretische Gehalt der Aussage sich an irgend einem Kriterium, z. B. an dem angegebenen Kriterium der Sachhaltigkeit, rechtfertigen muß, unterliegen die die Aussage begleitenden bloßen Gegenstandsvorstellungen keiner theoretischen Kontrolle. Sie sind *theoretisch irrelevant,* dagegen *oft praktisch von großer Bedeutung.* Daß wir beim Sprechen oder Denken der Aussage „2 + 2 = 4" uns die Ziffernbilder oder Zahlwortklänge oder Punktfiguren vorstellen, ist eine große Erleichterung für das Neuerlernen oder schließende Behandeln solcher Aussagen. [...]

Nennt ein *Indianer* sein Kind „Schwarzer Büffel", so wird damit bewirkt, daß man bei jedem Sprechen über diesen Menschen die achtung- oder furchterregende Begleitvorstellung jenes Tieres hat. Hier wird eine Begleitvorstellung zum Ausdruck gebracht, die nicht durch eine Aussage ausgedrückt werden kann, weil sie keinen Sachverhalt wiedergibt. Der Indianer allerdings glaubt mit dieser Namengebung einen (für die Zukunft erhofften) Sachverhalt zum Ausdruck zu bringen. [...]

Die Thesen des Realismus und des Idealismus

Unter der *These des Realismus* seien die folgenden beiden Teilthesen verstanden: 1. die mich umgebenden, wahrgenommenen, körperlichen Dinge sind nicht nur Inhalt meiner Wahrnehmung, sondern sie existieren außerdem an sich („*Realität der Außenwelt*"); 2. die Körper der anderen Menschen zeigen nicht nur die und die wahrnehmbaren Reaktionen ähnlich denen meines Körpers, sondern die anderen Menschen haben außerdem auch Bewußtsein („*Realität des*

Fremdpsychischen"). Als *These des Idealismus* seien die entsprechenden Gegenbehauptungen bezeichnet, (von denen jedoch die zweite nur von einer bestimmten, radikalen Richtung des Idealismus, dem Solipsismus, aufgestellt wird): 1. real ist nicht die Außenwelt selbst, sondern nur die Wahrnehmungen oder Vorstellungen von ihr (*„Nichtrealität der Außenwelt"*); 2. real sind nur meine eigenen Bewußtseinsvorgänge, die sog. Bewußtseinsvorgänge der Anderen sind bloße Konstruktionen oder gar Fiktionen (*„Nichtrealität des Fremdpsychischen"*).

Hier soll nun *nicht die Frage* gestellt werden, *welche der beiden Thesen recht hat.* [. . .] Es soll vielmehr die tieferliegende Frage aufgeworfen werden, *ob die genannten Thesen überhaupt einen wissenschaftlichen Sinn haben,* ob sie überhaupt einen Inhalt haben, zu dem die Wissenschaft dann zustimmend oder ablehnend Stellung nehmen könnte. Diese tieferliegende Frage müßte zunächst bejaht werden, bevor jene Frage nach Gültigkeit oder Ungültigkeit der Thesen überhaupt gestellt werden könnte. Nach unseren Überlegungen bedeutet die Frage nach dem Sinn: sprechen die Thesen einen Sachverhalt aus (gleichviel, ob einen bestehenden oder nicht bestehenden), oder sind es vielleicht bloße Scheinaussagen, entstanden aus der unausführbaren Absicht, begleitende Gegenstandsvorstellungen in Aussagen auszudrücken, als seien es Sachverhaltsvorstellungen. Wir werden finden, daß dies letztere der Fall ist, daß also die Thesen keinen Inhalt haben, gar keine Aussagen sind; damit fällt dann jene Frage der Gültigkeit der Thesen weg. *Die Wissenschaft kann in der Realitätsfrage weder bejahend noch verneinend Stellung nehmen, da die Frage keinen Sinn hat.* [. . .]

Die Realität der Außenwelt

Wenn zwei Geographen, ein Realist und ein Idealist, ausgeschickt werden, um die Frage zu entscheiden, ob ein an ei-

ner bestimmten Stelle in Afrika vermuteter Berg nur legen-
där sei oder wirklich existiere, so kommen sie beide zu dem
gleichen (positiven oder negativen) Ergebnis. Denn für den
Begriff der Wirklichkeit in diesem Sinne – wir wollen ihn
als *„empirische Wirklichkeit"* bezeichnen, – liegen in Physik
und Geographie bestimmte Kriterien vor, die unabhängig
von dem philosophischen Standpunkt des Forschers eindeutig zu einem bestimmten Ergebnis führen. Und nicht
nur über die *Existenz* des Berges werden die beiden Geographen bei genügender Untersuchung zu übereinstimmen-
dem Ergebnis kommen, sondern auch bei jeder Frage nach
der *Beschaffenheit* des Berges, nach Lage, Gestalt, Höhe
usw. *In allen empirischen Fragen herrscht Einigkeit.* Die
Wahl des philosophischen Standpunktes hat also keinen in-
haltlichen Einfluß auf die Naturwissenschaft. [. . .]

Der Gegensatz zwischen den beiden Forschern tritt erst
auf, wenn sie nicht mehr als Geographen sprechen, sondern
als Philosophen, wenn sie die übereinstimmend gefundenen,
empirischen Ergebnisse philosophisch interpretieren. Dann
sagt der Realist: „diesem von uns gemeinsam festgestellten
Berg kommen nicht nur die gefundenen geographischen Eigenschaften zu, sondern er ist außerdem auch real" oder
(bei einer anderen, der „phänomenalistischen" Spielart des
Realismus): „dem gefundenen Berg liegt etwas Reales, selbst
Unerkennbares zugrunde." Der Idealist dagegen sagt: „im
Gegenteil; der Berg selbst ist nicht real, real sind nur unsere
(oder, bei einer anderen, der „solipsistischen" Spielart des
Idealismus: „nur meine") Wahrnehmungen und sonstigen
Bewußtseinsvorgänge." Diese Divergenz zwischen den beiden Forschern liegt nicht auf empirischem Gebiete; denn im
Empirischen sind ja beide völlig einig. *Die beiden Thesen,*
die hier einander widerstreiten, liegen jenseits der Erfahrung
und sind daher *nicht sachhaltig;* weder unternimmt es einer
der beiden Streitenden, einen Vorschlag zur Nachprüfung
seiner These durch ein gemeinsam anzustellendes entschei-
dendes Experiment zu machen, noch gibt einer von ihnen

auch nur die Beschaffenheit eines Erlebnisses an, durch das seine These fundiert werden würde.

Unser Beispiel läßt sich leicht verallgemeinern. Wie es mit dem Berge steht, so auch mit der Außenwelt überhaupt. Da uns nun die Sachhaltigkeit als das Kriterium der sinnvollen Aussagen gilt, so *kann weder die These des Realismus von der Realität der Außenwelt, noch die des Idealismus von der Nichtrealität der Außenwelt als wissenschaftlich sinnvoll anerkannt werden.* Das besagt nicht: die beiden Thesen seien falsch; sondern: sie haben überhaupt keinen Sinn, in Bezug auf den die Frage, ob wahr oder falsch, gestellt werden könnte.

Erkenntnis

Zhuangzi

Relativismus und Skepsis (4. Jh. v. u. Z.)

Wenn das Volk an einem feuchten Ort nächtigt, so bekommt es Schmerzen in den Lenden und stirbt an Lähmungen.

Ergeht es einem Schlammpeitzker aber auch so?

Wenn das Volk sich auf Bäumen aufhält, so zittert es vor Furcht und wird schwindlig.

Macht das aber den Gibbons und Hundskopfaffen auch etwas aus? Welche von diesen drei (Gruppen) versteht etwas vom richtigen Wohnen?

Das Volk nährt sich von Weidetieren und von gemästeten Haustieren. Elche und Hirsche fressen Gras. Dem Hundertfüsser schmecken kleine Schlangen. Eulen und Raben bevorzugen Mäuse. Welche dieser vier (Gruppen) kennt den richtigen Geschmack?

Gibbons werden von Hundskopfaffen zum Weibchen genommen. Elche begatten Hirschkühe. Schlammpeitzker gesellen sich zu Fischen. Frau Ch'iang aus Mao und Frau Chi aus Li [berühmte chinesische Schönheiten] werden von den Menschen als Schönheiten bewundert. Aber bei ihrem Anblick tauchen die Fische in die Tiefe, fliegen die Vögel in die Höhe und Elche und Hirsche stürzen in Panik davon. Welche dieser vier (Gruppen) kennt nun die richtige Schönheit der Welt?

Wie ich sehe, sind die Ausgangspunkte für Menschlichkeit und Gerechtigkeit, die Wege zum Urteil über Richtig und Falsch hoffnungslos verworren.

Wie soll ich mich da in ihrer Unterscheidung auskennen?

Selbst wenn ich einen Disput mit dir hatte und du mich dabei besiegtest und ich dich nicht besiegen konnte, hast du dann wirklich recht? Bin ich dann wirklich im Irrtum?

Wenn ich dich besiegte und du mich nicht besiegen konntest, habe ich dann wirklich recht und bist du tatsächlich im Irrtum?

Verhält es sich so, daß der eine recht hat und der andere nicht? Oder haben beide recht, oder sind beide im Irrtum? Wenn du und ich nicht imstande sind, einander zu Wissen zu verhelfen, dann leidet sicher jeder Mensch unter diesem Dunkel.

Wen soll ich rufen, um (umstrittene Ansichten) richtigstellen zu lassen?

Angenommen, ich nehme dafür jemanden, der mit dir übereinstimmt. Wie kann er (sie) aber richtigstellen, wenn er schon mit dir einer Meinung ist?

Angenommen, ich nehme jemanden, der mit mir einer Meinung ist. Wie kann er (sie) dann aber richtigstellen, wenn er von vornherein mit mir übereinstimmt.

Angenommen, es wird jemand gerufen, der weder mit mir noch mit dir übereinstimmt. Wie kann er aber (die Ansichten) richtigstellen, wenn er bereits anderer Meinung ist als du und ich?

Angenommen, einer wird geholt, der sowohl mit mir als auch mit dir übereinstimmt. Wie kann er aber (zu einer Entscheidung) in der Lage sein, wenn er ohnehin mit mir und mit dir der gleichen Meinung ist?

Wenn dem so ist, dann sind ich, du und ein Dritter alle nicht imstande, einander zu Wissen zu verhelfen.

Sollten wir noch auf andere warten?

Platon

Das Höhlengleichnis (4. Jh. v. u. Z.)

Sokrates: Und nun vergleiche Bildung und Unbildung in unserer Natur mit folgendem Zustand. Stelle dir Menschen vor in einer unterirdischen, höhlenartigen Wohnstätte mit lang nach aufwärts gestrecktem Eingang, entsprechend der Ausdehnung der Höhle. Von Kind auf sind sie in dieser Höhle festgebannt mit Fesseln an Schenkeln und Hals; sie bleiben also immer an der nämlichen Stelle und sehen nur geradeaus vor sich hin, denn durch die Fesseln werden sie gehindert, ihren Kopf herumzubewegen. Von oben her aber aus der Ferne leuchtet hinter ihnen das Licht eines Feuers. Zwischen dem Feuer aber und den Gefesselten läuft oben ein Weg hin, dem entlang eine niedrige Mauer errichtet ist ähnlich der Schranke, die die Puppenspieler vor den Zuschauern errichten, um über sie weg ihre Kunststücke zu zeigen.

Glaukon: Das steht mir alles vor Augen.

Sokrates: Längs dieser Mauer – so mußt du es dir nun weiter vorstellen – tragen Menschen allerlei Geräte vorbei, die über die Mauer hinausragen, Statuen verschiedenster Art aus Stein und Holz von Menschen und anderen Lebewesen, wobei, wie begreiflich, die Vorübertragenden teils reden, teils schweigen.

Glaukon: Ein sonderbares Bild, das du da vorführst, und sonderbare Gefangene.

Sokrates: Sie gleichen uns. Können denn zunächst solche Gefesselte von sich selbst und voneinander etwas anderes gesehen haben als die Schatten, die von dem Feuer auf die ihnen gegenüberliegende Wand der Höhle geworfen werden?

Glaukon: Wie wäre das möglich, wenn sie ihr Leben lang den Kopf unbeweglich halten müssen?

Sokrates: Und ferner: gilt von den vorübergetragenen Gegenständen nicht dasselbe?

Glaukon: Was denn sonst?

Sokrates: Wenn sie nun miteinander reden könnten, glaubst du nicht, daß sie der Meinung wären, die Benennungen, die sie dabei verwenden, kämen den Dingen zu, die sie unmittelbar vor sich sehen?

Glaukon: Notwendig.

Sokrates: Ferner: wenn der Kerker auch einen Widerhall von der gegenüberliegenden Wand her ermöglichte, meinst du da, wenn einer der Vorübergehenden gerade etwas sagte, sie würden dann die gehörten Worte einem anderen zulegen als dem jeweils vorüberziehenden Schatten?

Glaukon: Nein, beim Zeus.

Sokrates: Durchweg also würden diese Gefangenen nichts anderes für wahr halten als die Schatten der künstlichen Gegenstände.

Glaukon: Notwendig.

Sokrates: Nun betrachte den Hergang ihrer Lösung von den Banden und ihrer Heilung von dem Unverstand, wie er sich gestalten würde, wenn sich Folgendes naturgemäß mit ihnen zutrüge: wenn einer von ihnen aus den Fesseln befreit und genötigt würde, plötzlich aufzustehen, den Hals umzuwenden, sich in Bewegung zu setzen und nach dem Licht emporzublicken und alles dies nur unter Schmerzen verrichten könnte und geblendet von dem Glanz nicht imstande wäre, jene Dinge zu erkennen, deren Schatten er vorher sah, was, glaubst du wohl, würde er sagen, wenn man ihn versicherte, er hätte damals lauter Nichtigkeiten gesehen, jetzt aber sei er dem Seienden näher gerückt und auf Dinge hingewandt, denen mehr Sein zukäme, und sehe deshalb richtiger? Wenn man zudem noch ihn auf jedes der vorüberziehenden Dinge hinwiese und ihn nötigte, auf die Frage zu antworten, was es sei? Meinst du da nicht, er werde weder aus noch ein wissen und glauben, das vordem Geschaute sei wirklicher als das, was man ihm jetzt zeige?

Glaukon: Weitaus.

Sokrates: Und wenn man ihn nun zwänge, seinen Blick auf das Licht selbst zu richten, so würden ihn doch seine Augen schmerzen, er würde sich abwenden und wieder jenen Dingen zustreben, die er anschauen kann, und diese würde er doch für tatsächlich gewisser halten als die, die man ihm zeigte?

Glaukon: Ja.

Sokrates: Wenn man ihn nun aber von dort gewaltsam durch den holperigen und steilen Aufgang aufwärts schleppte und nicht eher ruhte, als bis man ihn an das Licht der Sonne gebracht hätte, würde er diese Gewaltsamkeit nicht schmerzlich empfinden und sich dagegen sträuben? Und wenn er an das Licht käme, dann würde er, völlig geblendet von dem Glanz, von alledem, was ihm jetzt als das Wahre angegeben wird, überhaupt nichts zu erkennen vermögen?

Glaukon: Nein, wenigstens für den Augenblick nicht.

Sokrates: Er würde sich also erst daran gewöhnen müssen, wenn es ihm gelingen soll, die Dinge da oben zu schauen. Zuerst würde er wohl am leichtesten die Schatten erkennen, darauf die Abbilder der Menschen und der übrigen Dinge im Wasser, später dann die Gegenstände selbst; in der Folge würde er dann zunächst bei Nacht die Erscheinungen am Himmel und den Himmel selbst betrachten und das Licht der Sterne und des Mondes anschauen. Das wird ihm leichter fallen, als wenn er bei Tage die Sonne und das Sonnenlicht ansehen sollte.

Glaukon: Gewiß.

Sokrates: Zuletzt dann, denke ich, wird er imstande sein, die Sonne, nicht etwa bloß ihre Spiegelbilder im Wasser oder sonst irgendwo, sondern sie selbst in voller Wirklichkeit an ihrer eigenen Stelle zu schauen und ihre Beschaffenheit zu betrachten.

Glaukon: Notwendig.

Sokrates: Und dann würde er schlußfolgernd erkennen, daß sie es ist, der wir die Jahreszeiten und die Jahresumläufe verdanken, und daß sie über allem waltet, was in der sichtbaren Welt sich befindet, und in gewissem Sinne auch die Urheberin all jener Erscheinungen ist, die sie vordem schauten.

Glaukon: Offenbar würde er in solcher Reihenfolge zu dieser Einsicht gelangen.

Sokrates: Wie nun? Meinst du nicht, er würde in der Erinnerung an seine erste Wohnstätte, an seine dortige Weisheit und an seine damaligen Mitgefangenen sich nun glücklich preisen wegen dieser Veränderung, jene dagegen bemitleiden?

Glaukon: Sicherlich.

Sokrates: Wenn es damals aber unter ihnen gewisse Ehrungen, Lobpreisungen und Auszeichnungen gab für den, der die vorüberziehenden Schatten am schärfsten wahrnahm und sich am besten zu erinnern wußte, welche von ihnen gewöhnlich eher, welcher später und welche gleichzeitig vorüberwandelten, und auf Grund dessen am sichersten zu erraten verstand, was danach sich einstellen werde, glaubst du etwa, daß er sich danach zurücksehnen und die bei ihnen durch Ehren und Macht Ausgezeichneten beneiden werde? Oder wird er nicht vielmehr nach Homer das harte Los wählen, viel lieber „einem anderen, einem unbegüterten Manne um Lohn dienen zu wollen", und lieber alles andere über sich ergehen lassen, als im Banne jener Trugmeinungen zu stehen und ein Leben jener Art zu führen?

Glaukon: Ja, ich denke, er würde lieber alles andere über sich ergehen lassen als auf jene Weise leben.

Sokrates: Und nun bedenke auch noch Folgendes. Wenn ein solcher wieder hinabstiege in die Höhle und dort wieder seinen alten Platz einnähme, würden dann seine Augen nicht förmlich eingetaucht werden in Finsternis, wenn er plötzlich aus der Sonne dort anlangte?

Glaukon: Gewiß.

Sokrates: Wenn er nun wieder, bei noch anhaltender Trübung des Blicks, mit jenen ewig Gefesselten wetteifern müßte in der Deutung jener Schattenbilder, ehe noch seine Augen sich der jetzigen Lage wieder völlig angepaßt haben – und die Gewöhnung daran dürfte eine ziemlich erhebliche Zeit fordern –, würde er sich da nicht lächerlich machen? Würde es nicht von ihm heißen, sein Aufstieg nach oben sei schuld daran, daß er mit verdorbenen Augen wiedergekehrt sei, und schon der bloße Versuch, nach oben zu gelangen, sei verwerflich? Und wenn sie den, der es etwa versuchte, sie zu entfesseln und hinaufzuführen, irgendwie in ihre Hand bekommen und umbringen könnten, so würden sie ihn doch auch umbringen?

Glaukon: Sicherlich.

Sokrates: Dieses Gleichnis nun, mein lieber Glaukon, mußt du seinem vollen Umfang nach mit den vorhergehenden Erörterungen in Verbindung bringen: die durch den Gesichtssinn uns erscheinende Welt setze der Wohnung im Gefängnis gleich, den Lichtschein des Feuers aber in ihr der Kraft der Sonne. Den Aufstieg nach oben aber und die Betrachtung der oberen Welt mußt du der Erhebung der Seele in das Reich des nur geistig Erkennbaren vergleichen, wenn du eine richtige Vorstellung von meiner Meinung bekommen willst, da du sie ja zu hören begehrst. Gott mag wissen, ob sie richtig ist. Was sich mir also als richtig darstellt, ist dies: in dem Bereich des Denkbaren zeigt sich zuletzt und schwer erkennbar die Idee des Guten; hat sie sich aber einmal gezeigt, so muß man schlußfolgern, daß sie für alle die Urheberin alles Rechten und Schönen ist, da sie im Bereich des Sichtbaren das Licht und dessen Herrn (die Sonne) erzeugt, im Bereich des Denkbaren aber selbst als Herrscherin waltend uns zu Wahrheit und Vernunft verhilft. Daher muß also diese Idee erkannt haben, wer einsichtig handeln will, sei es in persönlichen oder in öffentlichen Angelegenheiten.

Glaukon: Diese Meinung teile auch ich, soweit mir ein Urteil darüber zusteht.

Sokrates: So teile denn auch die folgende Ansicht mit mir und wundere dich nicht, daß diejenigen, die zu dieser Höhe gelangt sind, keine Neigung verspüren, sich den menschlichen Alltagsgeschäften zu widmen. Ihre Seelen fühlen sich vielmehr immer getrieben, dort oben zu verweilen. Und so ist es doch wohl auch ganz in der Ordnung, wenn anders es dem vorhin vorgeführten Bilde entsprechen soll.

Glaukon: Ja, ganz in der Ordnung.

Sokrates: Wie nun? Scheint es dir verwunderlich, wenn einer, der von der Schau des Göttlichen her in das menschliche Jammertal herabkommt, ungeschickt ist und sich recht lächerlich ausnimmt? Noch getrübten Blickes und noch nicht wieder genügend an die hiesige Finsternis gewöhnt, sieht er sich genötigt, in Gerichtshöfen oder anderswo um die Schatten der Gerechtigkeit zu streiten oder um die Kunstgebilde, deren Schatten sie sind, und sich in einen Wettkampf einzulassen mit der Auffassung, die solche Leute über diese Dinge hegen, die niemals die Gerechtigkeit an sich geschaut haben?

Glaukon: Nicht im geringsten verwunderlich.

Sokrates: Wer aber bei Vernunft ist, der würde sich sagen, daß die Störungen der Sehkraft zweifacher Art sind und zweifacher Ursache entstammen, nämlich erstens, wenn man aus dem Licht in die Finsternis und zweitens, wenn man aus der Finsternis in das Licht versetzt wird. Und wenn er sich nun davon überzeugt hat, daß die nämlichen Vorgänge auch bei der Seele vorliegen, so wird er nicht unbedacht lachen, wenn er eine Seele in Verwirrung und unfähig sieht, etwas zu erkennen, sondern prüfen, ob sie aus einem erleuchtetern Leben hierher gekommen und infolge der Ungewohnheit mit Finsternis geschlagen ist, oder ob sie aus einem Zustand größerer Unwissenheit in helleren Glanz kommt und von dieser größeren Helligkeit geblendet ist. Und so wird er denn die eine glücklich preisen wegen ihres Zustandes und ihrer Lebensgestaltung, die andere dagegen bemitleiden; und wenn er über sie lachen wollte, so würde sein Lachen hier weniger lächerlich sein als das über die, welche von oben her aus dem Licht herabkommt.

Glaukon: Das ist gewiß zutreffend.

John Locke

Angeborene Ideen (1689)

Nichts gilt allgemeiner als ausgemacht, als daß es gewisse *Prinzipien,* sowohl *spekulative* als auch *praktische,* gebe (man redet nämlich von beiden), denen die gesamte Menschheit allgemein zustimme; diese müßten – so folgert man – notwendig die konstanten Eindrücke sein, welche die menschliche Seele ganz zu Anfang ihrer Existenz empfange und die sie ebenso notwendig und tatsächlich mit auf die Welt bringe wie irgendeine der ihr innewohnenden Fähigkeiten.

Dieses Argument der allgemeinen Übereinstimmung ist insofern ein unglückliches, daß, wenn auch tatsächlich gewisse Wahrheiten existierten, denen alle Menschen zustimmten, ihr Angeborensein nicht erwiesen wäre, falls sich irgendein anderer Weg zeigen ließe, wie die Menschen zu jener durchgängigen Einmütigkeit betreffs der Dinge, über die sie einer Meinung sind, gelangen; und das halte ich durchaus für möglich.

Was aber noch schlimmer ist: Dieses Argument der allgemeinen Übereinstimmung, mit dem man beweisen will, daß es angeborene Prinzipien gibt, scheint mir vielmehr zu zeigen, daß es solche nicht gibt, eben weil es keine Prinzipien gibt, denen die gesamte Menschheit eine allgemeine Zustimmung erteilt. Ich werde mit den spekulativen Prinzipien beginnen und als Beispiel die folgenden berühmten Prinzipien des Beweisens nehmen: „Was ist, das ist" und „Ein Ding kann unmöglich zugleich sein und nicht sein". Diese Prinzipien dürften meiner Meinung nach noch am meisten beanspruchen, für angeboren zu gelten. Ihr Ruf als allgemein anerkannte Axiome steht so fest, daß es zweifellos befremden würde, wenn sie jemand in Frage zu stellen schiene. Dennoch nehme ich mir die Freiheit zu sagen, daß diese Sätze weit davon entfernt sind, allgemeine Zustimmung zu finden, ja, daß sie einem großen Teil der Menschheit nicht einmal bekannt sind. [...]

Wie viele Beispiele für den Gebrauch der Vernunft können wir bei Kindern beobachten, lange ehe sie von dem Axiom „ein Ding kann unmöglich zu gleicher Zeit sein und nicht sein" irgendwelche Kenntnis haben. Ja, viele ungebildete Menschen und Wilde verbringen viele Jahre, auch nachdem sie zur Vernunft gekommen sind, ohne je an diesen Satz oder an ähnliche allgemeine Sätze zu denken. Ich gebe zu, der Mensch gelangt nicht zur Erkenntnis dieser allgemeinen und abstrakteren Wahrheiten, die für angeboren gelten, ehe er seine Vernunft gebrauchen lernt; und ich füge hinzu: auch dann noch nicht. Und zwar deshalb, weil auch nach der Erlangung des Vernunftgebrauchs jene allgemeinen abstrakten Ideen nicht im Geist gebildet sind, auf die sich jene allgemeinen Axiome beziehen, welche irrtümlich für angeborene Prinzipien gehalten werden, während sie in Wirklichkeit Entdeckungen sind, die ebenso gemacht, und Wahrheiten, die ebenso in den Geist eingeführt und gebracht und durch dieselben Schritte entdeckt werden wie verschiedene andere Sätze, die für angeboren zu halten, niemals jemand töricht genug gewesen ist. [. . .]

Ob es überhaupt moralische Prinzipien gibt, mit denen alle Menschen einverstanden sind, das möge jeder entscheiden, der nur einigermaßen in der Geschichte der Menschheit bewandert ist und sich über den Rauch seines eigenen Herdes hinaus umgesehen hat. Wo ist jene praktische Wahrheit, die ohne Zweifel oder Frage allgemein anerkannt wird, wie es der Fall sein muß, wenn sie angeboren ist? In der *Gerechtigkeit* und im Halten von Verträgen scheinen noch die meisten Menschen übereinzustimmen. Das ist ein Prinzip, von dem man annimmt, sein Geltungsbereich erstrecke sich bis in die Diebeshöhlen und in die Vereinigungen der ärgsten Schurken; auch diejenigen, die sich von aller Menschlichkeit am weitesten entfernt hätten, meinte man, hielten sich gegenseitig die Treue und befolgten unter sich die Regeln der Gerechtigkeit. Ich gebe zu, daß sich Geächtete so zueinander verhalten; es geschieht aber, ohne daß sie darin die angeborenen Gesetze der Natur erblickten. Sie befolgen sie in ihren eigenen Gemeinschaften als Regeln der Zweckmäßigkeit. Es ist jedoch undenkbar, daß jemand die Gerechtigkeit als praktisches Prinzip ansehe, der seinen Spießgesellen gegenüber rechtlich handelt, gleichzeitig aber den nächsten ehrlichen Mann, der ihm begegnet, beraubt oder tötet. Gerechtigkeit und Treue sind die Bindeglieder der Gesellschaft, und deshalb müssen sich selbst Vogelfreie und Räuber, die sonst mit aller Welt gebrochen haben, untereinander die Treue halten und die Regeln der Billigkeit befolgen, andernfalls sie nicht zusammenhalten könnten. Wird aber jemand behaupten wollen, daß Leuten, die von Betrug oder Raub leben, Prinzipien der Treue und Gerechtigkeit angeboren seien, die sie anerkennen und denen sie zustimmen?

Vielleicht wird man geltend machen, daß sie stillschweigend im Geiste dem zustimmten, womit ihr Tun im Widerspruch steht. Darauf entgegne ich erstens, daß ich die Handlungen der Menschen stets als die besten Interpreten ihrer Gedanken angesehen habe. Da es aber gewiß ist, daß die Handlungen der meisten Menschen und die offenen Bekenntnisse manch anderer Menschen jene Prinzipien entweder in Frage gestellt oder geleugnet haben, so läßt sich eine allgemeine Übereinstimmung unmöglich feststellen (auch wenn wir nur bei Erwachsenen danach suchten); ohne jene Zustimmung läßt sich aber unmöglich folgern, daß jene Prinzipien angeboren seien. Zweitens ist es sehr befremdlich und unvernünftig, angeborene praktische Prinzipien anzunehmen, die schließlich doch nur spekulativen Charakter tragen. Praktische Prinzipien, die der Natur entstammen, sind für das Handeln da und müssen zur Übereinstimmung mit dem Handeln führen, nicht aber zu einer ausschließlich theoretischen Zustimmung zu ihrer Wahrheit, da es sonst zwecklos ist, sie von spekulativen Axiomen zu unterscheiden. Die Natur hat, das gebe ich zu, dem Menschen ein Verlangen nach Glück und eine Abneigung vor dem Unglück eingepflanzt; dies sind in der Tat angeborene praktische Prinzipien, die (wie es bei praktischen Prinzipien sein muß) tatsächlich dauernd auf all unsere Handlungen einwirken und sie beeinflussen. Sie lassen sich beständig und durchweg bei allen Menschen und in jedem Lebensalter beobachten; das aber sind *Neigungen des Begehrens* des Guten, nicht dem Verstande eingeprägte Wahrheiten. Ich bestreite nicht, daß dem Geist der Menschen natürliche Bestrebungen eingeprägt sind und daß es seit dem Erwachen der Sinne und dem Beginn der Wahrnehmung bestimmte Dinge gibt, die uns angenehm und andere, die uns unangenehm sind, Dinge, zu denen wir uns hingezogen fühlen und andere, die wir fliehen; das beweist aber nichts für die dem Geist angeborenen Schriftzeichen, welche die Prinzipien der unser Handeln bestimmenden Erkenntnis sein sollen. Die Existenz derartiger natürlicher Eindrücke im Verstand wird hierdurch bei weitem nicht bestätigt, es ist vielmehr ein Argument gegen sie. Gäbe es nämlich gewisse Schriftzeichen, die die Natur dem Verstand als Erkenntnisprinzipien eingeprägt hat, so müßten wir ständig wahrnehmen, wie sie in uns wirken und unsere Erkenntnis beeinflussen, wie das für unser Wollen und Begehren zutrifft, die nie aufhören, die dauernden Triebfedern und Beweggründe all unserer Handlungen zu sein und uns, wie wir immer wieder fühlen, kräftig zu denselben antreiben.

Ein anderer Grund, der mich an dem Vorhandensein aller angeborenen praktischen Prinzipien zweifeln läßt, ist die Tatsache, daß sich – wie ich glaube – *nicht eine einzige moralische Regel namhaft machen läßt, für die man nicht mit Recht eine Begründung verlangen könnte.* Dies wäre vollkommen lächerlich und unsinnig, wenn jene Regeln angeboren wären oder so gut wie von selbst einleuchteten, wie dies bei jedem angeborenen Prinzip unbedingt der Fall sein muß, das zur Bestätigung seiner Wahrheit keines Beweises, zur Erlangung seiner Billigung keiner Begründung bedarf. Wer einerseits fragte oder andererseits einen Grund dafür angeben wollte, *warum* dasselbe Ding unmöglich zugleich sein und nicht sein könne, von dem würde man annehmen, daß ihm aller gesunde Menschenverstand fehle. Dieser Satz führt sein eigenes Licht und seinen Beweis mit sich und bedarf keines anderen Beweises; wer seinen Wortlaut versteht, stimmt ihm um seiner selbst willen zu; ansonsten wird nichts je imstande sein, ihn dazu zu bewegen. Wenn man dagegen jene unerschütterlichste Regel der Ethik, die Grundlage aller gesellschaftlichen Tugend, „man handle so, wie man selbst behandelt werden möchte" jemand vortrüge, der noch nie von ihr gehört hätte, gleichwohl aber imstande wäre, ihre Bedeutung zu erfassen, könnte er nicht, ohne daß es absurd erschiene, eine Begründung dafür verlangen? Und wäre nicht der, welcher die Regel vorträgt, verpflichtet, jenem die Wahrheit und Vernünftigkeit dieses Satzes nachzuweisen? Das aber beweist deutlich, daß jener Satz nicht angeboren ist; denn wäre er es, so könnte man für ihn weder einen Beweis verlangen noch erhalten, sondern müßte ihn unbedingt (wenigstens sobald er gehört und verstanden wird) als unanfechtbare Wahrheit, an der unter keinen Umständen zu zweifeln ist, aufnehmen und ihm zustimmen. Somit beruht die Wahrheit aller dieser moralischen Regeln offenbar auf anderen, ihnen vorhergehenden Wahrheiten, aus denen sie *deduziert* werden müssen, was nicht der Fall sein könnte, wenn sie angeboren wären oder so gut wie von selbst einleuchteten. [...]

Wer die Geschichte der Menschheit sorgfältig untersucht, sich unter den verschiedenen Völkerschaften umsieht und ihre Handlungen unvoreingenommen prüft, kann sich davon überzeugen, daß sich kaum ein moralisches Prinzip nennen, kaum eine Tugendregel denken läßt (mit alleiniger Ausnahme derjenigen, die unbedingt notwendig sind, um eine Gesellschaft zusammenzuhalten, die aber die verschiedenen Gesellschaften untereinander auch außer acht lassen), die nicht irgendwo von der allgemeinen Sitte ganzer menschlicher Gesellschaften geringgeschätzt oder verworfen würde, für welche praktische Meinungen und Lebensregeln gelten, die denen anderer Gesellschaften direkt entgegengesetzt sind.

Man wird hier vielleicht einwenden, wenn eine Regel verletzt werde, so folge nicht daraus, daß sie unbekannt sei.

Ich erkenne diesen Einwurf dann als stichhaltig an, wenn die Menschen, obwohl sie das Gesetz übertreten, es dennoch nicht verleugnen, wenn die Furcht vor Schande, Tadel oder Strafe ein Zeichen dafür ist, daß es ihnen eine gewisse Achtung einflößt. Man kann sich aber unmöglich vorstellen, daß ein ganzes Volk ausnahmslos und öffentlich das verwerfen und verleugnen sollte, was jeder seiner Angehörigen sicher und unfehlbar als Gesetz erkannt hat; denn das müßten die tun, in deren Geist dieses Gesetz von Natur eingeprägt wäre. Es ist möglich, daß Menschen bisweilen moralische Regeln anerkennen, die sie in ihren geheimen Gedanken nicht für wahr halten, nur um sich bei denen, die von der Verbindlichkeit solcher Regeln überzeugt sind, in Achtung und gutem Ruf zu erhalten. Es ist aber undenkbar, daß eine ganze Gesellschaft von Menschen öffentlich und ausdrücklich eine Regel verleugnen und verwerfen sollte, die die einzelnen in ihrem Geist mit unfehlbarer Sicherheit als Gesetz anerkennen müßten, von der sie auch wissen müßten, daß alle, mit denen sie verkehren würden, sie als eine solche kennen. [. . .]

Jedes praktische Prinzip, das angeboren wäre, müßte jedermann als gerecht und gut bekannt sein. Es ist deshalb nahezu ein Widerspruch, wenn man annimmt, daß ganze Völkerschaften in Worten und Taten einmütig und allgemein eben dasjenige Lügen strafen sollten, was jeder einzelne von ihnen durch unabweislichen Augenschein als wahr, recht und gut erkannt hätte. Das genügt, um uns davon zu überzeugen, daß keine praktische Regel, die irgendwo allgemein und unter öffentlicher Billigung oder Erlaubnis verletzt wird, als angeboren gelten kann. Ich habe indes noch mehr auf diesen Einwand zu erwidern. [. . .]

Ich gebe bereitwillig zu, daß es eine große Zahl von Meinungen gibt, die von Leuten aus verschiedenen Ländern, von verschiedener Erziehung und von verschiedenem Temperament als erste und unbestreitbare Prinzipien betrachtet und angenommen werden, von denen viele sowohl ihrer

Absurdität als auch der Gegensätze wegen, in denen sie sich zueinander befinden, unmöglich wahr sein können. Dennoch werden alle diese Sätze, wie weit sie auch von der Vernunft entfernt sein mögen, hier und da für so heilig angesehen, daß selbst Leute, die in andern Dingen einen gesunden Verstand beweisen, eher ihr Leben und ihre teuersten Güter einbüßen als sich selbst einen Zweifel oder anderen Einwände gegen die Wahrheit derselben zu gestatten.

So befremdlich dies auch erscheinen mag: es wird durch die tägliche Erfahrung bestätigt und wird vielleicht nicht mehr so wunderbar erscheinen, wenn wir die Wege und Schritte in Betracht ziehen, wodurch dergleichen herbeigeführt wird, und wenn wir einmal ins Auge fassen, wie es tatsächlich dahin kommen kann, daß Lehren, die keinen besseren Ursprung als den Aberglauben einer Amme oder die Autorität eines alten Weibes besitzen, durch die Länge der Zeit und durch die Übereinstimmung der Nachbarn zur Würde von religiösen oder moralischen *Prinzipien* emporsteigen können. Denn Leute, die darum besorgt sind (wie sie es nennen), Kindern gute Prinzipien beizubringen (und es gibt wenige, die nicht eine ganze Reihe solcher Prinzipien, an die sie glauben, für die Kinder zur Verfügung haben), flößen dem arglosen und noch vorurteilsfreien Verstande (denn weißes Papier nimmt alle Schriftzeichen auf) diejenigen Lehren ein, die die Kinder festhalten und bekennen sollen. Diese Lehren werden den Kindern beigebracht, sobald sie eine gewisse Fassungskraft haben, und ihnen, wenn sie heranwachsen, immer wieder bestätigt, sei es durch offenes Bekenntnis, sei es durch stillschweigende Übereinstimmung aller, mit denen sie zu tun haben, oder wenigstens durch Leute, vor deren Weisheit, Kenntnis und Frömmigkeit sie Achtung haben und die niemals zulassen, daß von jenen Sätzen anders als von der Basis und der Grundlage geredet werde, worauf sie ihre Religion und ihre Sitten bauen. So gewinnen jene Prinzipien den Ruf unzweifelhafter, von selbst einleuchtender, angeborener Wahrheiten.

Hinzufügen dürfen wir, daß so unterrichtete Menschen, wenn sie herangewachsen sind und über ihren eigenen Geist nachdenken, nichts finden können, was weiter zurückreicht als jene Meinungen, die ihnen gelehrt wurden, ehe noch ihr Gedächtnis begann, ihre Taten zu registrieren oder die Zeit festzuhalten, da irgend etwas Neues für sie in Erscheinung trat. Deshalb ziehen sie unbedenklich den Schluß, daß jene Sätze, von deren Kenntnis sie in sich selbst keinen Ursprung finden können, sicherlich von Gott und der Natur ihrem Geist eingeprägt, ihnen jedoch nicht von irgend jemand anderem gelehrt worden seien. Sie halten diese Sätze fest und unterwerfen sich ihnen mit Ehrfurcht, wie es viele ihren Eltern gegenüber tun: nicht, weil es natürlich ist – auch Kinder verhalten sich nicht so, wenn sie nicht entsprechend belehrt werden –, sondern weil sie immer so erzogen worden sind und sich an den Beginn solcher Hochachtung nicht entsinnen, weshalb ihnen diese natürlich erscheint. [...]

Hätten die Menschen aber auch die Zeit, die Fähigkeit und den Willen zu solcher Prüfung, wo wäre derjenige, der an den Grundlagen all seiner früheren Gedanken und Taten zu rütteln wagte und freiwillig die Beschämung ertragen wollte, lange Zeit vollkommen in Irrtum und Verblendung befangen gewesen zu sein? Wer ist kühn genug, den Vorwürfen zu trotzen, die überall denjenigen erwarten, der es wagt, von den herkömmlichen Meinungen seiner Heimat oder seiner Partei abzuweichen? Wo ist der Mann anzutreffen, der sich gelassen darauf vorbereiten kann, den Namen eines Sonderlings, Skeptikers oder Atheisten zu tragen, was jeden erwartet, der eine der allgemeinen Meinungen auch nur im mindesten in Frage stellte? Noch viel mehr aber wird er sich scheuen, jene Prinzipien zu bezweifeln, wenn er sie, wie es die meisten Menschen tun, als Pfeiler betrachtet, die Gott in seinem Geist aufgerichtet hat, damit sie die Regel und der Prüfstein für alle anderen Meinungen seien. Und was kann ihn daran hindern, sie für heilig zu halten, wenn er findet, daß sie von allen seinen eigenen Gedanken die allerfrühesten und die von anderen am meisten verehrten sind?

Victor Kraft
Der Erkenntnisbegriff (1960)

a) Der Erkenntnisbegriff eine Normierung

1. Um darüber zur Klarheit zu kommen, muß man sich bewußt machen, was im Begriff der Erkenntnis eigentlich gesucht wird. Erkenntnis erkennen, so wie man eine Krankheitsursache erkennt, heißt Erkenntnis als Realität, als etwas, das konstatierbar vorhanden ist, betrachten und untersuchen. So kann man das Werden der abendländischen Wissenschaft beschreiben, wie es für die Physik E. Mach getan hat. So kann man Soziologie des Wissens treiben, wie es M. Weber getan hat. Aber der Erkenntnislehre geht es nicht um derartige Feststellungen. Diese fallen der Soziologie und der Geistesgeschichte anheim.

2. Was die Erkenntnislehre sucht, ist etwas anderes: das klarzustellen, was als „Erkenntnis" erreicht werden *soll* und wie es erreicht werden *soll*. Sie will nicht alles hinnehmen, was als „Erkenntnis" aufgetreten ist, und gelten lassen, was den Anspruch erhebt, Erkenntnis zu sein. Sie soll vielmehr zwischen unhaltbaren und gerechtfertigten Erkenntnisansprüchen zu sondern ermöglichen, wie sich das bereits früher gezeigt hat. Dazu muß sie einen Erkenntnisbegriff aufstellen, der allein als legitim zu gelten hat. Und sie soll die Verfahren angeben, die zu solcher legitimer Erkenntnis führen. Es ist nicht die Beschaffenheit einer natürlichen Gattung von tatsächlich Vorhandenem wie Hund oder Cholera, sondern einer, die erst von uns selbst geschaffen wird.

Ihre Merkmale werden nicht empirisch abgelesen, sondern so gestaltet, wie wir sie brauchen, wie wir sie wünschen. In den Beschaffenheiten der Erkenntnis und ihrer Methoden wird das in vollkommener Weise hingestellt, was das Ziel für das erkennende Handeln bildet und in ihm erreicht werden soll. Es ist etwas Ideales, das als Erkenntnis vorschwebt.

Erkenntnis ist das Ergebnis eines geistigen Handelns, eines methodischen Verfahrens. Handeln wird durch Ziele geleitet und die Erkenntnislehre hat das Ziel und die Richtschnur für das erkennende Handeln aufzustellen: sie normiert dieses. Eine Norm setzt ein Sollen, sie gibt ein Ziel an, das in künftigem Handeln realisiert werden soll und das in vergangenem Handeln zu realisieren war. In einer Norm wird eine bestimmte Beschaffenheit als eine *geforderte* aufgestellt. Mit dieser wird eine gegebene Beschaffenheit verglichen und nach ihrer Übereinstimmung beurteilt. Inwieweit die zu beurteilende Beschaffenheit mit der geforderten übereinkommt oder davon abweicht, ist für das kritische Ergebnis maßgebend. Darin besteht alle Kritik. Somit muß die Erkenntnislehre die Beschaffenheit angeben, die etwas haben muß, um Erkenntnis zu sein, und wie ein Verfahren gestaltet sein muß, das Erkennen, um diese Beschaffenheit herbeizuführen. Diese Beschaffenheit ist nicht einfach aus dem, was als „Erkenntnis" tatsächlich vorliegt, beschreibend oder analysierend zu entnehmen, sondern sie muß eigens aufgestellt werden. Auch wenn die Beschaffenheit, die den Erkenntnischarakter ausmacht, von tatsächlich vorliegenden Erkenntnissen hergenommen wird, kann das nur so geschehen, daß eine bestimmte Klasse von diesen ausgewählt und vor den anderen ausgezeichnet wird, und daß deren Eigenschaften als Norm der Erkenntnis aufgestellt werden. Und wenn man so aus den kulturgeschichtlich gegebenen Erkenntnissen eine einzelne Klasse als *die* Erkenntnis heraushebt, wie Kant die Mathematik und die Physik, so wird dabei die Erkenntnis-normierende Beschaffenheit nicht einfach von dieser, wie sie tatsächlich vorliegt, übernommen. Wenn Kant Allgemeinheit und Notwendigkeit als Wesensmerkmale der Erkenntnis nennt, so trifft das nur auf die mathematische, nicht auch allgemein auf die physikalische Erkenntnis zu. Die Naturgesetze sind allgemein, aber nicht notwendig, sondern einfach tatsächlich. Notwendigkeit bedeutet logische Ableitbarkeit. Die physikalischen Grundgesetze lassen sich aber nicht selbst wieder ableiten. Das zeigt, daß von vornherein ein bestimmter Erkenntnisbegriff ins Auge gefaßt wird, und dieser hängt mit einer ausgewählten Klasse von tatsächlich vorliegenden Erkenntnissen in der Weise zusammen, daß in ihm die Beschaffenheit dieser Klasse ergänzt oder schärfer gefaßt ist, daß sie idealisiert wird. Was als Norm der Erkenntnis aufgestellt wird und wonach die Erkenntnisansprüche beurteilt werden, ist ein *Ideal* der Erkenntnis. Nach diesem werden die tatsächlich vorliegenden „Erkenntnisse" und Verfahren kritisiert und diejenigen ausgeschieden, die dafür unzulänglich sind. In der Kritik der Induktion zeigt sich das mit aller Deutlichkeit. Die Erkenntnislehre soll die Grundlage für eine *Kritik* des tatsächlichen Erkenntnisbetriebes geben, nicht ihn, wie er ist, erkennen. Aus dieser kritischen Absicht heraus ist sie von Descartes und Locke inauguriert und von Hume und Kant fortgeführt worden. Das ist offenkundig. Das heißt: Die Erkenntnislehre sucht einen Erkenntnisbegriff und Erkenntnisverfahren, die als *Norm* zu dienen haben, an denen die Ansprüche, Erkenntnis zu sein, gemessen und entschieden werden können. Das ist eine Einsicht von entscheidender Bedeutung für ihren Wissenschaftscharakter.

3. Daß es sich beim Begriff der Erkenntnis um ein Ideal handelt, das zeigt sich auch in der Geschichte der Erkenntnislehre, vor allem der neuzeitlichen, deutlich. Der Rationalismus des 17. und 18. Jahrhunderts war getragen von einem offenkundigen Erkenntnisideal: Einsicht in die Notwendigkeit des Tatsächlichen durch seine Ableitung in strenger Deduktion aus Grundsätzen nach dem Vorbild der Mathematik. Das herrscht von den Ansätzen bei Descartes und Hobbes

über ihre Ausbildung bei Spinoza und Leibniz bis zur Idee des vollkommenen erkennenden Geistes bei Laplace. Weil von diesem Erkenntnisideal aus gesehen, stellt ihnen die Erfahrung nur eine unvollkommene Erkenntnis dar, die alles nur in seiner Zufälligkeit verworren vor uns hinstellt. Nicht die Begriffe aus induktiver Verallgemeinerung können zu jener vollkommenen Einsicht dienen, sondern die, welche wir durch genetische Konstruktion selbst erzeugen wie die geometrischen. Pascal formuliert präzis die ideale Forderung: Alle Begriffe, bis auf die Grundbegriffe, sollen definiert und alle Sätze aus den Ausgangssätzen abgeleitet werden. Und Leibniz entwickelt sie zu einem idealen Programm: Die Begriffe und Sätze der Erkenntnis sollen aus elementaren Begriffen, die völlig klar und durch Symbole festgelegt sind, nach Regeln zusammengesetzt werden, nach dem Vorbild des algebraischen Rechnens. Dieses Ideal hat bei Frege einen besonders deutlichen Ausdruck gefunden: „Daß alles bewiesen werde, kann zwar nicht verlangt (!) werden, weil es unmöglich ist. Aber man kann fordern (!), daß alle Sätze, die man braucht, ohne sie zu beweisen, ausdrücklich als solche ausgesprochen werden, damit man deutlich erkenne, worauf der ganze Bau beruhe. Es muß darnach gestrebt werden, die Anzahl dieser Urgesetze möglichst zu verringern, indem man alles beweist, was beweisbar ist. Ferner . . ., daß alle Schluß- und Folgerungsweisen, die zur Anwendung kommen, vorher aufgeführt werden. Sonst ist die Erfüllung jener ersten Forderung (!) nicht sicher zu stellen. Dieses Ideal . . .“ (!) Auch Kant geht so vor, daß er zunächst die Idealform der notwendigen und streng allgemeinen Urteile a priori ganz allgemein darstellt und dann erst durch einen bloßen Hinweis auf die Mathematik und die Kausalbeziehung belegt, daß es dergleichen Erkenntnis auch wirklich gebe.

Nicht minder geht aber auch der englische Empirismus des 17. und 18. Jahrhunderts von einem Ideal der Erkenntnis aus, nur eben einem sensualistischen: Nur das ist (wirkliche) Erkenntnis, was auf Wahrnehmung zurückgeht; denn sie ist die einzige Quelle des Wissens von Wirklichem. Die Vorstellungen hingegen, die von der Einbildungskraft gebildet worden sind, wie die mathematischen und die moralischen, geben deshalb nichts Wirkliches wieder; und darum ist alle Erkenntnis, die sie geben können, nur ein Wissen von den Beziehungen unserer Vorstellungen. Nur infolge eines solchen Erkenntnisideals war es möglich, daß dieser Empirismus keine bloße Beschreibung des tatsächlichen Erkennens gibt, daß er über dessen psychologische Zergliederung hinausschreitet zu einer kritischen Prüfung und zur Negation herkömmlicher Erkenntnisansprüche. Nur deshalb, weil Hume von der *Forderung* ausgeht, daß jede Erkenntnis, ja jede klare Vorstellung sich durch Zurückführbarkeit auf einen unmittelbaren Eindruck beglaubigen müsse, kann er zu seinem Skeptizismus gelangen: Weil sich auch die kategorialen Verknüpfungen zwischen den Vorstellungen (wie Substanz und Kausalität) als Werk der Einbildungskraft erweisen, wird dadurch alle Erkenntnis als Wissen von einer objektiven, außerbewußten Wirklichkeit hinfällig. Als reiner Empirist könnte er nur die Struktur unserer Erkenntnis beschreiben, aber nicht von der Forderung eines bestimmten Ursprunges ausgehen.

Im 19. Jahrhundert ist vor allem ein intuitionistisches Erkenntnisideal entwickelt worden. Entgegen dem deduzierenden Rationalismus soll das, was erkannt wird, in unmittelbarer Schau erfaßt werden. Brentano läßt nur ein evidentes Urteil oder eines, das mit einem solchen übereinstimmt, als Erkenntnis gelten. Die daraus hervorgegangene Phänomenologie möchte das Wesenhafte „leibhaft" erschauen – ein bloßes Programm! Ebenso proklamiert Bergson gegenüber der Verstandeserkenntnis, die nur das Starre und gleichartig Wiederkehrende erfaßt, die Intuition durch Einfühlung als die vollkommene Erkenntnis, die allein die höheren und höchsten Gebiete, Leben und Bewußtsein, schöpferisches Werden und Freiheit, zugänglich macht.

Mit aller Deutlichkeit tritt der Ideal-Charakter auch in der neuesten Entwicklung der Erkenntnislehre, die Leibnizens Ideal wieder aufnimmt und fortführt, hervor. Wittgenstein will die Erkenntnis aus atomaren Sätzen aufbauen, welche Konstellationen von Gegenständen der Wirklichkeit, die durch Namen eindeutig bezeichnet sind, abbilden. Sie soll sich nur aus solchen Sätzen in den logischen Verknüpfungen der Konjunktion, Disjunktion, Implikation, Negation zusammensetzen, aber keine Sätze von unbeschränkter Allgemeinheit enthalten, damit alles klar überschaubar und aufweisbar bleibt. Das ist klarerweise die Konstruktion eines idealen Vorbildes wunschgemäßer Erkenntnis. Die Entgegenstellung formalisierter Sprachen gegen die Alltagssprache, die Verwendung der Logistik zur Darstellung, die Axiomatisierung eines Gebietes als Ziel seiner rationalen Bewältigung – das alles weist auf ein Ideal der Erkenntnis zurück, aus dem es hervorgeht, das dabei leitet. Es kann ja auch nicht anders sein. Wenn man die Erkenntnis nicht einfach beschreiben will, wie sie tatsächlich vor sich geht, kann man nur einen Begriff davon entwerfen oder zugrunde legen, wie sie vor sich gehen soll.

Von da aus wird auch der an sich unsinnige Gedanke verständlich, alle Erkenntnis in Zweifel zu ziehen und erst zu prüfen, ob sie zurecht besteht. Es schwebt dabei ein Ideal von Erkenntnis vor und mit diesem soll das, was Erkenntnis sein will, verglichen werden, um zu ersehen, ob es diesem Ideal entspricht. Wenn man vorhandene „Erkenntnis" als gültig erweisen wollte, so läßt sich das so verstehen, daß man das, was man als gültige Erkenntnis ansah, als vorhanden erweisen wollte, d.h. daß man das Ideal der Erkenntnis als realisiert erweisen wollte.

b) Der Erkenntnisbegriff eine Festsetzung

1. Handelt es sich bei der Erkenntnis um ein Ideal, zumindest aber um eine Norm, dann stehen wir vor einer ganz andern Situation. Die Grundfrage der Erkenntnislehre lau-

tet damit eigentlich nicht: Was ist Erkenntnis?, sondern: Was soll Erkenntnis ein? Was will man als Erkenntnis gelten lassen? Eine Norm stellt eine Forderung dar, ein Ideal, eine Zielsetzung. Eine Forderung oder eine Zielsetzung ist nicht eine Sache des Erkennens, sondern des praktischen Verhaltens. Eine Forderung wird nicht erkannt, sondern erhoben, ein Ziel wird aufgestellt. Mit dem normativen, idealen Charakter des Erkenntnisbegriffes wird auch klar, wie man zu ihm kommt: nicht durch Induktion und nicht durch Wesensschau, auch nicht durch logische Analyse, überhaupt nicht durch Erkenntnis, sondern es ist einfach zu definieren, was man unter „Erkenntnis" verstehen will, was man als Erkenntnis gelten lassen will. Es sind bloß die Eigenschaften anzugeben, die etwas haben muß, um Erkenntnis zu sein. Die Definition der Erkenntnis legt nicht das Ergebnis eines Erkenntnisprozesses fest, sondern trifft eine Festsetzung. Es wird damit formuliert, was wir in unserem geistigen Handeln erreichen wollen, wodurch dieses Handeln zu einem „Erkennen" wird.

2. Es kommt darauf an, daß diese Zielsetzung allgemein angenommen wird. Ein Ziel übernehmen und es als maßgebend für geistiges Handeln anerkennen, heißt freiwillig sich binden. Das muß einverständlich erfolgen, weil Erkenntnis eine Sache gemeinschaftlicher Arbeit und Verwendung ist. Man muß über das Ziel im Einvernehmen sein, damit das Handeln der einzelnen sich zu einem gemeinsamen zusammenfügt. *Die Aufstellung eines Erkenntnisbegriffes kann nicht anders als durch Festsetzung erfolgen und seine Gültigkeit beruht auf Übereinkunft.* Mit dieser Einsicht werden alle Einwendungen gegen die Erkenntnislehre als ein Erkennen-Wollen des Erkennens hinfällig.

3. Definitorische Festsetzungen sind frei wählbar. Kann man nun als „Erkenntnis" Beliebiges definieren? – Wenn der Erkenntnisbegriff eine Norm für die Kritik von Erkenntnisansprüchen abgeben soll, dann muß er auf das, was nach ihm beurteilt werden soll, anwendbar sein. Dazu muß

die normierte Beschaffenheit mit der zu beurteilenden vergleichbar sein. Wenn sie dieser ganz fremd gegenübersteht, ist sie als Norm unbrauchbar. Darum muß die Beschaffenheit, durch welche „Erkenntnis" definiert wird, so gewählt werden, daß zumindest ein Teil dessen, was als „Erkenntnis" tatsächlich vorliegt, wenigstens annähernd damit übereinstimmen kann. Es hat keinen Sinn, ein Ideal aufzustellen, dessen auch nur annähernde Verwirklichung von vornherein ausgeschlossen oder nicht abzusehen ist. Deshalb muß sich die Erkenntnislehre bei der Bestimmung des Erkenntnisbegriffes an der vorhandenen „Erkenntnis" orientieren. Was in dieser unausgesprochen erstrebt und unvollkommen realisiert worden ist, das wird nun „präzisiert", d.h. zum klaren Bewußtsein gebracht und in wunschgemäßer, idealer Weise gestaltet. So wird es dann als Norm aufgestellt. Dazu muß eine Auswahl aus der vorliegenden Erkenntnismannigfaltigkeit getroffen werden, welche Art daraus allein als Erkenntnis anerkannt werden soll. Aber die Definition der Erkenntnis kommt nicht dadurch zustande, daß diese Art analysiert und generalisiert wird, wie sie *ist,* sondern daß sie idealisierend ausgebildet wird, wie sie sein *soll.* Was in der tatsächlichen Erkenntnis bereits stillschweigend leitend war, das wird aus ihr herausgeholt und in idealer Vollkommenheit hingestellt. So ist Euklids System der Geometrie die längste Zeit das stimulierende Vorbild gewesen, bis seine Idee im axiomatischen System seine reine Ausprägung gefunden hat. Die Definition der (normativen) Erkenntnis wird von der tatsächlich vorhandenen Erkenntnis mitbestimmt, aber nicht vollständig bestimmt. Sie gibt eine darüber hinausgehende Umbildung und Ergänzung, eine Präzisierung.

4. Dadurch, daß der definierte Erkenntnisbegriff als Norm für das tatsächliche Erkennen dienen soll, wird die Definitionsfreiheit nur sehr eingeengt, aber nicht völlig aufgehoben. Sonst wäre es ja keine Festsetzung mehr. Es steht immer noch die Wahl frei, für welchen der vorliegenden

Erkenntnisansprüche man einen ihm angemessenen Erkenntnisbegriff formulieren will. Religiöse Systeme haben ihren eigenen Begriff von Erkenntnis und ebenso haben metaphysische Systeme sich auf besondere Erkenntnisweisen gestützt, auf intellektuelle Anschauung, auf Dialektik u.a. Nur vom Standpunkt eines anderen Erkenntnisbegriffes aus, z.B. eines positivistischen, kann deren Erkenntnischarakter negiert werden. Aber auch für unsere Fachwissenschaften kann „Erkenntnis" in verschiedener Weise bestimmt werden, empirisch, konventionalistisch, intuitionistisch, operationalistisch. In den Kulturwissenschaften wird vielfach, im Gegensatz zu den Naturwissenschaften oder eigentlich nur zur Physik, einfühlendes Verstehen und intuitive Zusammenschau als vollgültige Erkenntnis betrachtet. So bleiben immer noch mehrere, verschiedene Definitionen von Erkenntnis möglich. *Es gibt keinen einzig und allein möglichen, keinen absoluten Erkenntnisbegriff.* Denn Erkenntnis ist nicht etwas, was eindeutig vorgegeben ist, das so und nicht anders existiert, als eine platonische Idee; sondern sie ist ein Ergebnis unserer geistigen Tätigkeit und kann darum variieren, je nachdem, was man sich dabei zum Ziel gesetzt hat. Und man kann die Norm der Erkenntnis, die man heute aufstellt, auch nicht als unwandelbar betrachten. Sie ist durch die Zeitverhältnisse bedingt, etwas Historisches, und darum veränderlich. Eine Einheitlichkeit in den Erkenntnisbegriffen kann sich nur so ergeben, wie sie sich für die tatsächliche Erkenntnis ergibt: durch ihre Kontinuität und Konvergenz auf dem Weg ihrer tatsächlichen Aufstellung.

Es ist allerdings wohl heftiger Einspruch dagegen zu erwarten, daß auch die Erkenntnis „in den Abgrund des Relativismus" versinken soll. Aber dieser wird von den Absolutisten doch immer nur in der Weise überwunden, daß jeder *seinen* Erkenntnisbegriff als den einzig richtigen erklärt.

5. Verschiedene Begriffe der Erkenntnis unterscheiden sich dadurch, was für Anforderungen an Erkenntnis gestellt

werden; sie unterscheiden sich durch die Bedingungen, wann eine Aussage als wahr zu erkennen ist. Es kann für Erkenntnis Evidenz gefordert werden, daß sie unmittelbar einsichtig sei, oder Prüfbarkeit durch Erfahrung oder Bewährung in der Praxis u. a. Demgemäß sind es sehr verschiedene Verfahren, durch welche Erkenntnis gewonnen wird. Und es ergeben sich daraus sehr verschiedene Folgerungen für das, was so erkennbar wird. Für den Rationalismus, in moderner Form als „Dialektik", ist es nicht in die Grenzen des Erfahrbaren gebannt wie für den Empirismus. Ebenso reicht es für den Intuitionismus so weit, als die Intuition trägt. In der Verschiedenartigkeit ihrer Leistung liegt ein Hauptunterschied der Erkenntnisbegriffe.

Die verschiedenen Erkenntnisbegriffe unterscheiden sich aber auch in den Voraussetzungen, die jeder von ihnen machen muß, um seine Art von Erkenntnis konstituieren zu können. Denn vollständig voraussetzungslos, wie es mehrfach für die Erkenntnislehre verlangt worden ist, um nichts ungeprüft zugrunde zu legen, kann sie nicht sein. Man braucht die Sprache mit ihrem Bedeutungsgehalt, um überhaupt etwas sagen zu können. Man braucht die Logik für geordnetes Denken. Wenn man nicht einmal den Satz der Identität und die Transitivität der Gleichheit gelten lassen will – auf Grund wessen soll dann eine „Untersuchung" geführt werden? Wie will man argumentieren, wenn man nicht die Regeln der Logik voraussetzt? Dazu kommen noch weitere Voraussetzungen hinzu. So muß, wer die Erkenntnis auf Evidenz basiert, annehmen, daß diese sich als untrüglich von aller bloß vermeintlichen abhebt. Wer die Erfahrung heranzieht, muß empirische Sätze über die Verhältnisse der Wahrnehmung zugrunde legen. Solche Voraussetzungen kann man nicht entbehren, aber man muß sie sich ausdrücklich zum Bewußtsein bringen und klar aussprechen.

6. Dadurch, daß die Voraussetzungen und die Konsequenzen der verschiedenen Erkenntnisbegriffe entwickelt

werden, erhält man Klarheit über ihre Grundlagen und ihre Leistungsfähigkeit. Aber man kann bei einer solchen relativistischen Konfrontierung der konkurrierenden Erkenntnisbegriffe nicht stehen bleiben. Kritik kann man nur von einem bestimmten Standpunkt aus üben. Man muß ihr darum immer einen bestimmten Erkenntnisbegriff zugrunde legen. Und vor allem für das konkrete Erkennen muß man von einem bestimmten Erkenntnisbegriff geleitet werden. Denn von ihm hängen die Verfahren für die Erkenntnisbildung ab. Man muß sich darum für einen der konkurrierenden Erkenntnisbegriffe entscheiden.

7. Wird aber damit nicht die Erkenntnislehre dem Dogmatismus überantwortet? Sofern man unter „Dogmatismus" versteht, daß Behauptungen grundlos für wahr erklärt werden, ist das durchaus nicht der Fall. Denn für die Definition der Erkenntnis kann nicht Wahrheit in Anspruch genommen werden. Es wird damit nicht ein Erkenntnisbegriff als der richtige, der einzig mögliche behauptet. In diesem Sinn erfolgt also die Aufstellung des Erkenntnisbegriffes keineswegs dogmatisch.

Es besteht aber andererseits doch insofern eine gewisse Beziehung zum Dogmatismus, als der Erkenntnisbegriff einfach definitorisch hingestellt wird. Daß man „Erkenntnis" so und so definiert, dafür gibt es keinen Beweis der Allgemeingültigkeit. Das ist eine Entscheidung, und diese ist nicht eindeutig determiniert. Sie kann nicht als die einzig zulässige bewiesen werden. Denn ein solcher Beweis wäre nur durch Ableitung aus noch allgemeineren Zielsetzungen zu führen. Damit wäre die wahlfreie Entscheidung nur zurückgeschoben, aber nicht zwingend festgelegt. Die Entscheidung für einen bestimmten Erkenntnisbegriff kann nur motiviert werden. Man kann nur seine Gründe dafür angeben, warum man seine Definition der Erkenntnis so wählt, warum man die und die Merkmale als wesentlich für Erkenntnis aufstellt. Aber das sind keine theoretischen Gründe der Geltung, sondern praktische, die in dem Zusammenhang mit anderen Zielen liegen, darin, daß man auf eine gewisse Leistung besonders Wert legt oder gewisse Konsequenzen oder Voraussetzungen vermeiden will.

In einem gewissen Sinn wird Erkenntnis damit allerdings „begründet"; aber nicht so, daß sie damit als gültig erwiesen würde, sondern daß damit erst seinem Begriff nach konstituiert wird, was Erkenntnis ist.

Moritz Schlick

Das Wesen der Erkenntnis (1933)

Wir fragen uns, was wir meinen, wenn wir im täglichen Leben, besonders aber in der Wissenschaft von „Erkenntnis" sprechen, welchen Prozeß man so zu bezeichnen pflegt.

Die Erkenntnis in den Wissenschaften ist nicht prinzipiell von dem verschieden, was man schon im täglichen Leben als Erkenntnis zu bezeichnen pflegt. Das Leben, das der Mensch führt, weicht nach dem Plane, nach dem es aufgebaut ist, von dem der Tiere ab. Ein Tier antwortet auf Reize durch entsprechende Handlungen vermöge seines Instinktes. Diese Instinkte sind nichts anderes als Dispositionen, und zwar starre Dispositionen, denn die Instinkte sind nur auf das Eintreten bestimmter Tatsachen eingestellt, was zur Folge hat, daß leicht Täuschungen eintreten können (der Fisch kann nicht überlegen, beißt in den Angelhaken). Das menschliche Leben unterschiedet sich von dieser Art Einstellung durch eine bessere Anpassung an die Außenwelt. Der Mensch hat weniger Instinkte, die ihn im täglichen Leben führen, doch ist ihm durch den Verstand oder die Vernunft ein besseres Mittel gegeben. Das ist zunächst nichts anderes als eine größere Anpassungsfähigkeit an eine Mannigfaltigkeit von Umständen. Wir müssen eine gewisse Einsicht und Übersicht über die Ordnung der Welt haben, um uns in ihr zurechtzufinden. Der Mensch kann auf längere Zeit hinaus planen, voraussehen, um sich der Umwelt geschmeidiger anzupassen, sich auf Unvorhergesehenes einzustellen. Sich dem Unvorhergesehenen gegenüber und allen beliebigen Umständen gegenüber richtig zu verhalten, ist die ursprüngliche Aufgabe der Erkenntnis. Aus diesem Zwecke der Erkenntnis können wir ablesen, worin Erkenntnis in jedem einzelnen Falle besteht.

Es ist für das Leben notwendig, daß wir auf alle Situationen, die uns im Leben entgegentreten, gefaßt sind, von neuen nicht überrascht werden; daß sich ein Mensch so auf unvorhergesehene Umstände einstellen kann, geschieht selbstverständlich nicht durch eine besondere Gabe der Divination, sondern diese Anpassung findet auf Grund früherer Erfahrungen statt. Aus Erfahrungen kann der Mensch eine Anleitung entnehmen, wie er sich in anderen, noch nicht erfahrenen Fällen zu verhalten hat; es ist dies eine Angelegenheit der Analogie. Wenn die neuen Umstände tatsächlich völlig neu sind, mit nichts verglichen werden können, dann ist der Mensch tatsächlich hilflos. Dies tritt im Leben des Erwachsenen aber fast nie oder gar nie ein. Der Mensch weiß also, daß er in dem Neuen etwas schon Dagewesenes findet, nur in anderem Zusammenhang, in neuer Kombination. Das Wesen der Vernunft besteht nun darin, das Neue zu analysieren und dadurch Ähnlichkeiten in Verschiedenem zu entdecken, im Neuen das Alte wiederzufinden. Der Mensch zergliedert also die neuen Erfahrungen in bestimmte, ihm schon vertraute Bestandteile, um sich dann passend verhalten zu können; das ist der eigentliche Kern der *ratio*, des Vernunft-Vermögens (womit keine dogmatische Bestimmung getroffen sein soll, worin die Vernunft eigentlich besteht). Zunächst ist der Erkenntnisprozeß also eine biologische Funktion; später geht der Erkenntnisprozeß vor sich, auch ohne daß er zum Leben notwendig ist. Im täglichen Leben gebraucht, bedeutet das Wort „Erkenntnis" immer den Vorgang, dem Unbekannten seine

Fremdheit zu nehmen und aus ihm etwas Bekanntes, Vertrautes zu machen. Diese Tätigkeit, im Unbekannten das Bekannte aufzufinden, bereitet dem Menschen Freude; die wissenschaftliche Neugierde, der Erkenntnistrieb, wird zu einer lustvollen Tätigkeit, zum Selbstzweck, zu einer Art Spiel. Die wissenschaftlichen Erkenntnisse unterscheiden sich von denen des täglichen Lebens dadurch, daß sie um ihrer selbst willen gesucht werden. Wenn sie nachher auch einem praktischen Zwecke zugeführt werden, so werden sie doch ursprünglich um der Freude an der Erkenntnis willen erstrebt.

Bei der Erkenntnis handelt es sich also erstens um Auffindung der Ähnlichkeit, und zweitens darum, die alten Elemente in neuer Kombination zu erfassen. Die Fähigkeit der Kombination ermöglicht dem Menschen, durch neue Situationen nicht überrascht zu werden und auch Erfindungen zu machen, d. h., eine neue Kombination von bekannten Elementen selbst herzustellen (z. B. Werkzeuge herzustellen und zu gebrauchen). Die neuen Elemente in alte aufzulösen ist die passive Anpassung; selbst neue Kombinationen zu schaffen, um in die Umwelt einzugreifen, ist aktive Anpassung.

Der Mensch muß jedenfalls die neuen Situationen in irgendeiner Weise vorwegnehmen können, um zu wissen, wie es zweckmäßig ist, daß er sich unter neuen Verhältnissen benimmt; dazu bedarf er der Voraussicht. Erkenntnis dient also auf jeden Fall der Voraussicht. Der Mensch muß in Gedanken mit diesen Dingen operieren können. Diese Gedanken sind wieder nichts anderes als Zeichen für das Wirkliche. Anstatt mit der Wirklichkeit selbst zu experimentieren, operiert der Mensch zunächst in Gedankengebilden. Dazu werden Worte benützt. Mit diesen kann man kombinieren, neue Situationen ausdrücken, Bilder von neuen Tatbeständen herstellen, die in der Wirklichkeit noch nicht dagewesen sind (ein Denkproblem im weitesten Sinne). Das Erkennen besteht in einer symbolischen Reduktion des einen auf das andere. Wir nehmen nicht die Gegenstände selbst, sondern operieren mit Zeichen dafür. Auch in der Wissenschaft heißt Erkenntnis nichts anderes als Verbindung des Unbekannten mit etwas früher Bekanntem; Erkennen ist immer ein Wiedererkennen. Nehmen wir z.B. die Frage: „Wer ist der Verfasser der Schrift über den Staat der Athener?" Dieser Verfasser ist hier zunächst als unbekannte Größe eingeführt; Antwort: „Aristoteles". Hier handelt es sich um eine Erkenntnis, weil uns Aristoteles schon früher bekannt war. Die naturwissenschaftlichen Erkenntnisse bestehen auch immer darin, daß das eine auf das andere zurückgeführt wird, z.B. die verschiedenen Gattungen von Wellen: Licht-, Radio-, Röntgenwellen, Gammastrahlen; man kann diese verschiedenen Namen entbehren und alle als elektromagnetische Wellen, natürlich von verschiedener Wellenlänge, bezeichnen. Auch die unterscheidenden Zahlen sind bekannte Worte, deren Bedeutung wir kennen. So kann man also viele Namen durch eine Kombination anderer Zeichen ersetzen. Man kann in der Chemie mit Hilfe von 90 Zeichen viele Namen ersparen, also viele Tatbestände mit einer viel geringeren Menge von Zeichen ausdrücken. Deshalb ist auch jede chemische Formel eine Erkenntnis. Bei jeder wirklichen Erkenntnis werden die Zeichen reduziert. Der Physiker hat die Zeichen des Chemikers noch verringert und nimmt anstatt der 90 Zeichen nur Protonen und positive und negative Elektronen an, aus denen die einzelnen Elemente zusammengesetzt sind.

Jedesmal, wenn eine Erkenntnis vorliegt, drückt man einen neuen Tatbestand durch alte Zeichen aus. Das aber haben wir als das Wesen des Ausdrucks bezeichnet. So kommen wir jetzt also von einer ganz anderen Seite zum Ausdruck zurück und finden, daß sprachlicher Ausdruck und Erkenntnis ein- und dasselbe ist; die Erkenntnis ist ein Ausdruck. Wir können also diese beiden Worte füreinander einsetzen; wir haben die Erkenntnis als eine Art des Ausdrucks erkannt. Ein Ausdruck findet gewöhnlich in der

Form eines Satzes statt oder eines Urteils, wenn es ein sprachlicher Ausdruck ist. Daher ist eine Erkenntnis ein Ausdruck, der in einem Satz, einem Urteil stattfindet; ein Urteil oder Satz enthält eine Erkenntnis. – Wenn jede Erkenntnis ein Ausdruck ist, ist dann auch jeder Ausdruck eine Erkenntnis, also die Beschreibung eines neuen Tatbestandes mit alten Mitteln? Man kann das in gewissem Sinne zugeben, muß aber doch auf Unterschiede hinweisen. Wir können jeden in einem Satze formulierten Ausdruck Erkenntnis nennen. Es gibt aber auch Ausdrücke, die einfach Feststellungen eines Tatbestandes sind, und diese kann man jedenfalls nicht als Erkenntnis in wissenschaftlichem Sinne betrachten. Es muß da ein Unterschied gemacht werden zwischen Beschreibung und Erklärung. Eine Erkenntnis in wissenschaftlichem Sinne liegt nur dort vor, wo es sich um eine Erklärung handelt. Die Erklärung in wissenschaftlichem Sinn ist von der bloßen Beschreibung oder Feststellung zu unterscheiden. Dadurch z.B., daß man festgestellt hat, daß Wasser bei 100 °C kocht, hat man diesen Vorgang noch nicht erklärt. Es hat aber in der Geschichte der exakten Wissenschaften eine Periode zur Zeit des Physikers Kirchhoff gegeben, wo man sagte, die Wissenschaft erkläre nicht, sie beschreibe bloß. Diese Worte, an denen etwas Richtiges ist, wurden irrtümlich als ein Verzicht für die Wissenschaft aufgefaßt. Es ist mißverständlich zu meinen, daß durch diese Konstatierung der Unterschied zwischen Erklärung und Beschreibung aufgehoben sei, den wir doch im täglichen Leben auch machen. Diese Feststellung ist vielmehr kein Verzicht, sondern zeigt ganz richtig, was wir mit Erklärung meinen: eine Beschreibung bestimmter Art. Schon in die bloße Beschreibung einer Tatsache gehen Erkenntnisakte ein. Beschreibungen sind Feststellungen von Tatsachen und als solche auch Erkenntnisse; man muß die Kreide z.B. erst als Kreide erkennen, bevor man über sie etwas aussagen kann. Die Sätze, die Worte wie „dies" oder „das" enthalten, die auf etwas hinweisen, sind die primitivste Form von Erkenntnissen. Die Tatsache wird festgestellt, indem man einen Satz ausspricht. Davon unterscheiden wir die Erklärung, die darin besteht, daß man für die eben beschriebene Tatsache nun nicht bloß die Worte verwendet, die durch die Beschreibung eben eingeführt sind oder die in der Wissenschaft dafür gebräuchlich sind, sondern andere, neue Worte, z.B. anstatt Kreide „kohlensaurer Kalk" oder „Schalen von Diatomeen", die ihrerseits aus kohlensaurem Kalk bestehen u.a.; da geht man über die Beschreibung hinaus und führt durch die Methode der Wissenschaft eine neue Kombination von Worten ein, die gestatten, für den betreffenden Gegenstand etwas von ganz anderer Seite her schon Bekanntes zu setzen. Jede Erklärung heißt also, das zur Beschreibung verwendete Wort durch andere Worte ersetzen. Das Wort „warm" kann man z.B. durch „Bewegung der kleinsten Teilchen" ersetzen, was natürlich noch spezialisiert werden muß. Jede Erklärung also, wie die Erkenntnis, ist das Zurückführen des Besonderen auf das Allgemeine. Der Blitz wird z.B. auf eine andere, auch im Laboratorium herstellbare Erscheinung zurückgeführt, auf den elektrischen Funken; man hat das eine im anderen wiedergefunden.

(Wir sprechen hier immer nur von Zeichen, Worten, nie von Begriffen. Man braucht das Wort „Begriff" eigentlich gar nicht, um sich über alles zu verständigen, was im Leben und in der Philosophie vorkommen kann. Diese Feststellung, daß man von Begriffen nicht zu reden braucht, daß es genügt, von Worten und Zeichen zu reden, ist schon ein Ansatz zur Lösung des Platonischen Problems. Es soll damit aber nicht gesagt sein, daß Begriffe bloß Worte sind.)

Wir finden also das Wort „Erkenntnis" überall dort, wo wir das Neue durch alte Zeichen erklären. Dazu braucht man einen Ausdruck. Das Erkennen ist eben ein Ausdruck. Zu jeder Erkenntnis gehören zwei Glieder: eines, das erkannt wird, und eines, durch das es erkannt wird. Die Glieder, die zu jeder Beschreibung, Erklärung, Erkenntnis gehören, sind im

Ausdruck verbunden. Das eine erklärt das andere, das eine drückt das andere aus, und dadurch, daß das eine auf das andere zurückgeführt und als Spezialfall des Allgemeinen dargestellt ist, wird eine Ordnung in der Welt eingeführt. Durch die Erkenntnistätigkeit wird also eine Ordnung der Tatsachen hergestellt, und diese brauchen wir eben, denn um entsprechend reagieren zu können, müssen wir die Gegenstände und Tatsachen entsprechend eingeordnet haben. Das theoretische Ziel der Erkenntnis ist, die Ordnung in der Welt zu entdecken, denn die Welt ist geordnet. Das tun wir dadurch, daß wir in unsere Zeichen, unsere Ausdrücke, Ordnung bringen. Wir setzen an Stelle der Gegenstände, die meist unserer Macht entzogen sind, Symbole und operieren anstatt mit den Gegenständen selbst mit den Zeichen dafür und bilden so in unseren Büchern, wissenschaftlichen Beschreibungen etc. die Ordnung in der Welt ab.

Wesen der Erkenntnis und Wesen des Ausdrucks sind in gewissem Sinne eines wie das andere. Jede Erkenntnis ist ein Ausdruck, und da wir zum Begriffe des Ausdrucks von der Möglichkeit der Mitteilung, von der Sprache her gekommen sind, so kann man sagen, daß die Erkenntnis mit der Mitteilung, der Sprache, innigst zusammenhängt. Erkenntnis heißt also weiter nichts anderes, als über die Tatsachen in besonderer Weise sprechen (im allgemeinsten Sinne nämlich, wo „sprechen" ausdrücken, denken etc. bedeutet); die besondere Art bezieht sich darauf, daß die Sprache so eingerichtet sein soll, daß wir eines Minimums von willkürlichen Festsetzungen bedürfen. Die Aufgabe der Erkenntnis besteht darin, die Zahl der Zeichen oder besser, die Zahl der Konventionen (Zuordnungen von Worten, Zeichen etc. zum Gegenstand) möglichst klein zu machen. Der Zweck der Erkenntnis ist dann erfüllt, wenn man die Tatsachen mit Hilfe einer möglichst geringen Zahl von Bedeutungskonventionen (erlernten Bedeutungen) sich klar machen kann. Es ist nur wichtig, dies im Prinzip festzuhalten, die Möglichkeit aufzuzeigen; praktisch müssen wir nicht immer nur mit den wenigen Zeichen operieren. – So haben wir gesehen, daß Erkenntnis und Sprache nicht nur lose zusammenhängen, sondern wirklich zusammengehören.

Victor Kraft

Wissenschaftliche Erkenntnis und Philosophie (1967)

Wissenschaftliche Erkenntnis beruht auf *eigener Einsicht.* Diese wird nur möglich, wenn man sich von jeder Behauptung grundsätzlich selbst überzeugen kann, ob sie wahr ist. Deshalb muß jede wissenschaftliche Aussage *grundsätzlich nachprüfbar* sein. Man darf nicht gezwungen sein, etwas auf eine Autorität hin als wahr anzunehmen. Freilich nehmen wir in der Wissenschaft die ganzen Errungenschaften der Vergangenheit auf guten Glauben hin an. Aber es steht uns immer frei, sie selbst nachzuprüfen, und das geschieht auch immer wieder, gewöhnlich indirekt, durch ihre Konsequenzen. Wissenschaftliche Aussagen sind wesenhaft *allgemeingültig.*

Eine wissenschaftliche Aussage muß *präzise und eindeutig* sein; sie darf nicht vage und unbestimmt sein, so daß sie jeder anders verstehen kann. Bei einer Kontroverse ist es die erste Aufgabe, den Streitpunkt klar zu formulieren, damit man nicht aneinander vorbeiredet. Für präzise Aussagen braucht man *klare Begriffe,* dazu muß man sie definieren und die undefinierten Grundbegriffe durch Regeln für ihre Verwendung festlegen.

Für eine jede wissenschaftliche Aussage muß es feststellbar sein, woher man das weiß, was sie behauptet, warum das wahr ist. *Der Grund ihrer Geltung muß sich klar angeben lassen.* Dazu muß sie auf *letzte Geltungsgrundlagen* zurückgeführt werden können. Dadurch unterscheidet sich eine wissenschaftliche Aussage von einer beliebigen, willkürlichen Behauptung. Eine letzte Geltungsgrundlage besteht im *Erleben*. Daß man etwas gesehen oder sonstwie wahrgenommen hat, darin liegt eine nicht wegzuleugnende Tatsache, auch wenn es nicht immer *die* Tatsache ist, die man zunächst damit vor sich zu haben glaubt. Aber daß man doch gewisse Sensationen gehabt hat, daß etwas da war, bleibt bestehen. Eine andere Grundlage bildet die *Logik*. Alle Ordnung der Begriffe, alles Schließen, alles Beweisen beruht auf den Regeln der Logik. Wie alles Definieren auf Grundbegriffe zurückgeht, so alle Ableitung von Sätzen auf *Grundsätze*. Diese stellen die letzten Geltungsgrundlagen einer Ableitung dar. Solche Grundsätze werden entweder als oberste Voraussetzungen eingeführt, die man braucht, um ein System von Folgerungen daraus entwickeln zu können, wie in der Mathematik. Sie gelten dann aber nicht für die Wirklichkeit, denn sie können ja willkürlich gewählt werden. Oder wenn sie sich auf die Wirklichkeit beziehen, können sie nur als Hypothesen, als allgemeinste Annahmen aufgestellt werden, wie in den Realwissenschaften. Diese müssen dann aber noch durch Erfahrungen, in letzter Linie immer durch Wahrnehmungen bestätigt werden.

Wissenschaftliche Aussagen werden schon durch ihren Geltungszusammenhang miteinander verknüpft. Aber darüber hinaus ist einer Wissenschaft die *logische Ordnung ihrer Erkenntnisse* wesentlich. Sie stehen nach dem Verhältnis von Allgemeinerem und Speziellerem in Über-, Unter- und Nebenordnung, und damit ergibt sich der systematische Aufbau einer jeden Wissenschaft. Das sind die Bedingungen wissenschaftlicher Erkenntnis.

*

Die philosophischen Systeme sind, so wie sie dastehen, alle keine Erkenntnis. Es sind wohl vielfach einzelne Erkenntnisse in ihnen enthalten, sie haben bisweilen auch Hypothesen antezipiert, die dann von den Fachwissenschaften verifiziert worden sind. Aber im ganzen genommen, in ihren Weltansichten können sie nicht als Erkenntnisse angesehen werden, die sich den spezialwissenschaftlichen Erkenntnissen an die Seite stellen lassen. Denn sie bauen sich nicht methodisch auf einer soliden Grundlage auf, sondern es sind begriffliche Konstruktionen, die mit mehr oder weniger Phantasie erdacht sind. Sie konstruieren eine Welt in Gedanken, jedes System eine andere, wobei es zumeist ohne Konstruktionsfehler nicht abgeht. Man kann nicht einmal sagen, daß sie *mögliche* Erkenntnisse sind, denen nur die Begründung fehlt, daß sie mögliche Ansichten der Welt geben. Denn sie gehen über das weit hinaus, was überhaupt erkennbar ist. Es sind Begriffsdichtungen, Phantasien über das Thema: Welt.

Darin liegt ihr großer Reiz und ihre Anziehungskraft. Sie ziehen uns an wie Kunstwerke in ihrer einheitlichen Gestaltung und Geschlossenheit und durch ihren Gefühlsgehalt und ihre Lebensstimmung. Sie werden uns bedeutungsvoll als die Arten, wie große Persönlichkeiten die Welt und das Leben gesehen und sich zurechtgelegt haben. Und darüber hinaus fesseln sie unser Interesse als zusammengefaßter Ausdruck eines Zeitgeistes und einer nationalen Mentalität (wie des französischen Rationalismus, des englischen Realismus, der deutschen Romantik) – so wie das alles auch bei den Werken der Kunst der Fall ist. Die Weltansichten der philosophischen Systeme sind Schöpfungen der konstruierenden Phantasie, ähnlich wie die Kunstwerke. Aber sie sind keine allgemeingültige Erkenntnis. Es ist nicht in erster Linie ihre Verschiedenheit und Unverträglichkeit miteinander, welche den Einwand gegen sie bildet – auch in den Fachwissenschaften können sich verschiedene Hypothesen gegenüberstehen –, sondern ihr *Mangel an einer hinreichenden Grundlage* und ihr *dogmatischer Charakter*. [. . .]

Eine Weltansicht, die auf wissenschaftliche Erkenntnis gegründet sein soll, kann nur durch Erfahrungserkenntnis aufgebaut werden. Sie ist an diese gebunden und kann darum nicht über den Bereich der Erfahrung hinausgehen.

Deshalb ist es der Philosophie nicht möglich, etwas, das jenseits aller Erfahrung liegt, das „Transzendente", zu er-

kennen. Auch sie ist nicht imstande, mehr zu erkennen, als was die Erfahrung vermag. Das wahre Wesen zum Unterschied vom erfahrbaren, ein „absolutes" Sein, übersinnliche Wesenheiten und Vorgänge, alle diese Bereiche, die der Erfahrung nicht mehr zugänglich sind, bleiben auch der Philosophie verschlossen, wenn sie wirkliche Erkenntnis geben soll. Es besteht gar keine Möglichkeit, etwas Erfahrungsjenseitiges in bestimmter Weise auch nur zu denken. Denn es ist völlig zweifelhaft, ob sich unsere aus der Erfahrung gewonnenen Begriffe zu seiner Bestimmung verwenden lassen. Und gänzlich andere können wir uns nicht ausdenken. Nicht einmal, daß die Verwendung empirischer Begriffe unstatthaft sei, kann man behaupten. Denn man kann ja eben überhaupt nichts darüber sagen, was im Unerfahrbaren gilt und was nicht. [...]

Was die *transzendente Metaphysik* verspricht, kann sie nicht halten. Nachdem sie keine besondere Erkenntnisquelle zur Verfügung hat, wie gezeigt worden ist, kann sie nur Anleihen bei der Erfahrung machen und daraus Kombinationen bilden, wie es früher am Beispiel *Hegels* dargelegt worden ist. Ein konsequenter Versuch, sich über die Erfahrung zu erheben, muß in der bloßen Negation enden, wie die Theologie *Plotins.* Woher sollte sie denn sonst ihr Material erhalten? Das zeigt sich darin mit aller Klarheit: Wäre sie wirklich imstande, den Erfahrungsbereich zu überschreiten, dann müßte sie wohl ganz andere Einsichten bringen, als sie bisher zustande gebracht hat!

David Hume

Ursache und Wirkung (1758)

Die meisten Menschen finden es gar nicht schwer, die gewöhnlicheren und bekannteren Naturvorgänge zu erklären;

so den Fall schwerer Körper, das Wachstum der Pflanzen, die Erzeugung der Tiere oder die Ernährung der Körper durch Lebensmittel. Sie bilden sich ein, in all diesen Fällen die Kraft oder Energie selbst aufzufassen, durch welche die Ursache mit der Wirkung verknüpft und ihre Wirksamkeit auf immer unfehlbar bestimmt ist. Durch lange Gewohnheit bildet sich eine solche Geistesrichtung bei ihnen aus, daß sie beim Auftreten der Ursache unmittelbar mit Sicherheit deren gewöhnliche Begleitung erwarten und es kaum für möglich halten, daß irgend ein anderer Erfolg daraus hervorgehen könne. Erst beim Auftreten außerordentlicher Erscheinungen, wie Erdbeben, Seuchen und Ungeheuerliches allerart, finden sie sich außerstande, eine passende Ursache anzugeben und die Art, wie die Wirkung aus ihr folgt, zu erklären. Gewöhnlich nimmt der Mensch in solcher Verlegenheit seine Zuflucht zu einem unsichtbaren vernünftigen Prinzip als der unmittelbaren Ursache des überraschenden Ereignisses, das seiner Meinung nach durch die gewöhnlichen Naturkräfte nicht erklärt werden kann. Philosophen aber, die ihre Prüfung etwas weiter treiben, bemerken sofort, daß selbst in den gewohntesten Ereignissen die Energie der Ursache genau so unverständlich ist wie in den ungewohntesten, und daß wir nur durch Erfahrung den häufigen *Zusammenhang* von Gegenständen kennen lernen, ohne je etwas einer *Verknüpfung* ähnliches erfassen zu können. [...]

Wir haben vergebens nach einer Vorstellung von Kraft oder notwendiger Verknüpfung in all den Quellen gesucht, aus denen sie unserer Ansicht nach abfließen konnte. Es zeigt sich, daß wir in Einzelfällen der Wirksamkeit von Körpern auch mit äußerster Genauigkeit der Prüfung nie etwas anderes entdecken können, als daß ein Ereignis dem anderen folgt; aber wir sind nicht imstande, irgendwelche Kraft oder Macht zu begreifen, durch welche die Ursache wirkt, oder irgend eine Verknüpfung zwischen ihr und der angenommenen Wirkung. [...]

Selbst wenn ein Beispiel oder eine Erfahrungstatsache uns beobachten ließ, daß ein bestimmtes Ereignis einem anderen folgte, so sind wir nicht berechtigt, eine allgemeine Regel zu bilden oder vorauszusagen, was in gleichen Fällen eintreten wird; denn mit Recht gilt es als unverzeihlicher Vorwitz, aus einer einzelnen, auch noch so genauen und gewissen Erfahrungstatsache, ein Urteil über den gesamten Naturlauf abzugeben. Wenn aber eine besondere Art von Ereignissen immer in allen Fällen im Zusammenhang mit einer anderen aufgetreten ist, so scheuen wir uns nicht, beim Erscheinen der einen die andere vorherzusagen und jenen Denkakt anzuwenden, der uns allein Tatsachen oder Dasein sicherstellt. Wir nennen dann den einen Gegenstand Ursache, den anderen Wirkung. Wir nehmen an, daß es irgend eine Verknüpfung zwischen beiden gibt, irgendwelche Kraft im einen, durch die er unfehlbar den anderen hervorbringt und mit größter Gewißheit und strengster Notwendigkeit wirkt.

Hiernach scheint es, daß die Vorstellung einer notwendigen Verknüpfung von Ereignissen ihren Ursprung in einer Häufung eingetretener gleichartiger Fälle hat, in denen beständig diese Ereignisse im Zusammenhang standen; ein einzelner solcher Fall kann nie jene Vorstellung eingeben, wenn man ihn auch von allen Seiten beleuchtet und prüft. In einer Mehrzahl von Fällen findet sich aber nichts von jedem Einzelfalle Verschiedenes, der als ganz gleichartig mit ihnen angenommen wird, ausgenommen, daß nach einer Wiederholung gleichartiger Fälle der Geist aus Gewohnheit veranlaßt wird, beim Auftreten des einen Ereignisses dessen übliche Begleitung zu erwarten und zu glauben, daß sie ins Dasein treten werde. Diese Verknüpfung also, die wir im Geist empfinden, dieser gewohnheitsmäßige Übergang der Einbildung von einem Gegenstand zu seinem üblichen Begleiter ist das Gefühl oder der Eindruck, nach dem wir die Vorstellung von Kraft oder notwendiger Verknüpfung bilden. Weiter steckt nichts dahinter. Auch bei allseitiger Betrachtung der Frage läßt sich niemals ein anderer Ursprung jener Vorstellung auffinden. Es gibt nur diesen einen Unterschied zwischen einem Einzelfall, von dem wir nie die Vorstellung der Verknüpfung erhalten, und einer Anzahl gleichartiger Fälle, die uns dieselbe eingibt. Als zum ersten Male die Mitteilung einer Bewegung durch Stoß, wie etwa bei dem Zusammenpralle zweier Billardkugeln, von einem Menschen beobachtet wurde, konnte dieser nicht aussagen, daß das eine Ereignis mit dem anderen verknüpft war, sondern nur, daß das eine mit dem anderen in Zusammenhang stand. Nachdem er mehrere Beispiele dieser Art gesehen hat, erklärt er sie für verknüpft. Was hat sich so geändert, daß diese neue Vorstellung der Verknüpfung entstand? Weiter nichts, als daß er nun diese Ereignisse als in seiner Einbildung verknüpft empfindet und leicht das Dasein des einen aus dem Auftreten des anderen vorhersagen kann. Behaupten wir also, daß ein Gegenstand mit einem anderen verknüpft ist, so meinen wir nur, daß sie in unserem Denken eine Verknüpfung eingegangen sind.

Körper und Geist

René Descartes

Körper und Geist
a) sind grundsätzlich verschieden (1641)

Nun bemerke ich hier, daß zwischen Geist und Körper insofern ein großer Unterschied besteht, als der Körper seiner Natur nach stets teilbar, der Geist hingegen durchaus unteilbar ist. Denn, in der Tat, wenn ich diesen betrachte, d.h. mich selbst, insofern ich nur ein denkendes Wesen bin, so kann ich in mir keine Teile unterscheiden, sondern erkenne mich als ein durchaus einheitliches und ganzes Ding. Und wenngleich der ganze Geist mit dem ganzen Körper verbunden zu sein scheint, so erkenne ich doch, daß, wenn man den Fuß oder den Arm oder irgendeinen anderen Körperteil abschneidet, darum nichts vom Geiste weggenommen ist. Auch darf man nicht die Fähigkeiten des Wollens, Empfindens, Erkennens usw. als seine Teile bezeichnen, ist es doch ein und derselbe Geist, der will, empfindet und erkennt. Im Gegenteil aber kann ich mir kein körperliches, d.h. ausgedehntes Ding denken, das ich nicht in Gedanken unschwer in Teile teilen und ebendadurch als teilbar erkennen könnte, und das allein würde hinreichen, mich zu lehren, daß der Geist vom Körper gänzlich verschieden ist, wenn ich es noch nicht anderswoher zur Genüge wüßte.

Sodann bemerke ich, daß der Geist nicht von allen Körperteilen unmittelbar beeinflußt wird, sondern nur vom Gehirn, oder vielleicht sogar nur von einem ganz winzigen Teile desselben, nämlich von dem, worin der Gemeinsinn seinen Sitz haben soll. Sooft sich dieser Teil nun in demselben Zustand befindet, läßt er den Geist dasselbe empfinden, selbst wenn inzwischen die übrigen Teile des Körpers ihren

Zustand geändert haben sollten, wie unzählige Erfahrungen beweisen, die ich hier nicht aufzuzählen brauche.

b) . . . stehen aber in Wechselwirkung (1649)

Es gibt eine kleine Drüse im Gehirn,
über welche die Seele in spezifischerer Weise
als über die anderen Glieder ihre Funktionen ausübt.

Es ist auch nötig zu wissen, daß, obgleich die Seele mit dem ganzen Körper verbunden ist, es einen bestimmten Teil gibt, über den sie mehr als über alle anderen ganz spezifisch ihre Funktion ausübt. Man glaubt gewöhnlich, dieser Körperteil sei das Hirn oder vielleicht das Herz; das Hirn, weil sich mit diesem die Sinnesorgane verbinden, und das Herz, weil man in ihm die Leidenschaften fühlt. Nachdem ich aber die Sache sorgfältig untersucht habe, bin ich mir gewiß, erkannt zu haben, daß der Körperteil, über den die Seele ihre Funktionen unmittelbar ausübt, keineswegs das Herz ist, noch auch das ganze Gehirn, sondern nur der innerste von dessen Teilen, welches eine gewisse sehr kleine Drüse ist, die inmitten der Hirnsubstanz liegt und so oberhalb des Wegs, den die Lebensgeister von dessen vorderen Kammern zu den hinteren nehmen, hängt, daß ihre kleinsten Bewegungen sehr stark den Strom der Lebensgeister zu verändern vermögen und daß umgekehrt die geringsten Veränderungen, die im Strömen der Lebensgeister vorkommen, sehr viel dazu beitragen, die Bewegungen dieser Drüse zu verändern.

Woraus man erkennt,
daß diese Drüse der Hauptsitz der Seele ist.

Der Grund, der mich überzeugt, daß die Seele keine andere Stelle im ganzen Körper haben kann als diese Drüse, wo sie unmittelbar ihre Funktion ausüben kann, liegt darin, daß alle anderen Teile unseres Gehirns doppelt vorhanden sind, so wie wir auch zwei Augen, zwei Hände, zwei Ohren haben, und überhaupt alle unsere äußeren Sinnesorgane doppelt vorhanden sind. Damit wir also nur einen einzigen und einfachen Gedanken von der gleichen Sache und zur gleichen Zeit haben, ist es notwendig, daß es eine Stelle gibt, wo die zwei Bilder, die von den beiden Augen kommen oder zwei andere Eindrücke, die von einem einzigen Gegenstand durch die doppelten Organe der anderen Sinne kommen, sich zu einem verbinden können, bevor sie zur Seele gelangen, damit sie dieser nicht zwei anstatt einem Bild darbieten. Man kann auch leicht bemerken, daß sich diese Bilder oder anderen Eindrücke in dieser Drüse durch Dazwischentreten der Lebensgeister, welche die Kammern des Hirns füllen, vereinigen. Es gibt aber keine andere Stelle im Körper, wo sie somit vereinigt worden sein können, wenn sie es nicht in dieser Drüse sind. [...]

Wie Seele und Körper aufeinander einwirken.

Halten wir jetzt aber fest, daß die Seele ihren Hauptsitz in der kleinen Drüse in der Mitte des Hirns hat, von wo sie auf den ganzen übrigen Körper mittels der Lebensgeister, der Nerven und selbst des Bluts wirkt, das bei der Prägung der Lebensgeister mitwirkt und sie über die Arterien in alle Glieder bringt. Erinnern wir uns auch daran, was oben über die Maschine unseres Körpers gesagt worden ist, d.h., daß die feinen Nervenfasern so in allen Körperteilen verteilt sind, daß sie aus Anlaßt der verschiedenen Bewegungen, die durch Sinnesobjekte ausgelöst werden, verschieden die Poren des Hirns öffnen und so bewirken, daß die in seinen Kammern enthaltenen Lebensgeister in unterschiedlicher Weise in die Muskeln eindringen, mittels welcher sie dann die Glieder in den verschiedensten Weisen, deren diese fähig sind, bewegen. Ferner [erinnern wir uns daran], daß allein alle die anderen Ursachen, die in verschiedener Weise die Lebensgeister bewegen, auch ausreichen, um sie in die verschiedenen Muskeln zu bringen. Fügen wir nun noch hinzu, daß diese kleine Drüse der Hauptsitz der Seele ist, der so zwischen den Hirnkammern, welche die Lebensgeister enthalten, aufgehangen ist, daß sie durch die Lebensgeister entsprechend den verschiedenartigen Bewegungen, die es bei den Sinneswahrnehmungen der Gegenstände gibt, bewegt werden kann, aber daß sie auch in verschiedener Weise durch die Seele bewegt werden kann, welche die Fähigkeit besitzt, entsprechend unterschiedliche Eindrücke aufzunehmen, d.h. daß sie soviele unterschiedliche Wahrnehmungen hat, wie es verschiedene Bewegungen dieser Drüse gibt. Umgekehrt ist auch die Maschine unseres Körpers so konstruiert, daß allein daraus, daß diese Drüse unterschiedlich durch die Seele oder eine andere Ursache bewegt ist, sie die umgebenden Lebensgeister in die Poren des Hirns schickt, die sie durch die Nerven in die Muskeln weiterleiten, mittels deren sie dann die Glieder bewegen.

Beispiel für die Weise,
wie die Eindrücke der Gegenstände
sich in der Drüse in der Mitte des Gehirns vereinigen.

Wenn wir zum Beispiel ein Tier auf uns zukommen sehen, malt das Licht, das von seinem Körper reflektiert wird, zwei Bilder von ihm, eines in jedem unserer Augen. Diese beiden Bilder bilden davon zwei weitere mittels der optischen Nerven auf der Innenwand des Gehirns ab. Von da aus strahlen diese Bilder durch Vermittlung der Lebensgeister, von denen diese Kammern erfüllt sind, derart gegen die kleine Drüse, welche von Lebensgeistern umgeben ist, daß die Bewegung, die jedem Punkt von einem jeden dieser Bilder darstellt, auf denselben Punkt der Drüse zielt, den die Bewegung, die den Punkt des anderen Bildes wiedergibt, anzielt, und so denselben Teil des Tieres darstellt. Dadurch bilden die beiden Bilder im Hirn nur ein einziges auf der Drüse ab, das unmittelbar auf die Seele einwirkt und sie die Gestalt des Tieres sehen läßt. [. . .]

Wie man in seinem Gedächtnis
das findet, dessen man sich erinnern will.

Wenn sich also die Seele irgendeiner Sache erinnern will, bewirkt der Wille, daß der Hirnzapfen sich nacheinander zu verschiedenen Seiten neigt und die Lebensgeister an verschiedene Stellen des Hirns bringt, bis sie auf die Spuren stoßen, die das Objekt, dessen man sich erinnern will, dort hinterlassen hat. Denn diese Spuren sind nichts anderes als die Poren des Hirns, durch welche die Lebensgeister vorher aufgrund der Gegenwart des Dinges ihren Lauf genommen haben und die dadurch eine größere Leichtigkeit als andere gewonnen haben, sich in der gleichen Weise zu öffnen, wenn die Lebensgeister gegen sie strömen. Deshalb treten die Lebensgeister, wenn sie zu diesen Poren kommen, dort leichter als in andere ein. Dadurch rufen sie eine besondere Bewegung in der Hirndrüse hervor, welche der Seele gerade das Objekt vorstellt, dessen sie sich erinnern will, und welche es sie erkennen läßt.

Ludwig Wittgenstein

Tiere, Automaten, Bewußtsein (1958)

359. Könnte eine Maschine denken? – Könnte sie Schmerzen haben? – Nun, soll der menschliche Körper so eine Maschine heißen? Er kommt doch am nächsten dazu, so eine Maschine zu sein.

360. Aber eine Maschine kann doch nicht denken! – Ist das ein Erfahrungssatz? Nein. Wir sagen nur vom Menschen, und was ihm ähnlich ist, es denke. Wir sagen es auch von Puppen und wohl auch von Geistern. Sieh das Wort „denken" als Instrument an!

361. Der Sessel denkt bei sich selber: . . .

wo? In einem seiner Teile? Oder außerhalb seines Körpers; in der Luft um ihn? Oder garnicht *irgendwo*? Aber was ist dann der Unterschied zwischen dem inneren Sprechen dieses Sessels und eines andern, der daneben steht? – Aber wie ist es dann mit dem Menschen: Wo spricht *er* zu sich selber? Wie kommt es, daß diese Frage sinnlos scheint; und keine Ortsbestimmung nötig ist, außer der, daß eben dieser Mensch zu sich selbst spricht? Während die Frage, *wo* der Sessel mit sich selbst spreche, eine Antwort zu verlangen scheint. – Der Grund ist: Wir wollen wissen, *wie* der Sessel hier einem Menschen gleichen soll; ob der Kopf z.B. am obern Ende der Lehne ist, usw.

Wie ist das, wenn man im Innern zu sich selbst spricht; was geht da vor? – Wie soll ich's erklären? Nun, nur so, wie du Einen die Bedeutung des Ausdrucks „zu sich selbst sprechen" lehren kannst. Und als Kinder lernen wir ja diese Bedeutung. – Nur, daß niemand sagen wird, wer sie uns lehrt, sage uns, ‚was da vorgeht'.[. . .]

412. Das Gefühl der Unüberbrückbarkeit der Kluft zwischen Bewußtsein und Gehirnvorgang: Wie kommt es, daß das in die Betrachtungen des gewöhnlichen Lebens nicht hineinspielt? Die Idee dieser Artverschiedenheit ist mit einem leisen Schwindel verbunden, – der auftritt, wenn wir logische Kunststücke ausführen. (Der gleiche Schwindel erfaßt uns bei gewissen Theoremen der Mengenlehre.) Wann tritt, in unserm Fall, dieses Gefühl auf? Nun, wenn ich z.B. meine Aufmerksamkeit in bestimmter Weise auf mein Bewußtsein lenke und mir dabei staunend sage: Dies solle durch einen Gehirnvorgang erzeugt werden! – indem ich mir gleichsam an die Stirne greife. – Aber was kann das

heißen: „meine Aufmerksamkeit auf mein Bewußtsein lenken"? Es ist doch nichts merkwürdiger, als daß es so etwas gibt! Was ich so nannte (denn diese Worte werden ja im gewöhnlichen Leben nicht gebraucht), war ein Akt des Schauens. Ich schaute steif vor mich hin – aber *nicht* auf irgend einen bestimmten Punkt oder Gegenstand. Meine Augen waren weit offen, meine Brauen nicht zusammengezogen (wie sie es meistens sind, wenn ein bestimmtes Objekt mich interessiert). Kein solches Interesse war dem Schauen vorangegangen. Mein Blick war ‚vacant'; oder *ähnlich* dem eines Menschen, der die Beleuchtung des Himmels bewundert und das Licht eintrinkt.

Bedenk nun, daß an dem Satz, den ich als Paradox aussprach (DIES werde durch einen Gehirnvorgang erzeugt!) garnichts Paradoxes war. Ich hätte ihn während eines Experiments aussprechen können, dessen Zweck es war zu zeigen, der Beleuchtungseffekt, den ich sehe, werde durch die Erregung einer bestimmten Gehirnpartie erzeugt. – Aber ich sprach den Satz nicht in der Umgebung aus, in welcher er einen alltäglichen und nicht-paradoxen Sinn gehabt hätte. Und meine Aufmerksamkeit war nicht von der Art, die dem Experiment gemäß gewesen wäre. (Mein Blick wäre ‚intent', nicht ‚vacant' gewesen.) [. . .]

416. "Die Menschen sagen übereinstimmend: sie sehen, hören, fühlen, etc. (wenn auch Mancher blind und Mancher taub ist). Sie bezeugen also von sich, sie haben *Bewußtsein.*"
– Aber wie merkwürdig! wem mache ich eigentlich eine Mitteilung, wenn ich sage „Ich habe Bewußtsein"? Was ist der Zweck, mir das zu sagen, und wie kann der Andre mich verstehen? – Nun, Sätze wie „Ich sehe", „Ich höre", „Ich bin bei Bewußtsein" haben ja wirklich ihren Gebrauch. Dem Arzt sage ich „Jetzt höre ich wieder auf diesem Ohr"; dem, der mich ohnmächtig glaubt, sage ich „Ich bin wieder bei Bewußtsein", usw.

417. Beobachte ich mich also und nehme wahr, daß ich sehe, oder bei Bewußtsein bin? Und wozu überhaupt von

Beobachtung reden! Warum nicht einfach sagen „Ich nehme wahr, daß ich bei Bewußtsein bin"? – Aber wozu hier die Worte „Ich nehme wahr" – warum nicht sagen „Ich bin bei Bewußtsein"? – Aber zeigen die Worte „Ich nehme wahr" hier nicht an, daß ich auf mein Bewußtsein aufmerksam bin? – was doch gewöhnlich nicht der Fall ist. – Wenn es so ist, dann sagt der Satz „Ich nehme wahr, daß . . ." nicht, daß ich bei Bewußtsein bin, sondern, daß meine Aufmerksamkeit so und so eingestellt sei.

Aber ist es denn nicht eine bestimmte Erfahrung, die mich veranlaßt, zu sagen „Ich bin wieder bei Bewußtsein"? – *Welche* Erfahrung? In welcher Situation sagen wir es?

418. Ist, daß ich Bewußtsein habe, eine Erfahrungstatsache? – Aber sagt man nicht vom Menschen, er habe Bewußtsein; vom Baum, oder Stein aber, sie haben keines? – Wie wäre es, wenn's anders wäre? – Wären die Menschen alle bewußtlos? – Nein; nicht im gewöhnlichen Sinn des Worts. Aber ich, z.B., hätte nicht Bewußtsein – wie ich's jetzt tatsächlich habe.

419. Unter welchen Umständen werde ich sagen, ein Stamm habe einen *Häuptling?* Und der Häuptling muß doch *Bewußtsein* haben. Er darf doch nicht ohne Bewußtsein sein!

420. Aber kann ich mir nicht denken, die Menschen um mich her seien Automaten, haben kein Bewußtsein, wenn auch ihre Handlungsweise die gleiche ist wie immer? – Wenn ich mir's jetzt – allein in meinem Zimmer – vorstelle, sehe ich die Leute mit starrem Blick (etwa wie in Trance) ihren Verrichtungen nachgehen – die Idee ist vielleicht ein wenig unheimlich. Aber nun versuch einmal im gewöhnlichen Verkehr, z.B. auf der Straße, an dieser Idee festzuhalten! Sag dir etwa: „Die Kinder dort sind bloße Automaten; alle ihre Lebendigkeit ist bloß automatisch." Und diese Worte werden dir entweder gänzlich nichtssagend werden; oder du wirst in dir etwa eine Art unheimliches Gefühl, oder dergleichen, erzeugen.

Einen lebenden Menschen als Automaten sehen, ist analog dem irgend eine Figur als Grenzfall oder Variation einer andern zu sehen, z.B. ein Fensterkreuz als Swastika.

IV.

„Ich glaube, daß er leidet." – *Glaube* ich auch, daß er kein Automat ist?

Nur mit Widerstreben könnte ich das Wort in diesen beiden Zusammenhängen aussprechen.

(Oder ist es *so:* ich glaube, daß er leidet; ich bin sicher, daß er kein Automat ist? Unsinn!)

Denke, ich sage von einem Freunde: „Er ist kein Automat." – Was wird hier mitgeteilt, und für wen wäre es eine Mitteilung? Für einen *Menschen,* der den Andern unter gewöhnlichen Umständen trifft? Was *könnte* es ihm mitteilen! (Doch höchstens, daß dieser sich immer wie ein Mensch, nicht manchmal wie eine Maschine benimmt.)

„Ich glaube, daß er kein Automat ist" hat, so ohne weiteres, noch gar keinen Sinn.

Meine Einstellung zu ihm ist eine Einstellung zur Seele. Ich habe nicht die *Meinung,* daß er eine Seele hat.

Die Religion lehrt, die Seele könne bestehen, wenn der Leib zerfallen ist. Verstehe ich denn, was sie lehrt? – Freilich verstehe ich's – ich kann mir dabei manches vorstellen. Man hat ja auch Bilder von diesen Dingen gemalt. Und warum sollte so ein Bild nur die unvollkommene Wiedergabe des ausgesprochenen Gedankens sein? Warum soll es nicht den *gleichen* Dienst tun wie die gesprochene Lehre? Und auf den Dienst kommt es an.

Wenn sich uns das Bild vom Gedanken im Kopf aufdrängen kann, warum dann nicht noch viel mehr das vom Gedanken in der Seele?

Der menschliche Körper ist das beste Bild der menschlichen Seele.

Wie ist es aber mit so einem Ausdruck: „Als du es sagtest, verstand ich es in meinem Herzen"? Dabei deutet man auf's Herz. Und *meint* man diese Gebärde etwa nicht?! Freilich meint man sie. Oder ist man sich bewußt, *nur* ein Bild zu gebrauchen? Gewiß nicht. – Es ist nicht ein Bild unserer Wahl, nicht ein Gleichnis, und doch ein bildlicher Ausdruck.

Friedrich Nietzsche

Sprache und Bewußtsein (1882)

Vom „Genius der Gattung". – Das Problem des Bewusstseins (richtiger: des Sich-Bewusst-Werdens) tritt erst dann vor uns hin, wenn wir zu begreifen anfangen, inwiefern wir seiner entrathen könnten: und an diesen Anfang des Begreifens stellt uns jetzt Physiologie und Thiergeschichte (welche also zwei Jahrhunderte nöthig gehabt haben, um den vorausfliegenden Argwohn *Leibnitzens* einzuholen). Wir könnten nämlich denken, fühlen, wollen, uns erinnern, wir könnten ebenfalls „handeln" in jedem Sinne des Wortes: und trotzdem brauchte das Alles nicht uns „in's Bewusstsein zu treten" (wie man im Bilde sagt). Das ganze Leben wäre möglich, ohne dass es sich gleichsam im Spiegel sähe: wie ja thatsächlich auch jetzt noch bei uns der bei weitem überwiegende Theil dieses Lebens sich ohne diese Spiegelung abspielt –, und zwar auch unsres denkenden, fühlenden, wollenden Lebens, so beleidigend dies einem älteren Philosophen klingen mag. *Wozu* überhaupt Bewusstsein, wenn es in der Hauptsache *überflüssig* ist? – Nun scheint mir, wenn man meiner Antwort auf diese Frage und ihrer vielleicht ausschweifenden Vermuthung Gehör geben will, die Feinheit und Stärke des Bewusstseins immer im Verhältnis zur *Mittheilungs-Fähigkeit* eines Menschen (oder Thiers) zu stehn, die Mittheilungs-Fähigkeit wiederum im

Verhältnis zur *Mittheilungs-Bedürftigkeit:* letzteres nicht so verstanden, als ob gerade der einzelne Mensch selbst, welcher gerade Meister in der Mittheilung und Verständlichmachung seiner Bedürfnisse ist, zugleich auch mit seinen Bedürfnissen am meisten auf die Andern angewiesen sein müsste. Wohl aber scheint es mir so in Bezug auf ganze Rassen und Geschlechter-Ketten zu stehn: wo das Bedürfniss, die Noth die Menschen lange gezwungen hat, sich mitzutheilen, sich gegenseitig rasch und fein zu verstehen, da ist endlich ein Ueberschuss dieser Kraft und Kunst der Mittheilung da, gleichsam ein Vermögen, das sich allmählich aufgehäuft hat und nun eines Erben wartet, der es verschwenderisch ausgiebt (– die sogenannten Künstler sind diese Erben, insgleichen die Redner, Prediger, Schriftsteller, Alles Menschen, welche immer am Ende einer langen Kette kommen, „Spätgeborne" jedes Mal, im besten Verstande des Wortes, und, wie gesagt, ihrem Wesen nach *Verschwender*). Gesetzt, diese Beobachtung ist richtig, so darf ich zu der Vermuthung weitergehn, dass *Bewusstsein überhaupt sich nur unter dem Druck des Mittheilungs-Bedürfnisses entwikkelt hat,* – dass es von vornherein nur zwischen Mensch und Mensch (zwischen Befehlenden und Gehorchenden in Sonderheit) nöthig war, nützlich war, und auch nur im Verhältniss zum Grade dieser Nützlichkeit sich entwickelt hat. Bewusstsein ist eigentlich nur ein Verbindungsnetz zwischen Mensch und Mensch, – nur als solches hat es sich entwikkeln müssen: der einsiedlerische und raubthierhafte Mensch hätte seiner nicht bedurft. Dass uns unsre Handlungen, Gedanken, Gefühle, Bewegungen selbst in's Bewusstsein kommen – wenigstens ein Theil derselben –, das ist die Folge eines furchtbaren langen über dem Menschen waltenden „Muss": er *brauchte,* als das gefährdetste Thier, Hülfe, Schutz, er brauchte Seines-Gleichen, er musste seine Noth auszudrükken, sich verständlich zu machen wissen – und zu dem Allen hatte er zuerst „Bewusstsein" nöthig, also selbst zu „wissen" was ihm fehlt, zu „wissen", wie es ihm zu Muthe ist, zu

„wissen", was er denkt. Denn nochmals gesagt: der Mensch, wie jedes lebende Geschöpf, denkt immerfort, aber weiss es nicht; das *bewusst* werdende Denken ist nur der kleinste Theil davon, sagen wir: der oberflächlichste, der schlechteste Theil: – denn allein dieses bewusste Denken *geschieht in Worten, das heisst in Mittheilungszeichen,* womit sich die Herkunft des Bewusstseins selber aufdeckt. Kurz gesagt, die Entwicklung der Sprache und die Entwicklung des Bewusstseins (*nicht* der Vernunft, sondern allein des Sichbewusst-werdens der Vernunft) gehen Hand in Hand. Man nehme hinzu, dass nicht nur die Sprache zur Brücke zwischen Mensch und Mensch dient, sondern auch der Blick, der Druck, die Gebärde; das Bewusstwerden unserer Sinneseindrücke bei uns selbst, die Kraft, sie fixiren zu können und gleichsam ausser uns zu stellen, hat in dem Maasse zugenommen, als die Nöthigung wuchs, sie *Andern* durch Zeichen zu übermitteln. Der Zeichen-erfindende Mensch ist zugleich der immer schärfer seiner selbst bewusste Mensch; erst als sociales Thier lernte der Mensch seiner selbst bewusst werden, – er thut es noch, er thut es immer mehr. – Mein Gedanke ist, wie man sieht: dass das Bewusstsein nicht eigentlich zur Individual-Existenz des Menschen gehört, vielmehr zu dem, was an ihm Gemeinschafts- und Heerden-Natur ist; dass es, wie daraus folgt, auch nur in Bezug auf Gemeinschafts- und Heerden-Nützlichkeit fein entwickelt ist, und dass folglich Jeder von uns, beim besten Willen, sich selbst so individuell wie möglich zu *verstehen,* „sich selbst zu kennen", doch immer nur gerade das Nicht-Individuelle an sich zum Bewusstsein bringen wird, sein „Durchschnittliches", – dass unser Gedanke selbst fortwährend durch den Charakter des Bewusstseins – durch den in ihm gebietenden „Genius der Gattung" – gleichsam *majorisirt* und in die Heerden-Perspektive zurück-übersetzt wird. Unsre Handlungen sind im Grunde allesammt auf eine unvergleichliche Weise persönlich, einzig, unbegrenzt-individuell, es ist kein Zweifel; aber sobald wir sie in's Bewusstsein über-

setzen, *scheinen sie es nicht mehr* ... Diess ist der eigentliche
Phänomenalismus und Perspektivismus, wie *ich* ihn verstehe:
die Natur des *thierischen Bewusstseins* bringt es mit sich, dass
die Welt, deren wir bewusst werden können, nur eine Ober-
flächen- und Zeichenwelt ist, eine verallgemeinerte, eine ver-
gemeinerte Welt, – dass Alles, was bewusst wird, ebendamit
flach, dünn, relativ-dumm, generell, Zeichen, Heerden-
Merkzeichen *wird,* dass mit allem Bewusstwerden eine grosse
gründliche Verderbniss, Fälschung, Veroberflächlichung und
Generalisation verbunden ist. Zuletzt ist das wachsende
Bewusstsein eine Gefahr; und wer unter den bewusstesten
Europäern lebt, weiss sogar, dass es eine Krankheit ist. Es ist,
wie man erräth, nicht der Gegensatz von Subjekt und Objekt, der mich hier angeht: diese Unterscheidung überlasse
ich den Erkenntnisstheoretikern, welche in den Schlingen
der Grammatik (der Volks-Metaphysik) hängen geblieben
sind. Es ist erst recht nicht der Gegensatz von „Ding an
sich" und Erscheinung: denn wir „erkennen" bei weitem
nicht genug, um auch nur so *scheiden* zu dürfen. Wir haben
eben gar kein Organ für das *Erkennen,* für die „Wahrheit":
wir „wissen" (oder glauben oder bilden uns ein) gerade so
viel als es im Interesse der Menschen-Heerde, der Gattung,
nützlich sein mag: und selbst, was hier „Nützlichkeit" genannt wird, ist zuletzt auch nur ein Glaube, eine Einbildung
und vielleicht gerade jene verhängnissvollste Dummheit, an
der wir einst zu Grunde gehn.

René Descartes

Maschinen werden nie wirklich sprechen können (1637)

Wenn es Menschen mit den Organen und der Gestalt eines
Affen oder eines anderen vernunftlosen Tieres gäbe, so hät-

ten wir gar kein Mittel, das uns nur den geringsten Unterschied erkennen ließe zwischen dem Mechanismus dieser Maschinen und dem Lebensprinzip dieser Tiere; gäbe es dagegen Maschinen, die unseren Leibern ähnelten und unsere Handlungen insoweit nachahmten, wie dies für Maschinen wahrscheinlich möglich ist, so hätten wir immer zwei ganz sichere Mittel zu der Erkenntnis, daß sie deswegen keineswegs wahre Menschen sind. Erstens könnten sie nämlich niemals Worte oder andere Zeichen dadurch gebrauchen, daß sie sie zusammenstellen, wie wir es tun, um anderen unsere Gedanken bekanntzumachen. Denn man kann sich zwar vorstellen, daß eine Maschine so konstruiert ist, daß sie Worte und manche Worte sogar bei Gelegenheit körperlicher Einwirkungen hervorbringt, die gewisse Veränderungen in ihren Organen hervorrufen, wie zum Beispiel, daß sie, berührt man sie an irgendeiner Stelle, gerade nach dem fragt, was man ihr antworten will, daß sie, berührt man sie an einer anderen Stelle, schreit, man täte ihr weh und ähnliches; aber man kann sich nicht vorstellen, daß sie die Worte auf verschiedene Weisen zusammenordnet, um auf die Bedeutung alles dessen, was in ihrer Gegenwart laut werden mag, zu antworten, wie es der stumpfsinnigste Mensch kann. Das zweite Mittel ist dies: Sollten diese Maschinen auch manches ebensogut oder vielleicht besser verrichten als irgendeiner von uns, so würden sie doch zweifellos bei vielem anderen versagen, wodurch offen zutage tritt, daß sie nicht aus Einsicht handeln, sondern nur zufolge der Einrichtung ihrer Organe. Denn die Vernunft ist ein Universalinstrument, das bei allen Gelegenheiten zu Diensten steht, während diese Organe für jede besondere Handlung einer besonderen Einrichtung bedürfen; was es unwahrscheinlich macht, daß es in einer einzigen Maschine genügend verschiedene Organe gibt, die sie in allen Lebensfällen so handeln ließen, wie uns unsere Vernunft handeln läßt.

Diese zwei Mittel kennzeichnen nun auch den Unterschied zwischen Mensch und Tier; denn es ist ganz auffällig, daß es keinen so stumpfsinnigen und dummen Menschen gibt, nicht einmal einen Verrückten ausgenommen, der nicht fähig wäre, verschiedene Worte zusammenzuordnen und daraus eine Rede aufzubauen, mit der er seine Gedanken verständlich macht; und daß es im Gegenteil kein anderes Tier gibt, so vollkommen und glücklich veranlagt es sein mag, das ähnliches leistet. Dies liegt nicht daran, daß den Tieren Organe dazu fehlten; denn man kann beobachten, daß Spechte und Papageien ebenso wie wir Worte hervorbringen können und daß sie dennoch nicht reden, d. h. zu erkennen geben können, daß sie denken, was sie sagen, wie wir. Von Geburt taubstumme Menschen dagegen müssen die Organe, die andere zum Reden gebrauchen, ebenso oder mehr noch entbehren als die Tiere und erfinden doch für gewöhnlich selbst Zeichen, mit denen sie sich Leuten ihrer gewohnten Umgebung, die Zeit haben, ihre Sprache zu lernen, verständlich machen. Dies zeigt nicht bloß, daß Tiere weniger Verstand haben als Menschen, sondern vielmehr, daß sie gar keinen haben. Denn es ist offenkundig, daß man nur sehr wenig Verstand braucht, um reden zu können, und weil man ja bemerkt, daß die Tiere derselben Art ebensosehr verschieden sind wie die Menschen und daß einige sich leichter dressieren lassen als andere, so ist es kaum glaublich, daß ein Affe oder ein Papagei, der in seiner Art der vollkommenste sein mag, nicht wenigstens darin einem der dümmsten Kinder oder mindestens einem Kinde, das nicht ganz bei Sinnen ist, gleichen würde, wenn seine Seele nicht von ganz anderer Grundbeschaffenheit wäre als die unsere. Auch darf man die Worte nicht mit den natürlichen Lebensäußerungen verwechseln, die innere Erregungen zu erkennen geben und die von Maschinen ebensogut nachgeahmt werden können wie von Tieren, oder denken, wie einige Alten, daß die Tiere zwar reden, wir aber ihre Sprache nicht verstehen; denn wenn das wahr wäre, so hätten sie sich, zumal ja viele ihrer Organe den unseren entsprechen, uns ebensogut verständlich machen können wie ihresgleichen. Es ist auch sehr bemerkenswert, daß zwar viele Tiere in manchen ihrer Handlungen mehr Geschicklichkeit zeigen als wir, daß man aber trotzdem dieselben Tiere in vielen anderen Fällen überhaupt keine zeigen sieht. Der Tatbestand also, daß sie es besser machen als wir, beweist nicht, daß sie Geist haben; denn wenn man es so nimmt, dann hätten sie mehr als irgendeiner von uns und würden es in jeder Beziehung besser machen. Aber sie haben im Gegenteil gar keinen, und es ist die Natur, die in ihnen je nach der Einrichtung ihrer Organe wirkt, ebenso wie offensichtlich eine Uhr, die nur aus Rädern und Federn gebaut ist, genauer die Stunden zählen und die Zeit messen kann als wir mit all unserer Klugheit.

Person. Ich

David Hume
Das Ich und die personale Identität (1739)

Es gibt einige Philosophen, die sich einbilden, wir seien uns
dessen, was wir unser *Ich* nennen, jeden Augenblick aufs
unmittelbarste bewußt; wir fühlten seine Existenz und seine
Dauer; wir seien sowohl seiner vollkommenen Identität als
seiner Einfachheit – in höherem Grade, als wir es durch
Demonstration werden könnten – [unmittelbar] gewiß. Die
stärksten Sinnesempfindungen, die heftigsten Affekte, sagen
sie, stören uns nicht in dieser Gewißheit des Ich, sondern
dienen nur, sie weiter zu befestigen; sie lassen uns ja eben
ihre Wirkung auf das Ich durch die sie begleitenden Lust-
oder Unlustempfindungen erkennen. Einen besonderen
Beweis für die Tatsache des Ich suchen, hieße nur ihre Gewißheit schwächen; denn kein Beweis kann sich auf eine
Tatsache stützen, von der wir ein so unmittelbares Bewußtsein hätten [wie eben von ihr]; es gibt nichts, wovon wir
überzeugt sein könnten, wenn wir hier zweifeln wollten.

Unglücklicherweise stehen alle diese so bestimmt auftretenden Behauptungen im Widerspruch mit eben der Erfahrung, die zu ihren Gunsten angeführt wird. Wir haben gar
keine Vorstellung eines *Ich,* die jenen Erklärungen entsprä-
che. Oder aus was für einem Eindruck könnte diese Vorstellung stammen? Es ist unmöglich, diese Frage zu beantworten, ohne daß man in offenbare Widersprüche und
Ungereimtheiten gerät. [...]
Ich meines Teils kann, wenn ich mir das, was ich als
„mich" bezeichne, so unmittelbar als irgend möglich ver-
gegenwärtige, nicht umhin, jedesmal über die eine oder die
andere bestimmte Perzeption zu stolpern, die Perzeption
der Wärme oder Kälte, des Lichtes oder Schattens, der

Liebe oder des Hasses, der Lust oder Unlust. Niemals treffe ich *mich* ohne eine Perzeption an und niemals kann ich etwas anderes beobachten als eine Perzeption. Wenn meine Perzeptionen eine Zeitlang nicht da sind, wie während des tiefen Schlafes, so bin ich ebensolange „*meiner selbst*" unbewußt, man hat dann ein Recht zu sagen, daß „ich" nicht existiere. Und wenn meine Perzeptionen mit dem Tode aufhörten, und ich nach der Auflösung meines Körpers weder denken, noch fühlen, noch sehen, weder lieben noch hassen könnte, so würde ich vollkommen vernichtet sein; ich kann nicht einsehen, was weiter erforderlich sein sollte, um mich zu etwas vollkommen „Nichtseiendem" zu machen. [...]

Wenn ich aber von einigen Metaphysikern, die sich eines solchen Ich zu erfreuen meinen, absehe, so kann ich wagen, von allen übrigen Menschen zu behaupten, daß sie nichts sind als ein Bündel oder ein Zusammen verschiedener Perzeptionen, die einander mit unbegreiflicher Schnelligkeit folgen und beständig in Fluß und Bewegung sind.

II. Moral

Tugend

Aristoteles

Tugend ist Maßhalten (4. Jh. v. u. Z.)

Betrachten wir, welches die Natur der Tugend ist. In jedem teilbaren Kontinuum gibt es ein Mehr, ein Weniger und ein Gleiches, und dies sowohl an und für sich wie auch im Bezug auf uns. Das Gleiche ist eine Art Mitte zwischen Übermaß und Mangel. Ich nenne die Mitte einer Sache dasjenige, was denselben Abstand von beiden Enden hat; dieses ist für alle Menschen eines und dasselbe. Die Mitte im Bezug auf uns ist das, was weder Übermaß noch Mangel aufweist; dieses ist nicht eines und nicht für alle Menschen dasselbe. [. . .]

Die ethische Tugend befaßt sich mit den Leidenschaften und Handlungen, und an diesen befinden sich Übermaß, Mangel und Mitte. So kann man mehr oder weniger Angst empfinden oder Mut, Begierde, Zorn, Mitleid und überhaupt Freude und Schmerz, und beides auf eine unrichtige Art; dagegen es zu tun, wann man soll und wobei man es soll und wem gegenüber und wozu und wie, das ist die Mitte und das Beste, und dies kennzeichnet die Tugend. Ebenso gibt es auch bei den Handlungen Übermaß, Mangel und Mitte. Die Tugend wiederum betrifft die Leidenschaften und Handlungen, bei welchen das Übermaß ein Fehler ist und der Mangel tadelnswert, die Mitte aber das Richtige trifft und gelobt wird. Und diese beiden Dinge kennzeichnen die Tugend. So ist also die Tugend ein Mittelmaß, sofern sie auf die Mitte zielt. [. . .]

Die Tugend ist ein Verhalten der Entscheidung, begründet in der Mitte im Bezug auf uns, einer Mitte, die durch Vernunft bestimmt wird und danach, wie sie der Verständige bestimmen würde. Die Mitte liegt aber zwischen zwei

Schlechtigkeiten, dem Übermaß und dem Mangel. Während die Schlechtigkeiten in den Leidenschaften und Handlungen hinter dem Gesollten zurückbleiben oder über es hinausgehen, besteht die Tugend darin, die Mitte zu finden und zu wählen. Darum ist die Tugend hinsichtlich ihres Wesens und der Bestimmung ihres Was-Seins eine Mitte, nach der Vorzüglichkeit und Vollkommenheit aber das Höchste.

Freilich hat nicht jede Handlung und nicht jede Leidenschaft Raum für eine Mitte. Denn einzelne sind in ihrem Namen schon verbunden mit der Schlechtigkeit, wie die Schadenfreude, die Schamlosigkeit oder der Neid, und bei den Handlungen der Ehebruch, der Diebstahl und der Mord. Alle diese und ähnliche Dinge werden getadelt, weil sie in sich selbst schlecht sind und nicht ihr Übermaß oder ihr Mangel. Man kann bei ihnen also niemals das Rechte treffen, sondern immer nur sich verfehlen. Es gibt kein Richtig oder Unrichtig im Bezug auf solche Dinge, etwa mit wem und wann und wie man Ehebruch treiben solle, sondern etwas derart zu tun ist schlechthin falsch. Ebenso steht es, wenn man meinen wollte, es gäbe bei Ungerechtigkeit, Feigheit, Zügellosigkeit eine Mitte, ein Übermaß und einen Mangel. Denn so gäbe es ja eine Mitte in Übermaß und Mangel und ein Übermaß des Übermaßes und einen Mangel des Mangels. Wie es also in der Besonnenheit und Tapferkeit kein Übermaß und keinen Mangel geben kann, weil die Mitte gleichzeitig auch eine Art von Spitze ist, so gibt es Mitte, Übermaß und Mangel auch nicht bei jenem, sondern wie immer man handelt, wird man sich verfehlen. Allgemein gesagt, gibt es weder eine Mitte von Übermaß und Mangel noch ein Übermaß und einen Mangel von der Mitte. [...]

Bei Furcht und Mut ist die Tapferkeit die Mitte. Beim Übermaß hat dasjenige in der Richtung auf die Furchtlosigkeit keinen eigenen Namen (dies ist oftmals der Fall), dasjenige in Richtung auf den Mut heißt Tollheit; das Übermaß der Angst und der Mangel an Mut heißt Feigheit.

Bei Lust und Schmerz, freilich nicht in jedem Falle und weniger beim Schmerz, heißt die Mitte Besonnenheit, das Übermaß Zügellosigkeit. Mangelhaft in Richtung auf die Lust sind die Menschen kaum. Darum haben solche auch keinen eigenen Namen. Man mag sie stumpf nennen.

Bei Geben und Nehmen von Geld ist die Mitte die Großzügigkeit, Übermaß und Mangel sind Verschwendung und Kleinlichkeit. Übermaß und Mangel verhalten sich da auf entgegengesetzte Weise: denn der Verschwender ist übermäßig im Ausgeben und mangelhaft im Nehmen, der Kleinliche ist übermäßig im Nehmen und mangelhaft im Ausgeben.

Hinsichtlich des Geldes gibt es andere Verhaltensweisen: die Mitte ist die Großartigkeit (denn der Großartige unterscheidet sich vom Großzügigen; dieser betrifft geringe Dinge, jener große). Das Übermaß ist Geschmacklosigkeit und Spießigkeit, der Mangel die Knauserigkeit. Dies unterscheidet sich von den Eigenschaften bei der Großzügigkeit.

Hinsichtlich der Ehre und Ehrlosigkeit ist die Mitte die Großgesinntheit, das Übermaß ist eine Art von Eitelkeit, der Mangel die Kleinmütigkeit.

Wie wir nun sagten, daß sich die Großzügigkeit zur Großartigkeit verhalte, dadurch daß sie sich im Kleinen bewährt, so gibt es auch eine Eigenschaft, die der auf große Ehre bezogenen Großgesinntheit gegenübersteht und sich vielmehr in Kleinem bewegt. Denn man kann nach Ehre streben, wie man soll oder zuviel oder zuwenig. Wer zuviel darnach strebt, heißt ehrgeizig, wer zuwenig, heißt ehrgeizlos, der Mittlere aber hat keinen Namen. Ohne Namen sind auch die entsprechenden Verhaltensweisen, nur daß der des Ehrgeizigen Ehrgeiz heißt. Darum werden auch die beiden Enden für den mittleren Platz in Anspruch genommen: zuweilen nennen wir den Mittleren ehrgeizig, zuweilen auch ehrgeizlos; und zuweilen loben wir den Ehrgeizigen und zuweilen den Ehrgeizlosen. Aus welcher Ursache wir dies tun, werden wir später sagen. Jetzt sei das übrige in der entsprechenden Weise verfolgt.

Es gibt auch im Zorn Übermaß, Mangel und Mitte. Doch diese sind zumeist ohne Namen. Immerhin, da der Mittlere mild heißt, so werden wir die Mitte eben Milde nennen. Von den Extremen sei der Übermäßige jähzornig genannt und die zugehörige Schlechtigkeit Jähzorn, der Mangelhafte dagegen schwächlich und der Mangel Schwächlichkeit.

Es gibt auch andere drei Mittelmaße, die eine gewisse Ähnlichkeit miteinander aufweisen und dennoch voneinander verschieden sind. Sie beziehen sich alle auf die Gemeinschaft in Worten und Taten, unterscheiden sich aber darin, daß sich die eine auf die Wahrheit in diesen Dingen bezieht, die andere auf das Gefällige; hievon gilt wieder das eine für das Spiel, das andere für alle Zustände des Lebens. Es soll also auch über sie geredet werden, damit wir noch besser erkennen, daß in allen Dingen die Mitte zu loben ist, die Extreme aber weder richtig noch lobenswert sind, sondern zu tadeln. Auch hievon ist die Mehrzahl ohne Namen, es sei aber versucht, wie beim anderen, ihnen Namen zu geben, der Klarheit wegen und damit man gut folgen kann.

Was die Wahrheit betrifft, so heiße der Mittlere wahrhaftig und die Mitte Wahrhaftigkeit, das Übertreiben dagegen Unverschämtheit, und wer sie besitzt, unverschämt, das Zuwenig-Tun dagegen Ironie und Ironiker. Was das Gefällige beim Spiel betrifft, so ist der Mittlere der Gewandte und die Mitte Gewandtheit, das Übermaß aber Ungezogenheit und der Übermäßige der Ungezogene, der Mangelnde dagegen der Tölpel und dazu als Verhaltensweise die Tölpelhaftigkeit.

Was die sonstige Gefälligkeit im Leben betrifft, so ist der in richtiger Weise Gefällige liebenswürdig, und die Mitte heißt Liebenswürdigkeit, der Übermäßige dagegen, wenn er ohne Absicht so ist, heißt gefallsüchtig, und wenn er damit seinen Vorteil verfolgt, schmeichlerisch; der Mangelhafte, der überall unliebenswürdig ist, heißt streitsüchtig und grob.

Es gibt auch in den Leidenschaften und im Bezug auf sie Mittelzustände. Denn die Schamhaftigkeit ist zwar selbst keine Tugend, aber der Schamhafte wird gelobt. Denn auch hier gibt es Mitte, Übermaß und Mangel. Übermäßig ist der Schüchterne, der sich vor allem scheut; der Mangelhafte oder wer sich überhaupt nicht scheut, ist der Schamlose, der Mittlere der Schamhafte.

Entrüstung ist die Mitte zwischen Neid und Schadenfreude; diese betreffen Schmerz und Freude über das, was unseren Nächsten zustößt. Der Entrüstete ärgert sich über jene, die unverdient Glück haben, der Neidische übertrifft diesen und empfindet Schmerz über alles; der Entrüstete empfindet andererseits auch Schmerz über die, die unverdient Unglück haben, der Schadenfreudige dagegen empfindet nicht nur keinen Schmerz, sondern freut sich darüber. [...]

Daß nun also die ethische Tugend eine Mitte ist, und wie sie es ist, und daß sie die Mitte zweier Schlechtigkeiten ist, derjenigen des Übermaßes und derjenigen des Mangels, und daß die Tugend solcher Art ist, weil sie die Kunst ist, in den Leidenschaften und Handlungen auf die Mitte zu zielen, dies ist nun hinreichend dargelegt.

Darum ist es auch anstrengend, tugendhaft zu sein. Denn überall ist es mühsam, die Mitte zu treffen. So trifft auch nicht jeder Beliebige, sondern nur der Kundige die Mitte des Kreises. Ebenso kann ein jeder leicht in Zorn geraten und Geld ausgeben und verschwenden. Das Wem, Wieviel, Wann, Wozu und Wie zu bestimmen ist aber nicht jedermanns Sache und ist nicht leicht. Darum ist das Richtige selten, lobenswert und schön.

Utilitarismus

John Stuart Mill

Was ist Utilitarismus? (1871)

Die Auffassung, für die die Nützlichkeit oder das Prinzip des größten Glücks die Grundlage der Moral ist, besagt, daß Handlungen insoweit und in dem Maße moralisch richtig sind, als sie die Tendenz haben, Glück zu befördern, und insoweit moralisch falsch, als sie die Tendenz haben, das Gegenteil von Glück zu bewirken. Unter ‚Glück' [happiness] ist dabei Lust [pleasure] und das Freisein von Unlust [pain], unter ‚Unglück' [unhappiness] Unlust und das Fehlen von Lust verstanden. Damit die von dieser Theorie aufgestellte Norm deutlich wird, muß freilich noch einiges mehr gesagt werden, insbesondere darüber, was die Begriffe Lust und Unlust einschließen sollen und inwieweit dies von der Theorie offengelassen wird. Aber solche zusätzlichen Erklärungen ändern nichts an der Lebensauffassung, auf der diese Theorie der Moral wesentlich beruht: daß Lust und das Freisein von Unlust die einzigen Dinge sind, die als Endzwecke wünschenswert sind, und daß alle anderen wünschenswerten Dinge (die nach utilitaristischer Auffassung ebenso vielfältig sind wie nach jeder anderen) entweder deshalb wünschenswert sind, weil sie selbst lustvoll sind oder weil sie Mittel sind zur Beförderung von Lust und zur Vermeidung von Unlust.

Eine solche Lebensauffassung stößt bei vielen Menschen, darunter manchen, deren Fühlen und Trachten im höchsten Maße achtenswert ist, auf eingewurzelte Abneigung. Der Gedanke, daß das Leben (wie sie sagen) keinen höheren Zweck habe als die Lust, kein besseres und edleres Ziel des Wollens und Strebens, erscheint ihnen im äußersten Grade niedrig und gemein; als eine Ansicht, die nur der Schweine würdig wäre, mit denen die Anhänger Epikurs ja schon sehr früh verächtlich gleichgesetzt wurden; und zeitgenössische Vertreter der Lehre werden gelegentlich zum Gegenstand nicht weniger höflicher Vergleiche von seiten ihrer deutschen, französischen und englischen Gegner.

Auf Angriffe dieser Art haben die Epikureer stets geantwortet, daß nicht sie, sondern ihre Ankläger es sind, die die menschliche Natur in entwürdigendem Licht erscheinen lassen, da die Anklage ja unterstellt, daß Menschen keiner anderen Lust fähig sind als der, deren auch Schweine fähig sind. Träfe diese Unterstellung zu, wäre der Anklage nichts entgegenzuhalten, aber sie wäre dann auch keine Bezichtigung mehr. Denn wenn die Quellen der Lust für Menschen und für Schweine genau dieselben wären, müßte die Lebensregel, die für die einen gut genug ist, auch für die anderen gut genug sein. Nur deswegen wird ja die Gleichsetzung des epikureischen Lebens mit dem tierischen als entwürdigend empfunden, weil die Lust des Tiers der menschlichen Vorstellung von Glück nicht gerecht wird. Die Menschen haben höhere Fähigkeiten als bloß tierische Gelüste und vermögen, sobald sie sich dieser einmal bewußt geworden sind, nur darin ihr Glück zu sehen, worin deren Betätigung eingeschlossen ist. [...]

Nach dem Prinzip des größten Glücks ist, wie oben erklärt, der letzte Zweck, bezüglich dessen und um dessentwillen alles andere wünschenswert ist (sei dies unser eigenes Wohl oder das Wohl anderer), ein Leben, das so weit wie möglich frei von Unlust und in quantitativer wie in qualitativer Hinsicht so reich wie möglich an Lust ist; wobei der Maßstab, an dem Qualität gemessen und mit der Quantität verglichen wird, die Bevorzugung derer ist, die ihrem Erfahrungshorizont nach – einschließlich Selbsterfahrung und Selbstbeobachtung – die besten Vergleichsmöglichkeiten besitzen. Indem dies nach utilitaristischer Auffassung der Endzweck des menschlichen Handelns ist, ist es notwendigerweise auch die Norm der Moral. Diese kann also definiert werden als die Gesamtheit der Handlungsregeln und Handlungsvorschriften, durch deren Befolgung ein Leben der angegebenen Art für die gesamte Menschheit im größtmöglichen Umfange erreichbar ist; und nicht nur für sie, sondern, soweit es die Umstände erlauben, für die gesamte fühlende Natur.

✳

Daß es möglich ist, ohne Glück auszukommen, ist nicht zu bestreiten; unfreiwillig kommen neunzehn Zwanzigstel der Menschheit ohne Glück aus, und zwar selbst in jenen Teilen der gegenwärtigen Welt, die noch am wenigsten tief in der Barbarei stecken; darüber hinaus verzichtet oftmals der Held oder der Märtyrer freiwillig darauf, einer Sache zuliebe, die er höher schätzt als sein eigenes Glück. Doch was ist diese Sache, wenn nicht das Glück der andern oder zumindest etwas, das dazu beiträgt? Es ist sicherlich edel, seinem eigenen Anteil an Glück oder auch nur der Aussicht darauf gänzlich entsagen zu können; aber eine solche Selbstaufopferung muß dennoch einem Zweck dienen; sie ist kein Selbstzweck. Und wenn uns gesagt wird, daß ihr Zweck nicht Glück, sondern Tugend – etwas Besseres als Glück – ist, dann frage ich, ob der Held oder der Märtyrer auch dann noch zu seinem Opfer bereit wäre, wenn er nicht überzeugt wäre, daß es andere vor ähnlichen Opfern bewahrt. Wäre er auch dann noch dazu bereit, wenn er glaubte, daß seinen Mitmenschen aus seinem Verzicht auf Glück kein anderer Nutzen erwüchse, als daß sie sein Schicksal teilten und ebenfalls auf Glück verzichteten? Alle Ehre denen, die sich den Genuß am Leben versagen können, um durch einen solchen Verzicht würdig zur Vermehrung des Glücks in der Welt beizutragen. Aber wer es in anderer Absicht tut oder zu tun behauptet, verdient nicht mehr Hochachtung als ein Säulenheiliger. Er mag vorbildlich unter Beweis stellen, was Menschen tun *können,* aber er ist sicherlich kein Beispiel dafür, was sie tun *sollten.*

Obgleich es sehr unvollkommene Verhältnisse sein müssen, in denen man dem Glück anderer am ehesten dadurch dient, daß man das eigene bedingungslos aufgibt, so erkenne ich doch voll an, daß, solange sich die Welt in diesem unvollkommenen Zustand befindet, die Bereitschaft zu einem solchen Opfer die höchste Tugend ist, zu der sich ein Mensch erheben kann. Ich füge hinzu, daß in dem gegenwärtigen Zustand der Welt – so paradox die Behauptung auch sein mag – die Bereitschaft, ohne Glück auszukommen, wohl am ehesten geeignet ist, so viel Glück zu bewirken, wie überhaupt nur erreichbar ist. Denn nichts als diese Bereitschaft kann einen Menschen über die Wechselfälle des Lebens erheben und ihm das Gefühl geben, daß das Schicksal, wie schlimm es ihm auch mitspielen mag, am Ende doch keine Macht hat, ihn zu unterwerfen; ein Gefühl, daß ihn von übermäßiger Angst vor den Übeln des Lebens befreit und ihn – wie manche Stoiker in den schlimmsten Zeiten des Römischen Reichs – dazu befähigt, die ihm zugänglichen Quellen der Freude in Ruhe zu pflegen, ohne sich um die Ungewißheit ihrer Dauer und die Unausweichlichkeit ihres Endes Sorgen zu machen.

Mögen die Utilitaristen daher einstweilen nicht müde werden, die Moral der aufopfernden Hingabe als einen Besitz zu behaupten, der ihnen ebenso rechtmäßig zusteht wie den Stoikern und den Transzendentalisten. Die utilitaristische Moral erkennt den Menschen durchaus die Fähigkeit zu, ihr eigenes größtes Gut für das Wohl anderer zu opfern. Sie kann jedoch nicht zulassen, daß das Opfer selbst ein Gut ist. Ein Opfer, das den Gesamtbetrag an Glück nicht erhöht (bzw. nicht die Tendenz hat, den Gesamtbetrag an Glück zu erhöhen), betrachtet sie als vergeudet. Der einzige Selbstverzicht, den sie billigt, ist die Hingabe an das Glück (oder einige der Voraussetzungen für das Glück) der andern, sei es das Glück der Menschheit insgesamt oder sei es – innerhalb der Grenzen, die durch das Gesamtinteresse der

Menschheit gezogen sind – das Glück einiger bestimmter Individuen.

Ich muß noch einmal auf das zurückkommen, was die Gegner des Utilitarismus nur selten zur Kenntnis nehmen wollen: daß das Glück, das den utilitaristischen Maßstab des moralisch richtigen Handelns darstellt, nicht das Glück des Handelnden selbst, sondern das Glück aller Betroffenen ist. Der Utilitarismus fordert von jedem Handelnden, zwischen seinem eigenen Glück und dem der andern mit ebenso strenger Unparteilichkeit zu entscheiden wie ein unbeteiligter und wohlwollender Zuschauer. In der goldenen Regel, die Jesus von Nazareth aufgestellt hat, finden wir den Geist der Nützlichkeitsethik vollendet ausgesprochen. Die Forderungen, sich dem andern gegenüber so zu verhalten, wie man möchte, daß er sich einem selbst gegenüber verhält, und den Nächsten zu lieben wie sich selbst, stellen die utilitaristische Moral in ihrer höchsten Vollkommenheit dar.

*

Es ergibt sich aus den vorangehenden Überlegungen, daß in Wirklichkeit nichts anders begehrt wird als Glück. Alles, was nicht als Mittel zu einem Zweck und letztlich als Mittel zum Glück begehrt wird, ist selbst ein Teil des Glücks und wird erst dann um seiner selbst willen begehrt, wenn es dazu geworden ist. Wer die Tugend um ihrer selbst willen erstrebt, erstrebt sie entweder deshalb, weil das Bewußtsein, sie zu besitzen, lustvoll ist oder weil das Bewußtsein, sie nicht zu besitzen, unlustvoll ist oder aus beiden Gründen zugleich– wie sich ja überhaupt Lust und Unlust nur selten allein, sondern fast immer gemeinsam finden, insofern man zugleich befriedigt ist, einen bestimmten Grad von Tugend erreicht zu haben, und unbefriedigt, nicht noch mehr erreicht zu haben. Empfände man das eine nicht als lustvoll, das andere nicht als unlustvoll, hätte man keinen Grund, nach Tugend zu streben, es sei denn um irgendwelcher anderer Vorteile willen, die sie einem selbst oder andern, an denen einem gelegen ist, verschafft.

Damit haben wir also eine Antwort auf die Frage, welcherart Beweis für das Nützlichkeitsprinzip geführt werden kann. Wenn die Auffassung, die ich soeben dargelegt habe, psychologisch richtig ist – wenn die menschliche Natur so beschaffen ist, daß sie nichts begehrt, was nicht entweder ein Teil des Glücks oder ein Mittel zum Glück ist, dann haben wir keinen anderen und benötigen keinen anderen Beweis dafür, daß dies die einzigen wünschenswerten Dinge sind. In diesem Fall ist Glück der einzige Zweck menschlichen Handelns und die Beförderung des Glücks der Maßstab, an dem alles menschliche Handeln gemessen werden muß – woraus notwendig folgt, daß es das Kriterium der Moral sein muß, da ja der Teil im Ganzen enthalten ist.

Wollen wir nun aber entscheiden, ob es sich tatsächlich so verhält, ob die Menschen tatsächlich nur das um seiner selbst willen begehren, was ihnen Lust und dessen Abwesenheit ihnen Unlust bereitet, so sehen wir uns offensichtlich einer empirischen Frage gegenüber, die wie alle Fragen dieser Art von Erfahrungsevidenz abhängt. Sie kann nur durch geübte Selbstwahrnehmung und Selbstbeobachtung, unter Mithilfe der Beobachtung anderer, entschieden werden. Ich bin sicher, daß die unvoreingenommene Prüfung dieser Evidenzquellen ergeben würde, daß etwas zu begehren und es lustvoll zu finden, vor etwas zurückzuweichen und es für unlustvoll zu halten gänzlich untrennbare Phänomene oder vielmehr jeweils zwei Seiten desselben Phänomens sind – genaugenommen: zwei verschiedene Formulierungen für die eine psychologische Tatsache, daß etwas (abgesehen von seinen Folgen) für wünschenswert zu halten und es für lustvoll zu halten ein und dasselbe ist und daß es eine physische und metaphysische Unmöglichkeit ist, etwas anders als in dem Maße zu begehren, in dem die Vorstellung von ihm lustvoll ist.

Moralbegründung

Friedrich Nietzsche
Ein Verdacht gegen die Moralbegründung (1888)

Es würde uns Zweifel gegen einen Menschen machen, zu hören, daß er Gründe nöthig hat, um anständig zu bleiben: gewiß ist, daß wir seinen Umgang meiden. Das Wörtchen „denn" compromittirt in gewissen Fällen; man widerlegt sich mitunter sogar durch ein einziges „denn". Hören wir nun des Weiteren daß ein solcher Aspirant der Tugend schlechte Gründe nöthig hat, um respektabel zu bleiben, so giebt das noch keinen Grund ab, unseren Respekt vor ihm zu steigern. Aber er geht weiter, er kommt zu uns, er sagt uns ins Gesicht: „Sie stören meine Moralität mit Ihrem Unglauben, mein Herr Ungläubiger; so lange Sie nicht an meine schlechten Gründe, will sagen an Gott, an ein strafendes Jenseits, an eine Freiheit des Willens glauben, verhindern Sie meine Tugend ... Moral: man muß die Ungläubigen abschaffen, sie verhindern die Moralisirung der Massen".

Mo Di
Gegen die Trennung von privater und öffentlicher Moral (4. Jh. v. u. Z.)

Angenommen, es geht heutzutage jemand in einen fremden Obstgarten und stiehlt dort Pfirsiche und Pflaumen; jeder, der davon erfährt, wird es verurteilen, und wenn die Obrigkeit diesen Menschen zu fassen bekommt, wird er bestraft. Warum wohl? – Weil er andere schädigt, um selbst zu profitieren! Hunde, Schweine, Hühner oder Ferkel stehlen ist noch viel schlimmer, als Obst aus fremden Gärten zu holen. Warum? Weil damit anderen noch größerer Schaden zugefügt wird. Deshalb ist es auch viel inhumaner und verbrecherischer!

Wenn schließlich jemand einen unschuldigen Menschen tötet [...] so ist das noch viel verwerflicher [...] Warum? Weil er anderen Menschen noch weit mehr schadet. Darum sind seine Inhumanität und sein Verbrechen auch viel größer, und die Strafe wird entsprechend schwerer ausfallen. Alle Fürsten auf Erden wissen das sehr wohl, verurteilen solche Taten und nennen sie ein unsittliches Verhalten. Erreicht dieses Vorgehen aber seinen Höhepunkt, indem ganze Staaten angegriffen werden, so finden sie daran nichts mehr zu verdammen [...]

Angenommen, ein Mann sieht einen kleinen schwarzen Fleck und nennt ihn schwarz; sieht er aber einen großen schwarzen Fleck, nennt er ihn weiß. Dieser Mann kennt offensichtlich nicht den Unterschied zwischen schwarz und weiß. Kostet jemand ein wenig Bitteres und nennt es bitter, viel Bitteres aber nennt er süß, so kennt er den Unterschied zwischen süß und bitter nicht. Wenn jemand ein geringes Unrecht als ein Unrecht erkannt, großes Unrecht aber, nämlich den Angriff auf ein Land nicht als Unrecht erkennt, sondern womöglich noch von Rechtschaffenheit redet, – kann man dann von ihm noch sagen, daß er den Unterschied zwischen Recht und Unrecht kenne? Daran sieht man, wie wenig die Fürsten Recht und Unrecht noch auseinanderhalten können.

Konfuzius
Die goldene Regel (5. Jh. v. u. Z.)

Ran Qiu wollte wissen, was sittliches Verhalten sei. Konfuzius antwortete ihm: „Begegne den Menschen mit der gleichen Höflichkeit, mit der du einen teuren Gast empfängst.

Behandle sie mit der gleichen Achtung, mit der das große Opfer dargebracht wird.

Was du selbst nicht wünschst, das tue auch anderen nicht an.

Dann wird es keinen Zorn gegen dich geben – weder im Staat noch in deiner Familie."

Ran Qiu erwiderte: „Obwohl ich etwas unbeholfen bin, werde ich mich bemühen, nach Euren Worten zu handeln." [Lun Yü 12.2]

*

Zi-gong fragte den Konfuzius: „Gibt es ein Wort, das ein ganzes Leben lang als Richtschnur des Handelns dienen kann?"

Konfuzius antwortete: „Das ist ‚gegenseitige Rücksichtnahme'. Was man mir nicht antun soll, will ich auch nicht anderen Menschen zufügen." [Lun Yü 15.24]

*

Zi-gong sprach: „Was man mir nicht antun soll, das will auch ich anderen Menschen nicht antun."

Konfuzius aber sagte: „So zu handeln vermagst du noch nicht." [Lun Yü 5.12]

Immanuel Kant

Pflicht und kategorischer Imperativ (1785)

Um aber den Begriff eines an sich selbst hochzuschätzenden und ohne weitere Absicht guten Willens, so wie er schon dem natürlichen gesunden Verstande beiwohnt und nicht sowohl gelehrt als vielmehr nur aufgeklärt zu werden bedarf, diesen Begriff, der in der Schätzung des ganzen Wertes unserer Handlungen immer obenan steht und die Bedingung alles übrigen ausmacht, zu entwickeln: wollen wir den Begriff der Pflicht vor uns nehmen, der den eines guten Willens, obzwar unter gewissen subjektiven Einschränkungen und Hindernissen, enthält, die aber doch, weit gefehlt daß sie ihn verstecken und unkenntlich machen sollten, ihn vielmehr durch Abstechung heben und desto heller hervorscheinen lassen.

Ich übergehe hier alle Handlungen, die schon als pflichtwidrig erkannt werden, ob sie gleich in dieser oder jener Absicht nützlich sein mögen; denn bei denen ist gar nicht einmal die Frage, ob sie aus *Pflicht* geschehen sein mögen, da sie dieser sogar widerstreiten. Ich setze auch die Handlungen bei Seite, die wirklich pflichtmäßig sind, zu denen aber Menschen unmittelbar *keine Neigung* haben, sie aber dennoch ausüben, weil sie durch eine andere Neigung dazu getrieben werden. Denn da läßt sich leicht unterscheiden, ob die pflichtmäßige Handlung *aus Pflicht* oder aus selbstsüchtiger Absicht geschehen sei. Weit schwerer ist dieser Unterschied zu bemerken, wo die Handlung pflichtmäßig ist und das Subjekt noch überdem *unmittelbare* Neigung zu ihr hat. Z. B. es ist allerdings pflichtmäßig, daß der Krämer seinen unerfahrenen Käufer nicht übersteuere, und, wo viel Verkehr ist, tut dieses auch der kluge Kaufmann nicht, sondern hält einen festgesetzten allgemeinen Preis für jedermann, sodaß ein Kind ebenso gut bei ihm kauft als jeder andere. Man wird also *ehrlich* bedient; allein das ist lange nicht genug, um deswegen zu glauben, der Kaufmann habe aus Pflicht und Grundsätzen der Ehrlichkeit so verfahren; sein Vorteil erforderte es; daß er aber überdem noch eine unmittelbare Neigung zu den Käufern haben sollte, um gleichsam aus Liebe keinem vor dem anderen im Preise den Vorzug zu geben, läßt sich hier nicht annehmen. Also war die Handlung weder aus Pflicht noch aus unmittelbarer Neigung, sondern bloß in eigennütziger Absicht geschehen.

Dagegen sein Leben zu erhalten, ist Pflicht, und überdem hat jedermann dazu noch eine unmittelbar Neigung. Aber um deswillen hat die oft ängstliche Sorgfalt, die der größte Teil der Menschen dafür trägt, doch keinen inneren Wert und die Maxime derselben keinen moralischen Gehalt. Sie bewahren ihr Leben zwar *pflichtmäßig,* aber nicht aus *Pflicht.* Dagegen wenn Widerwärtigkeiten und hoffnungsloser Gram den Geschmack am Leben gänzlich weggenommen haben, wenn der Unglückliche, stark an Seele, über sein Schicksal mehr entrüstet als kleinmütig oder niedergeschlagen, den Tod wünscht und sein Leben doch erhält, ohne es zu lieben, nicht aus Neigung oder Furcht, sondern aus Pflicht: alsdann hat seine Maxime einen moralischen Gehalt.

Wohltätig sein, wo man kann, ist Pflicht, und überdem gibt es manche so teilnehmend gestimmte Seelen, daß sie, auch ohne einen anderen Bewegungsgrund der Eitelkeit oder des Eigennutzes, ein inneres Vergnügen daran finden, Freude um sich zu verbreiten, und die sich an der Zufriedenheit anderer, sofern sie ihr Werk ist, ergötzen können. Aber ich behaupte, daß in solchem Falle dergleichen Handlung, so pflichtmäßig, so liebenswürdig sie auch ist, dennoch keinen wahren sittlichen Wert habe, sondern mit anderen Neigungen zu gleichen Paaren gehe, z.E. der Neigung nach Ehre, die, wenn sie glücklicherweise auf das trifft, was in der Tat gemeinnützig und pflichtmäßig, mithin ehrenwert ist, Lob und Aufmunterung, aber nicht Hochschätzung verdient; denn der Maxime fehlt der sittliche Gehalt, nämlich solche Handlungen nicht aus Neigung, sondern *aus Pflicht* zu tun. Gesetzt also, das Gemüt jenes Menschenfreundes wäre vom eigenen Gram umwölkt, der alle Teilnehmung an anderer Schicksal auslöscht, er hätte immer noch Vermögen, anderen Notleidenden wohlzutun, aber fremde Not rührte ihn nicht, weil er mit seiner eigenen genug beschäftigt ist, und nun, da keine Neigung ihn mehr dazu anreizt, risse er sich doch aus dieser tödlichen Unempfindlichkeit heraus und täte die Handlung ohne alle Neigung, lediglich aus Pflicht, alsdann hat sie allererst ihren echten moralischen Wert. Noch mehr: wenn die Natur diesem oder jenem überhaupt wenig Sympathie ins Herz gelegt hätte, wenn er (übrigens ein ehrlicher Mann) von Temperament kalt und gleichgültig gegen die Leiden anderer wäre, vielleicht weil er, selbst gegen seine eigenen mit der besonderen Gabe der Geduld und aushaltenden Stärke versehen, dergleichen bei jedem anderen auch voraussetzt oder gar fordert; wenn die Natur einen solchen Mann (welcher wahrlich nicht ihr schlechtestes Produkt sein würde) nicht eigentlich zum Menschenfreunde gebildet hätte, würde er denn nicht noch in sich einen Quell finden, sich selbst einen weit höheren Wert zu geben, als der eines gutartigen Temperaments sein mag? Allerdings! gerade da hebt der Wert des Charakters an, der moralisch und ohne alle Vergleichung der höchste ist, nämlich daß er wohltue, nicht aus Neigung, sondern aus Pflicht.

Seine eigene Glückseligkeit sichern, ist Pflicht (wenigstens indirekt); denn der Mangel der Zufriedenheit mit seinem Zustande in einem Gedränge von vielen Sorgen und mitten unter unbefriedigten Bedürfnissen könnte leicht eine große *Versuchung zu Übertretung der Pflichten* werden. Aber auch ohne hier auf Pflicht zu sehen, haben alle Menschen schon von selbst die mächtigste und innerste Neigung zur Glückseligkeit, weil sich gerade in dieser Idee alle Neigungen zu einer Summe vereinigen. Nur ist die Vorschrift der Glückseligkeit mehrenteils so beschaffen, daß sie einigen Neigungen großen Abbruch tut und doch der Mensch sich von der Summe der Befriedigung aller unter dem Namen der Glückseligkeit keinen bestimmten und sicheren Begriff machen kann; daher nicht zu verwundern ist, wie eine einzige in Ansehung dessen, was sie verheißt, und der Zeit, worin ihre Befriedigung erhalten werden kann, bestimmte Neigung eine schwankende Idee überwiegen könne, und der Mensch, z.B. ein Podagrist, wählen könne zu genießen, was ihm schmeckt, und zu leiden, was er kann, weil er nach seinem Überschlage hier wenigstens sich nicht durch vielleicht grundlose Erwartungen eines Glücks, das in der Gesundheit stecken soll, um den Genuß des gegenwärtigen Augenblicks gebracht hat. Aber auch in diesem Falle, wenn die allgemeine Neigung zur Glückseligkeit seinen Willen nicht bestimmte, wenn Gesundheit für ihn wenigstens nicht so notwendig in diesen Überschlag gehörte, so bleibt noch hier wie in allen anderen Fällen ein Gesetz übrig, nämlich seine Glückseligkeit zu befördern, nicht aus Neigung, sondern aus Pflicht, und da hat sein Verhalten allererst den eigentlichen moralischen Wert.

So sind ohne Zweifel auch die Schriftstellen zu verstehen, darin geboten wird, seinen Nächsten, selbst unseren Feind zu lieben. Denn Liebe als Neigung kann nicht geboten werden, aber Wohltun aus Pflicht selbst, wenn dazu gleich gar keine Neigung treibt, ja gar natürliche und unbezwingliche Abneigung widersteht, ist *praktische* und nicht *pathologische* Liebe, die im Willen liegt und nicht im Hange der Empfindung, in Grundsätzen der Handlung und nicht schmelzender Teilnehmung; jene aber allein kann geboten werden. [...]

Pflicht ist Notwendigkeit einer Handlung aus Achtung fürs Gesetz. Zum Objekte als Wirkung meiner vorhabenden Handlung kann ich zwar *Neigung* haben, aber *niemals Achtung*, ebendarum, weil sie bloß eine Wirkung und nicht Tätigkeit eines Willens ist. Ebenso kann ich für Neigung überhaupt, sie mag nun meine oder eines anderen seine sein, nicht Achtung haben, ich kann sie höchstens im ersten Falle billigen, im zweiten bisweilen selbst lieben, d.i. sie als meinem eigenen Vorteile günstig ansehen. Nur das, was bloß als Grund, niemals aber als Wirkung mit meinem Willen verknüpft ist, was nicht meiner Neigung dient, sondern sie überwiegt, wenigstens diese von deren Überschlage bei der Wahl ganz ausschließt, mithin das bloße Gesetz für sich, kann ein Gegenstand der Achtung und hiermit ein Gebot sein. Nun soll eine Handlung aus Pflicht den Einfluß der Neigung und mit ihr jeden Gegenstand des Willens ganz absondern, also bleibt nichts für den Willen übrig, was ihn bestimmen könne, als objektiv das *Gesetz* und subjektiv *reine Achtung* für dieses praktische Gesetz, mithin die Maxime* einem solchen Gesetze, selbst mit Abbruch aller meiner Neigungen, Folge zu leisten.

Es liegt also der moralische Wert der Handlung nicht in der Wirkung, die daraus erwartet wird, also auch nicht in irgend einem Prinzip der Handlung, welches seinen Bewegungsgrund von dieser erwarteten Wirkung zu entlehnen bedarf. Denn alle diese Wirkungen (Annehmlichkeit seines Zustandes, ja gar Beförderung fremder Glückseligkeit) konnten auch durch andere Ursachen zu stande gebracht werden, und es brauchte also dazu nicht des Willens eines vernünftigen Wesens, worin gleichwohl das höchste und unbedingte Gute allein angetroffen werden kann. Es kann daher nichts anderes als die *Vorstellung des Gesetzes* an sich selbst, *die freilich nur im vernünftigen Wesen stattfindet,* sofern sie, nicht aber die verhoffte Wirkung, der Bestimmungsgrund des Willens ist, das so vorzügliche Gute, welches wir sittlich nennen, ausmachen, welches in der Person selbst schon gegenwärtig ist, die danach handelt, nicht aber allererst aus der Wirkung erwartet werden darf.**

---

* *Maxime* ist das subjektive Prinzip des Wollens; das objektive Prinzip (d.i. dasjenige, was allen vernünftigen Wesen auch subjektiv zum praktischen Prinzip dienen würde, wenn Vernunft volle Gewalt über das Begehrungsvermögen hätte) ist das praktische *Gesetz.*
** Man könnte mir vorwerfen, als suchte ich hinter dem Worte *Achtung* nur Zuflucht in einem dunklen Gefühle, anstatt durch einen Begriff der Vernunft in der Frage deutliche Auskunft zu geben. Allein wenn Achtung gleich ein Gefühl ist, so ist es doch kein durch Einfluß *empfangenes,* sondern durch einen Vernunftbegriff *selbstgewirktes* Gefühl und daher von allen Gefühlen der ersteren Art, die sich auf Neigung oder Furcht bringen lassen, spezifisch unterschieden. Was ich unmittelbar als Gesetz für mich erkenne, erkenne ich mit Achtung, welche bloß das Bewußtsein der *Unterordnung* meines Willens unter einem Gesetze ohne Vermittelung anderer Einflüsse auf meinen Sinn bedeutet. Die unmittelbare Bestimmung
(Fortsetzung der Fußnote auf der nächsten Seite)

Was kann das aber wohl für ein Gesetz sein, dessen Vorstellung, auch ohne auf die daraus erwartete Wirkung Rücksicht zu nehmen, den Willen bestimmen muß, damit dieser
schlechterdings und ohne Einschränkung gut heißen könne?
Da ich den Willen aller Antriebe beraubt habe, die ihm aus
der Befolgung irgend eines Gesetzes entspringen könnten,
so bleibt nichts als die allgemeine Gesetzmäßigkeit der Handlungen überhaupt übrig, welche allein dem Willen zum
Prinzip dienen soll, d.i. ich soll niemals anders verfahren als
so, *daß ich auch wollen könne, meine Maxime solle ein allgemeines Gesetz werden.* Hier ist nun die bloße Gesetzmäßigkeit überhaupt (ohne irgend ein auf gewisse Handlungen
bestimmtes Gesetz zum Grunde zu legen) das, was dem
Willen zum Prinzip dient und ihm auch dazu dienen muß,
wenn Pflicht nicht überall ein leerer Wahn und chimärischer
Begriff sein soll; hiermit stimmt die gemeine Menschen-
vernunft in ihrer praktischen Beurteilung auch vollkommen überein und hat das gedachte Prinzip jederzeit vor
Augen.

des Willens durchs Gesetz und das Bewußtsein derselben heißt
Achtung, so daß diese als *Wirkung* des Gesetzes aufs Subjekt und
nicht als *Ursache* desselben angesehen wird. Eigentlich ist Achtung
die Vorstellung von einem Werte, der meiner Selbstliebe Abbruch
tut. Also ist es etwas, was weder als Gegenstand der Neigung noch
der Furcht betrachtet wird, obgleich es mit beiden zugleich etwas
Analogisches hat. Der *Gegenstand* der Achtung ist also lediglich
das *Gesetz,* und zwar dasjenige, das wir *uns selbst* und doch als an
sich notwendig auferlegen. Als Gesetz sind wir ihm unterworfen,
ohne die Selbstliebe zu befragen; als uns von uns selbst auferlegt, ist
es doch eine Folge unseres Willens und hat in der ersten Rücksicht
Analogie mit Furcht, in der zweiten mit Neigung. Alle Achtung für
eine Person ist eigentlich nur Achtung fürs Gesetz (der Rechtschaffenheit usw.), wovon jene uns das Beispiel gibt. Weil wir Erweite-
rung unserer Talente auch als Pflicht ansehen, so stellen wir uns an
einer Person von Talenten auch gleichsam das *Beispiel eines Gesetzes* vor (ihr durch Übung hierin ähnlich zu werden), und das macht
unsere Achtung aus. Alles moralische sogenannte *Interesse* besteht
lediglich in der *Achtung* fürs Gesetz.

Voltaire

Tugend (1764)

Was ist Tugend? Wohltat gegen den Nächsten. Kann ich
etwas anderes Tugend nennen, als was mir wohltut? Ich bin
arm, du schenkst; ich bin in Gefahr, du hilfst; ich werde be-
trogen, du sagst mir die Wahrheit; man läßt mich allein, du
spendest mir Trost; ich bin unwissend, du bildest mich: ich
nenne dich ohne weiteres tugendhaft. Aber wo bleiben die
Kardinaltugenden und die theologischen Tugenden dazu?
Mitunter in der Schule.

Was soll es mir, daß du enthaltsam bist? Du befolgst eine
Regel der Gesundheit, befindest dich darum besser, und ich
mache dir mein Kompliment. Du hast Glauben und Hoffnung, ich beglückwünsche dich noch mehr: beides wird dir
gewiß das ewige Heil verschaffen. Deine theologischen Tugenden sind Himmelsgaben, deine Kardinaltugenden sind
vorzügliche Eigenschaften und deiner Lebensführung dien-
lich; aber Tugenden gegenüber deinem Nächsten sind sie
keinesfalls. Der Kluge tut sich selber Gutes, der Tugendhafte tut es an den Menschen. Der heilige Paulus sagt zu Recht,
daß die Barmherzigkeit mehr bedeutet als Glaube und
Hoffnung.

Wie denn? sollen nur jene Tugenden zählen, welche
dem Nächsten nützlich sind? Nun, wie könnte ich andere
gelten lassen? Wir leben in Gesellschaft; also gibt es nichts
wahrhaft Gutes für uns, als was der Gesellschaft nützt.
Ein Einsiedler mag genügsam und gottesfürchtig sein und
ein Büßerhemd tragen: nun gut, er ist heilig; aber tugendhaft werde ich ihn nur dort nennen, wo seine Tugend ihn
tätig und für andere Menschen nützlich werden läßt. Solange er allein ist, tut er weder Gutes noch Böses; er bedeutet für uns nichts. Wenn der heilige Bruno die Familien
versöhnte, wenn er den Bedürftigen half, so war er tugendhaft; wenn er fastete und in der Einsamkeit betete, war

er ein Heiliger. Menschliche Tugend ist der Austausch von Wohltaten, und wer kein Teil daran hat, soll nicht gezählt werden. Wäre dieser Heilige unter den Menschen, so würde er dort gewiß Gutes tun; allein solange er nicht da ist, tun die Menschen recht, ihm den Namen des Tugendhaften zu verweigern: er ist gut gegen sich und nicht gegen uns.

Aber, so redet ihr mir zu, wenn ein Einsiedler gefräßig und trunksüchtig ist und vor sich selber heimlicher Ausschweifung hingegeben, so ist er lasterhaft: demnach ist er tugendhaft, wenn er die gegensätzlichen Eigenschaften hat. Dem kann ich nicht zustimmen: er ist wohl ein liederlicher Strolch, wenn er die Mängel hat, von denen ihr sprecht; doch ist er weder lasterhaft noch bösartig oder sträflich gegen die Gesellschaft, welcher seine Schandtaten nicht wehtun. Man darf vermuten, daß er der Gesellschaft wehtun wird, sofern er dorthin zurückkehrt, und daß er sehr lasterhaft sein wird; wahrscheinlich sogar wird dieser Mensch eher bösartig sein als jener andere Einsiedler rechtschaffen, der enthaltsam und keusch war. Denn in der Gesellschaft nehmen die Mängel zu, und die guten Eigenschaften vermindern sich.

Man wendet mir heftiger ein, auch Nero, der Papst Alexander VI. und dergleichen Ungeheuer mehr hätten Wohltaten ausgestreut. Ich antworte kühn, daß sie an jenem Tage tugendhaft waren.

Ein paar Theologen sagen, der göttliche Kaiser Antonin sei nicht tugendhaft gewesen, sondern ein starrköpfiger Stoiker, der nicht zufrieden war, den Menschen zu befehlen, sondern ihre Achtung dazu wollte; er habe alles, was er der Menschheit Gutes tat, auf sich selber bezogen; nur aus Eitelkeit sei er sein Leben lang gerecht, arbeitsam und wohltätig gewesen und habe solchermaßen die Menschen nur getäuscht. Da rufe ich: „Mein Gott, gib uns oft solche Spitzbuben!"

Rudolf Carnap

Theoretische Fragen
und praktische Entscheidungen (1934)

Der *Kampf gegen Metaphysik und Theologie* wird bis in die
Gegenwart hinein meist so geführt, daß man sich bemüht,
den Behauptungen dieser Lehren Gegenbehauptungen ge-
genüberzustellen und die vorgebrachten Gründe durch Ge-
gengründe zu widerlegen. Aber die logische Analyse der
metaphysischen Sätze mit den Hilfsmitteln der modernen
Logik hat gelehrt, daß diese bloß Scheinsätze sind, keinen
Sinn haben, nichts aussagen. (Unter „Metaphysik" sind hier
nicht Vermutungen gemeint, die der Wissenschaft vorgrei-
fen: diese sind, wenn auch noch so unsicher, doch sinnvoll;
vielmehr sind hier jene Spekulationen gemeint, in denen
Unbegriffe vorkommen wie das „Nichseiende", das „nich-
tende Nichts", das „Absolute", der „Urgrund der Welt",
die „mögliche Unmöglichkeit der Existenz" und dergl.).
Auf Grund dieser Einsicht ist eine anders geartete, schärfere
Absage an die Metaphysik möglich. Wir werden einen Satz
wie „die Welt ist die Selbstverwirklichung Gottes" nicht
mehr widerlegen, indem wir etwa zu beweisen versuchen:
„die Welt ist nicht die Selbstverwirklichung Gottes". Damit
würden wir, wo die Metaphysiker den Bock melken, das
Sieb unterhalten. Wir werden vielmehr zeigen, daß jener
Satz sinnlos ist, nicht etwa falsch; die Gegenthese ist daher
ebenfalls sinnlos. Jener metaphysische Satz besagt nicht
mehr als der Kindervers „ene mene mink mank"; der Unterschied ist nur der, daß sich an den metaphysischen Satz allerhand erhabene Gefühle anknüpfen.

Unsere Beurteilung der Metaphysik – aller metaphysischen Bestandteile in der Philosophie, der Theologie und
leider zuweilen auch noch in der Fachwissenschaft – wird
zuweilen dahin gedeutet, als wäre durch unsere Weigerung
einer theoretischen Widerlegung ein Freibrief für die Ver-

breitung solcher Lehren ausgestellt. Das ist aber eine Fehldeutung. Die Ausweisung aus dem Gebiet der *theoretischen Entscheidung* entthebt uns nicht der Möglichkeit, ja der Pflicht der *praktischen Stellungnahme.* Zwischen beidem besteht jedoch ein *grundsätzlicher Unterschied;* über diesen müssen wir uns klar werden.

Verwirrend wirkt hier der zweideutige Sprachgebrauch, nach dem man auch dort von „Fragen" spricht, wo in Wirklichkeit nicht Fragen, d.h. Aufforderungen zur *Entscheidung über wahr und falsch,* vorliegen, sondern Situationen, in denen eine *Entscheidung des Handelns* zu treffen ist. Wenn ich mir klar werden will, ob ich den vor mir liegenden Apfel essen soll oder nicht, so ist das eine Sache des Entschlusses, der praktischen Entscheidung, nicht der theoretischen. Die Entschlußunsicherheit pflegt man aber häufig durch dieselbe sprachliche Form auszudrücken, wie die Unsicherheit des Wissens, nämlich durch die Form einer Frage: „Soll ich diesen Apfel essen?" Diese Sprachform täuscht uns eine Frage vor, wo keine Frage ist. Weder mein eigenes Denken, noch alle Lehren der Wissenschaft sind imstande, jene scheinbare Frage zu beantworten; nicht als gäbe es hier eine Grenze des menschlichen Verstandes, sondern einfach, weil gar keine Frage vorliegt. Theoretisch – durch alltägliches oder wissenschaftliches Wissen – kann nur gesagt werden: *„wenn* du den Apfel ißt, so wird dein Hunger verschwinden" (oder: „so wirst du dich vergiften", „so wirst du ins Gefängnis kommen" oder dergl.). Diese theoretischen Angaben über die zu erwartenden Folgen können gewiß für mich sehr wichtig sein; aber durch sie kann mir der Entschluß nicht abgenommen werden. Es ist Sache des praktischen Entschlusses, ob ich mich sättigen oder hungrig bleiben will; ob ich mich vergiften oder gesund bleiben will; die Begriffe „wahr" und „falsch" können hier nicht angewendet werden.

Was für das Apfelessen gilt, gilt ebenso für die großen Entscheidungen im Leben, z.B. Berufswahl oder dergl. Die theoretische Aufklärung ist hier sehr wichtig zur Vorbereitung des Entschlusses, aber sie gibt nicht selbst die Entscheidung. Man kann jemandem beweisen, daß der und der Beruf außerordentlich schlechte Aussichten hat, oder daß er selbst sich für diesen Beruf schlecht eignet. Aber man kann nicht beweisen, daß er diesen Beruf nicht ergreifen soll. Hier gibt es keine Beweise, sondern nur Beeinflussung, Erziehung; das theoretische Beweisen kann freilich dabei eine wichtige Hilfe sein.

Auch die Bejahung oder Ablehnung eines lyrischen Gedichtes ist nicht Sache theoretischer Entscheidung, sondern praktische Stellungnahme. Man kann theoretisch beweisen, welchen Ursprung und welche Wirkung eine Lyrik bestimmter Art hat; Annahme oder Ablehnung mag durch solches theoretisches Wissen beeinflußt werden, liegt aber selbst außerhalb der theoretischen Fragen.

Aus dem Gesagten ergeben sich nun gewisse Konsequenzen für die Formen des Kampfes, den wir gegen Aberglauben, Theologie, Metaphysik, traditionelle Moral, kapitalistische Ausbeutung der Arbeiter usw. führen. Beim *Aberglauben* handelt es sich um theoretische Fragen; die Annahme, daß Gebete und Amulette Hagelschauern oder Eisenbahnunfälle verhüten können, kann wissenschaftlich widerlegt werden. Ob dagegen jemand für oder gegen Feuerbestattung, für oder gegen Demokratie, für oder gegen *Sozialismus* ist, ist Sache der praktischen Stellungnahme, nicht des theoretischen Beweisens. Theoretisch kann hier nur festgestellt werden, daß die und die Einrichtung die und die hygienischen, wirtschaftlichen, kulturellen Folgen hat. Das ist eine sehr wichtige Vorbereitung unserer Stellungnahme; aber diese Stellungnahme wird uns dadurch nicht erspart. Wir müssen uns entscheiden, ob wir die in theoretischer Überlegung festgestellten Folgen (z.B. Überwindung der Wirtschaftskrisen und der Arbeitslosigkeit) wollen oder nicht; davon hängt dann auf Grund der theoretischen Einsicht unser Handeln ab. *Die wissenschaftliche Überlegung bestimmt nicht das Ziel, sondern stets nur den Weg zu dem beschlossenen Ziel.*

Metaphysik ist Lyrik in der Verkleidung einer Theorie. Sie ist bloßer Gefühlsausdruck, gibt sich aber durch die sprachliche Einkleidung in Behauptungssätze den Anschein, als gebe sie Erkenntnis. Bei der offiziellen *Theologie* und sonstigen *Religionslehren* mischen sich Aberglaube und Metaphysik; man könnte hier „mythologische" und „metaphysische Theologie" unterscheiden. Die Sätze der ersteren (z.B. Behauptungen über sichtbare Wirkungen des Gebetes, des Segens, der Reliquien, Wunderberichte, Leugnung der Abstammungslehre) sind sinnvoll, aber falsch; sie können daher theoretisch widerlegt werden. Die Sätze der metaphysischen Theologie dagegen sind Scheinsätze, die in Wirklichkeit nichts behaupten, erhaben klingende, aber leere Worte (z.B. Behauptungen über unsichtbare Wirkungen des Gebetes oder der Sakramente: Sündenvergebung, Gnade, Heiligung). Mythologische und metaphysische Theologie sind oft sehr eng miteinander verbunden; z.B. ist die Lehre von einer Parthenogenesis innerhalb des Menschengeschlechts Mythologie, wissenschaftlich widerlegbar; die Lehre von der Zeugung durch einen heiligen Geist ist Metaphysik.

Da metaphysische Philosophie und metaphysische Religionslehren (im Unterschied zu den mythologischen) keinen Inhalt haben, sondern nur Gefühlsausdruck sind, so gibt es hier keine theoretische Widerlegung im eigentlichen Sinne. Die Wortfolgen dieser Lehren sind ebenso jenseits von wahr und falsch wie lyrische Gedichte. Wohl aber kann man in anderer Weise diese Lehren zum Objekt einer theoretischen Untersuchung machen, und zwar von verschiedenen Gesichtspunkten aus. Man kann in einer logischen und erkenntnistheoretischen Untersuchung die Sinnlosigkeit dieser Lehren nachweisen. Ferner können durch Untersuchungen eines Soziologen und eines Psychologen die Bedingungen und Wirkungen solcher Erscheinungen erforscht werden; man stellt z.B. fest, daß es sich um Wunschträume und dergl. handelt, deren systematische Förderung und

Verbreitung in sozialen Kämpfen zur Ablenkung und Vernebelung dient.

Um Mißverständnisse zu vermeiden, sei bemerkt, daß hier nicht von einer bewußten Absicht die Rede ist, sondern von der tatsächlichen sozialen Funktion, die den Ausübenden meist nicht zum Bewußtsein kommt, sondern durch eine rechtfertigende Ideologie verdeckt wird.

Theoretisch beweisen läßt sich nur, daß philosophische und religiöse Metaphysik ein unter Umständen gefährliches, vernunftsschädigendes Narkotikum ist. Wir lehnen dieses Narkotikum ab. Wenn andere seinen Genuß lieben, so können wir sie nicht theoretisch widerlegen. Das bedeutet aber keineswegs, daß es uns gleichgültig sein muß, wie die Menschen sich in diesem Punkt entscheiden. Wir können theoretische Aufklärung über Ursprung und Wirkungen des Narkotikums geben. Ferner können wir durch Aufruf, Erziehung, Vorbild auf die praktische Entscheidung der Menschen in diesem Punkt einwirken. Nur wollen wir uns dabei klar sein, daß diese Einwirkung außerhalb des theoretischen Gebietes der Wissenschaft liegt.

Paul Thiry d'Holbach

Religion und Moral (1770)

Nachdem wir bewiesen haben, daß Atheisten existieren, wollen wir auf die Schmähungen zurückkommen, mit denen sie von den Gottesverehrern überhäuft werden. „Ein Atheist kann", nach Abbadie, „nicht tugendhaft sein; Tugend ist für ihn nur ein Hirngespinst; Rechtschaffenheit nur eine leere Grille, Aufrichtigkeit nur Einfalt ... das einzige Gesetz, welches er anerkennt, ist sein Interesse; wo diese Anschauung Platz gegriffen hat, da ist das Gewissen nur ein Vorurteil, das Naturgesetz nur eine Illusion, das Recht nur ein Irrtum; da hat das Wohlwollen keine Grundlage mehr; die gesellschaftlichen Bindungen lösen sich auf; die Treue verschwindet; der Freund ist ohne weiteres bereit, seinen Freund zu verraten; der Bürger, sein Vaterland preiszugeben; der Sohn, seinen Vater zu ermorden, um in den Besitz seines Vermögens zu kommen: sobald er Gelegenheit dazu finden wird und sobald Autorität oder Schweigen ihn vor dem weltlichen Arm schützen, den allein er fürchten muß. Die unverletzlichsten Rechte und die heiligsten Gesetze können dann nur noch als Träume und Visionen betrachtet werden."

Ein solches Verhalten dürfte wohl nicht von einem denkenden, empfindenden, überlegenden, vernunftbegabten Wesen zu erwarten sein, sondern vielmehr von einem wilden Tier, von einem Verrückten, der keine Idee von den natürlichen Beziehungen hat, die zwischen solchen Wesen bestehen, die einander für ihr gegenseitiges Glück notwendig sind. Kann man annehmen, daß ein Mensch, der Erfahrungen machen kann und der auch nur den geringsten Schein von gesundem Menschenverstand besitzt, sich so verhalten könnte, wie man es hier dem Atheisten, das heißt einem Menschen beilegt, der so viel Überlegungen anstellen kann, daß er sich von den Vorurteilen löst, die ihm jeder als wichtig und heilig hinzustellen bemüht ist? Kann man, sage ich, annehmen, daß in einer gesitteten Gesellschaft ein Bürger so blind sei, daß er nicht seine natürlichsten Pflichten, die ihm naheliegendsten Interessen, daß er nicht die Gefahren kennt, denen er sich aussetzt, wenn er seine Mitmenschen verletzt oder wenn er keiner anderen Regel folgt als seinen augenblicklichen Gelüsten? Muß ein Wesen mit noch so geringem Verstand nicht einsehen, daß die Gesellschaft ihm von Vorteil ist, daß es ihre Hilfe braucht, daß die Achtung seiner Mitmenschen für sein Glück notwendig ist, daß es von ihrem Zorn alles zu fürchten hat, daß die Gesetze jedermann bedrohen, der sie zu verletzten wagt? [...]

In der Tat, nichts ist für die Menschen gewöhnlicher als ein auffallender Gegensatz zwischen Geist und Herz, das heißt, zwischen dem Temperament, den Leidenschaften, den Gewohnheiten, den Phantasien, der Einbildungskraft einerseits und dem Geist oder dem von der Überlegung gestützten Urteil andererseits. Nichts ist seltener, als eine Übereinstimmung unter diesen Dingen; nur in diesem Fall aber kann man den Einfluß der Spekulation auf die Praxis sehen. Die Tugenden, die sich auf das Temperament der Menschen gründen, sind die sichersten. Sehen wir nicht in der Tat täglich, daß die Sterblichen mit sich selbst in Widerspruch stehen? Verdammt ihr Urteil nicht unablässig die Abwege, auf die ihre Leidenschaften sie führen? Mit einem Wort, beweist uns nicht alles, daß die Menschen mit der besten Theorie sich in der Praxis bisweilen sehr schlecht betragen und daß andere, deren Theorie sehr lasterhaft ist, sich sehr achtenswert verhalten? Selbst unter den Anhängern der blindesten, gräßlichsten, vernunftwidrigsten Abarten des Aberglaubens finden wir tugendhafte Menschen; die Milde ihres Charakters, das Empfindungsvermögen ihres Herzens, die Güte ihres Temperaments führen sie trotz ihrer törichten Spekulationen zur Menschlichkeit und zu den Gesetzen ihrer Natur zurück. Unter den Anbetern eines grausamen, rachgierigen und eifersüchtigen Gottes begegnen wir friedfertigen Seelen, die Feinde der Verfolgung, der Gewalttätigkeit, der Grausamkeit sind; und unter den Anhängern eines mit Barmherzigkeit und Milde erfüllten Gottes sehen wir Ungeheuer von Barbarei und Unmenschlichkeit. Da indessen sowohl diese wie auch jene anerkennen, daß ihr Gott ihnen Vorbild sein soll: warum richten sie sich nicht danach? Weil das Temperament des Menschen immer stärker ist als seine Götter; weil die bösesten Götter eine rechtschaffene Seele nicht immer zu verderben und weil die sanftmütigsten Götter solche Herzen, die vom Verbrechen erfaßt sind, nicht zu bessern vermögen. Die Veranlagung wird immer mächtiger sein als die Religion; die gegenwärtigen Gegenstände, die augenblicklichen Interessen, die eingewurzelten Gewohnheiten, die öffentliche Meinung haben viel mehr Macht als imaginäre Wesen oder als Spekulationen, die selbst von dieser Veranlagung abhängen.

Es handelt sich also darum, zu prüfen, ob die Prinzipien des Atheisten wahr sind, und nicht darum, ob sein Verhalten lobenswert ist. Ein Atheist, der eine vortreffliche, auf Natur, Erfahrung und Vernunft gründende Theorie hat und sich Ausschweifungen überläßt, die für ihn gefährlich und für die Gesellschaft schädlich sind, ist zweifellos ein inkonsequenter Mensch. Aber er ist nicht mehr zu fürchten als ein religiöser und eifernder Mensch, der an einen guten, gerechten und vollkommenen Gott glaubt und in dessen Namen dennoch die abscheulichsten Ausschreitungen begeht. Ein atheistischer Tyrann würde nicht mehr zu fürchten sein als ein fanatischer Tyrann. Ein ungläubiger Philosoph ist nicht so furchtbar wie ein schwärmerischer Priester, der Zwietracht sät unter seinen Mitbürgern. Würde denn ein Atheist, der Macht besitzt, ebenso gefährlich sein wie ein verfolgungssüchtiger König oder wie ein hartherziger Inquisitor, wie ein launenhafter Frömmler, wie ein trübsinniger Anhänger des Aberglaubens? Diese sind gewiß weniger selten als ein Atheist, dessen Anschauungen und Laster ja nur wenig Einfluß nehmen können auf die Gesellschaft, die zu sehr von Vorurteilen eingenommen ist, um auf ihn hören zu wollen.

Ein unmäßiger und wollüstiger Atheist ist nicht mehr zu fürchten als ein Abergläubischer, der Zügellosigkeit, Ausschweifung und Verderbnis der Sitten mit seinen Religionsbegriffen zu verbinden weiß. Bildet man sich denn wirklich ein, daß ein Mensch, weil er Atheist ist oder weil er die Rache der Götter nicht fürchtet, sich alle Tage betrinkt, die Frau seines Freundes verführt, die Tür seines Nachbarn aufbricht und sich alle die Ausschreitungen erlaubt, die für ihn selbst sehr schädlich oder die sehr strafwürdig sind? Die

Laster des Atheisten sind um nichts außergewöhnlicher als die des religiösen Menschen, keiner hat dem anderen etwas vorzuwerfen. Ein ungläubiger Tyrann würde für seine Untertanen keine lästigere Geißel sein als ein religiöser Tyrann; sind die Völker des letzteren etwa glücklicher, weil der Tiger, der sie beherrscht, an Gott glaubt, seine Priester durch Geschenke bereichert und sich zu ihren Füßen demütigt? Unter der Herrschaft eines Atheisten braucht man wenigstens weder religiöse Bedrückungen und Verfolgungen um irgendwelcher Anschauungen willen, noch Ächtungen, noch die unerhörten Gewalttätigkeiten zu fürchten, denen die Interessen des Himmels, auch unter den sanftmütigsten Fürsten, oft zum Vorwand dienen. Wenn ein Volk das Opfer der Leidenschaften und der Torheiten eines ungläubigen Herrschers ist, so wird es dies wenigstens weder auf Grund von dessen blinder Ergebenheit für theologische Systeme, die er nicht versteht, noch auf Grund seines fanatischen Eifers sein, der von allen Eigenschaften der Könige immer am verheerendsten und am gefährlichsten ist. Ein atheistischer Tyrann, der Menschen wegen ihrer Anschauungen verfolgt, wäre ein in seinen Prinzipien inkonsequenter Mensch; er würde nur noch ein Beispiel mehr liefern, daß die Sterblichen ihren Leidenschaften, ihren Interessen, ihren Temperamenten viel lieber folgen als ihren Spekulationen. Es ist zumindest evident, daß der Atheist einen Vorwand weniger hat als der leichtgläubige Fürst, um seiner natürlichen Bösartigkeit nachzugeben.

Wenn man die Dinge tatsächlich mit ruhiger Überlegung zu prüfen wagte, so würde man finden, daß der Name Gottes den Leidenschaften der Menschen auf Erden immer nur als Vorwand gedient hat. Ehrgeiz, Betrug und Tyrannei haben sich verbunden, sich dieses Namens gemeinsam zu bedienen, um die Völker zu verblenden und sie unters Joch zu zwingen. Der Monarch bedient sich desselben, um seine Person mit einem Schein des Göttlichen zu umgeben, um für seine Rechte die Vollmacht des Himmels zu haben und um seinen ungerechten und ausschweifendsten Phantasien das Ansehen von Prophezeiungen zu verleihen. Der Priester bedient sich desselben, um seine Forderungen geltend zu machen, damit er seinen Geiz, seinen Stolz und seine Unabhängigkeit ungestraft befriedigen könne. Der rachgierige und zornmütige Anhänger des Aberglaubens bedient sich der Sache seines Gottes, um seiner Rachsucht, seiner Grausamkeit, seiner Raserei – die er Eifer nennt – freien Lauf zu lassen. Mit einem Wort, die Religion ist gefährlich, weil sie die Leidenschaften und die Verbrechen, deren Früchte sie erntet, rechtfertigt und als legitim oder lobenswert hinstellt; ihren Dienern zufolge ist alles erlaubt, um den Allerhöchsten zu rächen; so scheint die Gottheit nur geschaffen zu sein, um die schädlichsten Untaten gutzuheißen oder zu beschönigen. Wenn der Atheist Verbrechen begeht, so kann er wenigstens nicht behaupten, sein Gott befehle und billige sie; das aber ist die Entschuldigung, die uns täglich der Abergläubische für seine Bösartigkeit, der Tyrann für seine Verfolgungen, der Priester für seine Grausamkeit und seinen Aufruhr, der Fanatiker für seine Ausschreitungen, der Büßer für seine Nutzlosigkeit vorbringt. [...]

Viele Leute erkennen, daß die vom Aberglauben erzeugten Ausschweifungen wirklich große Übel sind; viele Menschen beklagen sich über den Mißbrauch der Religion, aber es gibt sehr wenige, die merken, daß diese Mißbräuche und diese Übel notwendige Folgen der grundlegenden Prinzipien jeglicher Religion sind, die selbst nur auf die widerwärtigen Begriffe gegründet sein kann, die man sich notwendigerweise von der Gottheit macht. [...]

Die falschen Ideen, die so viele Leute von der Nützlichkeit der Religion haben, die, wie sie glauben, wenigstens imstande ist, das Volk im Zaum zu halten, rühren von dem unseligen Vorurteil her, daß es *nützliche Irrtümer* gebe und daß Wahrheiten gefährlich sein können. Dieses Prinzip ist sehr geeignet, das Unglück auf Erden zu verewigen: wer den Mut hat, die Dinge zu prüfen, wird mühelos erkennen, daß alle Leiden des Menschengeschlechts durch seine Irrtümer bedingt sind und daß diese religiösen Irrtümer durch die Bedeutung, die man ihnen beimißt, durch den Stolz, den sie den Herrschern eingeben, durch die Erniedrigung, die sie den Untertanen bereiten, durch die Raserei, die sie in den Völkern entstehen lassen, von allen Irrtümern am schädlichsten sein müssen: man wird daraus schließen müssen, daß es im Interesse der Menschen liegt, ihre geheiligten Irrtümer völlig auszurotten, und daß dies die hauptsächliche Aufgabe der gesunden Philosophie ist. Man darf nicht fürchten, daß diese Philosophie Unruhen oder Revolutionen hervorruft; je offener die Wahrheit sprechen wird, um so ungewöhnlicher wird sie erscheinen; je einfacher sie sein wird, um so weniger wird sie die vom Wunderbaren ergriffenen Menschen verführen; selbst diejenigen, die sie mit größtem Eifer suchen, haben einen unwiderstehlichen Hang, der sie unablässig bewegt, den Irrtum mit der Wahrheit in Übereinstimmung bringen zu wollen.

Das ist zweifellos der Grund, warum der Atheismus, dessen Prinzipien bislang noch nicht hinreichend entwickelt worden sind, selbst die vorurteilslosesten Menschen zu beunruhigen scheint. Sie finden den Abstand zwischen dem gewöhnlichen Aberglauben und der völligen Ungläubigkeit allzu groß: sie glauben einen weisen Mittelweg zu wählen, wenn sie sich mit dem Irrtum abfinden; sie verwerfen die Folgen, obwohl sie das Prinzip annehmen; sie behalten das Phantom bei, ohne vorauszusehen, daß es früher oder später die gleichen Wirkungen zeitigen und allmählich in den menschlichen Köpfen die gleichen Torheiten hervorbringen muß. Die meisten Ungläubigen und Reformatoren tun nichts anderes, als daß sie einen vergifteten Baum beschneiden, ohne jedoch zu wagen, die Axt an seine Wurzel zu legen: sie sehen nicht, daß dieser Baum in der Folge die gleichen Früchte hervorbringen wird. Die Theologie und die Religion werden zu allen Zeiten entzündliche Stoffe anhäufen, die, in der Einbildungskraft der Menschen schwelend,

schließlich stets zu Feuersbrünsten führen werden. Solange
die Priesterschaft das Recht hat, die Jugend zu verderben,
sie daran zu gewöhnen, vor Worten zu zittern, die Völker
durch den Namen eines schrecklichen Gottes unruhig zu
machen: solange wird der Fanatismus die Geister beherrschen und der Betrug die Staaten nach Gutdünken in Aufruhr bringen. Das einfachste Phantom wird, wenn es fortwährend von der Einbildungskraft des Menschen genährt,
modifiziert und übersteigert wird, nach und nach zu einem
Riesen, der mächtig genug ist, alle Köpfe zu verwirren und
ganze Reiche umzustürzen.

David Hume

Vom Sein zum Sollen (1739)

Ich kann nicht umhin, diesen Betrachtungen eine Bemer-
kung hinzuzufügen, der man vielleicht einige Wichtigkeit
nicht absprechen wird. In jedem Moralsystem, das mir bisher vorkam, habe ich immer bemerkt, daß der Verfasser eine
Zeitlang in der gewöhnlichen Betrachtungsweise vorgeht,
das Dasein Gottes feststellt oder Beobachtungen über
menschliche Dinge vorbringt. Plötzlich werde ich damit
überrascht, daß mir anstatt der üblichen Verbindungen von
Worten mit „*ist*" und „*ist nicht*" kein Satz mehr begegnet, in
dem nicht ein „*sollte*" oder „*sollte nicht*" sich fände. Dieser
Wechsel vollzieht sich unmerklich; aber er ist von größter
Wichtigkeit. Dies *sollte* oder *sollte nicht* drückt eine neue
Beziehung oder Behauptung aus, muß also notwendigerweise beachtet und erklärt werden. Gleichzeitig muß ein
Grund angegeben werden für etwas, das sonst ganz unbe-
greiflich scheint, nämlich dafür, wie diese neue Beziehung
zurückgeführt werden kann auf andere, die von ihr ganz
verschieden sind. Da die Schriftsteller diese Vorsicht mei-

stens nicht gebrauchen, so erlaube ich mir, sie meinen Lesern zu empfehlen; ich bin überzeugt, daß dieser kleine Akt der Aufmerksamkeit alle gewöhnlichen Moralsysteme umwerfen und zeigen würde, daß die Unterscheidung von Laster und Tugend nicht in der bloßen Beziehung der Gegenstände begründet ist, und nicht durch die Vernunft erkannt wird.

Freiheit des Willens und Verantwortlichkeit

Aristoteles

Die Wahrheit von Sätzen
über Zukünftiges (4. Jh. v. u. Z.)

Bei dem, was (gegenwärtig) der Fall ist, und dem, was bereits geschehen ist, muß also, wenn es Gegenstand einer bejahenden oder (der ihr kontradiktorisch entgegengesetzten) verneinenden Aussage ist, diese notwendigerweise wahr oder falsch sein. Und zwar muß dann, wenn etwas Allgemeines in allgemeiner Weise Gegenstand (zweier solcher Aussagen) ist, stets die eine wahr und die andere falsch sein, und auch dann, wenn ihr Gegenstand etwas Einzelnes ist, wie bereits dargelegt wurde. Ist ihr Gegenstand hingegen etwas Allgemeines, das nicht in allgemeiner Weise angesprochen wird, so besteht diese Notwendigkeit nicht. Auch davon war ja bereits die Rede. Bei Einzelnem, das noch bevorsteht, aber verhält es sich (mit den Aussagen) nicht so.

Wenn nämlich jede bejahende und (jede) verneinende Aussage wahr oder falsch ist, muß ja notwendigerweise auch alles zutreffen oder nicht zutreffen, so daß offenbar, wenn von ein und demselben (Einzelding) einer behauptet, daß es (das und das) sein wird, und ein anderer, daß es (dies) nicht sein wird, notwendigerweise einer von beiden die Wahrheit sagen muß, wenn jede bejahende und (jede) verneinende Aussage wahr oder falsch ist. Denn beides kann ja nicht zugleich zutreffen, wenn es sich um Dinge dieser Art handelt. Notwendigerweise muß ein solches Ding nämlich, wenn (z.B.) die Aussage, daß es weiß, oder (die Aussage), daß es nicht weiß ist, wahr ist, (entweder) weiß oder nicht weiß sein; und wenn es (entweder) weiß ist oder nicht weiß, so ist (von den beiden erwähnten Aussagen) entweder die bejahende oder die verneinende wahr. Und wenn (das, was man von ihm aussagt), nicht (auf es) zutrifft, macht man eine falsche Aussage, und wenn man eine falsche Aussage macht, trifft (das, was man von ihm aussagt), nicht (auf es) zu. Daher muß notwendigerweise entweder die bejahende oder die verneinende Aussage wahr bzw. falsch sein.

Nichts ist der Fall und nichts geschieht folglich als bloßes Ergebnis eines (glücklichen oder unglücklichen) Zufalls oder je nachdem, wie es sich gerade trifft, und es wird auch nichts in dieser Weise sein oder nicht sein, sondern alles wird mit Notwendigkeit geschehen und nicht je nachdem, wie es sich gerade trifft – denn es sagt ja entweder derjenige die Wahrheit, der die bejahende, oder derjenige, der die verneinende Aussage macht –; andernfalls könnte (etwas) nämlich ebensogut geschehen wie nicht geschehen, denn mit dem, was je nachdem, wie es sich gerade trifft, (geschieht oder nicht geschieht), verhält es sich um nichts eher so – oder wird es sich um nichts eher so verhalten – als nicht so.

Ferner konnte, wenn (etwas) jetzt weiß ist, schon früher wahrheitsgemäß von ihm behauptet werden, daß es weiß sein werde, und so konnte auch von jedem beliebigen Ereignis, das (irgendwann einmal) eintraf, schon immer wahrheitsgemäß behauptet werden, daß es eintreten werde. Wenn aber (von etwas) schon immer wahrheitsgemäß behauptet werden konnte, daß es (jetzt) eintritt oder daß es (in Zukunft) eintreten wird, so hätte es nicht (jetzt) nicht eintreten können bzw. kann es nicht (in Zukunft) nicht eintreten. Für etwas, das nicht nicht geschehen kann, ist es aber unmöglich, daß es nicht geschieht; und für etwas, für das es unmöglich ist, daß es nicht geschieht, ist es notwendig, daß es geschieht. Das Eintreten aller Ereignisse, die (in Zukunft) eintreten werden, ist folglich notwendig. Nichts wird sich also je nachdem, wie es sich gerade trifft, ereignen oder als bloßes Ergebnis eines (glücklichen oder unglücklichen) Zufalls eintreten; denn wenn ein Ereignis als ein bloßes Zufallsergebnis eintritt, tritt es nicht mit Notwendigkeit ein.

Es besteht aber auch nicht die Möglichkeit zu sagen, daß keines von beidem wahr ist, das heißt: (zu sagen), daß (das und das) weder der Fall sein noch nicht der Fall sein wird. Denn sonst wäre erstens, wenn die bejahende Aussage falsch wäre, die verneinende nicht wahr; und wenn diese falsch wäre, ergäbe es sich, daß die bejahende nicht wahr wäre. Und überdies muß, wenn (z. B. von etwas) wahrheitsgemäß behauptet werden kann, daß es weiß und (daß es) groß ist, beides (auf es) zutreffen; und wenn für beides gilt, daß es morgen (auf es) zutreffen wird, so muß es morgen (auf es) zutreffen. Wenn aber (etwas) morgen weder der Fall sein noch nicht der Fall sein würde, so wäre es nicht etwas, das je nachdem, wie es sich gerade trifft, (der Fall oder nicht der Fall sein wird); denn im Falle einer Seeschlacht beispielsweise müßte es ja dann so sein, daß sie morgen weder stattfindet noch nicht stattfindet.

Es sind also die hier aufgezeigten und andere derartige absurde Konsequenzen, die sich ergäben, wenn denn notwendigerweise für jede bejahende und die ihr (kontradiktorisch) entgegengesetzte verneinende Aussage – sei es, daß sie etwas Allgemeines zum Gegenstand haben, das in allgemeiner Weise angesprochen wird, sei es, daß sie etwas Einzelnes zum Gegenstand haben – gälte, daß die eine von ihnen wahr und die andere falsch ist; (es ergäbe sich) nämlich, (wie gesagt), daß überall dort, wo etwas geschieht, nichts je nachdem, wie es sich gerade träfe, (so oder nicht so) wäre, sondern daß alles mit Notwendigkeit der Fall wäre und geschähe, so daß wir weder Überlegungen anzustellen noch in der Erwägung tätig zu sein bräuchten, es werde, wenn wir das und das tun, das und das der Fall sein, wenn wir es aber nicht tun, nicht. Denn es steht ja nichts im Wege, daß bereits zehntausend Jahre im voraus einer behauptet, das und das werde dann sein, und ein anderer, dies werde dann nicht sein, so daß mit Notwendigkeit eintreffen wird, was auch immer von beidem schon damals wahrheitsgemäß (vorher)gesagt werden konnte.

Dabei spielt es freilich überhaupt keine Rolle, ob irgendwelche Leute die beiden kontradiktorisch entgegengesetzten Behauptungen (tatsächlich) aufstellten oder nicht. Denn offenbar verhält es sich ja mit den Dingen auch dann so, (wie es sich nun einmal mit ihnen verhält), wenn nicht einer etwas (von ihnen) behauptete und ein anderer es bestritt. Denn nicht deshalb, weil es in einer bejahenden oder verneinenden Aussage (vorher)gesagt wurde, wird ja (etwas) der Fall oder nicht der Fall sein, und zwar in zehntausend Jahren ebensowenig wie zu irgendeinem beliebig weit entfernten (anderen) Zeitpunkt.

Es war folglich, wenn es sich schon zu allen Zeiten so verhielt, daß eines von beidem wahr war, (schon immer) notwendig, daß es eintreffen würde; und zwar verhielt es sich dann mit jedem Ereignis, das tatsächlich (irgendwann einmal) eintrat, schon immer so, daß es mit Notwendigkeit eintreten mußte. Denn ein Ereignis, von dem jemand wahrheitsgemäß behauptete, daß es eintreten werde, hätte ja nicht nicht eintreten können; und von einem Ereignis, das tatsächlich eintrat, konnte dann ja schon immer wahrheitsgemäß behauptet werden, daß es eintreten werde.

Wenn nun also die besagten (Konsequenzen) unmöglich sind – denn wir sehen doch, daß es für das, was (in Zukunft) sein wird, sowohl in unseren Überlegungen als auch in unserem Handeln einen Ursprung gibt und daß überhaupt für diejenigen Dinge, die sich nicht immer im Zustand der Verwirklichung (einer bestimmten Möglichkeit) befinden, die Möglichkeit besteht, (das und das) zu sein, und auch (die Möglichkeit, es) nicht zu sein, wobei für diese Dinge jeweils beides möglich ist: sowohl, daß sie (das und das) sind, als auch, daß sie (es) nicht sind, und demzufolge sowohl, daß sie (es) werden, als auch, daß sie (es) nicht werden; und bei vielen Dingen ist es doch ganz offenkundig für uns, daß es sich so mit ihnen verhält, daß es z. B. für diesen Mantel da möglich ist, (irgendwann) auseinandergeschnitten zu werden, daß er aber dann doch nicht auseinandergeschnitten, sondern zuvor aufgetragen wird, wobei es aber ebenso auch möglich ist, daß man ihn nicht auseinanderschneidet; denn es könnte ja nicht dazu kommen, daß man ihn zuvor aufträgt, wenn es nicht möglich wäre, daß man ihn nicht auseinanderschneidet; und so verhält es sich demnach auch mit allen anderen Geschehnissen, die im Sinne dieser Art von Möglichkeit (als möglich) bezeichnet werden – (wenn also die besagten Konsequenzen unmöglich sind), so leuchtet ein, daß nicht alles mit Notwendigkeit der Fall ist oder geschieht, sondern daß manches je nachdem, wie es sich gerade trifft, (geschieht oder nicht geschieht), wobei die bejahende Aussage um nichts eher wahr ist als die verneinende, während bei anderem zwar eher und in der Regel das eine (eintrifft), aber gleichwohl an seiner Stelle auch das andere eintreffen kann.

Freilich ist es für das, was ist, notwendig, daß es ist, wenn es ist, und für das, was nicht ist, notwendig, daß es nicht ist, wenn es nicht ist. Aber es ist weder für alles, was ist, notwendig, daß es ist, noch ist es für alles, was nicht ist, notwendig, daß es nicht ist. Denn daß alles, was ist, dann mit Notwendigkeit ist, wenn es ist, und daß es schlechthin mit Notwendigkeit ist, ist nicht dasselbe; und ebenso verhält es sich auch mit dem, was nicht ist. Und dasselbe gilt für die (Glieder einer) Kontradiktion. ‹Somit› ist es zwar für alles notwendig, daß es (entweder) ist oder nicht ist, und auch, daß es (entweder) sein oder nicht sein wird; nicht aber ist eines von beiden, wenn man es getrennt (vom anderen) behauptet, notwendig. Ich meine damit, daß es beispielsweise zwar notwendig ist, daß morgen eine Seeschlacht entweder stattfinden oder nicht stattfinden wird, daß es aber nicht notwendig ist, daß morgen eine Seeschlacht stattfindet, und auch nicht notwendig, daß morgen keine Seeschlacht stattfindet. Daß jedoch morgen eine Seeschlacht (entweder) stattfindet oder nicht stattfindet, ist notwendig.

Da (es sich) mit dem Wahrsein der Sätze in derselben Weise (verhält) wie mit den Dingen, ist es demnach bei allem, womit es sich so verhält, daß (sich) je nachdem, wie es sich gerade trifft, (die eine oder die andere von zwei einander entgegengesetzten Möglichkeiten verwirklicht), und (überhaupt so, daß) einander entgegengesetzte Möglichkeiten bestehen, offensichtlich notwendig, daß es sich auch mit dem (Wahrsein der Glieder des entsprechenden) kontradiktorischen Aussagenpaar(es) in dieser Weise verhält. Dies ist nun bei denjenigen Dingen der Fall, die nicht immer (so und so) sind oder nicht immer nicht (so und so) sind. Denn bei diesen muß zwar notwendigerweise eines der beiden Kontradiktionsglieder wahr sein bzw. falsch, aber nicht (so, daß es) dieses oder jenes (bestimmte wäre), sondern (so, daß es) je nachdem, wie es sich gerade trifft, (das eine oder das andere ist,) oder auch (so, daß) die eine (der beiden kontradiktorisch entgegengesetzten Aussagen) zwar eher wahr (oder eher falsch ist als die andere), aber dennoch nicht schon (jetzt) wahr oder falsch.

Es ist daher offensichtlich, daß nicht notwendigerweise für jede bejahende und die ihr (kontradiktorisch) entgegengesetzte verneinende Aussage gilt, daß die eine von ihnen wahr und die andere falsch ist. Denn so wie bei dem, was ist, verhält es sich (mit den Aussagen) nicht auch bei dem, was nicht ist, aber (in Zukunft) sein oder nicht sein kann, sondern (hierbei verhält es sich mit ihnen so), wie es (von uns) dargelegt wurde.

Aristoteles

Freiwilliges und
unfreiwilliges Handeln (4. Jh. v.u.Z.)

Da nun die Tugend sich auf Leidenschaften und Handlungen bezieht und da Lob und Tadel das Freiwillige treffen, das Unfreiwillige aber Verzeihung erlangt, gelegentlich sogar Mitleid, so muß derjenige, der nach der Tugend forscht, wohl auch das Freiwillige und Unfreiwillige bestimmen. Dies ist auch nützlich für die Gesetzgeber im Hinblick auf Ehrungen und Züchtigungen.

Unfreiwillig scheint zu sein, was durch Gewalt oder Unkenntnis geschieht. Gewaltsam ist, was seinen Ursprung außerhalb hat, und zwar so, daß der Handelnde oder Leidende keinen Einfluß darauf nehmen kann, etwa wenn der Sturm einen irgendwohin führt, oder die Menschen, die über einen herrschen.

Was aber aus Angst vor größerem Übel geschieht oder wegen etwas Edlem, etwa wenn ein Tyrann eine schändliche Tat befiehlt und dabei Eltern und Kinder in seiner Gewalt hat und diese gerettet werden können, wenn man sie tut, dagegen sterben müssen, wenn man sie nicht tut, so besteht hier ein Zweifel, ob man das freiwillig oder unfreiwillig nennen soll. Ähnliches geschieht auch, wenn man im Sturm etwas von sich wirft. Denn im allgemeinen wirft niemand freiwillig Wertgegenstände weg, dagegen tun es alle Verständigen, wenn ihre eigene Rettung und die anderer auf dem Spiele steht. Solche Handlungen sind also gemischt, gleichen aber eher den freiwilligen. Denn im Augenblick, in dem sie ausgeführt werden, entscheidet man sich für sie. Und das Ziel einer Handlung wird ja durch die Situation bestimmt. Darum muß man von freiwillig und unfreiwillig reden für den Augenblick, in dem es getan wird. Dann handelt man freiwillig. Denn der Ursprung der Bewegung der werkzeughaften Teile bei derartigen Handlungen ist im Handelnden selbst. Bei wem aber der Ursprung des Handelns steht, bei dem steht ebenso das Handeln oder Nichthandeln selbst. Also ist derartiges freiwillig; allgemein gesprochen dagegen vielleicht unfreiwillig. Denn keiner würde eine derartige Handlung als solche wählen. [...]

Was muß man aber gewaltsam nennen? Etwa einfach das, was seine Ursache außerhalb hat und zu dem der Handelnde nichts beiträgt? Was an sich ein unfreiwilliges Tun ist, in einer bestimmten Lage aber einer andern Möglichkeit vorgezogen wird, so daß der Ursprung im Handelnden ist, dergleichen ist an sich zwar unfreiwillig, wird aber, da eine Entscheidung gegen eine andere Möglichkeit vorliegt, zu einem Freiwilligen. Oder es gleicht eher einem Freiwilligen. Denn die Handlungen liegen im Einzelnen, und dieses ist freiwillig. Wofür man sich aber entscheiden soll, ist nicht leicht zu sagen. Denn es gibt im Einzelnen viele Differenzen.

Wenn aber einer behaupten wollte, daß das Angenehme und Schöne gewaltsam wirke (denn es zwinge von außen her), so wäre für ihn überhaupt alles gewaltsam. Denn um jener Dinge willen tun wir ja alle alles; die einen freilich mit Gewalt und ungern und mit Schmerzen, die andern jedoch um des Angenehmen und Schönen willen mit Freude. Lächerlich ist es dann, das von außen Kommende anzuklagen und nicht vielmehr sich selbst, weil man durch dieses so leicht erjagt werden kann, und für das Schöne sich selbst als Ursache zu fühlen, für das Schändliche aber das Angenehme verantwortlich zu machen.

So scheint also das Gewaltsame dasjenige zu sein, dessen Ursache außerhalb liegt, ohne daß der Gewalt Erleidende selbst etwas dazu beiträgt. [. . .]

Wenn nun unfreiwillig ist, was gewaltsam und aus Unwissenheit geschieht, so dürfte das Freiwillige dasjenige sein, dessen Ursprung im Handelnden selbst ist, sofern er alles Einzelne kennt im Bezug auf den Bereich der Handlung. Vielleicht ist es auch nicht richtig, unfreiwillig zu nennen, was im Zorn oder in der Begierde geschieht. Denn fürs erste wird auf diese Weise kein einziges der anderen Lebewesen etwas freiwillig tun, und auch nicht die Kinder. Und dann: tun wir alles unfreiwillig, was in Begierde oder Zorn geschieht, oder das Edle freiwillig und nur das Schändliche unfreiwillig? Oder ist eine solche Annahme lächerlich, da es ja nur eine Ursache gibt? Es scheint auch widersinnig, das Streben nach solchen Dingen unfreiwillig zu nennen, nach denen man streben soll. Denn man soll ja über bestimmte Dinge zürnen und andere begehren, wie etwa die Gesundheit oder das Wissen. Es scheint auch das Unfreiwillige schmerzhaft zu sein, dem Begehren zu folgen jedoch angenehm. Was besteht ferner für ein Unterschied zwischen einem Fehler aus Überlegung und einem Fehler aus Zorn, wenn man den einen als unfreiwillig bezeichnet? Zu meiden sind beide; die vernunftlose Leidenschaft scheint aber nicht weniger menschlich zu sein und so auch die Handlungen des Menschen, die aus Zorn oder Begierde entspringen. Es ist widersinnig, diese als unfreiwillig zu bezeichnen.

Methodius von Olympos
Freier Wille (um 300)

Wer dem Menschen den freien Willen abspricht und ihn von unausweichlichen Notwendigkeiten des Schicksals und ungeschriebenen Gesetzen abhängig macht, lästert Gott selbst, indem er ihn als Urheber und Schöpfer der menschlichen Sünden hinstellt. Denn wenn Gott selbst am Steuer des Weltalls sitzend, die gesamte Kreisbewegung der Gestirne mit undenkbarer und unsagbarer Weisheit rhythmisch lenkt, und wenn die Sterne dem Leben die Eigenschaften der Bosheit und der Tugend verleihen, indem sie die Menschen an den Ketten der Notwendigkeit dazu zwingen: dann erscheint Gott nach den Worten dieser Leute als Ursache und Spender des Bösen. Doch Gott ist für niemand Urheber von etwas Schlimmem. So gibt es also kein Geburtsschicksal. Jeder halbwegs Vernünftige wird zugestehen, daß das Göttliche gerecht ist, gut, weise, wahr, wohlwollend, fern aller Verursachung des Bösen, nicht verwoben mit dem Leiden und ähnlichem. Und wenn die Gerechten besser sind als die Ungerechten und ihnen also die Ungerechtigkeit zum Ekel ist, und wenn Gott, weil er gerecht ist, sich an der Gerechtigkeit freut, dann ist ihm die Ungerechtigkeit als

Gegensatz und Widerpart der Gerechtigkeit verhaßt. Also ist Gott nicht der Urheber der Ungerechtigkeit.

Auch das Gesetz hebt das Geburtsschicksal auf, es vertritt die Lehre, die Tugend könne gelehrt werden und lasse sich gewinnen aus der Bemühung darum; die Schlechtigkeit hingegen müsse man fliehen, sie entstehe aus dem Mangel an Erziehung. Also gibt es kein Geburtsschicksal. Wenn das Geburtsschicksal schuld ist, so oft man einander Unrecht tut oder voneinander Unrecht erleidet, was braucht man da Gesetze? Wenn sie aber da sind, die Verbrecher abzuwehren, weil Gott besorgt ist für die Unrecht Leidenden, dann wäre es besser, das Schlechte nicht dem Schicksal gemäß zu tun, als es nach der Tat mit Gesetzen wieder zu bessern. Aber nein. Gott ist gut und weise und tut das Beste. Dann gibt es aber kein Geburtsschicksal. Wahrlich, die Erziehung und die Gewohnheiten sind an den Verfehlungen schuld, oder die Leidenschaften der Seele und die im Körper wirksamen Begierden. Was immer die Schuld an dem jeweils Verschuldeten trägt: Gott ist ohne Schuld! Wenn es besser ist, gerecht zu sein als ungerecht, warum wird denn der Mensch nicht von vornherein durch ein Geburtsschicksal so? Wenn er aber hernach, um besser und besser zu werden, durch Lehren und Gesetz gezüchtigt wird, dann wird er gezüchtigt, weil er einen freien Willen hat und nicht weil er von Natur aus böse ist.

Wenn die Schlechten schlecht werden gemäß ihrem Geburtsschicksal nach den Anordnungen der Vorsehung, dann darf man sie nicht tadeln; dann sind sie der durch die Gesetze bestimmten Strafe nicht schuldig: sie leben ja nach ihrer eigenen Natur und können sich nicht geändert haben. Oder ein anderer Gesichtspunkt: Wenn die Guten nach ihrer eigenen Natur leben und deshalb gelobt werden müssen, das Verdienst an der Güte der Guten aber nur das Geburtsschicksal trägt, dann dürfen auch nicht die Bösen, die ja nach ihrer eigenen Natur leben, von einem gerechten Richter verklagt werden. Und um es kurz zu sagen: Wer nach der ihm gewordenen Natur lebt, sündigt nicht; denn er hat sich nicht selbst so und so gemacht, sondern das Schicksal hat es getan: er lebt nach der Bewegung des Schicksals und wird von unausweichlichen Notwendigkeiten geführt. Dann ist also keiner böse. Aber es gibt Böse, und die Bosheit ist vor Gott tadelnswert und verhaßt, die Tugend aber lieb und lobenswert vor ihm: denn Gott gab das Gesetz, den Rächer des Bösen. Also gibt es kein Schicksal.

Baruch de Spinoza

Determinismus und Notwendigkeit (1677)

Der Wille kann nicht freie, sondern nur notwendige Ursache genannt werden.

Es gibt im Geiste keinen absoluten oder freien Willen; sondern der Geist wird dieses oder jenes zu wollen von einer Ursache bestimmt, die auch wieder von einer anderen bestimmt worden ist, und diese wieder von einer anderen, und so fort ins Unendliche.

Die Erfahrung aber lehrt genug und übergenug, daß die Menschen nichts weniger in ihrer Gewalt haben als die Zunge und daß sie nichts weniger vermögen, als ihre Triebe im Zaum zu halten. Daher kommt es, daß viele glauben, wir täten nur das frei, was wir nicht heftig begehren; denn die Begierde nach solchen Dingen kann leicht eingeschränkt werden durch die Erinnerung an etwas anderes, dessen wir häufig gedenken. Das aber, glauben sie, täten wir nicht frei, was wir mit heftigem Affekt begehren, der durch die Erinnerung an etwas anderes nicht gedämpft werden kann. Und würden sie nicht die Erfahrung gemacht haben, daß der Mensch vieles tut, was er später bereut, und daß er oft, wenn er von entgegengesetzten Affekten bestürmt wird, das Bessere sieht und das Schlechtere befolgt, so würde sie nichts hindern zu glauben, daß wir alles frei tun. So glaubt das

Kind, es begehre die Milch frei; der erzürnte Knabe, er wolle die Rache; der Furchtsame die Flucht. Der Betrunkene glaubt, er rede aus freiem Beschluß des Geistes, was er, wieder ernüchtert, verschwiegen zu haben wünscht. So meinen der Irrsinnige, der Schwätzer, der Knabe und viele dieses Schlages, aus freiem Beschluß des Geistes zu reden, während sie doch den Antrieb zum Reden, den sie haben, nicht bezähmen können. Somit lehrt die Erfahrung selbst nicht minder deutlich als die Vernunft, daß die Menschen nur darum glauben, sie wären frei, weil sie sich ihrer Handlungen bewußt, der Ursachen aber, von denen sie bestimmt werden, unkundig sind. Und außerdem lehrt sie, daß die Beschlüsse des Geistes nichts anderes sind als die Triebe selbst, die je nach der verschiedenen Disposition des Körpers verschieden sind. Denn jeder lenkt alles gemäß seinem Affekt. Diejenigen also, die von entgegengesetzten Affekten bestürmt werden, wissen nicht, was sie wollen; die aber von gar keinem Affekt betroffen sind, werden durch einen geringfügigen Anlaß dahin und dorthin getrieben.

*

Die Liebe und der Haß gegen einen Gegenstand, den wir uns als frei vorstellen, müssen bei gleicher Ursache stärker sein als die Liebe und der Haß gegen einen notwendigen Gegenstand.

Hieraus folgt, daß die Menschen, weil sie sich für frei halten, stärkere Liebe und stärkeren Haß gegeneinander hegen als gegen andere Dinge.

Gottfried Wilhelm Leibniz
Freiheit, Verantwortlichkeit, Strafe (1710)

Schließlich aber würde, welche Abhängigkeit man auch in den Willenshandlungen bemerkt, ja wenn es sogar eine absolute und mathematische Notwendigkeit wäre (was nicht der Fall ist), daraus immer noch nicht folgen, es gäbe nicht so viel Freiheit wie notwendig ist, um zu belohnen und gerechte und vernünftige Strafen zu verhängen. Allerdings redet man gewöhnlich so, als mache die Notwendigkeit der Handlung jedes Verdienst und jede Schuld, jedes Recht auf Lob und Tadel, auf Belohnung und Strafe illusorisch; aber diese Folgerung ist durchaus nicht stichhaltig. Ich bin weit entfernt von den Ansichten Bradwardins, Witcliffs, Hobbes' und Spinozas, die, so scheint es, jene völlig mathematische Notwendigkeit lehren und die von mir, wie ich glaube, genügend widerlegt worden sind, vielleicht sogar deutlicher als man es gewöhnlich tut: indessen soll man immer für die Wahrheit zeugen und einer Lehre nichts vorwerfen, was nicht aus ihr folgt. [...]

Man muß also erstens zugeben, daß es erlaubt ist, einen Rasenden zu töten, wenn man sich nicht auf andere Weise gegen ihn verteidigen kann. Man muß auch zugeben, daß es erlaubt, ja häufig erforderlich ist, giftige oder sehr schädliche Tiere zu vernichten, obgleich sie doch schuldlos sind.

Zweitens straft man ein Tier, wenn man glaubt, es könne dadurch gebessert werden, obwohl es doch weder Vernunft noch Freiheit besitzt: so bestraft man Hunde und Pferde, und zwar mit großem Erfolge. Nicht selten wenden wir auch Belohnungen an, um ein Tier willfährig zu machen, und hat ein Tier Hunger, so veranlaßt die Nahrung, die man ihm gibt, es zu Handlungen, die man sonst niemals von ihm erreichen könnte.

Drittens bestraft man wilde Tiere auch mit dem Tode (wobei es sich nicht mehr um eine Besserung des bestraften Tieres handelt), wenn diese Strafe zur Abschreckung dienen und den anderen Furcht einflößen kann, so daß sie aufhören, Übles zu tun. Rorarius berichtet in seinem Buche über die Vernunft der Tiere, daß man in Afrika Löwen kreuzigt, um die anderen Löwen von Städten und bewohnten Gegenden abzuhalten; und daß er bei seiner Reise durch Jülich beobachtet habe, wie man Wölfe henkt, um die Schäfereien besser zu schützen. In Dörfern nagelt man Raubvögel über die Haustüren und glaubt, daß dann andere Vögel derselben Art sich nicht mehr so leicht einfinden werden. All diese Prozeduren lassen sich immer gut begründen, wenn sie nützlich sind.

Viertens würde man, da es sicher und durch Erfahrungen bewiesen ist, daß die Menschen durch Furcht vor Strafe und Hoffnung auf Belohnung vom Bösen abgehalten und zum Guten genötigt werden, sich dieser Mittel mit Fug und Recht bedienen, selbst wenn die Menschen aus Notwendigkeit handelten, welcher Art diese Notwendigkeit auch wäre. Man wirft mir ein, wenn Gutes und Böses derartig notwendig bedingt ist, wäre es nutzlos, irgendwelche Mittel anzuwenden, um es zu erreichen oder zu verhindern; aber die Antwort habe ich schon oben gegeben. Wenn das Gute und das Böse auch ohne jene Mittel notwendig wäre, dann wären sie nutzlos; aber das ist nicht der Fall. Dieses Gut und Übel tritt nur unter Beihilfe jener Mittel ein, und wenn diese Ereignisse mit Notwendigkeit einträten, dann wären die Mittel ein Teil der sie erheischenden Ursachen, da wir aus Erfahrung wissen, wie oft Furcht und Hoffnung das Böse verhindern oder das Gute begünstigen. [...]

Trotzdem gibt es eine Art Gerechtigkeit und eine gewisse Art Belohnungen und Strafen, die auf jene aus absoluter Notwendigkeit Handelnden nicht so recht anwendbar zu sein scheint, wenn es überhaupt eine solche Notwendigkeit gibt. Es ist das die Gerechtigkeit, welche weder Besserung noch Beispiel, ja nicht einmal die Wiedergutmachung des Bösen zum Ziele hat. Diese Gerechtigkeit stützt sich allein auf die Billigkeit, die eine gewisse Genugtuung als Sühne einer schlechten Tat verlangt. Die Sozinianer, Hobbes und einige andere erkennen diese strafende, eigentlich rächende Gerechtigkeit nicht an, die sich Gott für viele Fälle aufgespart hat: er überträgt sie jedoch auch denen, die das Recht haben, die anderen zu regieren, und übt sie durch deren Vermittlung aus, vorausgesetzt, daß sie aus Vernunft und nicht aus Leidenschaft handeln. Die Sozinianer halten sie für unbegründet, sie stützt sich aber immer auf eine Art Billigkeit und befriedigt nicht bloß den Beleidigten, sondern auch die auf sie schauenden Weisen, wie eine schöne Musik oder eine gute Architektur die harmonischen Geister befriedigt. Da der weise Gesetzgeber Drohungen ausgesprochen und sozusagen eine Strafe angekündigt hat, so erheischt seine Beständigkeit, die Tat nicht ganz unbestraft zu lassen, selbst wenn die Strafe niemand mehr zur Besserung dienen kann. Sogar wenn er nichts versprochen hätte, so genügt es, daß er aus Billigkeit ein solches Versprechen hätte geben können, da der Weise nur Angemessenes verspricht. Man kann geradezu sagen, es handele sich hier um eine gewisse Entschädigung für den Geist, den die Unordnung verletzen würde, wenn die Strafe nicht zur Wiederherstellung der Ordnung diente. [...]

So dauern die Strafen für die Verdammten an, selbst wenn sie nicht mehr zur Abschreckung des Bösen dienen, genau so wie die Belohnungen für die Seligen andauern, wenn sie auch dadurch nicht mehr in der Ausübung des Guten gestärkt werden. Allein die Verdammten ziehen sich durch neue Sünden immer von neuem Schmerz zu und die Seligen schöpfen neue Freuden aus weiterem Fortgang im Guten: beides ist im *Prinzip der Billigkeit* begründet, durch das die Dinge derart geregelt worden sind, daß die schlechte Tat sich Strafe zuziehen muß. [...]

Für die ohne wahre, der absoluten Notwendigkeit enthobene Freiheit Handelnden würde diese Billigkeit vielleicht allen Sinn verlieren; für sie gäbe es nur eine bessernde, keine rächende Gerechtigkeit mehr. Das ist die Ansicht des berühmten Conring in einer Abhandlung über das Gerechte. Und wirklich haben es die Gründe, von denen Pomponatius in seinem Buche über das Schicksal Gebrauch macht, um die Nützlichkeit der Strafen und Belohnungen darzutun, selbst wenn alle unsere Handlungen mit Schicksalsnotwendigkeit einträten, nur mit einer Besserung, nicht mit einer Genugtuung zu tun, κόλασιν οὐ τιμωρίαν [Züchtigung, nicht Rache]. Es geschieht doch auch nur des Scheines wegen, wenn man die an gewissen Verbrechen mitschuldigen Tiere tötet, wie man die Häuser der Rebellen vernichtet, um Schrecken zu verbreiten.

Doch wollen wir uns jetzt nicht länger damit belustigen, eine mehr sonderbare als notwendige Frage zu diskutieren, da wir ja deutlich genug gezeigt haben, daß es eine solche Notwendigkeit in unseren Willenshandlungen nicht gibt. Indessen war es von Nutzen, hier darzulegen, daß die einzige *unvollkommene Freiheit,* d.h. die Freiheit, die bloß vom Zwange frei ist, zur Begründung jener Strafen und Belohnungen genügt, die auf Vermeidung des Übels und auf Besserung abzielen. Man ersieht daraus auch, wie unrecht einige geistvolle Leute haben, die sich einreden, alles sei notwendig, und sagen, niemand könne gelobt, getadelt, belohnt und bestraft werden. Augenscheinlich sagen sie das nur, um ihren Scharfsinn zu üben unter dem Vorwande, alles sei notwendig und nichts stünde in unserer Macht. Das ist jedoch ein schlecht begründeter Vorwand: notwendige Handlungen stehen immer in unserer Macht, wenigstens insofern wir sie tun oder unterlassen können, wenn Hoffnung auf Lob und Vergnügen oder Furcht vor Tadel und Schmerz unseren Willen dazu veranlassen; sei es, daß sie ihn mit Notwendigkeit dahin treiben, sei es, daß sie ihm dabei Spontaneität, Zufälligkeit und Freiheit im engeren Sinne (durchaus) belassen. So würden Lob und Tadel, Belohnungen und Strafen sogar dann noch einen großen Teil ihrer Bedeutung behalten, wenn es in unseren Handlungen eine wirkliche Notwendigkeit gäbe.

Paul Thiry d'Holbach

Verantwortlichkeit und Strafe (1770)

Man sagt nun: wenn alle Handlungen der Menschen notwendig sind, so ist man nicht berechtigt, diejenigen Menschen, die schlechte Handlungen begehen, zu bestrafen oder auch nur auf sie erzürnt zu sein; man könne ihnen nichts zur Last legen; wenn die Gesetze Strafen gegen jene vorsähen, seien sie ungerecht; kurz, man könne dem Menschen in diesem Fall weder Verdienst noch Schuld zuschreiben. Ich antworte: jemandem eine Handlung zur Last legen heißt, sie ihm beimessen, ihn als deren Urheber erkennen. Selbst wenn man annähme, daß diese Handlung die Wirkung eines *notwendig* wirkenden Agens sei, kann die Zurechnung stattfinden. Das Verdienst oder die Schuld, die wir einer Handlung beimessen, sind Ideen, die sich auf die günstigen oder auf die schädlichen Wirkungen gründen, die sich für diejenigen daraus ergeben, die sie erfahren; und wenn man annähme, daß das Agens durch die Notwendigkeit determiniert sei, dann ist es doch nicht weniger gewiß, daß eine Handlung für alle diejenigen gut oder schlecht, schätzens- oder verachtenswert sein wird, die ihre Einflüsse empfinden, und daß sie schließlich geeignet ist, ihre Liebe oder ihren Zorn zu erregen. Die Liebe oder der Zorn sind Seinsweisen in uns, die imstande sind, die Wesen unserer Art zu modifizieren: wenn ich mich gegen jemanden erzürne, so will ich ihm Furcht einflößen und ihn von der Sache, die mir mißfällt, ablenken oder ihn sogar dafür bestrafen. Zudem ist mein Zorn notwendig, er ist eine Folge meiner Natur und meines Temperaments. Die schmerzliche Empfindung, die der Stein, der auf meinen Arm fällt, in mir erregt, ist deshalb nicht weniger eine unangenehme Empfindung, weil sie von einer Ursache herrührt, die keinen Willen hat und die auf Grund der Notwendigkeit ihrer Natur wirkt. Wenn wir auch die Menschen als notwendig handelnde Wesen betrachten, so können wir doch nicht umhin, in ihnen eine Seinsweise und Wirkungsart, die uns entspricht oder die wir billigen müssen, von einer Seinsweise und Wirkungsart zu unterscheiden, die uns bedrückt und reizt und die zu mißbilligen und zu verhindern wir von Natur aus gezwungen sind. So sieht man, daß das System des Fatalismus am Zustand der Dinge nichts ändert und die Ideen von Laster und Tugend nicht verwirren kann.*

Die Gesetze sind nur geschaffen worden, um die Gesellschaft zu erhalten und um die Menschen, die miteinander in Verbindung getreten sind, daran zu hindern, sich zu schaden. Sie können also diejenigen bestrafen, die ihre Ordnung stören oder die solche Handlungen begehen, die ihren Mitmenschen schaden. Ob diese Mitglieder einer Gesellschaft notwendig wirkende Agentien sind oder ob sie frei handeln, es genügt zu wissen, daß diese Agentien modifiziert werden können. Die Erfahrung zeigt uns, daß die Strafgesetze geeignete Beweggründe sind, die Antriebe, die die Leidenschaften dem Willen der Menschen geben, zu hemmen oder zu vernichten. Von welcher notwendigen Ursache die Leidenschaften auch herrühren, der Gesetzgeber beabsichtigt, ihre Wirkung zurückzuhalten; und wenn er dies in angemessener Weise unternimmt, so ist er sich des Erfolges sicher. Wenn er für Verbrechen Todes-, Leibes- oder andere Strafen verhängt, so macht er nichts anderes als derjenige, der bei der Errichtung seines Hauses Dachrinnen anbringt, um das Regenwasser zu hindern, die Mauern der Wohnung zu zersetzen.

Welches auch die Ursache sein mag, die die Menschen zum Handeln veranlaßt, man ist auf jeden Fall berechtigt, den Wirkungen ihrer Handlungen entgegenzutreten, ebenso wie derjenige, dem sein Feld durch einen Fluß weggeschwemmt wird, berechtigt ist, das Wasser mittels eines Dam-

---

* Unsere Natur lehnt sich stets gegen alles auf, was ihr zuwider ist. Es gibt Menschen, die so jähzornig sind, daß sie selbst auf empfindungsunfähige und leblose Gegenstände wütend werden. Aber die Überlegung, daß wir nicht imstande sind, sie zu modifizieren, sollte uns zur Vernunft zurückführen. Die Eltern bestrafen ihre Kinder im Zorn oft zu Unrecht; denn diese Wesen haben sich noch nicht modifiziert, oder sie sind von ihren Eltern selbst schlecht modifiziert worden. Nichts sieht man im Leben häufiger, als daß die Menschen Fehler bestrafen, die sie selbst verursacht haben.

mes zurückzuhalten, oder, wenn er es vermag, sogar seinen Lauf umzuleiten. Kraft dieses Rechtes kann die Gesellschaft im Hinblick auf ihre Erhaltung diejenigen abschrecken und strafen, welche versucht sein könnten, ihr zu schaden, oder welche Handlungen begehen, die sie für ihre Ruhe, für ihre Sicherheit, für ihr Glück als wahrhaft schädlich betrachtet.

Man wird uns zweifellos sagen, daß die Gesellschaft im allgemeinen die Vergehen nicht bestraft, die nicht willentlich begangen werden. Man bestraft allein den Willen. Er ist das entscheidende Maß für das Verbrechen und seine Grausamkeit; und wenn dieser Wille nicht frei ist, dann darf man ihn nicht bestrafen. Ich antworte hierauf, daß die Gesellschaft eine Vereinigung von Wesen ist, die empfindungsfähig und vernunftbegabt sind, die nach Wohlergehen streben und die das Übel scheuen. Diese Anlagen bewirken, daß ihr Wille modifiziert oder dazu bestimmt werden kann, das Verhalten anzunehmen, das sie zu ihrem Ziele führt. Erziehung, Gesetz, öffentliche Meinung, Beispiel, Gewohnheit und Furcht sind Ursachen, die imstande sind, die Menschen zu modifizieren, ihren Willen zu beeinflussen, sie zum allgemeinen Wohl arbeiten zu lassen, ihre Leidenschaften zu leiten und alles zurückzuhalten, was dem Zweck der Vereinigung schaden kann. Diese Ursachen sind solcher Art, daß sie alle Menschen beeindrucken, die auf Grund ihres Körperbaus und ihres Wesens imstande sind, Gewohnheiten, Denkweisen und Wirkungsarten, die man ihnen mitteilen will, anzunehmen. Alle Wesen unserer Gattung sind für Furcht empfänglich; folglich ist die Furcht vor einer Züchtigung oder vor dem Verlust eines ersehnten Glücks ein Beweggrund, der notwendig mehr oder weniger Einfluß auf ihren Willen und auf ihre Handlungen ausüben muß. Wenn es Menschen gibt, die so schlecht veranlagt sind, daß sie den Beweggründen, die auf alle übrigen wirken, widerstehen oder ihnen gegenüber unempfindlich sind, so sind sie nicht geeignet, in Gesellschaft zu leben. Sie würden dem Zweck der Vereinigung zuwiderhandeln, sie wären ihre Feinde und würden deren Streben behindern. Und da ihr unfügsamer und asozialer Wille nicht dem Interesse ihrer Mitbürger entsprechend modifiziert werden konnte, vereinigen sich diese gegen ihre Feinde; und das Gesetz, das der Ausdruck des allgemeinen Willens ist, verhängt Strafen über diejenigen Wesen, auf die die Beweggründe, die man ihnen dargeboten hat, nicht so wirkten, wie man erwarten konnte. Folglich werden diese asozialen Menschen bestraft und unglücklich gemacht; und entsprechend der Natur ihrer Verbrechen werden sie als Wesen, die nichts zum allgemeinen Wohl beitragen können, aus der Gesellschaft ausgeschlossen.

Wenn die Gesellschaft das Recht hat, sich zu erhalten, so hat sie das Recht, von den hierzu erforderlichen Mitteln Gebrauch zu machen. Diese Mittel sind die Gesetze, die für den menschlichen Willen die geeignetsten Beweggründe sind, ihn von schädlichen Handlungen abzuhalten: haben diese Beweggründe keine Macht über die Menschen, dann ist die Gesellschaft um ihres eignen Wohles willen gezwungen, den Menschen die Macht zu nehmen, ihr zu schaden. Welchen Ursprung gewisse Handlungen auch haben mögen, sie mögen frei oder notwendig sein: jedenfalls werden sie von der Gesellschaft bestraft, wenn diese, nachdem sie den Menschen Beweggründe dargeboten hat, die hinreichend stark zur Wirkung auf vernünftige Wesen sind, dennoch sieht, daß diese Beweggründe den Antrieben ihrer verderbten Natur nicht Einhalt gebieten konnten. Sie bestraft solche Handlungen, die sie verboten hatte, mit Recht, wenn sie der Gesellschaft wirklich schädlich sind. Die Gesellschaft bestraft sie zu Recht, wenn sie den Menschen nur solche Dinge auferlegt – und andrerseits verbietet –, die der Natur der in Gesellschaft lebenden Wesen unter dem Gesichtspunkt ihres gegenseitigen Wohles konform – oder andrerseits zuwider sind. Dagegen ist nun aber das Gesetz nicht berechtigt, diejenigen zu bestrafen, denen es nicht die notwendigen Beweggründe dargeboten hatte, ihren Willen zu beeinflussen; es ist nicht berechtigt, diejenigen zu bestrafen, die durch die Nachlässigkeit der Gesellschaft aller Mittel, sich zu erhalten, beraubt sind, die ihren Fleiß und ihre Talente nicht anwenden dürfen und die nicht für die Gesellschaft arbeiten können. Es ist ungerecht, wenn es diejenigen bestraft, denen es weder Erziehung noch ehrenhafte Grundsätze gegeben hat und die nicht die Gewohnheiten annehmen konnten, die für die Erhaltung der Gesellschaft notwendig sind. Es ist ungerecht, wenn es sie für Fehler bestraft, die notwendig durch die Bedürfnisse ihrer Natur und durch die Einrichtung der Gesellschaft bedingt sind. Es ist ungerecht und vernunftwidrig, wenn es sie züchtigt, weil sie Neigungen gefolgt sind, die ihnen ebensowohl durch die Gesellschaft selbst wie durch das Beispiel, durch die öffentliche Meinung und durch die Schulen gegeben werden. Schließlich ist das Gesetz ungerecht, wenn es die Strafe nicht mit dem wirklichen Schaden, den man der Gesellschaft zufügt, ins Verhältnis setzt. Der höchste Grad von Ungerechtigkeit und Unsinnigkeit ist es, wenn das Gesetz so blind ist, daß es denjenigen Strafen auferlegt, die ihr nützliche Dienste leisten.

Dadurch, daß die Strafgesetze solchen Menschen, welche für Furcht empfänglich sind, abschreckende Gegenstände zeigen, stellen sie sich als Beweggründe dar, die geeignet sind, ihren Willen zu beeinflussen. Die Idee des Schmerzes, der Freiheitsberaubung und des Todes sind für normal veranlagte Wesen, die im Besitz ihrer Fähigkeiten sind, mächtige Hindernisse, die den Antrieben ihrer zügellosen Begierden stark entgegenwirken. Diejenigen, die sich nicht dadurch zurückhalten lassen, sind Wahnsinnige, Rasende, sind schlecht organisierte Wesen, vor denen sich die übrigen berechtigterweise schützen und sichern müssen. Der Wahnsinn ist zweifellos ein unfreiwilliger und notwendiger Zustand, doch niemand findet es ungerecht, Wahnsinnige der Freiheit zu berauben, obgleich ihre Handlungen nur der Zerrüttung ihres Gehirns zugeschrieben werden können. Das Gehirn böser Menschen ist entweder dauernd oder vorübergehend gestört; man muß sie also auf Grund des Schadens bestrafen, den sie anrichten, und man muß es ihnen für immer unmöglich machen, zu schaden, wenn nicht die Hoffnung besteht, sie jemals zu einem Verhalten zurückzuführen, das dem Zweck der Gesellschaft besser entspricht.

Ich untersuche hier nicht, wie weit die Züchtigungen gehen können, die die Gesellschaft denen auferlegt, die sie beleidigen. Die Vernunft scheint anzuzeigen, daß das Gesetz gegenüber den notwendigen Verbrechen der Menschen alle Nachsicht, die mit der Erhaltung der Gesellschaft in Einklang gebracht werden kann, walten lassen muß. Das System der Fatalität läßt, wie man gesehen hat, die Verbrechen nicht ungestraft, aber es kann wenigstens dazu beitragen, die Barbarei zu mäßigen, mit der viele Völker die Opfer ihres Zorns bestrafen. Diese Grausamkeit wird noch widersinniger, wenn die Erfahrung zeigt, daß kein Nutzen davon zu erwarten ist. [. . .]

Aber der größte aller Vorteile, die das Menschengeschlecht aus der Lehre der Fatalität, wenn es sie auf sein Verhalten anwenden würde, ziehen könnte, ist die allumfassende Nachsicht und Toleranz, die sich notwendig aus der Überzeugung, daß *alles notwendig ist,* ergeben muß. Diesem Grundsatz zufolge wird der Fatalist, wenn er eine empfindungsfähige Seele hat, seine Mitmenschen bedauern und ihre Verirrungen beklagen, er wird versuchen, sie aufzuklären, ohne jemals auf sie ärgerlich zu werden oder ihres Elends zu spotten. Welches Recht hat man in der Tat, die Menschen zu hassen oder zu verachten? Ist ihre Unwissenheit, sind ihre Vorurteile, ihre Schwächen, ihre Fehler und ihre Leidenschaften nicht unvermeidliche Folgen ihrer schlechten Institutionen? Werden sie dafür nicht durch eine Menge von Übeln, die von allen Seiten auf sie einstürmen, hart genug bestraft? Sind die Despoten, die die Menschen mit einem eisernen Zepter niederhalten, nicht fortwährend die Opfer ihrer eigenen Unruhe und ihres Argwohns? Kann ein Bösewicht wohl ein reines Glück genießen? Leiden die Völker nicht unaufhörlich unter ihren Vorurteilen und ihren Torheiten? Wird die Unwissenheit der Herrscher und wird ihr Haß, den sie der Vernunft und der Wahrheit gegenüber hegen, nicht durch die Schwäche und die Zerrüttung der Staaten, die von ihnen regiert werden, bestraft? Kurz, der Fatalist wird es beklagen, wenn er sieht, wie die Notwendigkeit in jedem Augenblick ihre harten Urteile über die Sterblichen fällt, die die Macht der Notwendigkeit verkennen, die ihre Schläge fühlen, ohne die Hand erkennen zu wollen, die sie austeilt: er wird sehen, daß die Unwissenheit notwendig ist; daß die Leichtgläubigkeit ihre notwendige Folge ist; daß die Unterdrückung eine notwendige Folge der leichtgläubigen Unwissenheit ist; daß die Verdorbenheit der Sitten eine notwendige Folge der Unterdrückung ist; daß schließlich die Leiden der Gesellschaft und ihrer Glieder notwendige Folgen dieser Verdorbenheit sind.

Der in seinen Ideen konsequente Fatalist wird also weder ein lästiger Menschenfeind, noch ein gefährlicher Staatsbürger sein. Er wird seinen Brüdern die Verirrungen verzeihen, zu denen ihre fehlerhafte Natur auf Grund von tausend Ursachen notwendig Anlaß gibt; er wird sie trösten, ihnen Mut machen, sie von ihren nichtigen Hirngespinsten befreien. Niemals wird er ihnen gegenüber einen Groll zeigen, der eher geeignet wäre, sie aufzuwiegeln, als sie für die Vernunft zu gewinnen. Er wird die Ruhe der Gesellschaft nicht stören, er wird die Völker nicht gegen die herrschende Macht aufwiegeln; er wird einsehen, daß die Verdorbenheit und die Verblendung so vieler Volksbeherrscher notwendige Folgen sowohl der Schmeicheleien, mit denen man sie in der Kindheit umgibt, als auch der notwendigen Bosheit derer sind, die jene umlagern und sie verderben, um sich ihre Schwächen zunutze zu machen; schließlich sind das alles unvermeidliche Wirkungen der tiefen Unwissenheit über ihre wahren Interessen, in der alles sie zwangsläufig niederhält.

Der Fatalist hat nicht das Recht, auf seine eigenen Talente und Tugenden eitel zu sein. Er weiß, daß diese Eigenschaften nur Folgen seines natürlichen Körperbaus sind, der durch Umstände, die in keiner Weise von ihm abhängen, modifiziert ist. Er wird weder Haß noch Verachtung gegen diejenigen hegen, die von der Natur und von den Umständen nicht so begünstigt wurden wie er selbst. Der Fatalist muß grundsätzlich einfach und bescheiden sein; denn er ist gezwungen einzusehen, daß er nichts anderes besitzt als das, was er empfangen hat.

David Hume
Freiheit und Notwendigkeit (1758)

Ich hoffe es also einleuchtend zu machen, daß alle Menschen von jeher über die Lehre der Notwendigkeit wie die der Freiheit einig gewesen sind, sobald man diesen Bezeichnungen irgend einen vernünftigen Sinn unterlegt, und daß die ganze Streitfrage sich bislang einzig um Worte gedreht hat. Wir beginnen mit der Prüfung der Lehre von der Notwendigkeit. [. . .]

So entsteht unsere Vorstellung von Notwendigkeit und Verursachung denn ganz und gar aus der Einförmigkeit, die sich in den Vorgängen der Natur beobachten läßt; wo gleichartige Gegenstände beständig zusammenhängen, und der Geist durch Gewohnheit veranlaßt wird, den einen aus dem Erscheinen des anderen abzuleiten. Diese beiden Umstände machen den ganzen Inhalt jener Notwendigkeit aus, die wir dem Reich der Materie zuschreiben. Über den ständigen Zusammenhang gleichartiger Gegenstände und die daraus folgende Herleitung des einen aus dem andern hinaus haben wir keinen Begriff irgend einer Notwendigkeit oder Verknüpfung.

Sollte sich also herausstellen, daß von jeher die Menschen ohne Zweifel und anstandslos anerkannt haben, daß diese beiden Umstände auch bei den freiwilligen Handlungen des Menschen und bei den Vorgängen im Geiste auftreten, so muß sich daraus ergeben, daß die ganze Menschheit stets einig über die Lehre von der Notwendigkeit gewesen ist, und daß der bisherige Streit auf bloßem Mißverständnis beruhte. [. . .]

Allgemein wird zugestanden, daß eine große Gleichförmigkeit in den Handlungen der Menschen aller Nationen und Zeitalter besteht, und daß die menschliche Natur in ihren Prinzipien und Tätigkeiten stets dieselbe bleibt. Dieselben Beweggründe rufen immer dieselben Handlungen hervor: dieselben Ereignisse folgen aus denselben Ursachen. Ehrsucht, Geiz, Selbstliebe, Eitelkeit, Freundschaft, Edelmut, Gemeingeist: diese Affekte sind in verschiedenen Mischungsgraden in der menschlichen Gesellschaft verteilt und von Anbeginn der Welt und noch heute der Quell aller Handlungen und Unternehmungen gewesen, die man je bei Menschen beobachtet hat. [. . .]

Gäbe es hingegen keine Gleichförmigkeit in den menschlichen Handlungen und wäre jede derartige Erfahrung, die wir gewinnen könnten, unregelmäßig und gesetzlos, so wäre es unmöglich, allgemeine Beobachtungen über die Menschen zu sammeln; keine noch so besonnen durchgearbeitete Erfahrung würde jemals irgend einem Zwecke dienen. [. . .]

Ganz unregelmäßige und unerwartete Entschlüsse der Menschen können oft von denen aufgeklärt werden, die jeden einzelnen Umstand ihres Charakters und ihrer Lage kennen. Ein liebenswürdig veranlagter Mensch gibt eine verdrießliche Antwort – er hat aber Zahnschmerzen oder hat noch nicht zu Mittag gegessen. Ein stumpfsinniger Bursche zeigt sich von ungewohnter Munterkeit des Benehmens – ihm ist aber auch ein unerwartetes Glück begegnet. Doch wenn selbst für eine Handlung, wie es sich manchmal trifft, weder von dem Handelnden noch von anderen ein besonderer Grund angegeben werden kann, so wissen wir doch im allgemeinen, daß der menschliche Charakter in gewissem Grade unbeständig und unregelmäßig ist. Dies ist eigentlich der beständige Grundzug der menschlichen Natur. [...]

So zeigt sich einmal, daß der Zusammenhang zwischen Beweggründen und Willenshandlungen so regelmäßig und gleichförmig verläuft, wie der zwischen Ursache und Wirkung überall in der Natur; dann aber auch, daß dieser regelmäßige Zusammenhang allgemein unter den Menschen anerkannt und weder in der Philosophie noch im täglichen Leben je umstritten worden ist. [...]

Käme ein Mann, den ich als ehrlich und sehr wohlhabend kenne und mit dem ich nah befreundet bin, in mein Haus, wo ich von meinen Leuten umgeben bin, so fühle ich mich sicher, daß er nicht, ehe er es verläßt, mich erstechen wird, um mein silbernes Schreibzeug zu stehlen; und ich mutmaße dieses Ereignis ebensowenig wie den Einsturz meines neuen, fest gebauten und gegründeten Hauses. – Aber er kann von plötzlichem bisher unerkanntem Wahnsinn befallen sein. – Nun ebenso kann ein plötzliches Erdbeben entstehen und mir mein Haus über dem Kopfe zusammenstürzen lassen. Also werde ich die Voraussetzungen ändern. Ich will sagen, ich weiß mit Gewißheit, daß er nicht seine Hand ins Feuer halten und warten wird, bis es sie verzehrt hat; und ich meine, dies kann ich mit der gleichen Sicherheit voraussagen, wie daß er, stürzte er sich aus dem Fenster und würde nicht aufgehalten, nicht einen Augenblick in der Luft schweben bliebe. Kein Verdacht unerkannten Wahnsinns gibt dem ersteren Ereignis die geringste Möglichkeit, das so gegen alle bekannten Prinzipien der menschlichen Natur wäre. Wenn einer um Mittag seine goldgefüllte Börse auf dem Pflaster von Charing-Cross zurückläßt, so kann er ebensogut erwarten, sie werde wie eine Feder davonfliegen, wie daß er sie nach einer Stunde unberührt wiederfinden werde. Über die Hälfte der menschlichen Denkakte enthalten Ableitungen gleichartiger Natur, die ein höherer oder geringerer Grad von Gewißheit begleitet, je nach unserer Erfahrung vom gewöhnlichen Benehmen der Menschen unter solchen besonderen Umständen.

Ich habe oft über den Grund nachgedacht, warum alle Menschen, obwohl sie stets ohne Zögern die Lehre von der Notwendigkeit in ihrem Handeln und in ihrer Vernunfttätigkeit überall anerkennen, sich doch so schwer entschließen, es in Worten zu tun, und eher eine Neigung, sich zur gegenteiligen Meinung zu bekennen, in allen Zeiten geäußert haben. [...]

Was verstehen wir eigentlich unter Freiheit in ihrer Anwendung auf Willenshandlungen? Sicherlich nicht, daß Handlungen eine so geringe Verknüpfung mit Beweggründen, Neigungen und Umständen haben, daß nicht jene mit einer gewissen Gleichförmigkeit aus diesen folgten, und daß nicht die einen eine Ableitung erlaubten, durch die wir das Dasein der anderen erschließen könnten.

Denn dies sind offenbare und anerkannte Tatsachen. Also können wir unter Freiheit nur verstehen: eine Macht zu handeln oder nicht zu handeln, je nach den Entschließungen des Willens; das heißt, wenn wir in Ruhe zu verharren vorziehen, so können wir es; wenn wir vorziehen, uns zu bewegen, so können wir dies auch. Diese bedingte Freiheit wird nun aber einem jeden allgemein zugestanden, der nicht ein Gefangener in Ketten ist.

III. Glaube und Glaubenskritik

Vernunft und Aberglauben

Han Fei Zi
Entlarvung des Esoterischen (3. Jh. v. u. Z.)

Der König fragte: „Was ist denn am schwierigsten zu malen?" – „Hunde und Pferde sind am schwierigsten!" – Und was am leichtesten?" – „Gespenster und Teufel! Denn Hunde und Pferde kennt jeder Mensch, man hat sie ja von morgens bis abends vor sich. So etwas kann man gar nicht genau genug wiedergeben. Daher die Schwierigkeiten. Gespenster und Teufel haben keine genaue Gestalt, man hat sie nicht ständig vor sich. Daher die Leichtigkeit."

Immanuel Kant
Was ist Aufklärung? (1784)

Aufklärung ist der Ausgang des Menschen aus seiner selbst verschuldeten Unmündigkeit. Unmündigkeit ist das Unvermögen, sich seines Verstandes ohne Leitung eines anderen zu bedienen. Selbstverschuldet ist diese Unmündigkeit, wenn die Ursache derselben nicht am Mangel des Verstandes, sondern der Entschließung und des Muthes liegt, sich seiner ohne Leitung eines andern zu bedienen. Sapere aude! Habe Muth dich deines eigenen Verstandes zu bedienen! ist also der Wahlspruch der Aufklärung.

Faulheit und Feigheit sind die Ursachen, warum ein so großer Theil der Menschen, nachdem sie die Natur längst von fremder Leitung frei gesprochen (naturaliter maiorennes), dennoch gerne zeitlebens unmündig bleiben; und warum es Anderen so leicht wird, sich zu deren Vormündern aufzuwerfen. Es ist so bequem, unmündig zu sein. Habe ich ein Buch, das für mich Verstand hat, einen Seelsorger, der für mich Gewissen hat, einen Arzt, der für mich die Diät beurtheilt, u.s.w., so brauche ich mich ja nicht selbst zu bemühen. Ich habe nicht nöthig zu denken, wenn ich nur bezahlen kann; andere werden das verdrießliche Geschäft schon für mich übernehmen. Daß der bei weitem größte Theil der Menschen (darunter das ganze schöne Geschlecht) den Schritt zur Mündigkeit, außer dem daß er beschwerlich ist, auch für sehr gefährlich halte: dafür sorgen schon jene Vormünder, die die Oberaufsicht über sie gütigst auf sich genommen haben. Nachdem sie ihr Hausvieh zuerst dumm gemacht haben und sorgfältig verhüteten, daß diese ruhigen Geschöpfe ja keinen Schritt außer dem Gängelwagen, darin sie sie einsperrten, wagen durften, so zeigen sie ihnen nachher die Gefahr, die ihnen droht, wenn sie es versuchen allein zu gehen. Nun ist diese Gefahr zwar eben so groß nicht, denn sie würden durch einigemal Fallen wohl endlich gehen lernen; allein ein Beispiel von der Art macht doch schüchtern und schreckt gemeiniglich von allen ferneren Versuchen ab.

Es ist also für jeden einzelnen Menschen schwer, sich aus der ihm beinahe zur Natur gewordenen Unmündigkeit herauszuarbeiten. Er hat sie sogar lieb gewonnen und ist vor der Hand wirklich unfähig, sich seines eigenen Verstandes zu bedienen, weil man ihn niemals den Versuch davon machen ließ. Satzungen und Formeln, diese mechanischen Werkzeuge eines vernünftigen Gebrauchs oder vielmehr Mißbrauchs seiner Naturgaben, sind die Fußschellen einer immerwährenden Unmündigkeit. Wer sie auch abwürfe, würde dennoch auch über den schmalsten Graben einen nur unsicheren Sprung thun, weil er zu dergleichen freier Bewegung nicht gewöhnt ist. Daher gibt es nur Wenige, denen es gelungen ist, durch eigene Bearbeitung ihres Geistes sich aus der Unmündigkeit heraus zu wickeln und dennoch einen sicheren Gang zu thun.

Daß aber ein Publicum sich selbst aufkläre, ist eher möglich, ja es ist, wenn man ihm nur Freiheit läßt, beinahe unausbleiblich. Denn da werden sich immer einige Selbstdenkende sogar unter den eingesetzten Vormündern des großen Haufens finden, welche, nachdem sie das Joch der Unmündigkeit selbst abgeworfen haben, den Geist einer vernünftigen Schätzung des eigenen Werths und des Berufs jedes Menschen selbst zu denken um sich verbreiten werden. Besonders ist hiebei: daß das Publicum, welches zuvor von ihnen unter dieses Joch gebracht worden, sie hernach selbst zwingt darunter zu bleiben, wenn es von einigen seiner Vormünder, die selbst aller Aufklärung unfähig sind, dazu aufgewiegelt worden; so schädlich ist es Vorurtheile zu pflanzen, weil sie sich zuletzt an denen selbst rächen, die oder deren Vorgänger ihre Urheber gewesen sind. Daher kann ein Publicum nur langsam zur Aufklärung gelangen. Durch eine Revolution wird vielleicht wohl ein Abfall von persönlichem Despotism und gewinnsüchtiger oder herrschsüchtiger Bedrückung, aber niemals wahre Reform der Denkungsart zu Stande kommen; sondern neue Vorurtheile werden eben sowohl als die alten zum Leitbande des gedankenlosen großen Haufens dienen.

Zu dieser Aufklärung aber wird nichts erfordert als Freiheit; und zwar die unschädlichste unter allem, was nur Freiheit heißen mag, nämlich die: von seiner Vernunft in allen Stücken öffentlichen Gebrauch zu machen. Nun höre ich aber von allen Seiten rufen: räsonnirt nicht! Der Offizier sagt: räsonnirt nicht, sondern exercirt! Der Finanzrath: räsonnirt nicht, sondern bezahlt! Der Geistliche: räsonnirt nicht, sondern glaubt! (Nur ein einziger Herr in der Welt sagt: räsonnirt, so viel ihr wollt, und worüber ihr wollt; aber gehorcht!) Hier ist überall Einschränkung der Freiheit. Welche Einschränkung aber ist der Aufklärung hinderlich? welche nicht, sondern ihr wohl gar beförderlich? – Ich antworte: der öffentliche Gebrauch seiner Vernunft muß jederzeit frei sein, und der allein kann Aufklärung unter

Menschen zu Stande bringen; der Privatgebrauch derselben aber darf öfters sehr enge eingeschränkt sein, ohne doch darum den Fortschritt der Aufklärung sonderlich zu hindern. Ich verstehe aber unter dem öffentlichen Gebrauche seiner eigenen Vernunft denjenigen, den jemand als Gelehrter von ihr vor dem ganzen Publicum der Leserwelt macht. Den Privatgebrauch nenne ich denjenigen, den er in einem gewissen ihm anvertrauten bürgerlichen Posten oder Amte von seiner Vernunft machen darf. Nun ist zu manchen Geschäften, die in das Interesse des gemeinen Wesens laufen, ein gewisser Mechanism nothwendig, vermittelst dessen einige Glieder des gemeinen Wesens sich bloß passiv verhalten müssen, um durch eine künstliche Einhelligkeit von der Regierung zu öffentlichen Zwecken gerichtet, oder wenigstens von der Zerstörung dieser Zwecke abgehalten zu werden. Hier ist es nun freilich nicht erlaubt, zu räsonniren; sondern man muß gehorchen. Sofern sich aber dieser Theil der Maschine zugleich als Glied eines ganzen gemeinen Wesens, ja sogar der Weltbürgergesellschaft ansieht, mithin in der Qualität eines Gelehrten, der sich an ein Publicum im eigentlichen Verstande durch Schriften wendet: kann er allerdings räsonniren, ohne daß dadurch die Geschäfte leiden, zu denen er zum Theile als passives Glied angesetzt ist. So würde es sehr verderblich sein, wenn ein Offizier, dem von seinen Oberen etwas anbefohlen wird, im Dienste über die Zweckmäßigkeit oder Nützlichkeit dieses Befehls laut vernünfteln wollte; er muß gehorchen. Es kann ihm aber billigermaßen nicht verwehrt werden, als Gelehrter über die Fehler im Kriegsdienste Anmerkungen zu machen und diese seinem Publicum zur Beurtheilung vorzulegen. Der Bürger kann sich nicht weigern, die ihm auferlegten Abgaben zu leisten; sogar kann ein vorwitziger Tadel solcher Auflagen, wenn sie von ihm geleistet werden sollen, als ein Skandal (das allgemeine Widersetzlichkeiten veranlassen könnte) bestraft werden. Eben derselbe handelt demungeachtet der Pflicht eines Bürgers nicht entgegen, wenn er als

Gelehrter wider die Unschicklichkeit oder auch Ungerechtigkeit solcher Ausschreibungen öffentlich seine Gedanken äußert. Eben so ist ein Geistlicher verbunden, seinen Katechismusschülern und seiner Gemeinde nach dem Symbol der Kirche, der er dient, seinen Vortrag zu thun; denn er ist auf diese Bedingung angenommen worden. Aber als Gelehrter hat er volle Freiheit, ja sogar den Beruf dazu, alle seine sorgfältig geprüften und wohlmeinenden Gedanken über das Fehlerhafte in jenem Symbol und Vorschläge wegen besserer Einrichtung des Religions- und Kirchenwesens dem Publicum mitzutheilen. Es ist hiebei auch nichts, was dem Gewissen zur Last gelegt werden könnte. Denn was er zu Folge seines Amts als Geschäftträger der Kirche lehrt, das stellt er als etwas vor, in Ansehung dessen er nicht freie Gewalt hat nach eigenem Gutdünken zu lehren, sondern das er nach Vorschrift und im Rahmen eines andern vorzutragen angestellt ist. Er wird sagen: unsere Kirche lehrt dieses oder jenes; das sind die Beweisgründe, deren sie sich bedient. Er zieht alsdann allen praktischen Nutzen für seine Gemeinde aus Satzungen, die er selbst nicht mit voller Überzeugung unterschreiben würde, zu deren Vortrag er sich gleichwohl anheischig machen kann, weil es doch nicht ganz unmöglich ist, daß darin Wahrheit verborgen läge, auf alle Fälle aber wenigstens doch nichts der innern Religion Widersprechendes darin angetroffen wird. Denn glaubte er das letztere darin zu finden, so würde er sein Amt mit Gewissen nicht verwalten können; er müßte es niederlegen. Der Gebrauch also, den ein angestellter Lehrer von seiner Vernunft vor seiner Gemeinde macht, ist bloß ein Privatgebrauch: weil diese immer nur eine häusliche, obzwar noch so große Versammlung ist; und in Ansehung dessen ist er als Priester nicht frei und darf es auch nicht sein, weil er einen fremden Auftrag ausrichtet. Dagegen als Gelehrter, der durch Schriften zum eigentlichen Publicum, nämlich der Welt, spricht, mithin der Geistliche im öffentlichen Gebrauche seiner Vernunft genießt einer uneingeschränkten

Freiheit, sich seiner eigenen Vernunft zu bedienen und in seiner eigenen Person zu sprechen. Denn daß die Vormünder des Volks (in geistlichen Dingen) selbst wieder unmündig sein sollen, ist eine Ungereimtheit, die auf Verewigung der Ungereimtheiten hinausläuft.

Aber sollte nicht eine Gesellschaft von Geistlichen, etwa eine Kirchenversammlung, oder eine ehrwürdige Classis (wie sie sich unter den Holländern selbst nennt), berechtigt sein, sich eidlich unter einander auf ein gewisses unveränderliches Symbol zu verpflichten, um so eine unaufhörliche Obervormundschaft über jedes ihrer Glieder und vermittelst ihrer über das Volk zu führen und diese sogar zu verewigen? Ich sage: das ist ganz unmöglich. Ein solcher Contract, der auf immer alle weitere Aufklärung vom Menschengeschlechte abzuhalten geschlossen würde, ist schlechterdings null und nichtig; und sollte er auch durch die oberste Gewalt, durch Reichstage und die feierlichsten Friedensschlüsse bestätigt sein. Ein Zeitalter kann sich nicht verbünden und darauf verschwören, das folgende in einen Zustand zu setzen, darin es ihm unmöglich werden muß, seine (vornehmlich so sehr angelegentliche) Erkenntnisse zu erweitern, von Irrthümern zu reinigen und überhaupt in der Aufklärung weiter zu schreiten. Das wäre ein Verbrechen wider die menschliche Natur, deren ursprüngliche Bestimmung gerade in diesem Fortschreiten besteht; und die Nachkommen sind also vollkommen dazu berechtigt, jene Beschlüsse, als unbefugter und frevelhafter Weise genommen, zu verwerfen. Der Probirstein alles dessen, was über ein Volk als Gesetz beschlossen werden kann, liegt in der Frage: ob ein Volk sich selbst wohl ein solches Gesetz auferlegen könnte. Nun wäre dieses wohl gleichsam in der Erwartung eines bessern auf eine bestimmte kurze Zeit möglich, um eine gewisse Ordnung einzuführen: indem man es zugleich jedem der Bürger, vornehmlich dem Geistlichen frei ließe, in der Qualität eines Gelehrten öffentlich, d.i. durch Schriften, über das Fehlerhafte der dermaligen Einrichtung seine Anmerkungen zu machen, indessen die eingeführte Ordnung noch immer fortdauerte, bis sie Einsicht in die Beschaffenheit dieser Sachen öffentlich so weit gekommen und bewährt worden, daß sie durch Vereinigung ihrer Stimmen (wenn gleich nicht aller) einen Vorschlag vor den Thron bringen könnte, um diejenigen Gemeinden in Schutz zu nehmen, die sich etwa nach ihren Begriffen der besseren Einsicht zu einer veränderten Religionseinrichtung geeinigt hätten, ohne doch diejenigen zu hindern, die es beim Alten wollten bewenden lassen. Aber auf eine beharrliche, von Niemanden öffentlich zu bezweifelnde Religionsverfassung auch nur binnen der Lebensdauer eines Menschen sich zu einigen und dadurch einen Zeitraum in dem Fortgange der Menschheit zur Verbesserung gleichsam zu vernichten und fruchtlos, dadurch aber wohl gar der Nachkommenschaft nachtheilig zu machen, ist schlechterdings unerlaubt. Ein Mensch kann zwar für seine Person und auch alsdann nur auf einige Zeit in dem, was ihm zu wissen obliegt, die Aufklärung aufschieben; aber auf sie Verzicht zu thun, es sei für seine Person, mehr aber noch für die Nachkommenschaft, heißt die heiligen Rechte der Menschheit verletzen und mit Füßen treten. Was aber nicht einmal ein Volk über sich selbst beschließen darf, das darf noch weniger ein Monarch über das Volk beschließen; denn sein gesetzgebendes Ansehen beruht eben darauf, daß er den gesammten Volkswillen in dem seinigen vereinigt. Wenn er nur darauf sieht, daß alle wahre oder vermeinte Verbesserung mit der bürgerlichen Ordnung zusammen bestehe: so kann er seine Unterthanen übrigens nur selbst machen lassen, was sie um ihres Seelenheils willen zu thun nöthig finden; das geht ihn nichts an, wohl aber zu verhüten, daß nicht einer den andern gewaltthätig hindere, an der Bestimmung und Beförderung desselben nach allem seinem Vermögen zu arbeiten. Es thut selbst seiner Majestät Abbruch, wenn er sich hierin mischt, indem er die Schriften, wodurch seine Unterthanen ihre Einsichten ins Reine zu bringen suchen, seiner Regierungsaufsicht würdigt, sowohl wenn er dieses aus eigener höchsten Einsicht thut, wo er sich dem Vorwurfe aussetzt: *Caesar non est supra Grammaticos,* als auch und noch weit mehr, wenn er seine oberste Gewalt so weit erniedrigt, den geistlichen Despotism einiger Thyrannen in seinem Staate gegen seine übrigen Unterthanen zu unterstützen.

Wenn denn nun gefragt wird: Leben wir jetzt in einem aufgeklärten Zeitalter? So ist die Antwort: Nein, aber wohl in einem Zeitalter der Aufklärung. Daß die Menschen, wie die Sachen jetzt stehen, im Ganzen genommen, schon im Stande wären, oder darin auch nur gesetzt werden könnten, in Religionsdingen sich ihres eigenen Verstandes ohne Leitung eines Andern sicher und gut zu bedienen, daran fehlt noch sehr viel. Allein daß jetzt ihnen doch das Feld geöffnet wird, sich dahin frei zu bearbeiten, und die Hindernisse der allgemeinen Aufklärung, oder des Ausganges aus ihrer selbst verschuldeten Unmündigkeit allmählig weniger werden, davon haben wir doch deutliche Anzeigen. In diesem Betracht ist dieses Zeitalter das Zeitalter der Aufklärung, oder das Jahrhundert Friedrichs.

Ein Fürst, der es seiner nicht unwürdig findet, zu sagen: daß er es für Pflicht halte, in Religionsdingen den Menschen nichts vorzuschreiben, sondern ihnen darin volle Freiheit zu lassen, der also selbst den hochmüthigen Namen der Toleranz von sich ablehnt, ist selbst aufgeklärt und verdient von der dankbaren Welt und Nachwelt als derjenige gepriesen zu werden, der zuerst das menschliche Geschlecht der Unmündigkeit wenigstens von Seiten der Regierung entschlug und Jedem frei ließ, sich in allem, was Gewissensangelegenheit ist, seiner eigenen Vernunft zu bedienen. Unter ihm dürfen verehrungswürdige Geistliche unbeschadet ihrer Amtspflicht ihre vom angenommenen Symbol hier oder da abweichenden Urtheile und Einsichten in der Qualität der Gelehrten frei und öffentlich der Welt zur Prüfung darlegen; noch mehr aber jeder andere, der durch seine Amtspflicht eingeschränkt ist. Dieser Geist der Freiheit breitet sich auch außerhalb aus, selbst da, wo er mit äußeren Hindernissen einer sich selbst mißverstehenden Regierung zu ringen hat. Denn es leuchtet dieser doch ein Beispiel vor, daß bei Freiheit für die öffentliche Ruhe und Einigkeit des gemeinen Wesens nicht das Mindeste zu besorgen sei. Die Menschen arbeiten sich von selbst nach und nach aus der Rohigkeit heraus, wenn man nur nicht absichtlich künstelt, um sie darin zu erhalten.

Ich habe den Hauptpunkt der Aufklärung, die des Ausganges der Menschen aus ihrer selbst verschuldeten Unmündigkeit, vorzüglich in Religionssachen gesetzt: weil in Ansehung der Künste und Wissenschaften unsere Beherrscher kein Interesse haben, den Vormund über ihre Unterthanen zu spielen; überdem auch jene Unmündigkeit, so wie die schädlichste, also auch die entehrendste unter allen ist. Aber die Denkungsart eines Staatsoberhaupts, der die erstere begünstigt, geht noch weiter und sieht ein: daß selbst in Ansehung seiner Gesetzgebung es ohne Gefahr sei, seinen Unterthanen zu erlauben, von ihrer eigenen Vernunft öffentlichen Gebrauch zu machen und ihre Gedanken über eine bessere Abfassung derselben sogar mit einer freimüthigen Kritik der schon gegebenen der Welt öffentlich vorzulegen; davon wir ein glänzendes Beispiel haben, wodurch noch kein Monarch demjenigen vorging, welchen wir verehren.

Aber auch nur derjenige, der, selbst aufgeklärt, sich nicht vor Schatten fürchtet, zugleich aber ein wohldisciplinirtes zahlreiches Heer zum Bürgen der öffentlichen Ruhe zur Hand hat, kann das sagen, was ein Freistaat nicht wagen darf: räsonnirt, so viel ihr wollt, und worüber ihr wollt; nur gehorcht! So zeigt sich hier ein befremdlicher, nicht erwarteter Gang menschlicher Dinge; so wie auch sonst, wenn man ihn im Großen betrachtet, darin fast alles paradox ist. Ein größerer Grad bürgerlicher Freiheit scheint der Freiheit des Geistes des Volks vortheilhaft und setzt ihr doch un-

übersteigliche Schranken; ein Grad weniger von jener verschafft hingegen diesem Raum, sich nach allem seinem
Vermögen auszubreiten. Wenn denn die Natur unter dieser
harten Hülle den Keim, für den sie am zärtlichsten sorgt,
nämlich den Hang und Beruf zum freien Denken, ausge-
wickelt hat: so wirkt dieser allmählig zurück auf die Sinnes-
art des Volks (wodurch dieses der Freiheit zu handeln nach
und nach fähiger wird) und endlich auch sogar auf die
Grundsätze der Regierung, die es ihr selbst zuträglich findet, den Menschen, der nun mehr als Maschine ist, seiner
Würde gemäß zu behandeln.
Königsberg in Preußen, den 30. Septemb. 1784.

Voltaire

Aberglaube (1764)

Der Abergläubische ist für den Schurken, was der Sklave für
den Tyrannen ist. Ja, mehr noch: der Abergläubische wird
vom Fanatiker beherrscht und wird selbst zum Fanatiker.
Der Aberglaube, entstanden im Heidentum und übernommen vom Judentum, hat die christliche Kirche von Anfang
an verpestet. Ausnahmslos alle Kirchenväter haben an die
Macht der Magie geglaubt. Die Kirche hat die Magie immer
verdammt, aber immer an sie geglaubt. Zauberer hat sie
nicht als betrogene Narren exkommuniziert, sondern als
Menschen, die tatsächlich Umgang mit dem Teufel pflegten.
Heute glaubt die eine Hälfte Europas, daß die andere
lange dem Aberglauben verfallen war und es noch immer
ist. Die Protestanten betrachten die Reliquien, den Ablaß,
die Kasteiungen, die Gebete für die Toten, das Weihwasser
und fast alle Riten der Römischen Kirche als abergläubischen Wahnwitz. Der Aberglaube besteht ihrer Ansicht
nach darin, daß sinnlose Gebräuche als notwendig angese-

hen werden. Die römischen Katholiken sind teilweise aufgeklärter als ihre Vorfahren und haben auf viele dieser ehemals heiligen Gebräuche verzichtet. Daß sie andere beibehalten haben, verteidigen sie mit der Behauptung, diese seien indifferent, und was nur indifferent sei, könne nichts Schlechtes sein.

Die Grenzen des Aberglaubens sind schwer abzustecken. Ein Franzose, der durch Italien reist, findet, daß dort fast alles vom Aberglauben geprägt ist, und er irrt sich da wohl kaum. Der Erzbischof von Canterbury behauptet, der Erzbischof von Paris sei abergläubisch. Die Presbyterianer erheben denselben Vorwurf gegen den Erzbischof von Canterbury, und diese werden wiederum von den Quäkern abergläubisch genannt, die doch in den Augen der anderen Christen die abergläubischsten von allen sind.

Die christlichen Gemeinden sind sich also nicht darüber einig, was eigentlich Aberglaube ist. Die Sekte, die die wenigsten Riten hat, scheint am wenigsten von dieser Geisteskrankheit befallen zu sein. Wenn sie aber trotz ihrer wenigen Zeremonien an einem widersinnigen Glauben festhält, kommt dieser widersinnige Glaube allein schon allen abergläubischen Gebräuchen von Simon dem Magier bis zu dem Pfarrer Gauffridi gleich.

Offensichtlich gilt also gerade der Kern der Religion einer Sekte bei anderen Sekten als Aberglaube.

Die Mohammedaner bezichtigen alle christlichen Gemeinschaften des Aberglaubens und werden selbst des Aberglaubens beschuldigt. Wer wird diesen großen Streit entscheiden? Die Vernunft? Aber jede Sekte behauptet ja, die Vernunft auf ihrer Seite zu haben. Also wird die Gewalt entscheiden, bis die Vernunft so viele Köpfe erleuchtet, daß die Gewalt entwaffnet wird.

Im christlichen Europa hat es zum Beispiel eine Zeit gegeben, in der es Neuvermählten nicht erlaubt war, die Ehe zu vollziehen, ehe sie sich dieses Recht vom Bischof und vom Pfarrer erkauft hatten.

Wer in seinem Testament nicht einen Teil seines Vermögens der Kirche vermachte, wurde exkommuniziert und blieb unbeerdigt. Man nannte das „ohne Beichte" sterben, d.h. ohne Bekenntnis zur christlichen Religion. Und wenn ein Christ ohne Testament starb, konnte die Kirche dem Toten die Exkommunikation dadurch ersparen, daß sie für ihn ein Testament machte, wobei sie die milde Stiftung, die der Verstorbene hätte machen müssen, selber festsetzte und sich auszahlen ließ.

Deshalb verfügten Papst Gregor IX. und Ludwig der Heilige nach dem Konzil von Narbonne, das im Jahre 1235 stattfand, jedes Testament, zu dem kein Priester hinzugezogen worden ist, sei null und nichtig, und der Papst befahl die Exkommunikation des Erblassers und des Notars.

Noch skandalöser war womöglich der Ablaß. Dadurch wurden all die Gesetze untermauert, denen sich der Aberglaube der Völker fügte, und erst mit der Zeit erreichte die Vernunft die Abschaffung dieser schändlichen Plagen, während sie andere unangetastet ließ.

Wieweit ist es politisch zulässig, den Aberglauben auszurotten? Das ist ein sehr heikles Problem. Es erinnert an die Frage, wieweit man einen Wassersüchtigen punktieren soll, der bei der Operation sterben kann. Hier entscheidet die Umsicht des Arztes.

Gibt es ein Volk ohne abergläubische Vorurteile? – Gibt es ein Volk von Philosophen? Das wäre die gleiche Frage. Bei den chinesischen Behörden gibt es angeblich keinerlei Aberglauben. Wahrscheinlich wird die Verwaltung einiger europäischer Städte bald von jedem Aberglauben gesäubert sein.

Dann werden diese Stadtverwaltungen verhindern, daß der Aberglaube des Volkes gefährlich wird. Das Vorbild dieser Behörden wird auf den Pöbel nicht aufklärend wirken, aber die maßgeblichen Bürger werden ihn in Schranken halten. Es gab vielleicht früher keinen Aufruhr, kein religiöses Attentat, an dem die Bürger nicht beteiligt gewesen wären, weil sie ja damals zum Pöbel gehörten; aber die Vernunft und die Zeit haben sie wohl verändert. Ihre milderen Sitten mildern auch die Sitten des niedrigsten und blutdürstigsten Pöbels, dafür gibt es erstaunliche Beispiele in mehr als einem Lande. Kurz, je weniger Aberglaube, desto weniger Fanatismus, und je weniger Fanatismus, desto weniger Unheil.

Voltaire
Unduldsamkeit (1764)

Der wesentliche Inhalt aller Reden, die die Unduldsamen halten, ist folgender:

„Wie, du Ungeheuer, der du für alle Zeiten im Jenseits brennen wirst und den ich in dieser Welt verbrennen lassen werde, sobald ich kann, du besitzt die Unverschämtheit, de Thou und Bayle zu lesen, die in Rom auf den Index gesetzt worden sind! [F.-A. de Thou war Verfasser einer „Historia sui temporis", die 1609 auf den Index gesetzt wurde, P. Bayle ein französischer Frühaufklärer und Verfechter religiöser Toleranz.] Wenn ich dir im Auftrage Gottes verkündigt habe, daß Simson mit einem Eselskinnbacken tausend Philister tötete, dann hat dein Kopf, der härter ist als die Rüstkammer, der Simson seine Waffen entnahm, mir durch eine leichte Bewegung von links nach rechts zu verstehen gegeben, daß du kein Wort davon glaubst. Und wenn ich erzählt habe, daß der Teufel Asmodi, der den sieben Ehemännern Sarais bei den Medern aus Eifersucht den Hals umdrehte, in Oberägypten in Fesseln gelegt wurde, dann habe ich beobachtet, daß ein leichtes Zucken deiner Lippen – lateinisch „cachinnus" genannt – mir zu verstehen gab, daß du dich im Grunde deines Herzens über die Geschichte von Asmodi lustig machst.

166

Und euch – Isaac Newton, Friedrich der Große, König von Preußen und Kurfürst von Brandenburg, John Locke, Kaiserin von Rußland, die die Türken besiegt hat, John Milton, wohltätiger Herrscher von Dänemark, Shakespeare, weiser König von Schweden, Leibniz, erlauchtes Haus Braunschweig, Tillotson, Kaiser von China, englisches Parlament, Rat des Großmoguls – euch allen, die ihr kein Wort von dem glaubt, was ich in meinen theologischen Denkschriften gelehrt habe, erkläre ich, daß ich euch alle als Heiden oder Zöllner betrachte, was ich euch schon so oft gesagt habe, um es in eure harten Schädel einzuhämmern. Ihr seid verstockte Verbrecher; ihr werdet alle in die Hölle kommen, in der der Wurm nicht stirbt und das Feuer nicht erlischt. Denn ich habe recht, und ihr habt unrecht; ich habe die Gnade, und ihr habt sie nicht. Ich nehme drei frommen Frauen in meinem Viertel die Beichte ab, und ihr nicht einer. Ich habe bischöfliche Hirtenbriefe verfaßt, ihr habt das nie getan. Ich habe den Philosophen die größten Grobheiten gesagt, und ihr habt sie verteidigt oder nachgeahmt. Ich habe fromme Schmähschriften voll niederträchtiger Verleumdungen verfaßt, und ihr habt sie nie gelesen. Ich lese alle Tage für zwölf Sous die Messe in lateinischer Sprache, und ihr wohnt ihr ebensowenig bei, wie Cicero, Cato, Pompejus, Caesar, Horaz und Vergil ihr beigewohnt haben. Also verdient ihr, daß man euch die Hand abhackt und die Zunge ausreißt, daß man euch auf die Folter spannt und bei kleinem Feuer verbrennt; denn Gott ist barmherzig.«

Das sind ohne jede Einschränkung die Grundsätze der Unduldsamen, das ist der wesentliche Inhalt aller ihrer Bücher. Man muß schon sagen, daß es eine Lust ist, mit diesem Pack zu leben.

Voltaire

Fanatismus (1764)

Der Fanatismus ist das Ergebnis eines falschen Bewußtseins, das die Religion den Launen der Phantasie und der Unberechenbarkeit der Leidenschaften dienstbar macht. [...]

Stellen wir uns einen gewaltigen Rundbau vor, ein Pantheon mit tausend Altären und mitten darin von allen bereits erloschenen oder noch bestehenden Sekten einen frommen Anhänger zu Füßen der Gottheit, die jeder auf seine Weise verehrt, in all den wunderlichen Formen, die die Phantasie hat ersinnen können. Jener rechts, auf der Matte, ist in tiefe Betrachtungen versunken und wartet mit entblößtem Nabel, daß himmlische Erleuchtung seine Seele durchdringe. Jener links ist ein Besessener; er schlägt mit der Stirn gegen die Erde, um ihren Segen zu erflehen. Dort tanzt ein Gaukler auf der Gruft dessen, den er anruft. Hier steht ein Büßer, reglos und stumm wie die Statue, vor der er sich demütigt. Einer stellt, was die Scham verbirgt, zur Schau, weil Gott sich seines Ebenbildes nicht schämt. Ein anderer verhüllt sogar sein Gesicht, als verabscheue der Schöpfer sein Werk. Einer wendet den Rücken nach Süden, weil von dort der Hauch des Bösen kommt. Ein anderer streckt die Arme gen Osten, wo Gott sein strahlendes Antlitz zeigt. Weinende junge Mädchen kasteien ihr noch unschuldiges Fleisch, um den Geist der Lüsternheit durch Mittel zu besänftigen, die ihn nur reizen können. Andere erflehen das Nahen der Gottheit auf ganz entgegengesetzte Weise. Ein junger Mann befestigt am Werkzeug seiner Männlichkeit, um es abzutöten, eiserne Ringe von entsprechendem Gewicht. Ein anderer erstickt die Versuchung im Keim durch eine greuliche Amputation und hängt, was er geopfert, am Altar auf.

Dann verlassen sie alle den Tempel, um, erfüllt von dem Gott, der ihnen befiehlt, Schrecken und Trug auf Erden zu verbreiten. Sie teilen die Welt unter sich auf, und bald steht sie an allen Enden in Flammen. Die Völker horchen auf, und die Könige zittern. Die Macht, die die Begeisterung eines einzelnen über die Menge, die ihn sieht und hört, ausübt, die Leidenschaft, die die Versammelten aufeinander übertragen, dieses ganze wilde Treiben, noch verstärkt durch die Erregung jedes einzelnen, machen den Wahnwitz bald allgemein. Wenn ein paar Betrüger erst ein Volk behext haben, mehren sich unter dem Einfluß der Verführung die Wunder, und bald sind alle hoffnungslos verirrt. Wenn der menschliche Geist einmal die lichtvollen Wege des Natürlichen verlassen hat, findet er nicht mehr zurück; er sucht verzweifelt nach der Wahrheit und findet immer nur einen schwachen Schimmer von ihr, der sich mit dem trügerischen Licht des ringsum herrschenden Aberglaubens vermischt, so daß er vollends in der Finsternis versinkt. [...]

Heute versteht man unter Fanatismus einen finsteren und grausamen religiösen Wahn, eine Geisteskrankheit, die man sich zuzieht wie die Blattern. Sie wird weniger durch Bücher als durch Versammlungen und Reden verbreitet. Beim Lesen ereifert man sich selten und kann einen kühlen Kopf bewahren. Aber wenn ein phantasiebegabter Hitzkopf auf einen wenig phantasievollen Menschen einredet, glühen seine Augen, und diese Glut steckt an; sein Tonfall, seine Gesten überwältigen die Zuhörer. Gott blickt auf euch, ruft er aus, gebt alles hin, was irdisch ist, führe des Herrn Kriege! [1. Sam. 18, 17] Und das geschieht denn auch. [...]

Der Fanatismus verhält sich zum Aberglauben wie der Wahn zum Fieber oder die Raserei zum Zorn.

Wer in Ekstase verfällt und Visionen hat, wer Träume für Wirklichkeit nimmt und seine Einbildungen für Prophezeiungen, ist ein angehender Fanatiker, von dem viel zu erwarten ist: Bald wird er aus Liebe zu Gott zum Mörder werden können. [...]

Es gibt kaltblütige Fanatiker. Das sind die Richter, die Menschen nur deshalb zum Tode verurteilen, weil sie anderer Ansicht sind als sie selbst. Die Schuld dieser Richter wiegt um so schwerer, sie verdienen um so mehr den Abscheu der Menschheit, als sie nicht im Affekt handeln [...], sondern auf die Stimme der Vernunft hören könnten.

Gegen diese Seuche gibt es kein anderes Mittel als den Geist der Philosophie, der, wenn er allmählich um sich greift, schließlich die Sitten der Menschen läutert und den Anfällen des Übels vorbeugt; denn wenn dieses Übel erst einmal Fortschritte macht, muß man flüchten und abwarten, bis die Luft wieder rein ist. Gesetze und Religion vermögen wenig gegen die Verpestung der Seelen. Die Religion ist keine bekömmliche Nahrung für solche verseuchten Seelen; in den infizierten Gehirnen wird sie zum Gift. [...]

Die Gesetze vermögen noch weniger gegen solche Wahnsinnsanfälle: Das ist, als lese man einem Tobsüchtigen einen Ratsbeschluß vor. Solche Leute sind überzeugt, daß der Geist, von dem sie besessen sind, über den Gesetzen steht, daß ihre Verzückung das einzige Gesetz ist, dem sie Gehör schenken sollen.

Was soll man einem Menschen entgegenhalten, der sagt, er wolle lieber Gott als den Menschen gehorchen, und daher überzeugt ist, in den Himmel zu kommen, wenn er einem den Hals abschneidet? [...]

Alle Fanatiker sind Schurken mit gutem Gewissen und morden in gutem Glauben an eine gute Sache.

Religion

Xenophanes
Über die Götter (6. Jh. v. u. Z.)

Homer und Hesiod haben die Götter mit allem belastet, was bei Menschen übelgenommen und getadelt wird: stehlen und ehebrechen und einander betrügen.

*

Sie haben soviel Missetaten der Götter aufgezählt als möglich: stehlen und ehebrechen und einander betrügen.

*

Die Äthiopier behaupten, ihre Götter seien stumpfnasig und schwarz, die Thraker, blauäugig und blond.

*

Aber die Menschen nehmen an, die Götter seien geboren, sie trügen Kleider, hätten Stimme und Körper – wie sie selbst.

*

Wenn aber die Rinder und Pferde und Löwen Hände hätten und mit diesen Händen malen könnten und Bildwerke schaffen wie Menschen, so würden die Pferde die Götter abbilden und malen in der Gestalt von Pferden, die Rinder in der von Rindern, und sie würden solche Statuen meißeln, ihrer eigenen Körpergestalt entsprechend.

René Descartes

Gottesbeweis (1644)

Da wir als Kinder auf die Welt kommen und über sinnliche
Gegenstände urteilen, bevor wir den vollen Gebrauch unserer Vernunft erlangt haben, so werden wir durch viele Vorurteile an der Erkenntnis der Wahrheit gehindert, und es
scheint kein anderes Mittel dagegen zu geben, als einmal im
Leben sich zu entschließen, an allem zu zweifeln, worin
man auch nur den geringsten Verdacht einer Ungewißheit
antrifft.

Es ist sogar nützlich, schon das Zweifelhafte als falsch anzunehmen, um desto sicherer das zu finden, was ganz sicher
und ganz leicht erkennbar ist.

Dieser Zweifel ist indessen auf die Erforschung der
Wahrheit zu beschränken. Denn im tätigen Leben würde
oft die Gelegenheit zum Handeln vorübergehen, ehe wir
uns aus den Zweifeln befreit hätten, und hier muß man daher oft das bloß Wahrscheinliche hinnehmen und manchmal
selbst unter gleich wahrscheinlichen Dingen eine Wahl treffen.

Da wir hier aber bloß auf die Erforschung der Wahrheit
ausgehen, wollen wir zunächst daran zweifeln, ob es überhaupt solche Dinge gibt, wie sie sich der Wahrnehmung
oder der Einbildung darbieten; denn erstens bemerken wir,
daß die Sinne bisweilen irren, und die Klugheit fordert,
niemals denen allzusehr zu trauen, die uns auch nur einmal
getäuscht haben, sodann glauben wir alle Tage im Traume
eine Unzahl Dinge wahrzunehmen oder vorzustellen, die
nirgends sind, und wenn man so entschlossen ist, an allem
zu zweifeln, so ermangelt man jeden Zeichens, woran man
den Traum vom Wachen unterscheiden könnte.

Wir werden auch alles übrige bezweifeln, was wir bisher
für das Gewisseste gehalten haben; selbst die mathematischen Beweise und die Sätze, die wir bisher für selbstver-

ständlich angesehen haben. Denn einmal haben wir gesehen, daß manche in solchen Dingen geirrt und das, was uns falsch schien, für ganz gewiß und selbstverständlich angenommen haben; vor allem aber haben wir gehört, daß es einen Gott gibt, der uns geschaffen hat und alles vermag, und wir wissen nicht, ob er uns vielleicht nicht so hat schaffen wollen, daß wir immer und selbst in dem, was uns ganz offenbar scheint, getäuscht werden. Denn dies ist ebensogut möglich, als die Täuschung in einzelnen Fällen, deren Vorkommen wir bereits bemerkt haben. Denken wir uns aber, nicht der allmächtige Gott, sondern wir selbst oder irgend ein anderer hätte uns geschaffen, so wird es, je weniger mächtig wir den Urheber unseres Daseins annehmen, um so wahrscheinlicher, daß wir unvollkommen sind und immer getäuscht werden.

Mag nun unser Urheber sein, wer da will, und mag seine Macht einerseits, seine betrügerische Absicht andererseits noch so groß sein, so haben wir doch in uns die freie Entscheidung, dem nicht ganz Gewissen und Erforschten unsere Zustimmung zu versagen und uns so vor jedem Irrtum zu schützen.

Indem wir so alles nur irgend Zweifelhafte zurückweisen und es selbst als falsch gelten lassen, können wir leicht annehmen, daß es keinen Gott, keinen Himmel, keinen Körper gibt; daß wir selbst weder Hände noch Füße, überhaupt keinen Körper haben; aber wir können nicht annehmen, daß wir, die wir solches denken, nichts sind; denn es ist ein Widerspruch, daß das, was denkt, zu dem Zeitpunkt, wo es denkt, nicht existiert. Demnach ist der Satz: Ich denke, also bin ich (ego cogito, ergo sum) die allererste und gewisseste aller Erkenntnisse, die sich jedem ordnungsgemäß Philosophierenden darbietet.

Auch ist dies der beste Weg, um die Natur des Geistes und seine Verschiedenheit vom Körper zu erkennen. Denn wenn man prüft, wer wir sind, wir, die wir jetzt davon überzeugt sind, daß es nichts außerhalb unseres Bewußtseins gibt, das wahrhaft ist oder existiert, so sehen wir deutlich, daß weder die Ausdehnung, noch die Gestalt, noch die Ortsbewegung, noch ähnliches, was man dem Körper zuschreibt, zu unserer Natur gehört, sondern nur das Denken. Dies wird deshalb eher und sicherer als die körperlichen Gegenstände erkannt; denn man begreift es schon, während man an allem anderen noch zweifelt.

Unter Denken verstehe ich alles, was derart in uns geschieht, daß wir uns seiner unmittelbar aus uns selbst bewußt sind. Deshalb gehört nicht bloß das Einsehen, Wollen, Einbilden, sondern auch das Wahrnehmen hier zum Denken. Denn wenn ich sage: „Ich sehe, oder: ich gehe, also bin ich," und ich dies von dem Sehen oder Gehen, das vermittels des Körpers erfolgt, verstehe, so ist der Schluß nicht durchaus sicher; denn ich kann glauben, ich sähe oder ginge, obgleich ich die Augen nicht öffne und mich nicht von der Stelle bewege, wie dies in den Träumen oft vorkommt; ja, dies könnte geschehen, ohne daß ich überhaupt einen Körper hätte. Verstehe ich es aber von der Wahrnehmung selbst oder von dem Bewußtsein (conscientia) meines Sehens oder Gehens, so ist die Folgerung ganz sicher, weil es dann auf den Geist bezogen wird, der allein wahrnimmt oder denkt, er sähe oder ginge. [. . .]

Wenn nun der Geist, der zwar sich selbst erkannt hat, an allem anderen aber noch zweifelt, rings umherschaut, um seine Kenntnisse auszudehnen, so findet er zwar zunächst in sich die Ideen (ideae) von vielen Dingen; aber solange er nur diese Ideen betrachtet, ohne zu behaupten oder zu leugnen, daß etwas ihnen ähnliches außerhalb ihrer bestehe, kann er nicht irren. Er findet auch gewisse Gemeinbegriffe (communes quasdam notiones) und bildet daraus mancherlei Beweise, die er für wahr hält, solange er darauf achthat. So hat er z. B. die Ideen der Zahlen und Gestalten in sich, und unter anderen Gemeinbegriffen den, *daß Gleiches zu Gleichem hinzugetan Gleiches gibt;* auch wird aus solchen leicht bewiesen, daß die drei Winkel eines Dreiecks gleich zwei rechten sind usw. Hiernach hält der Geist dies und ähnliches für wahr, solange er auf die Obersätze achtet, aus denen er es abgeleitet hat. Da man indes nicht immer darauf achthaben kann und man sich später besinnt, daß man ja noch gar nicht sicher ist, ob man nicht mit einer solchen Natur erschaffen worden, daß man selbst in dem anscheinend Unzweifelhaftesten sich irrt, so erscheint auch hier der Zweifel als berechtigt und jede sichere Erkenntnis unmöglich, solange man den Urheber seines Daseins nicht kennt.

Wenn der Geist dann unter seinen verschiedenen Ideen die eines allweisen, allmächtigen und höchst vollkommenen Wesens betrachtet, welche bei weitem die vornehmste ist, so erkennt er darin dessen Dasein nicht bloß als möglich oder zufällig, wie bei den Ideen anderer Dinge, die er distinkt erfaßt, sondern als durchaus notwendig und ewig. So wie z.B. der Geist bei der Idee eines Dreiecks es als notwendig darin enthalten erkennt, daß seine drei Winkel gleich zwei rechten sind und deshalb überzeugt ist, daß ein Dreieck drei Winkel hat, die gleich zwei rechten sind, so muß er lediglich daraus, daß er einsieht, daß in der Idee eines höchst vollkommenen Wesens das notwendige und ewige Dasein enthalten ist, folgern, daß das höchst vollkommene Wesen existiert.

Er wird um so mehr davon überzeugt sein, wenn er beachtet, daß in keiner anderen von seinen Ideen dieses notwendige Dasein in derselben Weise enthalten ist; denn er wird daraus ersehen, daß diese Idee eines höchst vollkommenen Wesens nicht von ihm selbst gebildet ist und keine chimärische, sondern eine wahre und unveränderliche Natur darstellt, welche existieren muß, da das notwendige Dasein in ihr enthalten ist. [. . .]

Deshalb können wir, da wir die Idee Gottes oder eines höchsten Wesens in uns haben, mit Recht fragen, woher wir sie haben. Wir werden in dieser Idee eine solche Unermeßlichkeit finden, daß wir uns davon überzeugen, daß sie uns nur von einem Gegenstande eingeflößt sein kann, welcher wirklich alle Vollkommenheiten in sich vereinigt, d.h. nur von dem wirklich daseienden Gott. Denn es ist nach dem natürlichen Licht offenbar, daß aus Nichts nicht Etwas werden kann, und daß das Vollkommene nicht von einem Unvollkommeneren als wirkender und vollständiger Ursache hervorgebracht werden kann, und daß in uns keine Idee oder kein Bild einer Sache sein kann, von dem nicht irgendwo in uns selbst oder außer uns ein Urbild (archetypus) existiert, das alle seine Vollkommenheiten wirklich enthält. Da wir nun jene höchsten Vollkommenheiten, deren Idee wir haben, auf keine Weise in uns antreffen, so folgern wir daraus mit Recht, daß sie in einem von uns verschiedenen Wesen, nämlich in Gott, vorhanden sein oder mindestens einmal gewesen sein müssen, woraus klar folgt, daß sie auch noch vorhanden sind. [. . .]

Dieser Beweis vom Dasein Gottes aus seiner Idee hat den großen Vorzug, daß wir, soweit die Schwäche unserer Natur es zuläßt, erkennen, wer er ist. Denn wenn wir auf diese uns eingeborene Idee blicken, so finden wir, daß er ewig, allwissend, allmächtig, die Quelle aller Güte und Wahrheit und der Schöpfer aller Dinge ist, und daß er endlich alles in sich hat, was wir klar als eine unendliche oder durch keine Unvollkommenheit eingeschränkte Vollkommenheit erkennen.

Immanuel Kant

Gott, Freiheit und Unsterblichkeit (1787)

Wenn ich höre, daß ein nicht gemeiner Kopf die Freiheit des menschlichen Willens, die Hoffnung eines künftigen Lebens und das Dasein Gottes wegdemonstriert haben solle, so bin ich begierig, das Buch zu lesen; denn ich erwarte von seinem Talent, daß er meine Einsichten weiter bringen werde. Das weiß ich schon zum voraus völlig gewiß, daß er nichts von allem diesem wird geleistet haben; nicht darum, weil ich etwa schon im Besitze unbezwinglicher Beweise dieser wichtigen Sätze zu sein glaubete, sondern weil mich die transzendentale Kritik, die mir den ganzen Vorrat unserer reinen Vernunft aufdeckte, völlig überzeugt hat, daß: so wie sie zu bejahenden Behauptungen in diesem Felde ganz unzulänglich ist, so wenig und noch weniger werde sie wissen, um über diese Fragen etwas verneinend behaupten zu können. Denn wo will der angebliche Freigeist seine Kenntnis hernehmen, daß es z.B. kein höchstes Wesen gebe? Dieser Satz liegt außerhalb dem Felde möglicher Erfahrung und darum auch außer den Grenzen aller menschlichen Einsicht. Den dogmatischen Verteidiger der guten Sache gegen diesen Feind würde ich gar nicht lesen, weil ich zum voraus weiß, daß er nur darum die Scheingründe des anderen angreifen werde, um seinen eigenen Eingang zu verschaffen, überdem ein alltägiger Schein doch nicht soviel Stoff zu neuen Bemerkungen gibt, als ein befremdlicher und sinnreich ausgedachter. Hingegen würde der nach seiner Art auch dogmatische Religionsgegner meiner Kritik gewünschte Beschäftigung und Anlaß zu mehrerer Berichtigung ihrer Grundsätze geben, ohne daß seinetwegen im mindesten etwas zu befürchten wäre. –

*

Die Endabsicht, worauf die Spekulation der Vernunft [...] zuletzt hinausläuft, betrifft drei Gegenstände: die Freiheit des Willens, die Unsterblichkeit der Seele und das Dasein Gottes. In Ansehung aller dreien ist das bloß spekulative Interesse der Vernunft nur sehr gering, und in Absicht auf dasselbe würde wohl schwerlich eine ermüdende, mit unaufhörlichen Hindernissen ringende [...] Nachforschung übernommen werden, weil man von allen Entdeckungen, die hierüber zu machen sein möchten, doch keinen Gebrauch machen kann, der *in concreto,* d.i. in der Naturforschung seinen Nutzen bewiese. Der Wille mag auch frei sein, so kann dieses doch nur die intelligibele Ursache unseres Wollens angehen. Denn was die Phänomene der Äußerungen desselben, d.i. die Handlungen betrifft, so müssen wir nach einer unverletzlichen Grundmaxime, ohne welche wir keine Vernunft im empirischen Gebrauche ausüben können, sie niemals anders als alle übrigen Erscheinungen der Natur, nämlich nach unwandelbaren Gesetzen derselben erklären. Es mag zweitens auch die geistige Natur der Seele (und mit derselben ihre Unsterblichkeit) eingesehen werden können, so kann darauf doch weder in Ansehung der Erscheinungen dieses Lebens als einen Erklärungsgrund, noch auf die besondere Beschaffenheit des künftigen Zustandes Rechnung gemacht werden, weil unser Begriff einer unkörperlichen Natur bloß negativ ist und unsere Erkenntnis nicht im mindesten erweitert, noch einigen tauglichen Stoff zu Folgerungen darbietet als etwa zu solchen, die nur für Erdichtungen gelten können, die aber von der Philosophie nicht gestattet werden. Wenn auch drittens das Dasein einer höchsten Intelligenz bewiesen wäre, so würden wir uns zwar daraus das Zweckmäßige in der Welteinrichtung und Ordnung im allgemeinen begreiflich machen, keineswegs aber befugt sein, irgend eine besondere Anstalt und Ordnung daraus abzuleiten oder, wo sie nicht wahrgenommen wird, darauf kühnlich zu schließen, indem es eine notwendige Regel des spekulativen Gebrauchs der Vernunft ist, Naturursachen nicht vorbeizugehen und das, wovon wir uns durch Erfahrung belehren können, aufzugeben, um etwas, was wir kennen, von demjenigen abzuleiten, was alle unsere Kenntnis gänzlich übersteigt. Mit einem Worte, diese drei Sätze bleiben für die spekulative Vernunft jederzeit transszendent und haben gar keinen immanenten, d. i. für Gegenstände der Erfahrung zulässigen, mithin für uns auf einige Art nützlichen Gebrauch, sondern sind an sich betrachtet ganz müßige und dabei noch äußerst schwere Anstrengungen unserer Vernunft.

Wenn demnach diese drei Kardinalsätze uns zum *Wissen* gar nicht nötig sind und uns gleichwohl durch unsere Vernunft dringend empfohlen werden, so wird ihre Wichtigkeit wohl eigentlich nur als *Praktische* angehen müssen. [. . .]

Die ganze Zurüstung also der Vernunft in der Bearbeitung, die man reine Philosophie nennen kann, ist in der Tat nur auf die drei gedachten Probleme gerichtet. Diese selber aber haben wiederum ihre entferntere Absicht, nämlich, *was zu tun sei,* wenn der Wille frei, wenn ein Gott und eine künftige Welt ist. Da dieses nun unser Verhalten in Beziehung auf den höchsten Zweck betrifft, so ist die letzte Absicht der weislich uns versorgenden Natur bei der Einrichtung unserer Vernunft eigentlich nur aufs Moralische gestellet. [. . .]

Auf solche Weise bleibt uns nach Vereitelung aller ehrsüchtigen Absichten einer über die Grenzen aller Erfahrung hinaus heumschweifenden Vernunft noch genug übrig, daß wir damit in praktischer Absicht zufrieden zu sein Ursache haben. Zwar wird freilich sich niemand rühmen können, er *wisse,* daß ein Gott und daß ein künftig Leben sei; denn wenn er das weiß, so ist er gerade der Mann, den ich längst gesucht habe. Alles Wissen (wenn es einen Gegenstand der bloßen Vernunft betrifft), kann man mitteilen, und ich würde also auch hoffen können, durch seine Belehrung mein Wissen in so bewundrungswürdigem Maße ausgedehnt zu sehen. Nein, die Überzeugung ist nicht *logische,* sondern *moralische* Gewißheit, und da sie auf subjektiven Gründen (der moralischen Gesinnung) beruht, so muß ich nicht einmal sagen: *es ist* moralisch gewiß, daß ein Gott sei usw., sondern: *ich bin* moralisch gewiß usw. Das heißt: der glaube an einen Gott und eine andere Welt ist mit meiner moralischen Gesinnung so verwebt, daß, so wenig ich Gefahr laufe, die erstere einzubüßen, ebensowenig besorge ich, daß mir der zweite jemals entrissen werden könne.

Das einzige Bedenkliche, das sich hiebei findet, ist, daß sich dieser Vernunftglaube auf die Voraussetzung moralischer Gesinnungen gründet. Gehen wir davon ab und nehmen einen, der in Ansehung sittlicher Gesetze gänzlich gleichgültig wäre, so wird die Frage, welche die Vernunft aufwirft, bloß eine Aufgabe für die Spekulation und kann alsdenn zwar noch mit starken Gründen aus der Analogie, aber nicht mit solchen, denen sich die hartnäckigste Zweifelsucht ergeben müßte, unterstützt werden. Es ist aber kein Mensch bei diesen Fragen frei von allem Interesse. Denn ob er gleich von dem moralischen durch den Mangel guter Gesinnungen getrennt sein möchte, so bleibt doch auch in diesem Falle genug übrig, um zu machen, daß er ein göttliches Dasein und eine Zukunft *fürchte*. Denn hiezu wird nichts mehr erfordert, als daß er wenigstens keine *Gewißheit* vorschützen könne, daß *kein* solches Wesen und *kein* künftig Leben anzutreffen sei, wozu, weil es durch bloße Vernunft, mithin apodiktisch bewiesen werden müßte, er die Unmöglichkeit von beiden darzutun haben würde, welches gewiß kein vernünftiger Mensch übernehmen kann. Das würde ein *negativer* Glaube sein, der zwar nicht Moralität und gute Gesinnungen, aber doch das Analogon derselben bewirken, nämlich den Ausbruch der bösen mächtig zurückhalten könnte.

Ist das aber alles, wird man sagen, was reine Vernunft ausrichtet, indem sie über die Grenzen der Erfahrung hinaus Aussichten eröffnet? nichts mehr als zwei Glaubensartikel? So viel hätte auch wohl der gemeine Verstand, ohne darüber die Philosophen zu Rate zu ziehen, ausrichten können!

Ich will hier nicht das Verdienst rühmen, das Philosophie durch die mühsame Bestrebung ihrer Kritik um die menschliche Vernunft habe, gesetzt, es sollte auch beim Ausgange bloß negativ befunden werden; denn davon wird in dem folgenden Abschnitte noch etwas vorkommen. Aber verlangt ihr denn, daß ein Erkenntnis, welches alle Menschen angeht, den gemeinen Verstand übersteigen und euch nur von Philosophen entdeckt werden solle? Eben das, was

ihr tadelt, ist die beste Bestätigung von der Richtigkeit der
bisherigen Behauptungen, da es das, was man anfangs nicht
vorhersehen konnte, entdeckt, nämlich daß die Natur in
dem, was Menschen ohne Unterschied angelegen ist, keiner
parteiischen Austeilung ihrer Gaben zu beschuldigen sei,
und die höchste Philosophie in Ansehung der wesentlichen
Zwecke der menschlichen Natur es nicht weiter bringen
könne als die Leitung, welche sie auch dem gemeinsten
Verstande hat angedeihen lassen.

Voltaire

Glaube (1764)

I.

Eines Tages traf der Prinz Pico della Mirandola den Papst
Alexander VI. bei der Kurtisane Emilia, während die Tochter des Heiligen Vaters, Lukrezia, in den Wochen lag und
man in Rom nicht wußte, ob das Kind vom Papste war oder
von seinem Sohn, dem Herzog Valentino, oder vom Gatten
der Lukrezia, dem Alphons von Aragon, der für kraftlos
galt. Die Unterhaltung begann recht munter; der Kardinal
Bembo überliefert sie zum Teil. „Picolino", sprach der
Papst, „wer, glaubst du, ist der Vater zu meinem Enkel?" –
„Ich glaube, es ist Euer Schwiegersohn", erwiderte Pico. „O
je! wie magst du solche Dummheit glauben?" – „Ich glaube
es kraft des Glaubens." – „Aber weißt du nicht, daß ein
Schwächling keine Kinder machen kann?" – „Der Glaube",
gab Pico zurück, „läßt uns Dinge glauben, weil sie unmöglich sind; überdies heischt die Ehre Eures Hauses, daß Lu-
krezias Sohn nicht als Frucht einer Blutschande gelte.
Macht Ihr mich doch manche Rätsel glauben, die viel unbe-

greiflicher sind. Muß ich denn nicht gewiß sein, daß eine
Schlange geredet hat, daß seit jener Zeit alle Menschen verdammt waren, auch daß Bileams Eselin mit beredter Zunge
sprach und daß Jerichos Mauern vom Trompetenschall um-
fielen?" Hurtig leierte Pico die Litanei aller Wunderdinge
her, die er glaubte. Alexander lachte so gewaltig, daß er auf
ein Sofa fiel. „Das alles glaube ich wie Ihr", sprach er; „denn
ich fühle wohl, daß nur der Glaube mich retten kann und
niemals meine Werke." – „Ach, Heiliger Vater", entgegnete
Pico, „Ihr habt weder gute Werke noch den Glauben nötig;
all dies taugt nur uns armen Weltkindern; Ihr hingegen seid
Gottes Vize und mögt glauben und tun, was immer Euch
gefällt. Denn Ihr habt die Schlüssel zum Himmel, und Euch
wird der heilige Petrus gewiß nicht die Tür vor der Nase
zuschlagen. Was allerdings mich angeht, so gestehe ich
Euch, daß mir eine mächtige Portion Gunst not täte, wenn
ich armer Prinz mit meiner Tochter geschlafen und mich
des Dolches und Fliegenpilzes so häufig bedient hätte wie
Eure Heiligkeit." Alexander VI. verstand Spaß. „Reden wir
ernst", sprach er zum Prinzen della Mirandola; „sagt mir,
welches Verdienst sich erwerben läßt, wenn man Gott beteuert, solcher Dinge gewiß zu sein, deren man in Wahrheit
nicht gewiß sein kann? Was für Vergnügen kann Gott daran
finden? Unter uns: wer sagt, er glaube, was zu glauben unmöglich ist, der lügt."
Pico della Mirandola schlug ein großes Kreuz. „O je! Gott-
vater", schrie er, „Eure Heiligkeit mag mir vergeben: Ihr
seid kein Christ!" – „Nein, so wahr ich glaube", sprach der
Papst. „Ich ahnte es", sprach Pico della Mirandola.

II.

Was ist der Glaube? Zu glauben, was unleugbar scheint?
Nein: ich weiß unleugbar von einem Wesen, das notwendig,
ewig, erhaben, durchdringend ist; nur sagt mir das nicht der

Glaube, sondern die Vernunft. Ich habe kein Verdienst zu denken, dies ewig unendliche Wesen, das ich für die Tugend, ja für das Gute selbst erkenne, wolle mich gut und tugendhaft. Der Glaube fordert von uns nicht, zu bejahen, was wahr scheint, sondern was unser Verstand falsch nennt. Nur kraft des Glaubens können die Asiaten an Mohammeds Reise zu den sieben Planeten glauben und an die Fleischwerdung des Gottes Fo, des Vischnu, Xaca, Brahma, Sammonocodom, usf. usf. usf. Sie beugen ihren Verstand, sie zittern vor aller Nachprüfung, sie wollen weder gepfählt noch geschmort werden; sie sprechen: „Ich glaube."

Wir sind weit entfernt davon, hier auch nur im geringsten auf den katholischen Glauben anzuspielen: denselben ehren wir nicht bloß, denselben haben wir auch. Hier reden wir von nichts als dem lügnerischen Glauben der anderen Völker dieser Erde, von jenem Glauben, der keiner ist und nur aus Worten besteht.

Solcher Glaube gilt Dingen, die erstaunlich, er gilt auch solchen, die widersinnig und unmöglich sind.

Vischnu ward fünfhundertmal zu Fleisch; das ist recht erstaunlich, doch schließlich keine physische Unmöglichkeit. Denn wenn Vischnu eine Seele hat, so kann er sich zur eigenen Ergötzung seine Seele fünfhundert Leibern eingeblasen haben. Der Inder zwar hat keinen allzu flammenden Glauben; er ist dieser Wandlungen nicht zuinnerst gewiß; doch endlich wird er zu seinem Bonzen so reden: „Ich bin gläubig; Ihr wollt, daß Vischnu durch fünfhundert Fleischwerdungen ging, was Euch fünfhundert Rupien jährlich einbringt. Ich bin es zufrieden; würdet Ihr nicht ein Geschrei gegen mich anheben, mich anzeigen, meinen Handel ruinieren, wenn ich nicht gläubig wäre? Schon recht, ich bin gläubig, und da habt Ihr zehn Ruipen obendrein." Der Inder kann seinem Bonzen schwören, daß er glaubt, und tut dabei noch keinen Meineid; denn letzten Endes ist nicht bewiesen, daß Vischnu nicht fünfhundertmal nach Indien herabgekommen sei.

Fordert aber der Bonze von unserem Inder, er solle etwas Widersinniges, Unmögliches glauben, etwa daß zwei und zwei fünf sind, daß der gleiche Körper an tausend verschiedenen Orten sein kann, daß Sein und Nichtsein ganz gleich ist, so hat unser Inder gelogen, wenn er seinen Glauben beteuert, und schwört er darauf, so tut er einen Meineid. Also spricht er zum Bonzen: „Ehrwürdiger Vater, ich kann Euch meines Glaubens an solchen Unsinn nicht versichern, und wenn es Euch zehntausend Rupien jährlich statt fünfhundert einbrächte."

„Mein Sohn", erwidert der Bonze, „gib zwanzig Rupien, so wird Gott dir gnädig sein, daß du in allem glauben lernst, worin du noch ungläubig bist."

„Ich bitte Euch", entgegnet der Inder, „wie soll Gott an mir bewirken, was er an sich selber nicht bewirken kann? Es ist für Gott unmöglich, Widersprüche zu schaffen oder zu glauben. Zwar Euch zu Gefallen sage ich gern, daß ich glaube, was dunkel ist; doch kann ich Euch nicht sagen, ich glaubte an das Unmögliche. Gott will uns tugendhaft und nicht unsinnig. Ich habe Euch zehn Rupien gegeben, hier sind zwanzig dazu; glaubt an dreißig Rupien, seid ein ehrlicher Mann, und zerbrecht mir nicht weiter den Kopf."

Jean Améry

Agnostizismus und Atheismus (1969)

Es ist bekannt, daß man begrifflich [zwischen Atheismus und Agnostizismus] zu unterscheiden hat. In einem Aufsatz über die „Gesellschaftliche Relevanz des Atheismus" schreibt der Philosoph und Theologe Heinz Robert Schlette: „Den Begriff Atheismus verstehe ich recht altmodisch als die explizite Bestreitung der Existenz eines absoluten göttlichen Seins, das heißt für unser geschichtliches und religiöses

Bewußtsein im allgemeinen: die explizite Leugnung eines gegenüber Mensch und Welt ‚anderen‘ Prinzips, das wir als ‚Gott‘ zu bezeichnen gewohnt sind und im allgemeinen nach Analogie der menschlichen Personhaftigkeit vorstellen." Diesem solcherart definierten Atheismus stellt Schlette dann den *Agnostizismus* entgegen, der nach Ansicht des Autors bereits weit auch in das christliche Denken, zuvörderst das protestantische, jedoch auch das katholische, eingedrungen sei. Nun, der Agnostizismus ficht die Existenz Gottes nicht ausdrücklich an, meint nur, daß das Erfahrungstranszendente, sei es religiös oder philosophisch-metaphysisch, nicht erkennbar sei. Weitgehend kommt, so glaube ich, echter Agnostizismus zwangsläufig zur Kongruenz mit dem modernen logischen Positivismus, für den die Frage nach Gott nur eine Scheinfrage ist.

Ich habe hier das Begriffsproblem keineswegs nur darum erwähnt, weil ich eine persönliche und darum auch wohl unwichtige Position eingrenzen wollte. Der Grund für das Verfahren liegt tiefer: und wenn wir ihn entdecken, befinden wir uns mitten in einem Problem, das für den modernen Atheisten oder Agnostiker in seinem Gespräch mit dem gläubigen Menschen von ganz erstrangiger Triftigkeit ist: es kann nämlich der Glaubensfreie an das Denken des Gläubigen, der in einer fideistischen, meinetwegen sogar in einer primitiv anthropomorphischen, religiösen Vorstellungswelt lebt, leichter herankommen als an den philosophisch trainierten, modernen „gläubigen Agnostiker". Gerät der Atheist ins Gespräch mit einem gläubigen Christen, der den Katechismus, den man ihm auf der Elementarschule in die Hand gedrückt hat, mehr oder weniger wörtlich nimmt, dann wird er sich sagen: Der Mann glaubt an etwas, das mir in so hohem Grade unwahrscheinlich vorkommt, daß ich seinen Glauben fast als Aberglauben bezeichnen möchte; immerhin aber weiß ich zumindest, *woran* er glaubt, und kann also versuchen, mich mit ihm darüber zu verständigen. Liest man hinwiederum die Schriften moderner, fortschrittlicher, aufgeklärter und toleranter Theologen, namentlich jener, welche die „God-is-dead-Theorie" zu ihrer eigenen machen, befällt einen wachsende Ratlosigkeit. „Überm Sternenzelt muß ein guter Vater wohnen" – wenn er das hört, sagt sich der Atheist oder Agnostiker: Ich glaube das nicht, glaube es so gründlich nicht, daß ich mit approximativer Gewißheit zu sagen wage: Aber nein, er wohnt nicht dort. Wird ihm, dem Agnostiker, aber erklärt, daß der vielleicht größte Theologe unserer Zeit Ernst Bloch sei und daß Gott sich in der Geschichte verwirkliche, dann denkt er: Nun ja – Verzeihung! –, in Gottes Namen, vielleicht ja, vielleicht nein, das kann alles und nichts heißen, und man kann daraufhin ebensogut höflich den Kopf schütteln wie auch ernsthaft mit ihm nicken; der Satz ist – um es mit dem Positivisten Topitsch zu sagen: eine Leerformel. Als Exempel für eine derartige Verwendung von Leerformeln fällt mir ein Aufsatz von Dorothee Sölle ein, der sich bezeichnenderweise gleich ganz unumwunden „Atheistisch an Gott glauben" nennt und darin ich die folgenden Zeilen lese: „[Es handelt sich] um einen Glauben, der vielleicht auf den Namen Gottes wird verzichten müssen [. . .] Glauben wird hier als eine Art Leben verstanden, das ohne supranaturale, überweltliche Vorstellung eines himmlischen Wesens auskommt, ohne die Beruhigung und den Trost, den eine solche Vorstellung schenken kann. [. . .] In einem katholischen Gottesdienst wurde gesagt, daß heute eine Karfreitagsliturgie, in der das Wort Vietnam nicht vorkäme, unchristlich sei. Das bedeutet, daß Christus in der einen Welt anwesend ist im Leiden der Unschuldigen. Die Tränengasderivate, die bei ungünstigen Witterungsverhältnissen tödlich wirken, sind nicht unterschieden von der Dornenkrone Christi – mit den Augen Gottes gesehen. Die Passionen einzelner und ganzer Völker sind Fortführungen der Geschichte Christi in der Welt. [. . .] [Christus] ist auf dem Wege über das Bewußtsein einiger Leute auferstanden und zum Prüfstein unserer Geschichte und zugleich zu ihrer Hoffnung geworden." Ich habe Dorothee Sölle so ausführlich zitiert, um an diesem Exempel darzutun, wie sehr viel schwieriger es für den Glaubensfreien, den Atheisten oder Agnostiker, ist, sich mit den metaphysischen Spekulationen moderner Theologie auseinanderzusetzen als mit den apodiktischen Affirmationen des naiven beziehungsweise streng dogmatischen Glaubens. Der Glaubensfreie kann demnach recht wohl verstehen, was mit der leiblichen Auferstehung der Gottesmutter gemeint ist, wenn er selbst auch natürlich diesen Gedanken oder diese merkwürdige Vorstellung zurückweist und sich mit einiger Fassungslosigkeit fragt, wie es Pius XII. unternehmen konnte, dieses Dogma noch zur Jahrhundertmitte zu verkünden. Immerhin, er weiß, um welchen Tatbestand es da geht. Er weiß das aber nicht und kann sich nicht das mindeste vorstellen unter der Versicherung Dorothee Sölles, daß Christus über das Bewußtsein einiger Leute in die Geschichte aller Leute auferstanden sei – und er wird diese Spekulation als inhaltsleer oder rein metaphorisch, also als literarisch abzutun geneigt sein. [. . .]

Sehe ich recht, dann bildet der Versuch einer radikalen Neuformulierung des Gottesdenkens einen Teil der auf allen Ebenen des Christentums sich vollziehenden Bemühungen, den Glauben – oder was davon noch übrigblieb – in dieses dem religiösen Entwurf feindliche Jahrhundert zu integrieren, anders ausgedrückt: die Selbstsäkularisierung des Christentums ins Werk zu setzen. Der bereits agnostizistisch durchsetzte Glaube unternimmt es, sich als bloße Metyphysik, Ethik, Geschichtsphilosophie zu etablieren, da der Zusammenstoß mit dem Jahrhundert die Religion in die Notwendigkeit versetzte, neue Formen ihres Selbstbegreifens zu suchen. Der Glaubensfreie freilich, der Atheist oder Agnostiker oder wie immer wir ihn nennen mögen, weiß mit diesen sich vor seinen Augen herausbildenden Formen nichts anzufangen; er hat das Gefühl, es gäbe die tradierte Religion sich damit selbst preis. Er triumphiert keineswegs, er sieht nur mit höflichem Erstaunen einen Prozeß ablaufen, der es ihm, dem Atheisten, als überflüssig erscheinen läßt, noch mit freidenkerischem Eifer auf den Plan zu treten. Die größte Provokation des Atheismus besteht darin, daß er überhaupt nicht mehr provoziert und nicht mehr provozieren will. So wenig die modernen theologischen Bemühungen seine rationalistische Streitbarkeit noch herausfordern, so wenig ist er geneigt, Kampfesfreude einzusetzen, um die Theologie zu provozieren.

Noch einmal sei der oben zitierte Satz von Dorothee Sölle herangezogen, um an ihm die agnostizistisch-atheistische Reaktion zu exemplifizieren. Christus, heißt es dort, sei über das Bewußtsein einiger Leute auferstanden und zum Prüfstein in der Geschichte geworden. Eine solche Behauptung, dies ist zu wiederholen, macht dem Agnostiker die Argumentation sehr schwer, weil er nämlich nicht gut begreift, was das eigentlich heißen soll. Sie macht sie ihm zugleich aber auch überflüssig, und dies aus dem gleichen Grunde. Eine solche Versicherung in ihrer metaphysisch-literarischen Unverbindlichkeit dünkt den Agnostiker als weitgehend inhaltsleer und damit auch als harmlos. Durchaus kann er ihr die gleiche indifferente Toleranz entgegenbringen, die er sich auch gegenüber anderen Metaphysikern angelegen sein läßt. Es werden ihm Sätze dargeboten, die nicht falsifizierbar sind: er kann es sich darum ersparen, sie hitzig zu bestreiten. Das, was ich hier die Selbstsäkularisierung des Christentums nenne – wobei ich mir natürlich bewußt bin, daß sich gegen diesen Begriff gewichtige Einwände vorbringen lassen –, setzt den Glauben und damit auch den Unglauben außer Gefecht. Irre ich mich nicht, befinden wir uns in einem Stadium der Geistesgeschichte, darin für die ganze Atheismus-Diskussion sich kein rechter Platz mehr finden will. Der aggressive Atheismus kann unbesorgt abdanken, da der Glaube schon abgedankt hat.

Hans Albert

Glaube und Wissen (1968)

Die Theologie und die Idee der doppelten Wahrheit

Während im philosophischen Denken heute die Idee der kritischen Prüfung im Vordringen begriffen zu sein scheint und das Rechtfertigungsdenken in seinen gröberen Formen allenthalben diskreditiert ist, kann man gleichzeitig eine starke Tendenz beobachten, die Anwendung der kritischen Methode nach Möglichkeit auf gewisse Bereiche einzuschränken und in anderen Bereichen ältere Denkformen und Methoden aufrechtzuerhalten. Man versucht, bestimmte Bereiche gegen das Eindringen kritischer Gesichtspunkte abzuschirmen oder diesen innerhalb dieser Bereiche nur einen beschränkten Spielraum zuzugestehen, während man andere Gebiete des Denkens ohne weiteres für derartige Gesichtspunkte freigeben zu können meint, so als ob die Annäherung an die Wahrheit oder die Eliminierung von Irrtümern, Fehlern und Mißverständnissen im einen Falle durch Kritik gefördert werden könne, während im anderen Falle kritisches Denken eher schädlich sein müsse oder jedenfalls nur von begrenztem Nutzen sein könne. Solche an sich nicht sehr überzeugenden Einteilungsversuche sind wohl in allen Gesellschaften üblich, da es stets Überzeugungen oder Komponenten von Überzeugungen zu geben scheint, die so wichtig sind, daß ihre kritische Untersuchung Unbehagen erzeugen muß. Man ist daher oft gerne bereit aus dem „Wesen" eines Problembereichs, aus der „Natur der Sache", das heißt also: aus der Eigenart der behandelten Gegenstände oder Probleme, die Verschiedenartigkeit der anzuwendenden Verfahrensweisen zu rechtfertigen.

So wird zum Beispiel nicht selten ein fundamentaler Unterschied zwischen Glaube und Wissen behauptet, von dem her solche methodischen Differenzierungen legitimiert werden könnten. Im Bereich des Wissens, vor allem in dem der Wissenschaft, scheint die Vernunft eine ganz andere Funktion zu haben als im Bereich des sogenannten Glaubens, der religiösen oder auch weltanschaulichen Überzeugungen. Wissenschaft und Weltanschauung pflegen auch von Leuten streng auseinandergehalten zu werden, die sich für religiös ungebunden erklären. Während im ersten Bereich ein unbeschränkt kritischer Gebrauch der Vernunft am Platze zu sein scheint, neigt man in bezug auf den zweiten oft eher dazu, sich für eine deutende, verstehende oder vernehmende Vernunft auszusprechen oder gar die hier adäquate Verfahrensweise von der der Vernunft – oder in anderer Terminologie: von der der bloßen Rationalität oder des rechenhaften Verstandes – überhaupt abzusetzen.

Man entwickelt also eine mit methodischen Ansprüchen ausgestattete Zwei-Sphären-Metaphysik, die in Verbindung mit der Idee der doppelten Wahrheit geeignet erscheint, gewisse tradierte Anschauungen gegen bestimmte Arten der Kritik abzuschirmen und dadurch einen inselhaften Bereich unantastbarer Wahrheiten zu schaffen. In diesem Bereich ist man dann unter Umständen sogar bereit, die Logik außer Gefecht zu setzen, damit echte Widersprüche akzeptabel werden, allerdings meist ohne die Tragweite eines solchen Unternehmens und seine Absurdität voll zu erkennen. Denn die Aufgabe des Prinzips der Widerspruchsfreiheit zugunsten eines oft „dialektisch" genannten Denkens mag zwar in gewissen Fällen äußerst bequem sein, aber sie macht, wie wir wissen, beliebige Konsequenzen ableitbar, bedeutet also gewissermaßen eine logische Katastrophe, da sie den Zusammenbruch jeder sinnvollen Argumentation involviert. Das bedeutet aber, daß sie nichts anderes ist als ein ganz und gar dogmatisches Verfahren, ein Rückzug in den vollkommenen Dogmatismus, und das heißt: in die vollkommene Willkür. Das Motiv für die Wahl einer solchen Strategie liegt im allgemeinen auf der Hand: Man ist zwar im sicheren Besitz der Wahrheit, hat aber dennoch eine gewisse Angst vor kritischer Prüfung und opfert daher lieber die elementare Moral des Denkens – nämlich die Logik – als diesen angeblich sicheren Besitz.

Auf diese Weise – das heißt: durch Isolierung verschiedener Bereiche des Denkens und Handelns voneinander, unter zeitweiser Suspendierung der Logik – kann man dogmatischen Verfahrensweisen mitunter eine gewisse Anerkennung verschaffen, nicht ohne allerdings dadurch jene milde Schizophrenie zu entwickeln, die es gestattet, die konsequente Anwendung kritischer Verfahrensweisen auf alle Bereiche ohne jede Ausnahme als Naivität zu belächeln. – An dieser Stelle ist es angebracht, auf unsere Behandlung des Problems der Verbindung zwischen Ethik und Wissenschaft zurückzukommen. Wir hatten gesehen, daß man durch die Anwendung *kritischer Brücken-Prinzipien* einen Zusammenhang zwischen Erkenntnissen und moralischen Stellungnahmen herstellen kann, der solche Stellungnahmen kritisierbar macht. Die Autonomie der Ethik gegenüber der Wissenschaft ist also nicht absolut, wenn man bereit ist, solche Prinzipien zu verwenden. Was wir hier kennenlernen, ist nun das entgegengesetzte Verfahren. Man führt irgendwelche Gesichtspunkte ein, die es gestatten sollen, bestimmte Problembereiche von anderen abzutrennen, und zwar in der Absicht, mögliche Kritik von dieser Seite auszuschalten, das heißt: man benutzt gewissermaßen *dogmatische Abschirmungs-Prinzipien.* Unter den Gesichtspunkten des Kritizismus kann jede Abgrenzung zwischen bestimmten Problemkreisen nur die Funktion haben, die Art möglicher Kritik besser herauszuarbeiten und nicht die, irgendwelche mögliche Kritik auszuschalten, um den Bereich rationaler Diskussion einzuschränken. Abgrenzungen dürfen also prinzipiell nicht zur Immunisierung benutzt werden. Autonomie-Thesen, die nur derartigen Abschirmungs-Zwecken dienen, verdienen unter kritizistischen Gesichtspunkten unser Mißtrauen. Nichtsdestoweniger pflegen derartige Thesen nicht selten auch von Wissenschaftlern vertreten zu werden, die *innerhalb* ihres speziellen Bereichs kritischen Argumenten sehr zugänglich sind. Gerade die wissenschaftliche Spezialisierung, die ja auch der institutionellen Absicherung solcher Autonomiethesen günstig ist, erleichtert dem Vertreter eines Faches die Einschränkung seiner kritischen Haltung auf das Gebiet, in dem er sich zu Hause fühlt. Die Theologie, der derartige Selbstbeschränkungen seit langer Zeit höchst willkommen sind, bemüht sich immer wieder, ihnen durch entsprechende Argumente entgegenzukommen.

Im Zusammenhang mit solchen Immunisierungsversuchen findet man sehr oft die oben analysierte moralische Prämiierung des schlichten und naiven Glaubens, der keine Zweifel kennt und daher unerschüttlich ist, als einer Tugend und dementsprechend eine Diffamierung kritischen Denkens für den betreffenden Bereich als unsittlich, zersetzend oder zumindest dem Charakter der Probleme nach unangemessen, als ob man gerade, wenn es um wichtige Dinge geht – und auf die Wichtigkeit wird ja von theologischer Seite stets eindringlich hingewiesen –, die elementare Moral des Denkens außer acht lassen müsse. Glaubensgehorsam, Glaubenseifer und ähnliche „Tugenden", deren historische Wirkung wir nur allzugut kennen, werden im Zusammenhang mit speziellen Inhalten immer wieder als moralisch wertvoll akzentuiert. Die Tugenden des Fanatikers und des Inquisitors finden in autoritären Systemen offenbar die Anerkennung, die ihnen für die Erhaltung solcher Systeme zukommen mag. Die seltsame Idee, man sei einem speziellen Glaubensbestand verpflichtet und nicht der unvoreingenommenen Wahrheitssuche, die Unterdrückung von Zweifeln – die in solchen Zusammenhängen die Bezeichnung „Anfechtung" zu erhalten pflegen – sei unter Umständen hier von positiver moralischer Bedeutung und ein Glaube, der sich möglicherweise unter kritischen Gesichtspunkten als fragwürdig herausstellen mag, sei auf jeden Fall vor derartigen Argumenten zu schützen, – diese Idee mag einem Parteiliniendenker und Parteigänger einleuchten, sie klingt seltsam, wenn man sie mit der Idee der Wahrheit zusammenbringt und dabei von einem Wahrheitsethos spricht. Eine besonders einfache Art, ein Erkenntnisprivileg des Gläubigen herzustellen, ist die These, daß nur dieser eigentlich verstehen könne, so daß das Verständnis des Glaubensinhalts schon seine Annahme impliziert und der den Glauben Ablehnende ihn nicht verstanden haben kann.

Friedrich Nietzsche
Nihilismus (1886)

Welche *Vortheile* bot die christliche Moral-Hypothese?

1) sie verlieh dem Menschen einen absoluten *Werth,* im Gegensatz zu seiner Kleinheit und Zufälligkeit im Strom des Werdens und Vergehens

2) sie diente den Advokaten Gottes, insofern sie der Welt trotz Leid und Übel den Charakter der *Vollkommenheit* ließ, – eingerechnet jene „Freiheit"– das Übel erschien voller *Sinn.*

3) sie setzt ein *Wissen* um absolute Werthe beim Menschen an und gab ihm somit gerade für das Wichtigste *adäquate Erkenntniß*

sie verhütete, daß der Mensch sich als Menschen verachtete, daß er gegen das Leben Partei nahm, daß er am Erkennen verzweifelte: sie war ein *Erhaltungsmittel;* – in Summa: Moral war das große *Gegenmittel* gegen den praktischen und theoretischen *Nihilismus.*

Aber unter den Kräften, die die Moral großzog, war die *Wahrhaftigkeit: diese* wendet sich endlich gegen die Moral, entdeckt ihre *Teleologie,* ihre *interessirte* Betrachtung – und jetzt wirkt die *Einsicht* in diese lange eingefleischte Verlogenheit, die man verzweifelt, von sich abzuthun, gerade als Stimulans. Zum Nihilismus. Wir constatiren jetzt Bedürfnisse an uns, gepflanzt durch die lange Moral-Interpretation, welche uns jetzt als Bedürfnisse zum Unwahren erscheinen: andererseits sind es die, an denen der Werth zu hängen scheint, derentwegen wir zu leben aushalten. Dieser Antagonismus, das was wir erkennen, *nicht* zu schätzen und das, was wir uns vorlügen möchten, nicht mehr schätzen zu *dürfen:* – ergiebt einen Auflösungsprozeß.

Thatsächlich haben wir ein Gegenmittel gegen den *ersten* Nihilismus nicht mehr so nöthig: das Leben ist nicht mehr dermaaßen ungewiß, zufällig, unsinnig, in unserem Europa. Eine solch ungeheure *Potenzirung* vom *Werth* des Menschen, vom Werth des Übels usw. ist jetzt nicht so nöthig, wir ertragen eine bedeutende *Ermäßigung* dieses Werthes, wir dürfen viel Unsinn und Zufall einräumen: die erreiche *Macht* des Menschen erlaubt jetzt eine *Herabsetzung* der Zuchtmittel, von denen die moralische Interpretation das stärkste war. „Gott" ist eine viel zu extreme Hypothese.

Aber extreme Positionen werden nicht durch ermäßigte abgelöst, sondern wiederum durch extreme, aber *umgekehrte.* Und so ist der Glaube an die absolute Immoralität der Natur, an die Zweck- und Sinnlosigkeit der psychologisch nothwendige *Affekt,* wenn der Glaube an Gott und eine essentiell moralische Ordnung nicht mehr zu halten ist. Der Nihilismus erscheint jetzt, *nicht* weil die Unlust am Dasein größer wäre als früher, sondern weil man überhaupt gegen einen „Sinn" im Übel, ja im Dasein mißtrauisch geworden ist. *Eine* Interpretation gieng zu Grunde; weil sie aber als *die* Interpretation galt, erscheint es, als ob es gar keinen Sinn im Dasein gebe, als ob alles *umsonst* sei.

*

Die Frage des Nihilism „*wozu?*" geht von der bisherigen Gewöhnung aus, vermöge deren das Ziel von außen her gestellt, gegeben, gefordert schien – nämlich durch irgend eine *übermenschliche Autorität.* Nachdem man verlernt hat an diese zu glauben, sucht man doch noch nach alter Gewöhnung eine *andere Autorität,* welche *unbedingt zu reden wüßte,* Ziele und Aufgaben *befehlen könnte.* Die Autorität des *Gewissens* tritt jetzt in erste Linie (je mehr emancipirt von der Theologie, um so imperativischer wird die *Moral);* als Schadenersatz für eine *persönliche* Autorität. Oder die Autorität der *Vernunft.* Oder der *sociale Instinkt* (die Heerde) Oder die *Historie* mit einem immanenten Geiste, welche ihr Ziel in sich hat und der man sich *überlassen kann*. Man möchte *herumkommen* um den Willen, um das *Wollen* eines Zieles, um das Risico, sich selbst ein Ziel zu geben; man möchte die Verantwortung abwälzen (– man würde den *Fatalism* acceptiren).

IV. Staat und Gesellschaft

Aristoteles

Natürlichkeit der Staatenbildung (4. Jh. v. u. Z.)

Da wir sehen, daß jeder Staat eine Gemeinschaft ist und jede
Gemeinschaft um eines Gutes willen besteht (denn alle Wesen tun alles um dessentwillen, was sie für gut halten), so ist
es klar, daß zwar alle Gemeinschaften auf irgendein Gut
zielen, am meisten aber und auf das unter allen bedeutendste Gut jene, die von allen Gemeinschaften die bedeutendste
ist und alle übrigen in sich umschließt. Diese ist der sogenannte Staat und die staatliche Gemeinschaft. [. . .]
Daraus ergibt sich, daß der Staat zu den naturgemäßen
Gebilden gehört und daß der Mensch von Natur ein staa-
tenbildendes Lebewesen ist; derjenige, der auf Grund seiner
Natur und nicht bloß aus Zufall außerhalb des Staates lebt,
ist entweder schlecht oder höher als der Mensch; so etwa
der von Homer beschimpfte: „ohne Geschlecht, ohne Gesetz und ohne Herd". Denn dieser ist von Natur ein solcher
und gleichzeitig gierig nach Krieg, da er unverbunden da-
steht, wie man im Brettspiel sagt.
Daß ferner der Mensch in höherem Grade ein staatenbil-
dendes Lebewesen ist als jede Biene oder irgendein Her-
dentier, ist klar. Denn die Natur macht, wie wir behaupten,
nichts vergebens. Der Mensch ist aber das einzige Lebewesen, das Sprache besitzt. Die Stimme zeigt Schmerz und
Lust an und ist darum auch den andern Lebewesen eigen
(denn bis zu diesem Punkte ist ihre Natur gelangt, daß sie
Schmerz und Lust wahrnehmen und dies einander anzeigen
können); die Sprache dagegen dient dazu, das Nützliche
und Schädliche mitzuteilen und so auch das Gerechte und
Ungerechte. Dies ist nämlich im Gegensatz zu den andern
Lebewesen dem Menschen eigentümlich, daß er allein die

Wahrnehmung des Guten und Schlechten, des Gerechten und Ungerechten und so weiter besitzt. Die Gemeinschaft in diesen Dingen schafft das Haus und den Staat.

Der Staat ist denn auch von Natur ursprünglicher als das Haus oder jeder Einzelne von uns. Denn das Ganze muß ursprünglicher sein als der Teil. Wenn man nämlich das Ganze wegnimmt, so gibt es auch keinen Fuß oder keine Hand, außer dem Namen nach, wie etwa eine Hand aus Stein; nur in diesem Sinn wird eine tote Hand noch eine Hand sein. In Wahrheit ist alles bestimmt durch seine besondere Leistung und Fähigkeit, und wenn es diese nicht mehr besitzt, kann es auch nicht mehr als dasselbe Ding bezeichnet werden außer dem bloßen Namen nach.

Daß also der Staat von Natur ist und ursprünglicher als der Einzelne, ist klar. Sofern nämlich der Einzelne nicht autark für sich zu leben vermag, so wird er sich verhalten wie auch sonst ein Teil zu einem Ganzen. Wer aber nicht in Gemeinschaft leben kann oder in seiner Autarkie ihrer nicht bedarf, der ist kein Teil des Staates, sondern ein wildes Tier oder Gott.

Alle Menschen haben also von Natur den Drang zu einer solchen Gemeinschaft, und wer sie als erster aufgebaut hat, ist ein Schöpfer größter Güter. Wie nämlich der Mensch, wenn er vollendet ist, das beste der Lebewesen ist, so ist er abgetrennt von Gesetz und Recht das schlechteste von allen. Das schlimmste ist die bewaffnete Ungerechtigkeit. Der Mensch besitzt von Natur als Waffen die Klugheit und Tüchtigkeit, und gerade sie kann man am allermeisten in verkehrtem Sinne gebrauchen. Darum ist der Mensch ohne Tugend das gottloseste und wildeste aller Wesen und in Liebeslust und Eßgier das schlimmste. Die Gerechtigkeit dagegen ist der staatlichen Gemeinschaft eigen. Denn das Recht ist die Ordnung der staatlichen Gemeinschaft, und die Gerechtigkeit urteilt darüber, was gerecht sei.

Thomas Hobbes

Der vorstaatliche Naturzustand (1642)

Nun sind sicher beide Sätze wahr: *Der Mensch ist ein Gott für den Menschen,* und: *Der Mensch ist ein Wolf für den Menschen;* jener, wenn man die Bürger untereinander, dieser, wenn man die Staaten untereinander vergleicht. Dort nähert man sich durch Gerechtigkeit und Liebe, die Tugenden des Friedens, der Ähnlichkeit mit Gott; hier müssen selbst die Guten bei der Verdorbenheit der Schlechten ihres Schutzes wegen die kriegerischen Tugenden, die Gewalt und die List, d.h. die Raubsucht der wilden Tiere, zu Hilfe nehmen. Wenn auch die Menschen sich dies gegenseitig zum Vorwurf machen, weil sie nach einem eingeborenen Hang die eignen Handlungen, von andern verübt, wie in einem Spiegel anschauen, wo das Linke rechts und das Rechte links erscheint, so ist es doch nach dem in der Notwendigkeit der Selbsterhaltung wurzelnden Naturrecht nicht als Schuld anzusehen. [...]

Aus den Elementen, aus denen eine Sache sich bildet, wird sie auch am besten erkannt. Schon bei einer Uhr, die sich selbst bewegt, und bei jeder etwas verwickelten Maschine kann man die Wirksamkeit der einzelnen Teile und Räder nicht verstehen, wenn sie nicht auseinandergenommen werden und die Materie, die Gestalt und die Bewegung jedes Teiles für sich betrachtet wird. Ebenso muß bei der Ermittelung des Rechtes des Staates und der Pflichten der Bürger der Staat zwar nicht aufgelöst, aber doch gleichsam als aufgelöst betrachtet werden, d.h. es muß richtig erkannt werden, wie die menschliche Natur geartet ist, wieweit sie zur Bildung des Staates geeignet ist oder nicht, und wie die Menschen sich zusammentun müssen, wenn sie eine Einheit werden wollen. Nach dieser Methode bin ich verfahren; an erster Stelle setze ich deshalb den allen durch Erfahrung bekannten und von jedermann anerkannten

Grundsatz, daß der Sinn der Menschen von Natur so beschaffen ist, daß, wenn die Furcht vor einer über alle bestehenden Macht sie nicht zurückhielte, sie einander mißtrauen und einander fürchten würden und daß jeder durch seine Kräfte sich mit Recht schützen könne und notwendigerweise auch wolle. [...]

Darauf zeige ich nun, daß der Zustand der Menschen außerhalb der bürgerlichen Gesellschaft (den ich den Naturzustand zu nennen mir erlaube) nur der Krieg aller gegen alle ist, und daß in diesem Kriege alle ein Recht auf alles haben. Ferner, daß alle Menschen aus diesem elenden und abscheulichen Zustande, von ihrer Natur genötigt, herauskommen wollen, sobald sie dessen Elend einsehen; daß dies aber nur möglich ist, wenn sie durch Eingehung von Verträgen von ihrem Recht auf alles abgehen. Ich entwickle dann die Natur der Verträge und wie Rechte von einem auf den andern übertragen werden müssen, damit die Verträge gültig bleiben. [...]

Zwar können die Annehmlichkeiten dieses Lebens durch gegenseitige Unterstützung vermehrt werden; allein dies kann viel besser durch die Herrschaft über andere als durch die Verbindung mit ihnen erreicht werden; daher würde unzweifelhaft jedes Menschen Natur, wenn die Furcht ihn nicht hinderte, stärker zur Herrschaft als zur Gesellschaft treiben. Deshalb muß man anerkennen, daß der Ursprung der großen und dauernden Verbindungen der Menschen nicht von gegenseitigem Wohlwollen, sondern von gegenseitiger Furcht ausgegangen ist.

Der Grund der gegenseitigen Furcht liegt teils in der natürlichen Gleichheit der Menschen, teils in ihrem Willen, sich gegenseitig Schaden zuzufügen; deshalb kann man weder von andern Sicherheit erwarten, noch vermag man sie sich selbst zu verschaffen. Denn betrachtet man die erwachsenen Menschen und sieht man, wie gebrechlich der Bau des menschlichen Körpers ist (mit dessen Verfall auch alle Kraft, Stärke und Weisheit des Menschen vergeht), wie leicht es selbst dem Schwächsten ist, den Stärksten zu töten: so versteht man nicht, daß irgend jemand im Vertrauen auf seine Kraft sich anderen von Natur überlegen dünken kann. Die einander Gleiches tun können, sind gleich. Aber die, die das Größte vermögen, nämlich zu töten, können Gleiches tun. Deshalb sind alle Menschen von Natur einander gleich. Die jetzt bestehende Ungleichheit ist durch das bürgerliche Gesetz eingeführt worden.

Den Willen zu schaden haben im Naturzustande alle Menschen; er entspringt jedoch nicht immer aus demselben Grunde und ist nicht gleich tadelnswert. Denn nach der zwischen uns bestehenden natürlichen Gleichheit gestattet der eine den übrigen ebensoviel wie sich selbst; so der bescheidene Mensch, der seine Kraft richtig einschätzt. Der andere, der sich für höher hält als die übrigen, will, daß ihm allein alles erlaubt sei, und maßt sich vor den andern Ehre an; so der Unbändige. Bei diesem entsteht der Wille zu schaden aus eitler Ehrsucht und Überschätzung seiner Kraft; bei jenem aus der Notwendigkeit, seinen Besitz und seine Freiheit gegen den andern zu verteidigen.

Da der geistige Kampf der heftigste ist, folgt weiter, daß die größten Uneinigkeiten aus diesem Streit entstehen müssen. Nicht bloß das Streiten des Gegners, auch daß er nicht beistimmt, ist schon verhaßt. Denn in dieser fehlenden Beistimmung liegt der stillschweigende Vorwurf des Irrtums; in vielen Dingen anderer Meinung sein, ist genau dasselbe, als wenn man den zu den Narren rechnet, mit dem man nicht übereinstimmt. Eine Bestätigung hierfür ist, daß keine Kriege heftiger geführt werden als die zwischen den verschiedenen Sekten *einer* Religion und zwischen den verschiedenen Parteien *eines* Staates, wo nur über Glaubenssätze oder Fragen politischer Klugheit gestritten wird. [. . .]

Die Natur hat jedem ein Recht auf alles gegeben; d. h. in dem reinen Naturzustande oder ehe noch die Menschen durch irgendwelche Verträge sich gegenseitig gebunden hatten, war es jedem erlaubt zu tun, was er wollte und gegen wen er es wollte, und alles in Besitz zu nehmen, zu gebrauchen und zu genießen, was er wollte und konnte. Da nun alles, was jemand will, ihm gut erscheint, weil er es will, und dies entweder wirklich zu seiner Erhaltung dient oder ihm wenigstens so scheint (denn nach dem Vorigen ist er selbst Richter hierüber; deshalb muß das für notwendig gelten, was er selbst dafür hält), und da das mit dem Rechte der Natur geschieht und besessen wird, was notwendig zum Schutz des Lebens und der Glieder dient, so folgt, daß in dem Naturzustande jeder alles haben und tun darf. Und das ist der Sinn des bekannten Satzes: Die Natur hat allen alles gegeben. Daraus ersieht man auch, daß im Naturzustande der Nutzen der Maßstab des Rechtes ist.

Es brachte aber den Menschen durchaus keinen Nutzen, in dieser Weise ein gemeinsames Recht auf alles zu haben. Denn die Wirkung eines solchen Rechts ist so ziemlich dieselbe, als wenn überhaupt kein Recht bestände. Wenn auch jeder von jeder Sache sagen konnte: *diese ist mein,* so konnte er doch seines Nachbars wegen sie nicht genießen, da dieser mit gleichem Rechte und mit gleicher Macht behauptete, daß sie sein sei.

Nimmt man nun zu der natürlichen Neigung der Menschen, sich gegenseitig Schaden zuzufügen, einer Neigung, die aus ihren Leidenschaften, hauptsächlich aber aus ihrer eitlen Selbstüberschätzung hervorgeht, dies Recht aller auf alles hinzu, nach welchem der eine mit Recht angreift und der andere mit Recht Widerstand leistet, und aus welchem stetes Mißtrauen und Verdacht nach allen Seiten hin hervorgeht, und erwägt man, wie schwer es ist, gegen Feinde, selbst von geringer Zahl und Macht, die mit der Absicht, uns zu unterdrücken und zu vernichten, uns angreifen, sich zu schützen: so kann man nicht leugnen, daß der natürliche Zustand der Menschen, bevor sie zur Gesellschaft zusammentraten, der *Krieg* gewesen ist, und zwar nicht der Krieg schlechthin, sondern der Krieg aller gegen alle.

Thomas Hobbes

Die Gründung des Staates durch Vertrag (1651)

Der alleinige Weg zur Errichtung einer solchen allgemeinen Gewalt, die in der Lage ist, die Menschen vor dem Angriff Fremder und vor gegenseitigen Übergriffen zu schützen und ihnen dadurch eine solche Sicherheit zu verschaffen, daß sie sich durch eigenen Fleiß und von den Früchten der Erde ernähren und zufrieden leben können, liegt in der Übertragung ihrer gesamten Macht und Stärke auf einen Menschen oder eine Versammlung von Menschen, die ihre Einzelwillen durch Stimmenmehrheit auf einen Willen reduzieren können. Das heißt soviel wie einen Menschen oder eine Versammlung von Menschen bestimmen, die deren Person verkörpern sollen, und bedeutet, daß jedermann alles als eigen anerkennt, was derjenige, der auf diese Weise seine Person verkörpert, in Dingen des allgemeinen Friedens und der allgemeinen Sicherheit tun oder veranlassen wird, und sich selbst als Autor alles dessen bekennt und dabei den eigenen Willen und das eigene Urteil seinem Willen und Urteil unterwirft. Dies ist mehr als Zustimmung oder Übereinstimmung: Es ist eine wirkliche Einheit aller in ein und derselben Person, die durch Vertrag eines jeden mit jedem zustande kam, als hätte jeder zu jedem gesagt: *Ich autorisiere diesen Menschen oder diese Versammlung von Menschen und übertrage ihnen mein Recht, mich zu regieren, unter der Bedingung, daß du ihnen ebenso dein Recht überträgst und alle ihre Handlungen autorisierst.* Ist dies geschehen, so nennt man diese zu einer Person vereinte Menge *Staat*, auf lateinisch *civitas*. Dies ist die Erzeugung jenes großen *Leviathan* oder besser, um es ehrerbietiger auszudrücken, jenes *sterblichen Gottes,* dem wir unter dem *unsterblichen Gott* unseren Frieden und Schutz verdanken. Denn durch diese ihm von jedem einzelnen im Staate verliehene Autorität steht ihm so viel Macht und Stärke zur Verfügung, die auf ihn übertragen worden sind, daß er durch den dadurch erzeugten Schrecken in die Lage versetzt wird, den Willen aller auf den innerstaatlichen Frieden und auf gegenseitige Hilfe gegen auswärtige Feinde hinzulenken. Hierin liegt das Wesen des Staates, der, um eine Definition zu geben, *eine Person* ist, *bei der sich jeder einzelne einer großen Menge durch gegenseitigen Vertrag eines jeden mit jedem zum Autor ihrer Handlungen gemacht hat, zu dem Zweck, daß sie die Stärke und Hilfsmittel aller so, wie sie es für zweckmäßig hält, für den Frieden und die gemeinsame Verteidigung einsetzt.*

Wer diese Person verkörpert, wird *Souverän* genannt und besitzt, wie man sagt, *höchste Gewalt,* und jeder andere daneben ist sein *Untertan.* [...]

Da jeder Untertan durch diese Einsetzung Autor aller Handlungen und Urteile des eingesetzten Souveräns ist, so folgt daraus, daß dieser durch keine seine Handlungen einem seiner Untertanen Unrecht zufügen kann, und daß er von keinem von ihnen eines Unrechts angeklagt werden darf. Denn wer auf Grund der Autorität eines anderen eine Handlung vornimmt, tut damit dem kein Unrecht, auf Grund von dessen Autorität er handelt. Bei dieser Einsetzung eines Staates ist aber jeder einzelne Autor alles dessen, was der Souverän tut, und folglich beklagt sich, wer sich über ein Unrecht seines Souveräns beklagt, über etwas, wovon er selbst Autor ist und darf deshalb niemanden anklagen als sich selbst. Und sich selbst kann er nicht wegen eines Unrechts anklagen, da es unmöglich ist, sich selbst Unrecht zu tun. Es ist richtig, daß die Inhaber souveräner Gewalt unbillige Handlungen begehen können, nicht aber Ungerechtigkeit oder Unrecht im eigentlichen Sinn.

Es folgt aus dem zuletzt Gesagten, daß niemand, der souveräne Gewalt innehat, rechtmäßig hingerichtet oder auf eine andere Weise von seinen Untertanen bestraft werden kann. [...]

Man mag hier aber einwenden, die Untertanen befänden sich in einer sehr elenden Lage, da sie den Begierden und anderen zügellosen Leidenschaften dessen oder derer ausgesetzt seien, die eine so unbegrenzte Macht in Händen halten. Und gewöhnlich meinen diejenigen, die unter einem Monarchen leben, dies sei ein Mangel der Monarchie, und die unter einer demokratischen Regierung oder einer anderen souveränen Versammlung leben, schreiben alle Unannehmlichkeiten dieser Staatsform zu, während die Gewalt, wenn sie vollkommen genug ist, sie zu schützen, in allen Formen dieselbe ist. Sie bedenken nicht, daß der Zustand der Menschen nie ohne die eine oder die andere Unannehmlichkeit sein kann, und daß die größte, die in jeder Regierungsform dem Volk gewöhnlich zustoßen mag, kaum fühlbar ist, wenn man sie mit dem Elend und den schrecklichen Nöten vergleicht, die ein Bürgerkrieg oder die Zügellosigkeit herrenloser Menschen ohne Unterwerfung unter Gesetze und unter eine Zwangsgewalt, die ihre Hände von Raub und Rache abhält, mit sich bringen. Sie bedenken ebenfalls nicht, daß auch der größte Druck durch souveräne Regenten nicht von irgendeiner Freude oder einem Nutzen herrührt, die sie aus dem Schaden oder der Schwächung ihrer Untertanen erwarten können, in deren Kraft ihre eigene Stärke und ihr eigener Ruhm bestehen, sondern von der Widerspenstigkeit der Untertanen selbst, die nur ungern zu ihrer eigenen Verteidigung beitragen und somit bewirken, daß es für ihren Regenten zur Notwendigkeit wird, im Frieden aus ihnen herauszuholen, was sie können, damit sie bei jedem unvorhergesehenen Ereignis oder jeder plötzlichen Notlage die Mittel zur Verfügung haben, ihren Feinden zu widerstehen oder sie zu übertreffen. Denn alle Menschen sind von Natur aus mit bemerkenswerten Vergrößerungsgläsern ausgestattet, nämlich ihren Leidenschaften und ihrer Eigenliebe, durch die jede kleine Abgabe als große Belastung erscheint, aber es fehlen ihnen die Ferngläser, nämlich Wissenschaft von der Moral und vom Staate, um von ferne die elenden Zustände zu sehen, die über ihnen hängen und ohne diese Abgaben nicht abgewendet werden können.

Baruch de Spinoza
Kontrolle der Politiker (1677)

Als ich mich daher mit der Staatslehre zu beschäftigen anfing, war es nicht meine Absicht, etwas Neues und Unerhörtes zu geben; ich wollte nur das mit der Praxis am meisten Übereinstimmende auf sichere und unanfechtbare Weise darstellen oder es aus der Beschaffenheit der menschlichen Natur selbst herleiten. Um das Gebiet dieser Wissenschaft mit ebensolcher Unbefangenheit zu durchforschen wie das der Mathematik, habe ich mich sorglich bemüht, die menschlichen Handlungen nicht zu verlachen, nicht zu beklagen, auch nicht zu verabscheuen, sondern zu verstehen. Ich habe deshalb die menschlichen Affekte, als da sind Liebe, Haß, Zorn, Neid, Ruhmsucht, Mitleid und die übrigen Gemütsbewegungen nicht als Fehler der menschlichen Natur betrachtet, sondern als ihre Eigenschaften, die ihr gerade so gut zu eigen sind, wie der Natur der Luft die Hitze, die Kälte, der Sturm, der Donner und dergleichen; mögen sie auch unbequem sein, notwendig sind sie doch und sie haben ihre bestimmten Ursachen, aus denen wir ihre Natur zu erkennen suchen, und der Geist ergötzt sich an ihrer wahren Betrachtung gerade so wie an der Erkenntnis dessen, was den Sinnen angenehm ist.

Das ist aber gewiß und in meiner *Ethik* habe ich es als wahr bewiesen, daß die Menschen notwendig den Affekten unterworfen sind und von solcher Geistesart, daß sie die Unglücklichen bemitleiden und die Glücklichen beneiden, daß sie zur Rache mehr als zum Mitleid neigen, und daß außerdem jeder danach trachtet, daß die anderen nach seinem Sinne leben, billigen, was er billigt, und verwerfen, was er verwirft. So kommt es, daß alle in dem Bestreben, die ersten zu sein, miteinander in Streit geraten und sich nach Kräften gegenseitig zu unterdrücken suchen. Wer als Sieger daraus hervorgeht, rühmt sich mehr des fremden Schadens als des eigenen Nutzens. Obwohl alle überzeugt sind, daß die Religion das Gegenteil lehrt, daß jeder seinen Nächsten lieben solle wie sich selbst, daß heißt, daß er das Recht des anderen wie sein eigenes wahrnehme, so hat doch, wie ich gezeigt habe, diese Überzeugung über die Affekte keine Gewalt. Sie macht sich allerdings auf dem Sterbebett geltend, wenn schon die Krankheit über die Leidenschaften Herr geworden ist und der Mensch kraftlos darniederliegt, oder in den Kirchen, wo die Menschen ohne Beziehungen zu einander sind, aber nicht im mindesten vor Gericht oder am Hofe, wo es am nötigsten wäre. Ich habe ferner gezeigt, daß die Vernunft in der Einschränkung und Mäßigung der Affekte zwar viel vermag, aber zugleich haben wir gesehen, daß die Straße, die die Vernunft weist, überaus steil ist. Wer meint, die Masse oder die durch Staatsgeschäfte in Anspruch Genommenen könnten dahin gebracht werden, allein nach der Vorschrift der Vernunft zu leben, der träumt vom goldenen Zeitalter der Poeten oder von einem Märchen.

Ein Staatswesen, dessen Heil von der Gewissenhaftigkeit eines Menschen abhängt und dessen Geschäfte nur dann gehörig besorgt werden können, wenn die, denen sie obliegen, gewissenhaft handeln, ein solches Staatswesen kann nicht von Bestand sein. Seine öffentlichen Angelegenheiten müssen vielmehr, damit es bestehen kann, so geordnet sein, daß die mit ihrer Verwaltung Betrauten überhaupt nicht in die Lage kommen können, gewissenlos zu sein oder schlecht zu handeln, ganz einerlei, ob sie der Vernunft oder dem Affekte folgen. Die Sicherheit des Staates wird nicht davon berührt, welche Gesinnung die Menschen zur richtigen Verwaltung anhält, sofern nur die Verwaltung richtig ist. Denn *Geistesfreiheit oder Geisteskraft sind Privattugenden, Sicherheit ist die Tugend des Staates.*

Weil endlich alle Menschen, die civilisierten so gut wie die uncivilisierten, in Verbindung mit einander treten und irgend einen staatlichen Zustand herstellen, so darf man die Ursachen und natürlichen Grundlagen des Staatswesens nicht aus den Lehrsätzen der Vernunft ableiten wollen, sondern muß sie aus der allgemeinen Natur und Beschaffenheit der Menschen entnehmen.

Thomas Hobbes

Nachteile der Demokratie (1642)

Manche halten die Monarchie deshalb für schlimmer als die
Demokratie, weil dort weniger Freiheit als hier bestehe.
Wenn sie hierbei unter Freiheit die Befreiung von dem Gehorsam verstehen, der den Gesetzen, d.h. den Geboten des
Volkes geschuldet werden muß, so gibt es weder in der Demokratie noch in irgendeiner andern Staatsform überhaupt
eine solche Freiheit. Wenn sie aber unter Freiheit verstehen,
daß der Gesetze und Verbote nur wenig seien und nur solche, die zur Erhaltung des Friedens unentbehrlich sind,
dann bestreite ich, daß in der Demokratie mehr Freiheit als
in der Monarchie bestehe; denn beide Staatsformen können
mit einer solchen Freiheit gleich wohl bestehen. Wenn man
auch an den Toren und Türmen jeder Stadt das Wort *Freiheit* mit noch so großen Buchstaben anschreibt, so bezeichnet es doch nicht die Freiheit des Bürgers, sondern des
Staates; und dieses Wort wird mit ebensoviel Recht dem
Staate zugeschrieben, den ein Monarch, wie dem, den das
Volk regiert. Wenn aber einzelne Bürger, d.h. Untertanen,
Freiheit verlangen, so wird unter diesem Namen nicht Freiheit, sondern Herrschaft von ihnen verlangt; nur aus Mangel an Einsicht bemerken sie das nicht. Denn wenn jemand
die Freiheit für sich fordert, so muß er sie nach dem Gebot
des natürlichen Gesetzes auch den übrigen zugestehen, und
damit wäre der Naturzustand wieder eingeführt, wo jeder
mit Recht alles tun kann. Einen solchen Zustand würde aber
jeder, wenn er ihn kennte, verabscheuen, da er schlimmer ist
als jede Art von bürgerlicher Untertänigkeit. Verlangt aber
jemand die Freiheit nur für sich, während die andern gebunden bleiben sollen, was verlangt er da anderes als die

Herrschaft? Denn wer von jedem Bande befreit ist, während alle andern, so groß ihre Zahl auch sei, gebunden bleiben, wird ihr Herrscher. Hiernach ist also die Freiheit in einem Volksstaate nicht größer als in der Monarchie. Das, was hier irreführt, ist die gleiche Teilnahme an den öffentlichen Ämtern und an der Staatsgewalt. Wo die Herrschaft im Volke ist, haben die einzelnen Bürger so weit daran teil, als sie zum herrschenden Volk gehören; sie nehmen insofern an den öffentlichen Ämtern teil, als sie gleiches Stimmrecht bei der Wahl der Obrigkeiten und der öffentlichen Beamten haben.

Indes gilt vielleicht gerade deshalb der Volksstaat für weit vorzüglicher als die Monarchie, weil da, wo alle an den öffentlichen Geschäften teilnehmen, auch alle Gelegenheit haben, ihre Klugheit, Kenntnis und Beredsamkeit bei den Beratungen über die schwierigsten und wichtigsten Angelegenheiten öffentlich zu zeigen. Nun ist dies allerdings bei der der menschlichen Natur angeborenen Ehrbegierde für alle, welche durch solche Fähigkeiten vor den andern sich auszeichnen oder doch sich auszuzeichnen glauben, das Allerangenehmste. Dieser Weg zu Ehren und Würden ist in der Monarchie allerdings den meisten verschlossen. Wie aber, wenn dies kein Nachteil wäre? Ich will es erklären: ansehen müssen, wie die Meinung eines Menschen, den man verachtet, der eigenen vorgezogen wird, wie unsere Weisheit in unserem Beisein gering geschätzt wird; um leeren Ruhm einen *ungewissen* Kampf beginnen, wobei man *gewiß* sich Feindschaften zuzieht (denn dies ist unvermeidlich, mag man siegen oder besiegt werden); wegen Verschiedenheit der Meinungen hassen und gehaßt werden; seine geheimen Gedanken und Wünsche ohne Not und Nutzen allen offenbar machen; seine häuslichen Angelegenheiten vernachlässigen: dies, sollte ich meinen, sind Nachteile.

Karl R. Popper

Argumente für die Demokratie (1945)

Es ist meine Überzeugung, daß Platon dadurch, daß er das Problem der Politik in Form der Frage stellte ‚Wer soll herrschen?' oder ‚Wessen Wille soll der höchste sein?', die politische Philosophie gründlich verwirrt hat. Dies ist der Verwirrung analog, die seine Identifikation des Kollektivismus mit dem Altruismus auf dem Gebiet der Moralphilosophie erzeugte. Denn sobald einmal die Frage ‚Wer soll regieren?' gestellt ist, ist es selbstverständlich schwierig, eine Antwort wie ‚der Beste' oder ‚der Weiseste' oder ‚der geborene Herrscher' oder ‚der, welcher die Kunst des Regierens meistert' (oder ‚der allgemeine Wille', ‚die Herrenrasse', ‚die Industriearbeiter' oder ‚das Volk') zu umgehen. Aber so überzeugend eine solche Antwort auch klingen mag – denn wer wird wohl die Herrschaft ‚der Schlechtesten' oder ‚des größten Narren' oder, des geborenen Sklaven' empfehlen? –, sie ist, wie ich zu zeigen versuchen werde, völlig nutzlos.

Zuerst versucht eine solche Antwort uns davon zu überzeugen, daß ein fundamentales Problem der politischen Theorie gelöst worden ist. Aber wenn wir an die Theorie der Politik von einer anderen Seite herangehen, dann finden wir, daß wir weit davon entfernt sind, auch nur ein Grundproblem gelöst zu haben, und daß wir durch die Annahme, daß die Frage: ‚Wer soll regieren?', fundamental ist, die Schwierigkeiten bloß übergangen haben. Denn sogar jene Philosophen, die Platon in dieser Hinsicht folgen, geben zu, daß die politischen Führer nicht immer hinreichend ‚gut' oder ‚weise' sind (wir brauchen uns um die genaue Bedeutung dieser Begriffe nicht den Kopf zu zerbrechen); und daß es nicht leicht ist, eine Regierung zu erhalten, auf deren Güte und Weisheit man sich unbedingt verlassen kann. Ist das einmal zugegeben, so erhebt sich die Frage, ob sich das politische Denken nicht von Anfang an mit der Möglichkeit schlechter Regierungen vertraut machen sollte; ob wir nicht gut daran täten, uns auf die schlechtesten Führer vorzubereiten und auf die besten zu hoffen. Aber das führt zu einer neuen Betrachtung des Grundproblems der Politik; denn es zwingt uns, die Frage *Wer soll regieren?* durch die neue Frage zu ersetzen: *Wie können wir politische Institutionen so organisieren, daß es schlechten oder inkompetenten Herrschern unmöglich ist, allzugroßen Schaden anzurichten?* [...]

Die Frage nach der institutionellen Kontrolle der Regierenden setzt nicht mehr voraus als die Annahme, daß die Regierungen nicht immer gut oder weise sind. Da aber bereits von historischen Tatsachen die Rede war, so glaube ich gestehen zu müssen, daß ich geneigt bin, über diese Annahme ein wenig hinauszugehen. Ich neige zur Ansicht, daß Herrscher sich moralisch oder intellektuell selten über und oft unter dem Durchschnitt befanden. Und ich halte es in der Politik für ein kluges Prinzip, wenn wir uns, so gut wir können, für das Ärgste vorbereiten, obschon wir natürlich zur gleichen Zeit versuchen sollten, das Beste zu erreichen. Es scheint mir Wahnsinn, alle unsere politischen Bemühungen auf die schwache Hoffnung zu gründen, daß die Auswahl hervorragender oder auch nur kompetenter Herrscher von Erfolg begleitet sein wird. [...]

Die Theorie, die ich im Sinne habe, geht nicht von der Annahme aus, daß die Herrschaft der Mehrheit im Grunde vortrefflich oder rechtschaffen ist, sondern von der Überzeugung, daß die Tyrannei verwerflich ist. Genauer gesagt: die Theorie stützt sich auf den Entschluß, die Tyrannei zu vermeiden oder sich ihr zu widersetzen.

Wir können nämlich zwei Grundtypen von Regierungen unterscheiden. Zur ersten gehören Regierungen, deren wir uns ohne Blutvergießen, zum Beispiel auf dem Wege über allgemeine Wahlen, entledigen können; die sozialen Institutionen sehen also Mittel vor, die es den Beherrschten gestatten, die Herrscher abzusetzen, und die sozialen Traditionen geben die Sicherheit, daß es den augenblicklichen Verwaltern der Macht nicht leicht sein wird, diese Institutionen zu zerstören. Zu der zweiten Art gehören solche Regierungen, die die Beherrschten nur durch eine gewaltsame Revolution loswerden können – und das heißt in den meisten Fällen, überhaupt nicht. Als eine kurze Bezeichnung für eine Regierungsform der ersten Art schlage ich das Wort ‚Demokratie‘ vor, für eine Regierungsform der zweiten Art wähle ich den Namen ‚Tyrannei‘ oder ‚Diktatur‘. Ich glaube, daß dies der traditionellen Verwendungsweise der angegebenen Wörter ziemlich genau entspricht. [. . .]

Wenn wir nun die zwei Bezeichnungen so verwenden, wie es vorgeschlagen wurde, so können wir den Vorschlag, politische Institutionen zur Vermeidung der Tyrannei zu schaffen, zu entwickeln und zu schützen, das Prinzip einer demokratischen Politik nennen. Aus diesem Prinzip folgt nicht, daß uns der Aufbau von fehlerfrei und leicht zu handhabenden Institutionen der angegebenen Art jemals gelingen wird, oder daß es uns jemals gelingen wird, Institutionen zu entwickeln, die dafür bürgen, daß die von einer demokratischen Regierung vertretene Politik richtig, gut oder weise sein wird – oder notwendigerweise besser und klüger als die Politik eines wohlwollenden Tyrannen. (Da keine derartigen Behauptungen gemacht werden, wird das Paradoxon der Demokratie vermieden.) Hingegen ist mit der Annahme des demokratischen Prinzips die Überzeugung verbunden, daß es besser ist, eine schlechte demokratische Politik auszuhalten (solange wir nur auf eine friedliche Umbildung hinarbeiten können) als sich einer Tyrannei, sei sie auch noch so weise und wohlwollend, zu unterwerfen. So betrachtet, beruht die Theorie der Demokratie nicht auf dem Prinzip der Herrschaft der Majorität; die verschiedenen Methoden einer demokratischen Kontrolle – die allgemeinen Wahlen, die parlamentarische Regierungsform – sind nicht mehr als wohlversuchte und, angesichts eines weitverbreiteten traditionellen Mißtrauens der Diktatur gegenüber, ziemlich wirksame institutionelle Sicherungen gegen eine Tyrannei, Sicherungen, die stets der Verbesserung offenstehen und die sogar Methoden für ihre eigene Verbesserung vorsehen.

Tyrannis

Etienne de La Boétie

Freiwillige Knechtschaft (1577)

Diesmal möchte ich nur erklären, wie es geschehen kann, daß so viele Menschen, so viele Dörfer, Städte und Völker manchesmal einen einzigen Tyrannen erdulden, der nicht mehr Macht hat, als sie ihm verleihen, der ihnen nur so weit zu schaden vermag, als sie es zu dulden bereit sind, der ihnen nichts Übles zufügen könnte, wenn sie es nicht lieber erlitten, als sich ihm zu widersetzen. Seltsam gewiß und doch so gewöhnlich: beklagen muß man es vielmehr als sich wundern, eine Million Menschen in elender Knechtschaft zu sehen, den Hals unter dem Joch, und nicht durch eine stärkere Gewalt bezwungen, sondern, wie es scheint, irgendwie verzaubert und behext allein durch den Namen des Einen, dessen Macht sie nicht zu fürchten brauchen, denn er ist allein, noch seine Vorzüge zu lieben, da er statt solche zu haben unmenschlich und grausam ist.

*

Erstaunlich ist es, was man von der Tapferkeit hört, welche die Freiheit ihren Verteidigern ins Herz gibt, und doch geschieht es alle Tage in allen Ländern von allen Menschen, daß ein Kerl hunderttausend Menschen demütigt und ihrer Freiheit beraubt – wer würde das glauben, wenn er es nur hörte und nicht mitansehen müßte? Und gäbe es das nur bei fremden Völkern und in fernen Ländern und vom Hörensagen, wer möchte es nicht lieber für erdichtet und erfunden als für wahr halten? Noch dazu braucht man diesen einzigen Tyrannen gar nicht zu bekämpfen oder zu stürzen, er ist von selbst gestürzt, wenn das Land nur nicht in seine

Knechtschaft einwilligt. Man braucht ihm nichts zu entziehen, sondern nur nichts zu geben. Das Land braucht sich gar nicht der Mühe zu unterziehen, für sich etwas zu tun, wenn es nur nichts gegen sich tut. Die Völker sind es selbst, die sich quälen lassen, oder vielmehr, die sich selber quälen, denn würden sie Schluß machen mit dem Dienen, so wären sie frei davon. Das Volk unterwirft sich selbst und schneidet sich die Kehle durch, und bei der Wahl, Sklave zu sein oder frei, gibt es seine Unabhängigkeit auf und beugt sich unter das Joch, es willigt in sein Elend ein oder jagt ihm vielmehr nach. [. . .]

Ihr armen Tröpfe und Jämmerlinge, wahnsinnige Völker, die ihr halsstarrig auf eurem Elend beharrt und für euer Wohl blind seid, ihr laßt euch eure schönsten und reinsten Erträge abschöpfen, eure Felder plündern, eure Häuser ausrauben und das ererbte würdige Hausgerät stehlen! Ihr lebt so, daß ihr euch nicht rühmen könnt, etwas zu eigen zu haben, und bald, scheint es, könnt ihr von Glück reden, euer Hab und Gut, Familie und Leben auf Pacht zu haben. Und all den Schaden, das Elend und die Verwüstung haben euch nicht die Feinde angetan, wohl aber der Feind, den ihr so groß macht, wie er ist, für den ihr so mutig in den Krieg zieht, für dessen Ansehen ihr euer Leben wagt. Der euch so gewaltig beherrscht, hat nur zwei Augen, zwei Hände und einen Leib und er besitzt nichts, was nicht der geringste aus der großen Bevölkerung eurer Städte auch hätte, mit Ausnahme der Überlegenheit, die ihr ihm zu eurem Verderben verleiht. Woher hat er all die Augen, um euch zu bespitzeln, wenn ihr sie ihm nicht gebt? Wie verfügt er über all die Hände die euch quälen, wenn er nicht eure eigenen Hände nimmt? Die Füße, mit denen er eure Städte niedertrampelt, woher hat er sie, wenn es nicht eure sind? Wie kommt er zur Macht über euch, wenn nicht durch euch selbst? Wie würde er wagen, euch zu verfolgen wenn ihr nicht einverstanden wäret? Was könnte er euch anhaben, wäret ihr nicht selbst die Hehler des Diebes, der euch bestiehlt, die Spießgesellen des Mörders, der euch tötet, und Verräter an euch selbst? [...]

Von all dieser Schmach, die das Vieh selbst nicht dulden würde, wenn es sie empfände, könnt ihr euch befreien, wenn ihr versucht, nicht einmal euch zu befreien, sondern es nur tun zu wollen. Entschließt euch, nicht länger Knechte zu sein, und ihr seid frei. Ich will nicht, daß ihr ihn verjagt oder stürzt, nur unterstützt ihn nicht länger und ihr werdet sehen, daß er wie ein riesiges Standbild, dem man den Boden wegzieht, vom eigenen Gewicht zusammenstürzt und in Stücke bricht.

*

Jetzt komme ich zu dem Gegenstand, der für mich die treibende Kraft und das Geheimnis der Herrschaft, die Stütze und Grundlage der Tyrannei darstellt. Es irrt sich gewaltig, wer glaubt, daß die Hellebarden und Garden und das Aufstellen von Wachen die Tyrannen schützen, denn sie bedienen sich ihrer, wie ich glaube, mehr der Form wegen und als Vogelscheuchen, als daß sie ihr Vertrauen darauf setzten. Die Wachen hindern die Ungeschickten, die keine Waffen haben, am Betreten des Palastes, aber nicht die Männer, die zu einer Unternehmung wohlgerüstet sind. Bei den römischen Kaisern kann man leicht nachzählen, daß nicht so viele mit Hilfe ihrer Wachen einer Gefahr entronnen sind, wie von ihrer eigenen Garde umgebracht wurden. Denn den Tyrannen schützen nicht die Reiterscharen, Fußtruppen oder Waffen. Man wird es nicht gleich glauben wollen, aber es ist wahr: vier oder fünf Leute sind es immer, die den Tyrannen stützen, vier oder fünf halten für ihn das ganze Land in Knechtschaft. Immer waren es fünf oder sechs Vertraute, denen er folgte, die sich an ihn heranmachten oder die er zu Spießgesellen seiner Grausamkeiten berief, zu Gefährten seiner Vergnügungen, als Kuppler seiner Lüste und Teilhaber an seinen Räubereien. Diese sechs richten ihren Führer so gut ab, daß er nicht nur in eigener Sache Übles tut, sondern sich auch noch mit ihren Schandtaten vergesellschaften muß. Diese sechs haben ihrer sechshundert, die unter ihnen schmarotzen, und sie machen die sechshundert zu dem, was sie selbst für den Tyrannen bedeuten. Diese sechshundert haben wieder sechstausend unter sich, die sie in Amt und Würde erhoben haben, denen sie die Regierung von Provinzen oder die Einnahme von Steuern anvertrauen ließen, damit sie für ihre Habgier und Grausamkeit bereit stehen und sie auch auf Befehl gleich ausführen und auch sonst soviel Übles tun, daß sie sich nur unter deren Schutz halten und nur von ihnen gedeckt der Strafe des Gesetzes entgehen können. Gewaltig ist das Gefolge hinterdrein, und wer den ganzen Faden abspulen wollte, fände nicht nur die sechstausend, sondern hunderttausend und Millionen mit diesem Stricke am Tyrannen hängen. [. . .]

Kurz, es kommt durch die Günstlingswirtschaft und die Gewinnbeteiligung bei den Tyrannen so weit, daß es schließlich fast ebensoviel Menschen gibt, denen die Tyrannei Nutzen zu bringen scheint, wie solche, die die Freiheit lieben. Genau so, wie nach dem Urteil der Ärzte eine krankhafte Stelle im Körper sogleich alles andere, was ungesund ist, anzieht: so braucht sich ein König nur als Tyrann zu erweisen, und schon sammelt sich um ihn der Unrat und Abschaum des Landes, nicht die kleinen Spitzbuben und Gauner, die einem Staat nicht viel schaden oder nutzen können, sondern Leute von brennendem Ehrgeiz und besonderer Habsucht helfen ihm, um ihren Anteil an der Beute zu bekommen und um selbst unter dem großen Tyrannen den kleinen Tyrannen zu spielen. [. . .]

Immer wenn ich diese Kerle sehe, die den Tyrannen anhimmeln, um aus seinem Unrecht und der Unterdrückung des Volkes Gewinn zu ziehen, muß ich staunen über ihre Schlechtigkeit, und manchmal bekomme ich auch Mitleid mit ihrer Dummheit: denn in Wahrheit heißt doch, sich dem Tyrannen zu nähern, nichts anderes, als sich von der eignen Freiheit noch mehr zu entfernen und sich mit Haut und Haar der Knechtschaft zu verschreiben! Ließen sie ihren Ehrgeiz etwas beiseite und lösten sich ein wenig von ihrer Habgier, um sich selbst zu sehen und zu erkennen, so würde ihnen klar werden, daß selbst die Bauern und Ackerknechte, die sie mit Füßen treten und schlechter als Sträflinge und Sklaven behandeln, doch im Vergleich mit ihnen noch glücklich und einigermaßen frei sind. Der Landarbeiter und Handwerker mag noch so geknechtet sein, er ist doch seiner Arbeit ledig, wenn er sie getan hat, aber der Tyrann sieht die, die um ihn scharwenzeln und um seine Gunst buhlen: sie müssen nicht nur tun, was er sagt, sondern denken, was er will und oft noch seinen Gedanken zuvorkommen, um ihn zu befriedigen. Es reicht nicht, ihm zu gehorchen, sie müssen ihm auch zu Gefallen sein, erst sich plagen und quälen und in seinem Dienst ruinieren, und dann noch sein Vergnügen für das ihre halten, den eigenen Geschmack um seinetwillen aufgeben, ihren Charakter verändern und ihre Natur verleugnen. Sie müssen auf seine Rede und Stimme, Winke und Augen achten, und haben selbst Auge, Fuß und Hand nur, um seine Wünsche zu entdecken und seine Gedanken zu erraten. Heißt das wohl glücklich leben? Heißt das leben?

Gesellschaftsideale

Laozi
Grüne Idyllen (5. Jh. v. u. Z.?)

Schafft kleine Staaten mit wenig Volk!
Sorgt dafür, daß Apparate für tausend Mann
nicht mehr benutzt werden!
Lehrt das Volk sein Leben zu schätzen
und in die Ferne zu ziehen.
Fahrt nirgendshin mit Wagen und Schiffen,
selbst wenn ihr sie besitzt.
Stellt nirgends Rüstung und Waffen zur Schau,
selbst wenn ihr sie besitzt.
Laßt das Volk wieder Knotenschnüre benutzen,
sein einfaches Essen genießen,
seine schlichte Kleidung für schön halten,
sich seiner Sitten und Bräuche erfreuen
und sich in seiner Behausung wohl fühlen.
Nachbarstaaten liegen einander zum Greifen nah,
daß man wechselseitig Hähne krähen
und Hunde bellen hören kann.
Und doch verkehren die Völker
das ganze Leben lang nicht miteinander.

John Stuart Mill
Liberalismus und Rauschgift (1859)

Der Zweck dieser Abhandlung ist es, einen sehr einfachen
Grundsatz aufzustellen, welcher den Anspruch erhebt, das
Verhältnis der Gesellschaft zum Individuum in bezug auf

Zwang oder Bevormundung zu regeln, gleichgültig, ob die dabei gebrauchten Mittel physische Gewalt in der Form von gerichtlichen Strafen oder moralischer Zwang durch öffentliche Meinung sind. Dies Prinzip lautet: daß der einzige Grund, aus dem die Menschheit, einzeln oder vereint, sich in die Handlungsfreiheit eines ihrer Mitglieder einzumengen befugt ist, der ist: sich selbst zu schützen. Daß der einzige Zweck, um dessentwillen man Zwang gegen den Willen eines Mitglieds einer zivilisierten Gemeinschaft rechtmäßig ausüben darf, der ist: die Schädigung anderer zu verhüten. Das eigene Wohl, sei es das physische oder das moralische, ist keine genügende Rechtfertigung. Man kann einen Menschen nicht rechtmäßig zwingen, etwas zu tun oder zu lassen, weil dies besser für ihn wäre, weil es ihn glücklicher machen, weil er nach Meinung anderer klug oder sogar richtig handeln würde. Dies sind wohl gute Gründe, ihm Vorhaltungen zu machen, mit ihm zu rechten, ihn zu überreden oder mit ihm zu unterhandeln, aber keinesfalls um ihn zu zwingen oder ihn mit Unannehmlichkeiten zu bedrohen, wenn er anders handelt. Um das zu rechtfertigen, müßte das Verhalten, wovon man ihn abbringen will, darauf berechnet sein, anderen Schaden zu bringen. Nur insoweit sein Verhalten andere in Mitleidenschaft zieht, ist jemand der Gesellschaft verantwortlich. Soweit er dagegen selbst betroffen ist, bleibt seine Unabhängigkeit von Rechts wegen unbeschränkt. Über sich selbst, über seinen eigenen Körper und Geist ist der einzelne souveräner Herrscher.

Es ist vielleicht kaum nötig zu betonen, daß diese Lehre nur auf Menschen mit völlig ausgereiften Fähigkeiten anzuwenden wäre. Wir reden nicht von Kindern oder jungen Leuten, die noch nicht das Alter erreicht haben, wo sie das Gesetz als Mann oder Frau mündig spricht. Wer sich noch in einem Stande befindet, wo andere für ihn sorgen müssen, den muß man gegen seine eigenen Handlungen ebenso schützen wie gegen äußere Unbill. Aus gleichen Gründen können wir jene zurückgebliebenen Entwicklungszustände

unberücksichtigt lassen, wo man die Rasse noch als unmündig ansehen kann. Die Anfangsschwierigkeiten, sich aus
freien Stücken fortzuentwickeln, sind so groß, daß nur selten die Wahl der Mittel, sie zu überwinden, frei bleibt, und
ein Herrscher voll Initiative ist berechtigt, alle Mittel zu ergreifen, die zu einem Ziele führen, das sonst vielleicht uner-
reichbar bliebe. Despotismus ist eine legitime Regierungsform, wo man es mit Barbaren zu tun hat, vorausgesetzt,
daß ihre Vervollkommnung das Ziel ist und die Mittel dadurch gerechtfertigt werden, daß man den Zweck wirklich
erreicht. Freiheit, als Prinzip, kann man nicht auf einer
Entwicklungsstufe anwenden, auf der die Menschheit noch
nicht einer freien und gleichberechtigten Erörterung derselben fähig ist. Bis dahin ist ihnen nichts als stillschweigender
Gehorsam gegen Männer wie Akbar oder Karl den Großen
angemessen – wenn sie so glücklich sind, einen zu finden.
Sobald aber die Menschen die Fähigkeit erreicht haben, zu
ihrer eigenen Vervollkommnung durch Überzeugung oder
Überredung geleitet zu werden (ein Zeitabschnitt, den alle
Nationen, mit denen wir uns hier beschäftigen, längst erreicht haben), ist keinerlei Zwang, weder unmittelbar noch
in Form von Strafen und Bußen für Ungehorsam, zu ihrer
Besserung mehr zulässig, und er ist nur noch zum Schutze
der andern gerechtfertigt. [...]
   Aber es gibt einen Tätigkeitsbereich, an welchem die Gesellschaft im Unterschied zum Individuum – wenn überhaupt – nur indirekt Interesse hat. Dieser schließt alle Einzelheiten des persönlichen Lebens und Treibens ein, die nur
ihn selbst angehen, oder wenn sie andere auch betreffen, sodann nur mit ihrer freien, unabhängigen und nicht durch
Täuschung erlangten Zustimmung und Teilnahme. Wenn
ich sage: „nur ihn selbst", so meine ich ihn direkt und in erster Linie, denn was ihn betrifft, kann auch andere durch
ihn betreffen; die Einwände, welche man auf diese Einschränkung hin erheben kann, werde ich in der Folge in
Betracht ziehen. – Dies also ist das eigentliche Gebiet der

menschlichen Freiheit. Es umfaßt als erstes das innere Feld des Bewußtseins und fordert hier Gewissensfreiheit im weitesten Sinne, ferner Freiheit des Denkens und Fühlens, unbedingte Unabhängigkeit der Meinung und der Gesinnung bei allen Fragen, seien sie praktischer oder philosophischer, wissenschaftlicher, moralischer oder theologischer Natur. Die Freiheit, Meinungen in Wort oder Schrift zu vertreten, scheint unter einen andersartigen Grundsatz zu fallen, da sie zu dem Teil persönlicher Lebensführung gehört, die andere Leute mitbetrifft. Aber da sie fast von gleicher Bedeutung ist wie Gedankenfreiheit selbst, und zum großen Teil auf denselben Gründen beruht, ist sie praktisch untrennbar von ihr. Zweitens verlangt dies Prinzip Freiheit des Geschmacks und der Studien, Freiheit, einen Lebensplan, der unseren eigenen Charakteranlagen entspricht, zu entwerfen und zu tun, was uns beliebt, ohne Rücksicht auf die Folgen und ohne uns von unseren Zeitgenossen stören zu lassen – solange wir ihnen nichts zuleide tun –, selbst wenn sie unser Benehmen für verrückt, verderbt oder falsch halten. Drittens: aus dieser Freiheit jedes einzelnen folgt – in denselben Grenzen – diejenige, sich zusammenzuschließen, die Erlaubnis, sich zu jedem Zweck zu vereinigen, der andere nicht schädigt, unter der Voraussetzung, daß die sich vereinenden Personen voll erwachsen sind und nicht unter Zwang oder veranlaßt durch Vorspiegelungen in eine Verbindung treten.

Keine Gesellschaft ist unabhängig, wo diese Freiheiten nicht im großen ganzen respektiert werden, ganz gleich, auf welche Weise man sie regiert, und keine ist vollständig frei, wenn sie nicht unbeschränkt und bedingungslos vorhanden sind. Die einzige Unabhängigkeit, die diesen Namen verdient, ist die Möglichkeit, unser eigenes Wohl auf unsere eigene Weise zu erreichen, solange wir nicht versuchen, andere ihres Gutes zu berauben oder dessen Erwerb zu vereiteln. Jeder schützt seine eigene Gesundheit, sei sie körperlicher, geistiger oder seelischer Art, am besten selbst. Die Menschen gewinnen mehr dadurch, daß sie einander gestatten, so zu leben, wie es ihnen richtig scheint, als wenn sie jeden zwingen, nach dem Belieben der übrigen zu leben.

Obwohl diese Lehre alles andere als neu ist und manchem als Binsenwahrheit erscheinen mag, gibt es doch keine, die der allgemein vorherrschenden Tendenz in Meinungen und Gewohnheiten schroffer entgegenstünde. Die Gesellschaft hat, entsprechend ihrer Einsicht, gleichviel Kraft in den Versuch hineingesteckt, ihre Mitglieder nach Vorstellungen von persönlicher wie von sozialer Vollkommenheit auszubilden.

*

Auch jetzt noch werden grobe Eingriffe in die Freiheit des Privatlebens tatsächlich vorgenommen und noch größere mit einiger Aussicht auf Erfolg angedroht. Es werden Meinungen vorgebracht, die für die Öffentlichkeit ein unbegrenztes Recht beanspruchen, nicht nur gesetzlich all das, was sie für übel hält, sondern auch beliebig viele ihr selbst harmlos scheinende Dinge zu verbieten, um zur Wurzel des Übels zu gelangen: Unter dem Banner „Verhütung von Unmäßigkeit" ist es der Bevölkerung einer englischen Kolonie und nahezu der Hälfte der Vereinigten Staaten gesetzlich verboten, sich irgendwelcher alkoholischer Getränke zu bedienen, außer für medizinische Zwecke, denn Verhinderung des Verkaufs ist in Wirklichkeit – wie ja auch beabsichtigt – Verhinderung ihres Gebrauchs. Und obwohl die Undurchführbarkeit des Gesetzes in verschiedenen Staaten, die es angenommen hatten, zu seiner Aufhebung führte [...], ist doch ein Versuch gemacht worden – und viele Menschenfreunde von Beruf haben ihn mit beträchtlichem Eifer weiterverfolgt –, auch bei uns für ein ähnliches Gesetz Propaganda zu machen. Die Vereinigung oder „Allianz", wie sie sich nennt, die zu diesem Zwecke gebildet worden ist, hat einiges Aufsehen erregt durch die Veröffentlichung des Briefwechsels zwischen ihrem Sekretär und einem der wenigen englischen Männer der Öffentlichkeit, die noch glauben, daß die Meinungen eines Politikers auf Grundsätzen beruhen müssen. Lords Stanleys Anteil an diesem Briefwechsel ist geeignet, die Hoffnungen zu festigen, die bereits von denen auf ihn gesetzt werden, die wissen, wie selten leider solche Qualitäten, wie er sie bei seinem öffentlichen Auftreten bewiesen hat, bei denen vorkommen, die im politischen Leben eine Rolle spielen. Das Organ der Allianz, welches „die Anerkennung eines Grundsatzes, der zur Rechtfertigung von Fanatismus und Verfolgungssucht aufgestellt würde, tief beklagen würde", unternimmt es, „die breite und unübersteigbare Schranke", die solche Prinzipien von denen der Allianz trennen, zum Ausdruck zu bringen. „Alle Gedanken, Ansichten und das Gewissen betreffenden Angelegenheiten scheinen mir", heißt es, „außerhalb des Kreises der Gesetzgebung zu liegen; alle, die sich auf soziale Handlungen, Gewohnheiten und Verhältnisse beziehen und nur einer willkürlichen Macht unterliegen, die im Staate selbst und nicht im Individuum begründet ist, gehören dagegen hinein." Keine Erwähnung findet eine dritte, von beiden verschiedene Klasse, nämlich Handlungen und Gewohnheiten, die nicht sozial, sondern individuell sind, obwohl gerade zu dieser Klasse sicher solche Akte wie das Trinken alkoholischer Getränke gehören.[*] Der Verkauf solcher Getränke ist jedoch Handel, und Handel ist eine soziale Tätigkeit. Allein der beklagte Eingriff betrifft nicht die Freiheit des Verkäufers, sondern die des Käufers und Verbrauchers, da der Staat ihm das Weintrinken ebensogut gleich verbieten könnte, statt es ihm absichtlich unmöglich zu machen, Wein zu kaufen. Der Sekretär jedoch schreibt: „Als Bürger nehme ich das Recht der Gesetzgebung in Anspruch, wo auch immer meine sozialen Rechte durch soziale

---

[*] Anmerkung des Herausgebers: Mills Schrift behandelt die Frage des Alkoholismus nur als Beispiel und nur am Rande. Das Hauptgewicht der Schrift *Über die Freiheit* liegt in Verteidigung der (selbstverständlich nicht schrankenlosen) Freiheit des Individuums gegenüber Staat und Gesellschaft.

Handlungen eines andern beeinträchtigt werden." Und nun die Definition dieser „sozialen Rechte": „Wenn etwas meine sozialen Rechte beeinträchtigt, dann sicherlich der Handel mit starken Getränken. Er zerstört mein Grundrecht auf Sicherheit, indem er stets soziale Unruhe schafft bzw. anregt. Er beeinträchtigt mein Recht auf Gleichheit, indem er Gewinn aus der Schaffung von Elend zieht, zu dessen Unterstützung ich besteuert werde. Er behindert mein Recht auf freie sittliche und geistige Entwicklung, indem er meinen Lebensweg mit Gefahren umgibt und die Gesellschaft schwächt und demoralisiert, auf die ich ein Recht zu gegenseitiger Hilfeleistung und vertrautem Umgang habe." Eine Theorie „sozialer Rechte", wie sie bisher wohl noch nie in so klaren und deutlichen Worten vorgetragen wurde. Sie will nichts Geringeres als dies: daß es das soziale Recht jedes einzelnen sei, von jedem anderen Individuum zu fordern, in jeder Hinsicht genau so zu handeln, wie es von der Sitte verpflichtet ist. Jeder, der nur im geringsten davon abweicht, verletzt mein soziales Recht und berechtigt mich, von der Gesetzgebung Beseitigung des Übelstandes zu verlangen. Ein so ungeheuerliches Prinzip ist weit gefährlicher als irgendein vereinzelter Angriff auf die Freiheit, jede Vergewaltigung der Freiheit ließe sich damit rechtfertigen, es erkennt kein Recht auf irgendeine Selbstbestimmung an, außer vielleicht dem, im geheimen eine Meinung haben zu dürfen – ohne sie jemals zu äußern. Denn im Augenblick, wo jemandem eine von mir für schädlich gehaltene Meinung über die Lippen kommt, beeinträchtigt er bereits alle meine mir von der Allianz zugeschriebenen „sozialen Rechte". Diese Theorie spricht jedem Menschen ein begründetes Interesse an der moralischen, geistigen und sogar körperlichen Vollkommenheit des andern zu, die jeder, der den Anspruch erhebt, nach seinem eigenen Maßstab bestimmen kann. [...]

Eins dieser Beispiele, das des Handels mit Giften, stellt eine neue Frage: Wie weit sind die Grenzen dessen, was man polizeiliche Funktion nennen kann, zu ziehen, wie weit darf Freiheit eingeschränkt werden, um Verbrechen oder Unfälle zu verhindern? Eine der unbestrittenen Aufgaben der Regierung ist es, Vorsichtsmaßregeln gegen ein Verbrechen zu ergreifen, noch ehe es begangen wird, ebenso wie nach der Tat es aufzuklären und zu bestrafen. Die vorbeugende Funktion kann die Regierung aber leichter zum Schaden der Freiheit mißbrauchen als die bestrafende, denn es gibt kaum einen Teil der legitimen Handlungsfreiheit des Menschenwesens, der nicht, wie man sogar mit gutem Gewissen behaupten könnte, die eine oder andere Art von Verbrechen erleichtert. Trotzdem ist eine Behörde oder sind selbst Privatpersonen nicht verpflichtet, angesichts einer öffentlichen Vorbereitung zum Verbrechen untätig zuzuschauen, bis das Verbrechen begangen ist, sondern sie dürfen zu seiner Verhinderung einschreiten. Würden Gifte niemals zu anderen Zwecken außer zum Mord gekauft oder gebraucht, dann könnte man ganz mit Recht ihre Herstellung und ihren Verkauf verbieten. Sie werden jedoch auch zu unschädlichen und sogar zu nützlichen Zwecken gebraucht, und man kann nicht Beschränkungen für den einen Fall auferlegen und für den anderen nicht. Wie gesagt, es ist das unangefochtene Recht der Behörde, Unfälle zu verhüten. Wenn ein öffentlicher Beamter oder sonst jemand sieht, wie ein Mensch eine Brücke überschreiten will, die erwiesenermaßen unsicher ist, und keine Zeit mehr hat, ihn vor der Gefahr zu warnen, so darf er ihn – ohne seine Freiheit zu beeinträchtigen – anfassen und zurückziehen. Denn Freiheit besteht darin, zu tun, was man will, und der Betreffende will ja nicht ins Wasser fallen. Dennoch kann, wenn nicht die Gewißheit, sondern nur die Gefahr eines Unfalls gegeben ist, niemand anders als der Betreffende selbst beurteilen, ob seine Gründe ausreichen, um das Wagnis zu riskieren. Meines Erachtens sollte man ihn in diesem Falle (wenn er nicht ein Kind ist oder geisteskrank, oder in einem Zustand von Erregung oder Geistesabwesenheit handelt, der mit dem vollen Gebrauch seines Verstandes nicht vereinbar ist) daher nur vor der Gefahr warnen, nicht aber mit Gewalt hindern, sich ihr auszusetzen. Ähnliche Überlegungen, auf Probleme wie die des Handels mit Giften angewendet, ermöglichen uns zu entscheiden, welche unter den anwendbaren Regelungsarten dem Prinzip zuwiderlaufen und welche nicht. Eine Vorsichtsmaßregel wie z.B. die, den betreffenden Stoff mit einer Bezeichnung zu versehen, die ausdrücklich auf seinen gefährlichen Charakter hinweist, kann ohne Verletzung der Freiheit erzwungen werden, denn der Käufer kann nicht wünschen, daß ihm die giftigen Eigenschaften des in seinem Besitz befindlichen Stoffes unbekannt bleiben. [...]

Das der Gemeinschaft innewohnende Recht, gegen sie selbst gerichtete Verbrechen durch vorbeugende Maßnahmen abzuwehren, weist deutlich auf die Begrenztheit der Grundregel hin, einem nur in eigener Sache falschen Verhalten mit Vorbeuge- oder Strafmitteln beikommen zu wollen. Trunkenheit z.B. ist im allgemeinen kein geeigneter Grund zum gesetzlichen Einschreiten. Ich würde es aber für vollkommen gerechtfertigt halten, jemanden, den man schon einmal wegen Gewalttaten unter dem Einfluß von Alkohol für schuldig befunden hat, zunächst unter ein speziell für ihn geltendes Verbot zu stellen, ihn dann mit einer Strafe zu belegen, wenn man ihn hinterher wieder betrunken fände, und schließlich, wenn er in diesem Zustande einen anderen Verstoß beginge, die Strafe hierfür noch mehr zu verschärfen. Sich einen Rausch antrinken ist bei jemandem, der im Trunk zu Gewalttaten neigt, ein Verbrechen gegen andere. Auch Müßiggang kann man nicht – außer bei Personen, die öffentliche Unterstützung erhalten oder die damit einen Kontraktbruch begehen – zum Gegenstand legaler Bestrafung machen, ohne tyrannisch zu wirken. Wenn aber jemand aus Arbeitsscheu oder aus einem anderen vermeidbaren Grunde seine gesetzlichen Pflichten gegen andere, z.B. die Unterstützung seiner Kinder, vernachlässigt, dann ist es keine Tyrannei, ihn zur Erfüllung seiner Verpflichtung zu zwingen, sogar durch Zwangsarbeit, wenn andere Mittel nicht anwendbar sind. [...]

Hier ist noch ein anderes Problem, das einer Lösung bedarf, die mit den entwickelten Grundlinien übereinstimmt. Sollen in Fällen, wo das private Verhalten zu tadeln ist, die Gemeinschaft aber aus Respekt vor der Selbstbestimmung auf Vorbeuge- oder Strafmaßregeln verzichtet, weil die unmittelbaren Folgen gänzlich auf den Handelnden selbst fallen – sollen andere Personen die Freiheit haben, dasselbe zu raten oder anzustiften, was der Täter tun durfte? Diese Frage ist nicht leicht zu beantworten. Der Fall, daß jemand einen anderen zu einer Tat anstiftet, ist genaugenommen nicht eine persönliche Angelegenheit des Betreffenden. Jemandem Rat oder Anlaß geben, ist ein sozialer Akt und scheint daher wie alle, die andere betreffen, sozialer Aufsicht zu unterliegen. Ein wenig Nachdenken aber berichtigt den ersten Eindruck und zeigt, daß, wenn der Fall auch nicht genau innerhalb der Grenzen persönlicher Freiheit liegt, doch die Gründe, auf welchen sich ihr Prinzip aufbaut, auf ihn anwendbar sind. Wenn es den Menschen erlaubt ist, in ihren persönlichen Angelegenheiten auf eigene Gefahr zu handeln, wie es ihnen am besten scheint, so muß es ihnen gleichermaßen freistehen, miteinander zu beraten über das, was sie tun sollen, Meinungen auszutauschen und Ansichten zu äußern und anzuhören. Was erlaubt ist zu tun, muß auch erlaubt sein zu raten. Das Problem wird erst zweifelhaft, wenn der Anstifter einen persönlichen Vorteil aus seinem Rat zieht, wenn er des Lebensunterhalts oder des Geldgewinnes wegen es zu seinem Beruf macht, das zu fördern, was Staat und Gesellschaft als ein Übel betrachten. [...]

Wenn also (kann man sagen) auch die Verordnungen über ungesetzliche Spiele nicht zu verteidigen sind und es jedem freistehen sollte, in seinem eigenen oder einem anderen Hause oder an einem durch gemeinsame Zuwendung dafür eingerichteten Spielorte, der nur Mitgliedern und Gästen zugänglich ist, zu spielen, so sollten doch öffentliche Spielhäuser nicht erlaubt sein. Es mag richtig sein, daß das Verbot nie wirksam ist und daß, wie groß auch die tyrannische Machtbefugnis der Polizei sein möge, Spielhöllen sich stets unter diesem oder jenem Vorwand behaupten werden, aber man kann sie zwingen, ihre Tätigkeit zu einem gewissen Grade im dunkeln und geheimen auszuüben, so daß niemand etwas davon merkt, außer wer sie aufsucht – und mehr als das braucht die Gesellschaft nicht anzustreben. Die Beweisführung ist recht überzeugend. Ich wage nicht zu entscheiden, ob sie ausreicht, die Abweichung von der Moralregel zu rechtfertigen, daß der Helfer bestraft wird, während der Hauptschuldige straflos ausgeht (und ausgehen muß), daß man den Bordellhalter, aber nicht den Benutzer des Bordells, den Spielhalter, aber nicht den Spieler mit Geld- oder Freiheitsstrafen belegt.

John Locke

Eigentum und Arbeit (1689)

Gott, der die Welt den Menschen gemeinsam gegeben hat, hat ihnen auch Vernunft verliehen, sie zum größtmöglichen Vorteil und zur Annehmlichkeit ihres Lebens zu nutzen. Die Erde und alles, was auf ihr ist, ist den Menschen zum Unterhalt und zum Genuß ihres Daseins gegeben. Alle Früchte, die sie auf natürliche Weise hervorbringt, und alle Tiere, die sie ernährt, gehören den Menschen gemeinsam, weil sie wildwachsend von der Natur hervorgebracht werden; und niemand hat über irgend etwas, so wie es sich in einem natürlichen Zustand befindet, ursprünglich ein privates Herrschaftsrecht, welches das der übrigen Menschen ausschlösse. Da die Früchte der Erde dennoch den Menschen zu ihrem Gebrauch gegeben sind, muß es notwendigerweise, bevor sie dem einzelnen Menschen von irgendwelchem Wert oder nützlich sein könnten, Wege geben, auf irgendeine Weise in ihren Besitz zu gelangen. Die Frucht oder das Wildbret, die den wildlebenden Indianer ernähren, der sich keinerlei Land eingegrenzt hat und alles als Gemeingut besitzt, müssen sein eigen sein, und zwar so sein eigen, d.h. Teil des Seinen, daß kein anderer mehr ein Recht darauf haben kann. Erst dann vermögen sie ihm zur Erhaltung seines Lebens von irgendwelchem Nutzen zu sein.

Wenn die Erde und alle niederen Lebewesen wohl allen Menschen gemeinsam eignen, so hat doch jeder Mensch ein Eigentum an seiner eigenen Person. Über seine Person hat niemand ein Recht als nur er allein. Die Arbeit seines Körpers und das Werk seiner Hände, so können wir sagen, sind im eigentlichen Sinne sein. Was immer er also jenem

Zustand entrückt, den die Natur vorgesehen und in dem sie es belassen hat, hat er mit seiner Arbeit gemischt und hat ihm etwas hinzugefügt, was sein eigen ist – es folglich zu seinem Eigentum gemacht. Da er es jenem Zustand des gemeinsamen Besitzes enthoben, in den es die Natur gesetzt hat, hat er ihm durch seine Arbeit etwas hinzugefügt, was das gemeinsame Recht der anderen Menschen ausschließt. Denn diese Arbeit ist das unbestreitbare Eigentum des Arbeitenden, und niemand außer ihm selbst kann ein Recht haben auf irgend etwas, was einmal mit seiner Arbeit verbunden ist – zumindest dort nicht, wo für die anderen bei gleicher Qualität noch genug davon in gleicher Güte vorhanden ist.

Wer sich von den Eicheln ernährt, die er unter einer Eiche aufliest, oder von den Äpfeln, die er von den Bäumen des Waldes sammelt, hat sich diese offensichtlich zu eigen gemacht. Niemand kann in Abrede stellen, daß diese Nahrung sein ist. Meine Frage nun lautet: Wann fingen sie an, sein Eigentum zu sein? Als er sie verdaute? Oder als er sie aß? Als er sie kochte? Als er sie nach Hause brachte? Oder als er sie auflas? Und es ist eindeutig, daß nichts sie ihm zu eigen machen konnte, wenn nicht das erste Aufsammeln. Jene Arbeit ließ einen Unterschied zwischen ihnen und dem gemeinsamen Besitz entstehen. Sie fügte ihnen etwas über das hinaus hinzu, was die Natur, die gemeine Mutter von allem, ihnen gegeben hatte, und so erlangte er ein persönliches Recht auf sie. Und will jemand sagen, er hätte kein Recht auf jene Eicheln oder Äpfel, die er auf diese Weise in seinen Besitz gebracht hat, weil er nicht die Zustimmung der gesamten Menschheit hatte, sie sich anzueignen? War es Raub, so für sich zu beanspruchen, was allen gemeinsam gehörte? Wäre eine solche Zustimmung notwendig, so wären die Menschen Hungers gestorben, ungeachtet der Fülle, die ihnen von Gott gegeben war. Was nach Abschluß eines Vertrages Gemeingut geblieben ist, beginnt, wie wir sehen, dadurch Eigentum zu werden, daß wir irgendeinen Teil aus

dem, was gemein ist, herausnehmen und es jenem Zustand
entfernen, in dem es die Natur beläßt. Ohne dies ist Gemeingut von keinerlei Nutzen. Und wir sind nicht an die
ausdrückliche Zustimmung aller Mitbesitzenden gebunden,
wenn wir diesen oder jenen Teil nehmen. Das Gras, das
mein Pferd gefressen, der Torf, den mein Knecht gestochen,
das Erz, das ich an irgendeinem Ort gegraben, an dem ich
mit anderen gemeinsam ein Recht dazu habe, werden demnach mein Eigentum, ohne irgend jemandes Zuweisung
oder Zustimmung. Meine Arbeit, die sie dem gemeinen Zustand, in dem sie sich befanden, enthoben hat, hat mein Eigentum an ihnen bestimmt. [. . .]

Ist auch das Wasser, das aus der Quelle rinnt, allen eigen,
wer wollte in Zweifel stellen, daß das Wasser im Krug nur
dem gehört, der es geschöpft hat? Seine Arbeit hat es aus
den Händen der Natur genommen, wo es Gemeingut war
und allen ihren Kindern gleichermaßen gehörte, und er hat
es sich dadurch zu eigen gemacht.

So gibt dieses Gesetz der Vernunft das Wild dem Indianer zum Eigentum, der es getötet hat. Obwohl vorher alle
ein gemeinsames Recht darauf hatten, wird es als das Eigentum dessen anerkannt, der seine Arbeit darauf verwandt hat.
Auch unter denen, die man zu dem zivilisierten Teil der
Menschheit rechnet und die immer mehr positive Gesetze
geschaffen haben, um das Eigentum zu bestimmen, hat dieses ursprüngliche Naturgesetz für die Entstehung des Eigentums an dem, was vorher Gemeinbesitz war, noch immer Gültigkeit; und kraft dieses Gesetzes wird der Fisch,
den jemand im Ozean fängt – jenem großen fortdauernden
Gemeingut der Menschheit –, oder der Bernstein, den jemand dort aufliest, durch seine Arbeit zum Eigentum dessen, der sich dieser Mühe unterzieht: Diese Arbeit nämlich
enthebt ihn jenem Zustand des gemeinsamen Besitzes, in
dem ihn die Natur belassen hat. Und selbst bei uns wird der
Hase, den jemand jagt, als Eigentum dessen angesehen, der
ihn während der Jagd verfolgt. Denn da er ein Tier ist, das

noch als Gemeingut und niemandes persönliches Eigentum gilt, hat ihn, wer immer die Arbeit auf ihn verwandt hat, ihn aufzuspüren und ihm nachzujagen, jenem Naturzustande entfernt, in dem er Gemeingut war, und hat das Eigentum an ihm begründet.

Man mag hier vielleicht einwenden: Falls man ein Recht erwirbt, wenn man die Eicheln oder die anderen Früchte der Erde sammelt usw., so kann sich ein jeder so viel anhäufen, wie er will. Worauf ich die Antwort gebe: Das ist nicht so. Dasselbe Naturgesetz, welches uns auf diesem Wege Eigentum gibt, begrenzt dieses Eigentum auch. *Gott gibt uns reichlich allerlei zu genießen* (1. Tim. 6, 17), sagt die durch die Erleuchtung bekräftigte Stimme der Vernunft. Wieweit jedoch hat er es uns gegeben? Es zu genießen. So viel, als ein jeder zu irgendwelchem Vorteil für sein Leben nutzen kann, bevor es verdirbt, darf er sich zu seinem Eigentum machen. Was darüber hinausgeht, ist mehr, als ihm zusteht, und gehört den anderen. [. . .]

Der Hauptgegenstand des Eigentums heute sind jedoch nicht die Früchte der Erde und die Tiere, die auf ihr leben, sondern die Erde selbst als das, was alles übrige hält und trägt, und ich glaube, es ist offensichtlich, daß auch das Eigentum daran auf die gleiche Weise erworben wird wie das vorige. Soviel Land ein Mensch bepflügt, bepflanzt, bebaut, kultiviert und soviel er verwerten kann durch die Nutzung seines Ertrages, soviel ist sein eigen. Durch seine Arbeit grenzt er es gleichsam gegen das Gemeingut ab. [...]

Das Gesetz, welchem der Mensch unterstand, empfahl ihm geradezu, sich die Welt anzueignen. Gott gebot ihm, zu arbeiten, und seine Bedürfnisse zwangen ihn dazu. Worauf immer er seine Arbeit verwandte, war sein Eigentum, welches ihm nicht genommen werden konnte. So sehen wir, daß die Unterwerfung oder Bebauung der Erde und Ausübung von Herrschaft eng miteinander verbunden sind. Eines gibt ein Recht auf das andere, so daß Gott, als er befahl, sich die Erde zu unterwerfen, die Befugnis gab, sie sich anzueignen. Und die Bedingung des menschlichen Lebens, Arbeit und ein Material vorzufinden, das bearbeitet werden kann, führt notwendigerweise zu Privatbesitz.

Das Maß des Eigentums hat die Natur sehr wohl mit den Grenzen, die der menschlichen Arbeit gesetzt sind, und mit den Annehmlichkeiten des Lebens festgesetzt. Niemand vermochte sich mit seiner Arbeit alles zu unterwerfen oder anzueignen oder zu seinem Genuß mehr als einen kleinen Teil zu verbrauchen. Es war also niemandem möglich, auf diesem Wege in die Rechte eines anderen einzugreifen oder sich irgendwelches Eigentum zum Schaden seines Nächsten zu erwerben. Diesem blieb (nachdem der andere sich sein Land genommen hatte) noch immer Raum für ebenso guten und ebenso großen Besitz wie vordem, bevor sich jener sein Land angeeignet hatte. Dieses Maß beschränkte den Besitz eines Menschen auf einen sehr bescheidenen Teil – auf das nämlich, was er sich aneignen konnte, ohne irgend jemandem Schaden zuzufügen. [...]

Es ist so auch nicht verwunderlich – wie es auf den ersten Blick hin scheinen mag –, daß das durch die Arbeit geschaffene Eigentum größeren Wert zu erlangen vermochte als der gemeinsame Landbesitz. In der Tat nämlich ist es die Arbeit, die den unterschiedlichen Wert aller Dinge ausmacht. Man betrachte nur den Unterschied zwischen einem mit Tabak oder Zucker bepflanzten oder aber mit Weizen oder Gerste besäten Morgen Landes und einem Morgen desselben Landes, das Gemeingut und überhaupt nicht bewirtschaftet ist, und man wird sehen, daß die Verbesserung durch die Arbeit den weitaus größten Teil des Wertes ausmacht. Meiner Meinung nach ist es sehr bescheiden veranschlagt zu sagen, die für das menschliche Leben nützlichen Erzeugnisse der Erde seien zu neun Zehnteln das Ergebnis der Arbeit. Ja, wenn wir die Dinge richtig einschätzen wollen, so wie sie in unseren Gebrauch gelangen, und die einzelnen Kosten berechnen, die man für sie aufbringen muß, wenn wir fragen, was sie im Eigentlichen der Natur verdanken und was der Arbeit, so werden wir sogar sehen, daß man in den meisten Fällen neunundneunzig Hundertstel ganz auf das Konto der Arbeit schreiben muß.[*]

Bernard Mandeville

Arbeitsplätze, Luxus und Sparsamkeit (1705)

Das Hauptbestreben der Gesetzgeber und anderer weiser Männer, die um die Begründung der Gesellschaft bemüht waren, ist daher gewesen, den Menschen, die sie zu regieren hatten, den Glauben beizubringen, daß es für jeden einzelnen vorteilhafter sei, seine Begierden zu unterdrücken als ihnen freien Lauf zu lassen, und daß es weit besser sei, das allgemeine Wohl als die vermeintlichen Privatinteressen im Auge zu haben. Da dies jederzeit eine sehr schwierige Aufgabe gewesen ist, so hat man auch keinen Kunstgriff und keine Überredung unversucht gelassen, um sie zu lösen; und die Moralisten und Philosophen aller Zeiten verwendeten ihr bestes Können darauf, die Wahrheit eines so nützlichen Grundsatzes zu beweisen. [. . .]

Um außerdem eine Art Wetteifer unter den Menschen zu veranlassen, teilten sie das ganze Geschlecht in zwei voneinander sehr verschiedene Klassen. Die eine bestand aus verworfenen, niedrig gesinnten Leuten, die stets hinter Augenblicksgenüssen herjagten, der Selbstverleugnung gänzlich unfähig waren und ohne Rücksicht auf das Wohl anderer kein

[*] Anmerkung des Herausgebers: Es ist klar, daß nach Lockes Modell alle (arbeitenden) Menschen ungefähr gleich viel besitzen müßten. Neben den hier ausgewählten Gedanken über den Zusammenhang von Eigentum und Arbeit finden sich bei John Locke an derselben Stelle allerdings auch Überlegungen zu der Frage, wie es zu der tatsächlich bestehenden massiven *Ungleichheit* des Eigentums kommen konnte, die aber wenig überzeugend sind.

höheres Ziel als ihren persönlichen Vorteil kannten: Sklaven der Sinnenlust, die widerstandslos jeder groben Begierde nachgaben und ihre Verstandeskräfte bloß dazu gebrauchten, ihre sinnlichen Vergnügungen zu erhöhen. Diese gemeinen, verkommenen Subjekte, sagten sie, wären der Abschaum ihres Geschlechts, sie hätten nur die Gestalt von Menschen und unterschieden sich von wilden Tieren durch nichts als ihre äußere Erscheinung. Die andere Klasse dahingegen bestand aus erhabenen, hochgesinnten Geschöpfen, die frei von schmutziger Selbstsucht die Gaben des Geistes als ihren schönsten Besitz hochhielten und, sich ihres wahren Wertes bewußt, lediglich an der Ausbildung jener Anlagen, in denen ihr Vorzug bestand, Gefallen fänden. Sie seien Verächter all dessen, hieß es, was sie mit unvernünftigen Wesen gemein hätten; kraft ihrer Vernunft widerständen sie ihren heftigsten Neigungen und führten einen beständigen Kampf gegen sich selbst, nach nichts Geringerem strebend als dem Wohle der Allgemeinheit und dem Sieg über ihre Leidenschaften.

*

Ich weiß, daß dies vielen als ein seltsames Paradoxon erscheinen wird, und man wird mich fragen, welcher Vorteil der Allgemeinheit aus Dieben und Einbrechern erwächst. Ich gebe zu, daß sie ein großer Schaden für die menschliche Gesellschaft sind, und jede Regierung sollte sich alle erdenkliche Mühe geben, sie unschädlich zu machen und auszurotten. Wenn aber alle Leute durch und durch redlich wären, und keiner würde sich an anderen Dingen als seinen eigenen zu schaffen machen oder vergreifen, so würde die Hälfte aller Schmiede im Lande beschäftigungslos sein. In der Stadt wie auf dem Lande gibt es eine Unmenge von kunstgewerblichen Arbeiten, die jetzt sowohl zur Verzierung wie zum Schutze dienen, an die man aber niemals gedacht hätte, wenn man sich nicht gegen Diebe und Räuber hätte sichern wollen.

Sollte das eben Gesagte für weit hergeholt erklärt werden und meine Behauptung noch immer paradox erscheinen, so bitte ich den Leser, einmal zu bedenken, was alles konsumiert wird. Er wird dann finden, daß die Trägsten und Untätigsten, die Verworfensten und Bösartigsten alle gezwungen sind, fürs Allgemeinwohl tätig zu sein. Er wird finden, daß sie, solange ihnen der Mund nicht zugenäht ist und sie auch weiterhin abtragen und in anderer Weise verbrauchen, was die Fleißigen täglich zu verfertigen und herbeizuschaffen suchen, daß sie dann gegen ihren Willen mithelfen müssen, die Armen zu erhalten und die Staatskosten zu tragen. Millionen würden bald keine Arbeit mehr haben, wären nicht, wie ich in der Fabel sage, Millionen anderer

[...] berufen,
Um zu zerstören, was jene schufen.

[...]

Alle großen und kleinen Diebe stehlen eines Lebensunterhalts wegen, und entweder ist, was sie auf ehrlichem Wege erwerben können, zu ihrer Erhaltung nicht ausreichend, oder sie haben eine Abneigung gegen dauerndes Arbeiten; sie müssen eben ihren sinnlichen Trieben folgen, essen, stark trinken, ihre Frauenzimmer haben und faulenzen können, wann es ihnen paßt. Der Lebensmittelverkäufer, der ihnen liefert und ihr Geld nimmt, von dem er weiß, wie sie's kriegen, ist eigentlich ein nahezu ebenso großer Schurke wie seine Kunden. Falls er sie aber gehörig rupft, sein Geschäft versteht und sonst vorsichtig ist, so mag er schon sein Geld einstreichen und seine Leute ordentlich bedienen. Der wackere Kellner, dessen Hauptinteresse seines Herrn Profit ist, bringt jedem so viel Bier, wie er haben will, und bemüht sich, seinen Gast nicht zu verlieren; solange dessen Geld gut ist, hält er es nicht für seine Sache, nachzuforschen, von wem er's bekommen hat. Inzwischen weiß der reiche Brauer, der seinen Angestellten alle seine Angelegenheiten überläßt, nicht von der Sache, sondern hält sich Pferd und Wagen, traktiert seine Freunde und amüsiert sich mit Ruhe und gutem Gewissen; er kauft sich ein Gut, baut Häuser und erzieht seine Kinder in Wohlleben, ohne je an die Mühen, Ränke und Kniffe zu denken, mit denen sich die armen, dummen, verlotterten Kerle abgeben, um den Artikel zu bekommen, durch dessen enormen Absatz er seine großen Reichtümer zusammenhäuft.

Ein Straßenräuber, dem eine reiche Beute zugefallen ist, gibt einer armen Weibsperson, an der er gerade Geschmack findet, zehn Pfund, um sie von Kopf bis Fuß neu auszustaffieren. Sollte nun ein Schnittwarenhändler so gewissenhaft sein und sich weigern, ihr eine Rolle Garn zu verkaufen, obgleich er weiß, was für eine sie ist? Sie muß Schuhe, Strümpfe und Handschuhe haben, der Korsett- und der Mäntelfabrikant, die Schneiderin, der Leinenhändler, sie müssen alle etwas an ihr verdienen, und hundert andere Handwerker, die von jenen abhängen, bei denen sie ihr Geld ausgab, mögen einen Teil davon bekommen, ehe ein Monat vorüber ist. [...]

Genügsamkeit ist wie Redlichkeit eine Tugend für arme Hungerleider und paßt bloß für kleine Gemeinschaften guter, friedlicher Menschen, die mit ihrer Armut zufrieden sind, wenn sie dabei in Ruhe leben können; ein großes, rastlos tätiges Volk würde aber sehr bald genug davon haben. Sie ist eine träge, verschlafene Tugend, die niemandem zu tun gibt, und daher höchst unbrauchbar in einem Handelsstaate, wo es zahllose Menschen hat, die auf irgendeine Weise beschäftigt werden müssen. Die Verschwendungssucht erfindet unaufhörlich etwas Neues, um die Leute in Tätigkeit zu setzen, woran bei Genügsamkeit nimmermehr zu denken ist; und wie *sie* imstande ist, mit ungeheuren Reichtümern fertigzuwerden, so kennt wieder der Geiz zahllose Kniffe, um sie zusammenzuscharren, von denen die Genügsamkeit sich scheuen würde, Gebrauch zu machen.

Karl Marx

Technischer Fortschritt, freie Wirtschaft, Krisen
(1848)

Das Bedürfnis nach einem stets ausgedehnteren Absatz für ihre Produkte jagt die Bourgeoisie über die ganze Erdkugel. Überall muß sie sich einnisten, überall anbauen, überall Verbindungen herstellen.

Die Bourgeoisie hat durch ihre Exploitation des Weltmarkts die Produktion und Konsumtion aller Länder kosmopolitisch gestaltet. Sie hat zum großen Bedauern der Reaktionäre den nationalen Boden der Industrie unter den Füßen weggezogen. Die uralten nationalen Industrien sind vernichtet worden und werden noch täglich vernichtet. Sie werden verdrängt durch neue Industrien, deren Einführung eine Lebensfrage für alle zivilisierten Nationen wird, durch Industrien, die nicht mehr einheimische Rohstoffe, sondern den entlegensten Zonen angehörige Rohstoffe verarbeiten und deren Fabrikate nicht nur im Lande selbst, sondern in allen Weltteilen zugleich verbraucht werden. An die Stelle der alten, durch Landeserzeugnisse befriedigten Bedürfnisse treten neue, welche die Produkte der entferntesten Länder und Klimate zu ihrer Befriedigung erheischen. An die Stelle der alten lokalen und nationalen Selbstgenügsamkeit und Abgeschlossenheit tritt ein allseitiger Verkehr, eine allseitige Abhängigkeit der Nationen voneinander. Und wie in der materiellen, so auch in der geistigen Produktion. Die geistigen Erzeugnisse der einzelnen Nationen werden Gemeingut. Die nationale Einseitigkeit und Beschränktheit wird mehr und mehr unmöglich, und aus den vielen nationalen und lokalen Literaturen bildet sich eine Weltliteratur.

Die Bourgeoisie reißt durch die rasche Verbesserung aller Produktionsinstrumente, durch die unendlich erleichterten Kommunikationen alle, auch die barbarischsten Nationen in die Zivilisation. Die wohlfeilen Preise ihrer Waren sind die schwere Artillerie, mit der sie alle chinesischen Mauern in den Grund schießt, mit der sie den hartnäckigsten Fremdenhaß der Barbaren zur Kapitulation zwingt. Sie zwingt alle Nationen, die Produktionsweise der Bourgeoisie sich anzueignen, wenn sie nicht zugrunde gehen wollen; sie zwingt sie, die sogenannte Zivilisation bei sich selbst einzuführen, d.h. Bourgeois zu werden. Mit einem Wort, sie schafft sich eine Welt nach ihrem eigenen Bilde.

Die Bourgeoisie hat das Land der Herrschaft der Stadt unterworfen. Sie hat enorme Städte geschaffen, sie hat die Zahl der städtischen Bevölkerung gegenüber der ländlichen in hohem Grade vermehrt und so einen bedeutenden Teil der Bevölkerung dem Idiotismus des Landlebens entrissen. Wie sie das Land von der Stadt, hat sie die barbarischen und halbbarbarischen Länder von den zivilisierten, die Bauernvölker von den Bourgeoisvölkern, den Orient vom Okzident abhängig gemacht. [. . .]

Die Bourgeoisie hat in ihrer kaum hundertjährigen Klassenherrschaft massenhaftere und kolossalere Produktionskräfte geschaffen als alle vergangenen Generationen zusammen. Unterjochung der Naturkräfte, Maschinerie, Anwendung der Chemie auf Industrie und Ackerbau, Dampfschiffahrt, Eisenbahnen, elektrische Telegraphen, Urbarmachung ganzer Weltteile, Schiffbarmachung der Flüsse, ganze aus dem Boden hervorgestampfte Bevölkerungen – welches frühere Jahrhundert ahnte, daß solche Produktionskräfte im Schoß der gesellschaftlichen Arbeit schlummerten. [. . .]

Die bürgerlichen Produktions- und Verkehrsverhältnisse, die bürgerlichen Eigentumsverhältnisse, die moderne bürgerliche Gesellschaft, die so gewaltige Produktions- und Verkehrsmittel hervorgezaubert hat, gleicht dem Hexenmeister, der die unterirdischen Gewalten nicht mehr zu beherrschen vermag, die er heraufbeschwor. Seit Dezennien ist die Geschichte der Industrie und des Handels nur die

Geschichte der Empörung der modernen Produktivkräfte gegen die modernen Produktionsverhältnisse, gegen die Eigentumsverhältnisse, welche die Lebensbedingungen der Bourgeoisie und ihrer Herrschaft sind. Es genügt, die Handelskrisen zu nennen, welche in ihrer periodischen Wiederkehr immer drohender die Existenz der ganzen bürgerlichen Gesellschaft in Frage stellen. In den Handelskrisen wird ein großer Teil nicht nur der erzeugten Produkte, sondern der bereits geschaffenen Produktivkräfte regelmäßig vernichtet. In den Krisen bricht eine gesellschaftliche Epidemie aus, welche allen früheren Epochen als ein Widersinn erschienen wäre – die Epidemie der Überproduktion. Die Gesellschaft findet sich plötzlich in einen Zustand momentaner Barbarei zurückversetzt; eine Hungersnot, ein allgemeiner Vernichtungskrieg scheinen ihr alle Lebensmittel abgeschnitten zu haben; die Industrie, der Handel scheinen vernichtet, und warum? Weil sie zuviel Zivilisation, zuviel Lebensmittel, zuviel Industrie, zuviel Handel besitzt. Die Produktivkräfte, die ihr zur Verfügung stehen, dienen nicht mehr zur Beförderung der bürgerlichen Eigentumsverhältnisse; im Gegenteil, sie sind zu gewaltig für diese Verhältnisse geworden, sie werden von ihnen gehemmt; und sobald sie dies Hemmnis überwinden, bringen sie die ganze bürgerliche Gesellschaft in Unordnung, gefährden sie die Existenz des bürgerlichen Eigentums. Die bürgerlichen Verhältnisse sind zu eng geworden, um den von ihnen erzeugten Reichtum zu fassen. – Wodurch überwindet die Bourgeoisie die Krisen? Einerseits durch die erzwungene Vernichtung einer Masse von Produktivkräften; andererseits durch die Eroberung neuer Märkte und die gründlichere Ausbeutung alter Märkte. Wodurch also? Dadurch, daß sie allseitigere und gewaltigere Krisen vorbereitet und die Mittel, den Krisen vorzubeugen, vermindert.

Karl Marx

Arbeitslosigkeit (1867)

Als Maschine wird das Arbeitsmittel sofort zum Konkurrenten des Arbeiters selbst. Die Selbstverwertung des Kapitals durch die Maschine steht im direkten Verhältnis zur Arbeiterzahl, deren Existenzbedingungen sie vernichtet. Das ganze System der kapitalistischen Produktion beruht darauf, daß der Arbeiter seine Arbeitskraft als Ware verkauft. Die Teilung der Arbeit vereinseitigt diese Arbeitskraft zum ganz partikularisierten Geschick, ein Teilwerkzeug zu führen. Sobald die Führung des Werkzeugs der Maschine anheimfällt, erlischt mit dem Gebrauchswert der Tauschwert der Arbeitskraft. Der Arbeiter wird unverkäuflich, wie außer Kurs gesetztes Papiergeld. Der Teil der Arbeiterklasse, den die Maschinerie so in überflüssige, d.h. nicht länger zur Selbstverwertung des Kapitals unmittelbar notwendige Bevölkerung verwandelt, geht einerseits unter in dem ungleichen Kampf des alten handwerksmäßigen und manufakturmäßigen Betriebs wider den maschinenmäßigen, überflutet andrerseits alle leichter zugänglichen Industriezweige, überfüllt den Arbeitsmarkt und senkt daher den Preis der Arbeitskraft unter ihren Wert. Ein großer Trost für die pauperisierten Arbeiter soll sein, daß ihre Leiden teils nur „zeitlich" („a temporary inconvenience"), teils daß die Maschinerie sich nur allmählich eines ganzen Produktionsfelds bemächtigt, wodurch Umfang und Intensität ihrer vernichtenden Wirkung gebrochen werde. Der eine Trost schlägt den andren. Wo die Maschine allmählich ein Produktionsfeld ergreift, produziert sie chronisches Elend in der mit ihr konkurrierenden Arbeiterschichte. Wo der Übergang rasch, wirkt sie massenhaft und akut. [...]

Es ist eine unzweifelhafte Tatsache, daß die Maschinerie an sich nicht verantwortlich ist für die „Freisetzung" der Arbeiter von Lebensmitteln. Sie verwohlfeilert und vermehrt das Produkt in dem Zweig, den sie ergreift, und läßt die in andren Industriezweigen produzierte Lebensmittelmasse zunächst unverändert. Nach wie vor ihrer Einführung besitzt die Gesellschaft also gleich viel oder mehr Lebensmittel für die deplacierten Arbeiter, ganz abgesehen von dem enormen Teil des jährlichen Produkts, der von Nichtarbeitern vergeudet wird. [...]

Die Überarbeit des beschäftigten Teils der Arbeiterklasse schwellt die Reihen ihrer Reserve, während umgekehrt der vermehrte Druck, den die letztere durch ihre Konkurrenz auf die erstere ausübt, diese zur Überarbeit und Unterwerfung unter die Diktate des Kapitals zwingt. Die Verdammung eines Teils der Arbeiterklasse zu erzwungnem Müßiggang durch Überarbeit des andren Teils und umgekehrt, wird Bereicherungsmittel des einzelnen Kapitalisten und beschleunigt zugleich die Produktion der industriellen Reservearmee.

Soziale Gerechtigkeit

Friedrich August von Hayek
Über die „soziale Gerechtigkeit" (1973)

Es ist kaum überraschend, daß der Begriff der Gerechtigkeit, der im Hinblick auf das Verhalten von Individuen zueinander entwickelt worden war, auf die vereinten Wirkungen der Handlungen vieler Menschen angewandt wurde, auch wo sie niemals vorhergesehen oder beabsichtigt waren. ‚Soziale' Gerechtigkeit (oder manchmal ‚ökonomische' Gerechtigkeit) wurde zu einem Attribut, das die ‚Handlungen' der Gesellschaft oder die ‚Behandlung' von Individuen und Gruppen durch die Gesellschaft besitzen sollten. Wie das primitive Denken auch sonst verfährt, sobald es zum ersten Mal regelmäßige Ordnungen bemerkt, wurden die Resultate der spontanen Ordnung des Marktes so interpretiert, als ob irgendein denkendes Wesen sie bewußt lenkte oder als ob die besonderen Vor- und Nachteile, die verschiedene Personen daraus zogen, durch absichtliche Willensakte bestimmt würden und deshalb von Regeln der Moral geleitet werden könnten. Diese Vorstellung einer ‚sozialen' Gerechtigkeit ist also eine direkte Folge jenes Anthropomorphismus oder der Personifikation, durch die sich das naive Denken alle sich selbstordnenden Prozesse zu erklären sucht. Es ist ein Zeichen der Unreife unseres Geistes, daß wir aus diesen primitiven Begriffen noch nicht herausgewachsen sind und immer noch von einem unpersönlichen Prozeß, der eine größere Befriedigung menschlicher Bedürfnisse herbeiführt, als jede beabsichtigte menschliche Organisation je erreichen könnte, verlangen, daß er sich den moralischen Vorschriften füge, die die Menschen zur Leitung ihrer individuellen Handlungen entwickelt haben. [. . .]

Die Behauptung, daß in einer Gesellschaft freier Menschen (im Unterschied zu irgendeiner Zwangsorganisation) der Begriff der sozialen Gerechtigkeit im strengen Sinne leer und bedeutungslos sei, erscheint vermutlich den meisten Menschen ganz unglaubhaft. Sind wir nicht alle ständig beunruhigt, weil wir beobachten, wie ungerecht das Leben verschiedene Menschen behandelt, und weil wir sehen, daß die Gerechten leiden und die Ungerechten gedeihen? Und haben wir nicht alle ein Gefühl für Angemessenheit und beobachten es mit Genugtuung, wenn wir erkennen, daß eine Belohnung einer Anstrengung oder einem Opfer angemessen ist?

Die erste Einsicht, die diese Gewißheit erschüttern sollte, ist die, daß wir dieselben Gefühle auch im Hinblick auf Unterschiede in menschlichen Schicksalen haben, für die offensichtlich keine menschliche Tätigkeit verantwortlich ist und die Ungerechtigkeit zu nennen darum offensichtlich absurd wäre. Trotzdem empören wir uns gegen die Ungerechtigkeit, wenn eine Folge von Schicksalsschlägen eine Familie trifft, während eine andere stetig gedeiht, wenn eine verdienstliche Anstrengung durch irgendein unvorhersehbares Unglück vereitelt wird, und besonders, wenn von vielen Leuten, deren Anstrengungen gleich groß scheinen, einige glänzenden Erfolg haben, während andere einen völligen Mißerfolg erleiden. Es ist gewiß tragisch, das Fehlschlagen der anerkennenswerten Anstrengungen von Eltern zu sehen, ihre Kinder aufzuziehen, von jungen Menschen, eine Karriere aufzubauen, oder eines Entdeckers oder Wissenschaftlers, der eine glänzende Idee verfolgt. Und wir protestieren gegen ein derartiges Schicksal, obwohl wir keinen kennen, der dafür zu tadeln wäre, oder von irgendeiner Methode wüßten, nach der solche Enttäuschungen verhindert werden können.

Nicht anders ist es im Hinblick auf das allgemeine Gefühl der Ungerechtigkeit im Falle der Verteilung materieller Güter in einer Gesellschaft freier Menschen. Obwohl wir in diesem Falle weniger bereit sind, es einzugestehen, behaupten doch unsere Klagen über das ungerechte Ergebnis des Marktes nicht wirklich, daß irgendjemand ungerecht gewesen sei; und es gibt keine Antwort auf die Frage, *wer* ungerecht gewesen ist. Die Gesellschaft ist einfach zu der neuen Gottheit geworden, an die wir unsere Klagen und Schadensersatzforderungen richten, wenn sie die Erwartungen nicht erfüllt, die sie geweckt hat. Es gibt kein Individuum und keine kooperierende Gruppe von Leuten, denen gegenüber der Leidende eine gerechte Klage vorzubringen hätte, und es gibt keinerlei denkbare Regeln des gerechten individuellen Verhaltens, die zu gleicher Zeit eine funktionierende Ordnung gewährleisteten und derartige Enttäuschungen verhinderten.

Der einzige in diesen Klagen enthaltene Vorwurf ist der, daß wir ein System dulden, in dem jeder seine eigene berufliche Tätigkeit wählen darf und deshalb niemand die Macht und die Pflicht haben kann, dafür zu sorgen, daß die Resultate unseren Wünschen entsprechen. Denn in einem solchen System, wo jeder sein Wissen für seine eigenen Absichten gebrauchen darf, ist der Begriff ,soziale Gerechtigkeit' notwendig leer und ohne Bedeutung, weil hier niemandes Wille die relativen Einkommen der verschiedenen Leute bestimmen oder verhindern kann, daß sie teilweise vom Zufall abhängig sind. ,Soziale Gerechtigkeit' kann nur in einer gelenkten oder ,Befehls'-Wirtschaft eine Bedeutung erhalten (wie etwa in einer Armee), in der den Individuen befohlen wird, was sie tun sollen; und jede bestimmte Vorstellung von ,sozialer Gerechtigkeit' könnte nur in einem derartigen zentral gesteuerten System verwirklicht werden. Es setzt voraus, daß die Leute von spezifischen Anweisungen und nicht von Regeln des gerechten individuellen Verhaltens gelenkt werden. Tatsächlich könnte kein System von Regeln gerechten individuellen Verhaltens und deshalb keine freie Handlung der Individuen Ergebnisse hervorbringen, die irgendeinem Prinzip distributiver Gerechtigkeit genügten.

*

Eine andere Quelle der Vorstellung, daß die Kategorien des Gerechten und Ungerechten sinnvoll auf die durch den Markt bestimmten Entlohnungen angewendet werden könnten, ist die Idee, daß die verschiedenen Dienstleistungen einen bestimmten und feststellbaren ‚Wert für die Gesellschaft‘ hätten und daß die wirkliche Entlohnung häufig von diesem Wert abweiche. Aber obgleich die Vorstellung eines ‚Wertes für die Gesellschaft‘ manchmal selbst von Ökonomen nachlässigerweise gebraucht wird, gibt es genau genommen nichts dergleichen, und der Ausdruck impliziert dieselbe Art Anthropomorphismus oder Personifizierung der Gesellschaft wie der Ausdruck ‚soziale Gerechtigkeit‘. Dienstleistungen können einen Wert nur für bestimmte Leute (oder eine Organisation) haben, und jede besondere Dienstleistung hat sehr verschiedenen Wert für verschiedene Mitglieder derselben Gesellschaft. Sie auf andere Weise anzusehen heißt, die Gesellschaft nicht als eine spontane Ordnung freier Menschen zu behandeln, sondern als eine Organisation, deren Mitglieder gezwungen sind, einer einzigen Hierarchie von Zielen zu dienen. Dies wäre notwendig ein totalitäres System, in dem es keine persönliche Freiheit gäbe.

Obgleich es verführerisch ist, von einem ‚Wert für die Gesellschaft‘ zu reden statt von dem Wert, den ein Mensch für seine Mitmenschen hat, ist es tatsächlich äußerst irreführend, wenn wir z.B. sagen, daß ein Mann, der Millionen von Menschen Streichhölzer liefert und damit $ 200000 im Jahr verdient, von größerem Wert für die Gesellschaft sei als jemand, der einigen tausend Menschen große Weisheit oder ungewöhnliches Vergnügen vermittelt und damit $ 20000 im Jahr verdient. Selbst die Aufführung einer Beethoven-Sonate, ein Gemälde von Leonardo oder ein Stück von Shakespeare haben keinen ‚Wert für die Gesellschaft‘, sondern einen Wert nur für diejenigen, die sie kennen und lieben. Und es hat wenig Sinn zu behaupten, daß ein Boxer oder ein Schlagersänger von größerem Wert für die Gesellschaft sei als ein Violinvirtuose oder ein Ballettänzer, wenn erstere Millionen von Menschen Dienstleistungen erbringen und letztere einer sehr viel kleineren Gruppe. Es geht nicht darum, daß die wahren Werte verschieden sind, sondern darum, daß die Werte, die den verschiedenen Dienstleistungen von verschiedenen Gruppen von Menschen beigemessen werden, inkommensurabel sind; diese Ausdrücke bedeuten lediglich, daß der eine tatsächlich eine größere Gesamtsumme von einer größeren Anzahl von Leuten erhält als der andere.

*

Es kann wenig Zweifel darüber bestehen, daß sich die moralischen Gefühle, die sich in der Forderung nach ‚sozialer Gerechtigkeit‘ ausdrücken, von einer Haltung herleiten, die das Individuum unter primitiveren Bedingungen gegenüber den übrigen Mitgliedern der Kleingruppe, zu der es gehörte, entwickelt hat. Gegenüber dem persönlich bekannten Mitglied der eigenen Gruppe mag es sehr wohl eine anerkannte Pflicht gewesen sein, es zu unterstützen und die eigenen Handlungen seinen Bedürfnissen anzupassen. Dies wurde durch die Kenntnis seiner Person und seiner Umstände möglich gemacht. Die Situation ist gänzlich verschieden in der Großen oder Offenen Gesellschaft. Hier kommen jedermanns Erzeugnisse und Dienstleistungen in der Regel Personen zugute, die er nicht kennt. Die größere Produktivität einer derartigen Gesellschaft beruht auf einer Arbeitsteilung, die weit über den Bereich hinausreicht, den irgendeine einzelne Person überblicken kann. Diese Ausdehnung des Austauschprozesses über die relativ kleinen Gruppen hinaus und unter Einschluß einer großen Vielzahl von Personen, die einander nicht bekannt sind, ist dadurch ermöglicht worden, daß dem Fremden und selbst dem Ausländer derselbe Schutz der Regeln des gerechten Verhaltens zugestanden wurde, der für die Beziehungen zu den bekannten Mitgliedern der eigenen Kleingruppe galt.

Diese Anwendung derselben Regeln des gerechten Verhaltens auf die Beziehungen zu allen anderen Menschen wird mit Recht als eine der großen Errungenschaften einer liberalen Gesellschaft angesehen. Was gewöhnlich nicht verstanden wird, ist, daß diese Ausdehnung derselben Regeln auf die Beziehungen zu allen anderen Menschen (über die intimste Gruppe wie die Familie und persönliche Freunde hinaus) eine Abschwächung mindestens einiger der Regeln erforderlich macht, die in den Beziehungen zu anderen Mitgliedern der kleineren Gruppe durchgesetzt werden. Wenn die Rechtspflichten gegenüber Fremden oder Ausländern dieselben sein sollen wie die gegenüber den Nachbarn oder den Einwohnern desselben Dorfes oder Städtchens, müssen die letzteren Pflichten auf solche reduziert werden, die auch auf den Fremden angewendet werden können. Ohne Zweifel werden sich die Menschen immer wünschen, auch zu kleineren Gruppen zu gehören, und willens sein, freiwillig größere Verpflichtungen gegenüber selbstgewählten Freunden oder Gefährten zu übernehmen. Aber derartige moralische Verpflichtungen gegenüber einigen können niemals zu erzwungenen Pflichten in einem System der Freiheit unter dem Recht werden, weil in einem solchen System die Auswahl derjenigen, denen gegenüber man besondere moralische Verpflichtungen zu übernehmen wünscht, einem selbst überlassen bleiben muß und nicht vom Gesetz bestimmt werden kann. Ein System von Regeln, das für die Offene Gesellschaft gedacht ist und, mindestens im Prinzip, auf alle anderen Menschen anwendbar sein soll, muß einen etwas geringeren Inhalt haben als eines, das in einer Kleingruppe gelten soll.

*

Wir berühren hier ein Problem, das mit all seinen Verzweigungen viel zu groß ist, als daß wir hier versuchen könnten, es systematisch zu untersuchen, aber das zumindest kurz erwähnt werden sollte. Es ist dieses, daß wir nicht jede Moral haben können, die wir uns wünschen oder von der wir träumen. Eine Moral muß, um lebensfähig zu sein, gewissen Anforderungen genügen, Anforderungen, die wir möglicherweise nicht spezifizieren können, sondern nur durch Versuch und Irrtum herauszufinden vermögen. Was erfordert wird, ist nicht lediglich Konsistenz oder Vereinbarkeit der Regeln wie der von ihnen geforderten Handlungen. Ein Moralsystem muß auch eine funktionierende Ordnung hervorbringen, die imstande ist, den Zivilisationsapparat aufrechtzuerhalten, den sie voraussetzt.

Wir sind mit dem Begriff nicht-lebensfähiger Moralsysteme nicht vertraut und können sie gewiß nirgends in der Praxis beobachten, da Gesellschaften, die sie ausprobieren, schnell verschwinden. Aber sie werden gepredigt, oft von weithin verehrten Heiligengestalten, und die im Verfall begriffenen Gesellschaften, die wir beobachten können, sind oft Gesellschaften, die den Lehren derartiger Reformer der Moral gelauscht haben und die Zerstörer ihrer Gesellschaften immer noch als gute Menschen verehren.

Politiker, Fürsten und Realpolitik

Han Fei Zi
Über den Umgang mit Fürsten (3. Jh. v. u. Z.)

Wenn es zugegebenermaßen schwierig ist, das Wort an einen Herrscher zu richten, so liegt das weniger an der heiklen Angelegenheit als solcher oder an den erforderlichen Kenntnissen, noch an der Schwierigkeit, die Worte zu finden, um seine Gedanken mit ausdrucksvoller Beredsamkeit vorzutragen ... Die Schwierigkeit, das Wort an einen Herrscher zu richten, liegt vielmehr darin, seine Geistesart zu erkennen und es zu verstehen, die eigenen Argumente dieser anzupassen.

Wenn zum Beispiel der Herrscher, an den du dich wendest, ausschließlich an die Erhaltung hohen Ansehens denkt, du aber ihn mit dem Hinweis auf materiellen Vorteil zu gewinnen suchst, so wird er dich als einen Mann von niedrigen Grundsätzen betrachten, dich nicht mehr mit Aufmerksamkeit oder Respekt behandeln und hinfort von seinem Vertrauen ausschließen. Wenn er aber andrerseits auf materiellen Vorteil sieht und man ihm mit Gründen der Reputation kommt, so wird er glauben, daß es dir an gesundem Menschenverstand und Sinn für das praktische Leben fehle, und so wird er sich deiner nicht bedienen. Wenn er aber insgeheim auf Gewinn ausgeht, nach außen aber nur die Sorge für seinen Ruf betont und man ihn dann hierin beim Worte nimmt, so wird er zwar angeblich mit dir zufrieden sein, dich aber in Wirklichkeit von sich fernhalten; sprichst du ihn aber mit dem Hinweis auf Gewinn an, so wird er insgeheim diesem Rat folgen, dich aber nach außen hin nicht anerkennen. Alles dieses muß bedacht werden. [...]

Breite nicht dein ganzes Wissen vor ihm aus, ehe du nicht sein volles Vertrauen erworben hast. Wenn er deinem Rate folgt und Glück damit hat, so wirst du doch keine Anerkennung finden; wenn er deinen Rat nicht beachtet und schlecht dabei fährt, so wird er dich verdächtigen [daß du ihn an seine Feinde verraten hättest, um dich zu rechtfertigen], und so wird dein Leben in Gefahr sein. Zitiere niemals rituelle oder höfische Regeln vor einer hohen Persönlichkeit, die einen Fehler begangen hat, um ihr das Unrecht nachzuweisen. Wenn du das tust, so wird dein Leben in Gefahr sein. Wenn eine hohe Persönlichkeit eine erfolgreiche Politik betreibt und dafür allen Ruhm einheimsen will, so erinnere nicht daran, daß du dazu geraten hattest, oder dein Leben wird in Gefahr sein. Versuche nicht, sie zu etwas zu verleiten, wofür ihr die Macht fehlt, und halte sie nicht von etwas zurück, was aufzugeben sie nicht imstande ist, oder dein Leben wird in Gefahr sein.

Wenn du dem Herrscher etwas Gutes über seine hohen Minister sagst, so wird er meinen, daß du damit einen Tadel seiner selbst beabsichtigst; wenn du Günstiges über Personen von geringerer Bedeutung sagst, so wird er glauben, daß du deinen Einfluß verkaufst. Wenn du von den Menschen sprichst, die er liebt, so wird er finden, daß du dir gegenüber seinem Eigentum zuviel herausnimmst; wenn du von denen sprichst, die er nicht mag, so wird er glauben, du tätest es, um herauszufinden, was er über sie denkt. Wenn du kurz und zur Sache sprichst, so wird er meinen, du seiest zu dumm, um mehr sagen zu können; wenn du ihn mit Wissen und Beredsamkeit überschüttest, so wird er dich für lästig und pedantisch halten. Wenn du deinen Gedanken nur einen flüchtigen Ausdruck verleihst, so wird er dich für zu schüchtern halten, um zur Sache zu kommen; wenn du dich in voller Offenheit und Freiheit über alles verbreitest, so wird er sagen, du seiest schlecht erzogen und anmaßend.

Solche Schwierigkeiten bestehen, wenn man zu einem Herrscher spricht, und es ist unerläßlich, daß man sie richtig erkennt.

Der Redner sollte keine Mühe sparen um herauszufinden, wie er am besten die Dinge betont, auf die der Angesprochene stolz ist, und die vermeidet, deren er sich schämt. Wenn er sich zum Beispiel in privaten Schwierigkeiten befindet, so laß die Angelegenheit beiseite und weise ihn mit Nachdruck auf die öffentliche Pflicht hin. Wenn er die Anlage hat, durch seine schlechten, aber nicht zu unterdrükkenden Neigungen mutlos zu werden, so sollte der Redner seine guten Eigenschaften betonen und seine Mängel beschönigen. Wenn er zur Selbstzufriedenheit neigt, sein Verhalten aber nicht seiner eigenen hohen Meinung entspricht, so sollte der Redner ihn auf seine Fehler aufmerksam machen, ihm seine schlechte Eigenschaften vor Augen führen und bedauern, daß er seine Grundsätze nicht in die Tat umsetzte.

Wenn die Person, an die du dich wendest, sich ihrer Klugheit rühmt, so gib ihr Entfaltungsmöglichkeiten durch die Erwähnung von Fällen, die bei aller Verschiedenheit doch der zur Erörterung stehenden Sache ähnlich sind. Auf diese Weise kannst du deinem Gegenüber die Themen zuspielen und so tun, als ob du selbst unwissend seist, und ihm dadurch die Chance geben, seine Klugheit zu beweisen. Wenn du den andern zu etwas bringen willst, was in jeder Weise für ihn günstig ist, dann befürworte es mit der Begründung, daß sich sein Ansehen dadurch erhöhe, und spiele nur ganz leise darauf an, daß auch seine Privatinteressen damit gefördert würden. Wenn du ihn andererseits dazu bringen möchtest, einen von dir für gefährlich gehaltenen Plan aufzugeben, so behaupte offen, daß sein Ruf darunter leiden werden, und deute nur leise an, daß auch seine Privatinteressen dadurch leiden würden.

Wenn du andere Personen lobst, deren Verhalten ebenso war wie das des Herrschers, an den du dich wendest, oder wenn du Beispiele dafür anführst, daß dieselbe Politik auch in anderen Fällen angewandt wurde, so mußt du, wenn die Laster dieser anderen Personen dieselben wie die deines

Herrschers waren, diese Laster unbedingt als harmlos hinstellen, und wenn die von dir befürwortete Politik in anderen Fällen keinen Erfolg hatte, so mußt du es deutlich machen, daß keine großen Nachteile daraus erwuchsen.

Wenn er sich seiner Macht rühmt, so ärgere ihn nicht mit Dingen, für die seine Kraft nicht ausreicht; wenn er sich seiner schnellen Entschlußkraft rühmt, so fordere ihn nicht durch die Erwähnung von Fällen heraus, da er zögerte; wenn er sich der Klugheit seiner politischen Maßnahmen rühmt, so erinnere ihn nicht roh an seine Mißerfolge.

Wenn in deiner allgemeinen Haltung nichts ist, was ihn beleidigen könnte, und in der Wahl deiner Worte nichts, was ihn kränken könnte, so magst du vertrauensvoll dazu übergehen, alle Weisheit und Beredsamkeit zu entfalten, über die du verfügst. Dies ist der richtige Weg, um Vertrauen und Gehör zu finden und die Möglichkeit zu erlangen, deine Meinung wirklich zu äußern. . .

Wenn dann die Dinge einen ruhigen Verlauf nehmen und du dir die Gunst des Fürsten immer mehr erwirbst, so kannst du dich auf größere Pläne einlassen, ohne sein Vertrauen zu verlieren, und Kritik üben oder ihm widersprechen, ohne Strafen befürchten zu müssen, bis du durch offenes Anraten des für ihn Vorteilhaften und Abraten des für ihn Nachteiligen seine Bestrebungen förderst und durch eindeutige Darlegung von Recht und Unrecht sein Ansehen hebst, so daß ihr beide eure Aufgaben erfüllt. An diesem Punkt erreicht die Kunst, mit einem Herrscher umzugehen, ihre Vollendung ...

Der Drache ist ein Geschöpf, das lenkbar ist und gezähmt und zugeritten werden kann. Unterhalb seines Nackens aber befinden sich gesträubte Schuppen, die einen Fuß lang hervorragen, und jeder, der mit ihnen in Berührung kommt, trägt den Tod davon. Ein Herrscher über Menschen hat viel Ähnlichkeit mit einem Drachen; auch er hat gesträubte Schuppen, und ein Berater, der sich von ihnen fernzuhalten weiß, wird nicht so übel fahren.

Niccolò Machiavelli

Realpolitik (1532)

Jedem ist klar, daß es lobenswürdig ist, wenn ein Fürst sein Wort hält und mit Rechtschaffenheit und ohne Hinterlist seinen Weg geht. Allein die Erfahrung unserer Tage lehrt, daß bloß jene Fürsten mächtig geworden sind, die es mit Treu und Glauben leicht nahmen und sich darauf verstanden, andere zu täuschen und zu betrügen, während jene, welche redlich ihre Verbindlichkeiten befolgten, am Ende übel wegkamen.

Zuvörderst muß man daher wissen, daß man mit zweierlei Waffen kämpfen kann: mit den Gesetzen und mit der Gewalt. Die erste Art ist Sache der Menschen, die zweite Sache der wilden Tiere. Aber bei der Unzulänglichkeit der ersteren muß man öfters zur letzteren seine Zuflucht nehmen. Ein Fürst muß also die Rolle eines Menschen und jene eines Tieres zu spielen verstehen. Dies wollten uns die Alten unter dem Bilde des Achilles und anderer Fürsten vorstellen, von denen sie erzählen, sie seien dem Kentauren Chiron zur Erziehung übergeben worden. Dies will nichts anderes sagen als daß, weil der Lehrer halb Tier und halb Mensch war, auch dessen Schüler beide Eigenschaften annehmen mußten, weil die eine ohne die andere nicht lange bestehen könne.

Da nun ein Fürst genötigt ist, die Rolle eines wilden Tieres gut zu spielen, muß er sich den Fuchs und den Löwen zum Vorbild nehmen; der Löwe nämlich entgeht den Netzen nicht, der Fuchs entwischt dem Wolfe nicht. Er muß daher ein Fuchs sein, um die Schlingen zu wittern und ihnen zu entgehen, und ein Löwe, um die Wölfe zu schrecken. Die, welche bloß Löwen sein wollen, verstehen ihre Sache schlecht. Ein kluger Fürst darf daher sein Versprechen nie halten, wenn es ihm schädlich ist oder die Umstände, unter denen er es gegeben hat, sich geändert haben.

Diese Grundregel würde nicht gut sein, wenn alle Menschen gut wären. Weil aber alle böse und schlecht sind und in dem gegebenen Falle dem Fürsten ihr Versprechen auch nicht halten würden, so berechtigt ihn dieses, auch wortbrüchig zu werden. Es wird ihm auch nie ein Vorwand fehlen, den Bruch desselben zu beschönigen. Tausend neuere Beispiele könnte ich hier anführen, um zu zeigen, welche Menge von Friedensschlüssen, von Zusicherungen und Verträgen durch wortbrüchige Fürsten null und nichtig geworden sind – wobei aber immer jene, welche am geschicktesten die Rolle des Fuchses zu spielen verstanden, am besten weggekommen sind. Nur muß man es gleich dem Fuchse verstehen, seine Rolle durch geschickte Wendungen meisterhaft zu verstecken. Denn die Menschen sind so einfältig und so gewöhnt, den herrschenden Verhältnissen nachzugeben, daß der, welcher betrügen will, immer Leute findet, welche sich betrügen lassen. [...]

Es ist also nicht nötig, daß ein Fürst alle die oben genannten Tugenden besitzt, sondern es ist schon hinlänglich, wenn er sie nur zu besitzen scheint. Ja, ich getraue mich zu behaupten, daß es sogar gefährlich für ihn sein würde, wenn er sie wirklich alle besäße und immer ausübte, da es ihm im Gegenteil nützlich ist, wenn er sie nur zu besitzen scheint. Ein Fürst muß gnädig, rechtschaffen, leutselig, aufrichtig und gottesfürchtig scheinen und es sein und gleichwohl so ganz Herr über sich sein, daß er im Notfall gerade das Gegenteil von dem allen tun kann.

Man kann als richtig voraussetzen: Ein Fürst, und namentlich ein neuer Fürst, kann nicht so handeln, wie die Menschen gewöhnlich handeln sollten, um rechtschaffen genannt zu werden; das Staatserfordernis nötigt ihn oft, Treue und Glauben zu brechen und der Menschenliebe, der Menschlichkeit und Religion entgegen zu handeln. Er muß also nach dem Winde segeln, aber nicht ganz vom Wege des Guten ablenken, solange dies nur möglich ist; erst dann muß er ohne Bedenken Verbrechen begehen, wenn es die äußerste Not erfordert

Es muß sich daher ein Fürst angewöhnen, sich nie anders zu äußern als auf eine jenen fünf Tugenden entsprechende Weise, so daß jeder, der ihn sieht, überzeugt ist, er sei die Güte, die Redlichkeit, die Treue, die Höflichkeit und Frömmigkeit selbst. Letztere Eigenschaft besonders darf er nie unterlassen äußerlich zu zeigen; denn die Menschen pflegen gemeiniglich mehr nach den Augen als nach den Händen zu urteilen; denn jeder ist in der Lage zu sehen, wenige aber zu fühlen. Jeder sieht, was der Fürst scheint, aber fast niemand weiß, was er in Wirklichkeit ist, und diese Minorität wagt es nicht, der Meinung der vielen entgegenzutreten, welche der Schild der Majestät des Staates deckt.

V. Geschichte

Georg Wilhelm Friedrich Hegel
Weltgeschichte und Weltgeist (1830)

Der einzige Gedanke, den die Philosophie [in die Betrachtung der Geschichte] mitbringt, ist aber der einfache Gedanke der Vernunft, daß die Vernunft die Welt beherrsche,
daß es also auch in der Weltgeschichte vernünftig zugegangen sey. Diese Überzeugung und Einsicht ist eine Voraus
setzung in Ansehung der Geschichte als solcher überhaupt. [. . .]
   Es hat sich erst aus der Betrachtung der Weltgeschichte
selbst zu ergeben, daß es vernünftig in ihr zugegangen sey,
daß sie der vernünftige, nothwendige Gang des Weltgeistes
gewesen, des Geistes, dessen Natur zwar immer eine und
dieselbe ist, aber in dem Weltdaseyn diese seine eine Natur
explicirt. Dieß muß, wie gesagt, das Ergebnis der Geschichte seyn. Die Geschichte aber haben wir zu nehmen, wie sie
ist: wir haben historisch, empirisch zu verfahren; unter anderem müssen wir uns nicht durch die Historiker vom Fach
verführen lassen, denn diese, namentlich Deutsche, welche
eine große Autorität besitzen, machen das, was sie den
Philosophen vorwerfen, nämlich a priorische Erdichtungen
in der Geschichte. [. . .]
   Als die erste Bedingung könnten wir somit aussprechen,
daß wir das Historische getreu auffassen; allein in solchen
allgemeinen Ausdrücken, wie treu und auffassen, liegt die
Zweideutigkeit. Auch der gewöhnliche und mittelmäßige
Geschichtsschreiber, der etwa meint und vorgiebt, er verhalte sich nur aufnehmend, nur dem Gegebenen sich hinge-
bend, ist nicht passiv mit seinem Denken, und bringt seine
Kategorien mit, und sieht durch sie das Vorhandene: bei
allem insbesondere, was wissenschaftlich seyn soll, darf die

Vernunft nicht schlafen, und muß Nachdenken angewandt werden; wer die Welt vernünftig ansieht, den sieht sie auch vernünftig an: Beides ist in Wechselbestimmung.

Es war eine Zeit lang Mode, Gottes Weisheit in Thieren, Pflanzen, einzelnen Schicksalen zu bewundern. Wenn zugegeben wird, daß die Vorsehung sich in solchen Gegenständen und Stoffen offenbare, warum nicht auch in der Weltgeschichte? Dieser Stoff scheint zu groß. Aber die göttliche Weisheit, d.i. die Vernunft, ist eine und dieselbe im Großen, wie im Kleinen, und wir müssen Gott nicht für zu schwach halten, seine Weisheit auf's Große anzuwenden. Unsere Erkenntniß geht darauf, die Einsicht zu gewinnen, daß das von der ewigen Weisheit Bezweckte, wie auf dem Boden der Natur, so auf dem Boden des in der Welt wirklichen und thätigen Geistes, herausgekommen ist. Unsere Betrachtung ist insofern eine Theodicee, eine Rechtfertigung Gottes, welche Leibnitz metaphysisch auf seine Weise in noch unbestimmten, abstracten Kategorien versucht hat, so daß das Uebel in der Welt begriffen, der denkende Geist mit dem Bösen versöhnt werden sollte. In der That liegt nirgend eine größere Aufforderung zu solcher versöhnenden Erkenntniß als in der Weltgeschichte. Diese Aussöhnung kann nur durch die Erkenntniß des Affirmativen erreicht werden, in welchem jenes Negative zu einem Untergeordneten und Ueberwundenen verschwindet, durch das Bewußtseyn, theils was in Wahrheit der Endzweck der Welt sey, theils daß derselbe in ihr verwirklicht worden sey, und nicht das Böse neben ihm sich letzlich geltend gemacht habe. [. . .]

Die Weltgeschichte ist der Fortschritt im Bewußtseyn der Freiheit, – ein Fortschritt, den wir in seiner Notwendigkeit zu erkennen haben.

Mit dem, was ich im Allgemeinen über den Unterschied des Wissens von der Freiheit gesagt habe, und zwar zunächst in der Form, daß die Orientalen nur gewußt haben, daß *Einer* frei, die griechische und römische Welt aber, daß *Einige* frei sind, daß wir aber wissen, alle Menschen an sich, das heißt der Mensch als Mensch sey frei, ist auch zugleich die Eintheilung der Weltgeschichte, und die Art, in der wir sie abhandeln werden, angegeben. Dieß ist jedoch nur im Vorbeigehen vorläufig bemerkt; wir haben vorher noch einige Begriffe zu expliciren.

Es ist also, als die Bestimmung der geistigen Welt, und indem diese die substantielle Welt ist, und die physische ihr untergeordnet bleibt, oder im speculativen Ausdruck, keine Wahrheit gegen die erste hat – als der *Endzweck der Welt,* das Bewußtseyn des Geistes von seiner Freiheit, und ebendamit die Wirklichkeit seiner Freiheit überhaupt angegeben worden. Daß aber diese Freiheit, wie sie angegeben wurde, selbst noch unbestimmt, und ein unendlich vieldeutiges Wort ist, daß sie, indem sie das Höchste ist, unendlich viele Mißverständnisse, Verwirrungen und Irrthümer mit sich führt, und alle möglichen Ausschweifungen in sich begreift, dieß ist etwas, was man nie besser gewußt und erfahren hat, als in jetziger Zeit. [. . .]

Dieser Endzweck ist das, worauf in der Weltgeschichte hingearbeitet worden, dem alle Opfer auf dem weiten Altar der Erde und in dem Verlauf der langen Zeit gebracht worden. Dieser ist es allein, der sich durchführt und vollbringt, das allein Ständige in dem Wechsel aller Begebenheiten und Zustände, so wie das wahrhaft Wirksame in ihnen. Dieser Endzweck ist das, was Gott mit der Welt will, Gott aber ist das Vollkommenste, und kann darum nichts als sich selbst, seinen eigenen Willen wollen. Was aber die Natur seines Willens, d.h. seine Natur überhaupt ist, dieß ist es, was wir, indem wir die religiöse Vorstellung in Gedanken fassen, hier die Idee der Freiheit nennen. Die jetzt aufzuwerfende unmittelbare Frage kann nun die seyn: welche Mittel gebraucht sie zu ihrer Realisation? Dieß ist das Zweite, was hier zu betrachten ist.

Diese Frage nach den *Mitteln,* wodurch sich die Freiheit zu einer Welt hervorbringt, führt uns in die Erscheinung der Geschichte selbst. Wenn die Freiheit als solche zunächst

der innere Begriff ist, so sind die Mittel dagegen ein Aeu-
ßerliches, das Erscheinende, das in der Geschichte unmittelbar vor die Augen tritt und sich darstellt. Die nächste Ansicht der Geschichte überzeugt uns, daß die Handlungen
der Menschen von ihren Bedürfnissen, ihren Leidenschaften, ihren Interessen, ihren Charakteren und Talenten ausgehen, und zwar so, daß es in diesem Schauspiel der Thätig-
keit nur diese Bedürfnisse, Leidenschaften, Interessen sind,
welche als die Triebfedern erscheinen, und als das
Hauptwirksame vorkommen. Wohl liegen darin auch allgemeine Zwecke, ein Guteswollen, edle Vaterlandsliebe;
aber diese Tugenden und dieses Allgemeine stehen in einem
unbedeutenden Verhältnisse zur Welt und zu dem, was sie
erschafft. Wir können wohl die Vernunftbestimmung in
diesen Subjecten selbst und in den Kreisen ihrer Wirksamkeit realisirt sehen, aber sie sind in einem geringen Verhältniß zu der Masse des Menschengeschlechts; ebenso ist der
Umfang des Daseyns, den ihre Tugenden haben, relativ von
geringer Ausdehnung. Die Leidenschaften dagegen, die
Zwecke des particularen Interesses, die Befriedigung der
Selbstsucht, sind das Gewaltigste; sie haben ihre Macht
darin, daß sie keine der Schranken achten, welche das Recht
und die Moralität ihnen setzen wollen, und daß diese Na-
turgewalten dem Menschen unmittelbar näher liegen, als die
künstliche und langwierige Zucht zur Ordnung und Mäßigung, zum Rechte und zur Moralität. Wenn wir dieses
Schauspiel der Leidenschaften betrachten, und die Folgen
ihrer Gewaltthätigkeit, des Unverstandes erblicken, der sich
nicht nur zu ihnen, sondern selbst auch, und sogar vornehmlich zu dem, was gute Absichten, rechtliche Zwecke
sind, gesellt, wenn wir daraus das Uebel, das Böse, den Un-
tergang der blühendsten Reiche, die der Menschengeist hervorgebracht hat, sehen; so können wir nur mit Trauer über
diese Vergänglichkeit überhaupt erfüllt werden, und indem
dieses Untergehen nicht nur ein Werk der Natur, sondern
des Willens der Menschen ist, mit einer moralischen Be-

trübniß, mit einer Empörung des guten Geistes, wenn ein solcher in uns ist, über solches Schauspiel enden. Man kann jene Erfolge ohne rednerische Uebertreibung, blos mit richtiger Zusammenstellung des Unglücks, den das Herrlichste an Völkern und Staatengestaltungen, wie an Privattugenden erlitten hat, zu dem furchtbarsten Gemälde erheben, und ebenso die Empfindung zur tieffsten, rathlosesten Trauer steigern, welcher kein versöhnendes Resultat das Gegengewicht hält, und gegen die wir uns etwa nur dadurch befestigen, oder dadurch aus ihr heraustreten, indem wir denken: es ist nun einmal so gewesen; es ist ein Schicksal; es ist nichts daran zu ändern; und dann, daß wir aus der Langenweile, welche uns jene Reflexion der Trauer machen könnte, zurück in unser Lebensgefühl, in die Gegenwart unserer Zwecke und Interessen, kurz in die Selbstsucht zurücktreten, welche am ruhigen Ufer steht, und von da aus sicher des fernen Anblicks der verworrenen Trümmermasse genießt. Aber auch indem wir die Geschichte als diese Schlachtbank betrachten, auf welcher das Glück der Völker, die Weisheit der Staaten, und die Tugend der Individuen zum Opfer gebracht worden, so entsteht dem Gedanken nothwendig auch die Frage, wem, welchem Endzwecke diese ungeheuersten Opfer gebracht worden sind. [...]

Diese unermeßliche Masse von Wollen, Interessen und Thätigkeiten sind die Werkzeuge und Mittel des Weltgeistes, seinen Zweck zu vollbringen, ihn zum Bewußtseyn zu erheben und zu verwirklichen: und dieser ist nur sich zu finden, zu sich selbst zu kommen, und sich als Wirklichkeit anzuschauen. Daß aber jene Lebendigkeiten der Individuen und der Völker, indem sie das Ihrige suchen und befriedigen, zugleich die Mittel und Werkzeuge eines Höheren und Weiteren sind, von dem sie nichts wissen, das sie bewußtlos vollbringen, das ist es, was zur Frage gemacht werden könnte, auch gemacht worden, und was ebenso vielfältig geläugnet, wie als Träumerei und Philosophie verschrieen und verachtet worden ist. Darüber aber habe ich gleich von

Anfang an mich erklärt, und unsere Voraussetzung (die sich aber am Ende erst als Resultat ergeben sollte) und unsern Glauben behauptet, daß die Vernunft die Welt regiert, und so auch die Weltgeschichte regiert hat. [...]

Jene Frage nimmt auch die Form an, von der Vereinigung der *Freiheit* und *Nothwendigkeit,* indem wir den inneren, an und für sich seyenden Gang des Geistes als das Nothwendige betrachten, dagegen das, was im bewußten Willen der Menschen als ihr Interesse erscheint, der Freiheit zuschreiben. [...]

Dieses Extrem für sich existirend im Unterschied von dem absoluten, allgemeinen Wesen ist ein Besonderes, weiß die Besonderheit und will dieselbe; es ist überhaupt auf dem Standpunkt der Erscheinung. Hieher fallen die besonderen Zwecke, indem die Individuen sich in ihre Particularität legen, sie ausfüllen und verwirklichen. Dieser Standpunkt ist denn auch der des Glücks oder Unglücks. Glücklich ist derjenige, welcher sein Daseyn seinem besonderen Charakter, Wollen und Willkür angemessen hat und so in seinem Daseyn sich selbst genießt. Die Weltgeschichte ist nicht der Boden des Glücks. Die Perioden des Glücks sind leere Blätter in ihr; denn sie sind die Perioden der Zusammenstimmung, des fehlenden Gegensatzes.

Jacob Burckhardt

Glück und Unglück in der Weltgeschichte (1870)

In unserem eigenen Leben sind wir gewöhnt, das uns Gewordene teils als Glück, teils als Unglück aufzufassen und tragen dies wie selbstverständlich auf die vergangenen Zeiten über.

Obwohl uns von Anfang an dabei Zweifel aufsteigen müßten, indem je nach Lebensaltern und Erfahrungen unser

Urteil in eigenen Sachen sich stark ändern kann; erst die letzte Lebensstunde gewährt den abschließenden Spruch über diejenigen Menschen und Dinge, mit welchen wir in Berührung gekommen sind; – und dieser Spruch kann ganz verschieden lauten, je nachdem wir im vierzigsten oder im achtzigsten Jahre sterben; – und er hat doch nur eine subjektive Wahrheit für uns selbst und keine objektive. Das erlebt vollends Jeder, daß ihm früher gehegte Wünsche später als Torheit vorkommen.

Trotz allem haben sich geschichtliche Urteile über Glück und Unglück in der Vergangenheit gebildet, sowohl solche über einzelne Ereignisse als solche über ganze Zeiten und Zustände. [. . .]

Wir urteilen z. B. folgendermaßen:

Es war ein Glück, daß die Griechen über die Perser, Rom über Karthago siegte. –

Ein Unglück, daß Athen im peloponnesischen Kriege den Spartanern unterlag. –

Ein Unglück, daß Cäsar ermordet wurde, bevor er dem römischen Weltreich eine angemessene Form sichern konnte. –

Ein Unglück, daß in der Völkerwanderung so unendlich Vieles von den höchsten Errungenschaften des menschlichen Geistes unterging. –

Ein Glück aber, daß die Welt dabei erfrischt wurde durch neuen gesunden Völkerstoff. –

Ein Glück, daß Europa im VIII. Jahrhundert sich im ganzen des Islams erwehrte. –

Ein Unglück, daß die deutschen Kaiser im Kampf mit den Päpsten unterlagen, und daß die Kirche eine so furchtbare Gewaltherrschaft entwickeln konnte. –

Ein Unglück, daß die Reformation sich nur in halb Europa vollzog und daß der Protestantismus sich in zwei Konfessionen teilte.

Ein Glück, daß Spanien und dann Ludwig XIV. mit ihren Weltherrschaftsplänen am Ende unterlagen usw.

Freilich, je näher der Gegenwart, desto mehr gehen dann die Urteile auseinander. Man könnte aber sagen, daß damit gegen das Urteilen an sich nichts bewiesen sei, indem dasselbe, sobald man eine etwas größere Zeitenfolge übersehe, sein gutes Recht habe und die Ursachen und Wirkungen, die Ereignisse und Folgen richtig schätzen könne. [...]

Wer ist es nun aber, der im ganzen diese Urteile fällt?

Es ist eine Art von literarischem Konsensus, allmählich angehäuft aus Wünschen und Räsonnements der Aufklärung und aus den wahren oder vermeinten Resultaten einer Anzahl vielgelesener Historiker.

Auch verbreiten sie sich nicht absichtslos, sondern sie werden oft publizistisch verbraucht zu Beweisen für oder gegen bestimmte Richtungen der Gegenwart. Sie gehören mit zu dem umständlichen Gepäck der öffentlichen Meinung und tragen zum Teil sehr deutlich (schon in der Heftigkeit, resp. Grobheit ihres Auftretens) den Stempel der betreffenden Zeitlichkeit. Sie sind die Todfeinde der wahren geschichtlichen Erkenntnis. [...]

Sehr beliebt ist in den jetzigen Zeiten das Urteil nach der *Größe*. Man kann zwar dabei nicht leugnen, daß rasch und hoch entwickelte politische Macht herrschender Völker und Einzelner nur zu erkaufen war durch das Leiden von Unzähligen; allein man veradelt das Wesen des Herrschers und seiner Umgebung nach Kräften und legt in ihn alle möglichen Ahnungen derjenigen Größe und Güte, welche später sich an die Folgen seines Tuns angeknüpft hat. Endlich setzt man voraus, der Anblick des Genius hat verklärend und beglückend auf die von ihm behandelten Völker gewirkt.

Mit dem Leiden der Unzähligen aber verfährt man als mit einem „vorübergehenden Unglück" äußerst kühl; man verweist auf die unleugbare Tatsache, daß dauernde Zustände, also nachheriges „Glück", sich überhaupt fast nur dann gebildet haben, wenn schreckliche Kämpfe die Machtstellung so oder so entschieden hatten; in der Regel beruht Herkommen und Dasein des Urteilenden auf so gewonnenen Zuständen, und daher seine Nachsicht.

Und nun endlich die gemeinsame Quelle, die durch alle diese Urteile hindurchsickert, das schon längst durch alles Bisherige hindurchklingende Urteil des *Egoismus!* „Wir" urteilen so und so; freilich ein Anderer, der – vielleicht auch aus Egoismus – das Gegenteil meint, sagt auch „wir", und in absolutem Sinne ist damit so viel erreicht als mit den Wünschen nach Regen oder Sonnenschein je nach den Interessen des einzelnen Landbauers.

Unsere tiefe und höchst lächerliche Selbstsucht hält zunächst diejenigen Zeiten für glücklich, welche irgend eine Aehnlichkeit mit unserem Wesen haben; sie hält ferner diejenigen vergangenen Kräfte und Menschen für löblich, auf deren Tun unser jetziges Dasein und relatives Wohlbefinden gegründet scheint.

Ganz als wäre Welt und Weltgeschichte nur unsertwillen vorhanden. Jeder hält nämlich seine Zeit für die Erfüllung der Zeiten und nicht bloß für eine der vielen vorübergehenden Wellen. [. . .]

Wir müßten überhaupt suchen, den Ausdruck „Glück" aus dem Völkerleben loszuwerden und durch einen anderen zu ersetzen, während wir, wie sich weiter zeigen wird, den Ausdruck „Unglück" beizubehalten haben. [. . .]

Und nun ist das Böse auf Erden allerdings ein Teil der großen weltgeschichtlichen Oekonomie: es ist die Gewalt, das Recht des Stärkeren über den Schwächeren, vorgebildet schon in demjenigen Kampf ums Dasein, welcher die ganze Natur, Tierwelt wie Pflanzenwelt, erfüllt, weitergeführt in der Menschheit durch Mord und Raub in den früheren Zeiten, durch Verdrängung resp. Vertilgung oder Knechtung schwächerer Rassen, schwächerer Völker innerhalb derselben Rasse, schwächerer Staatenbildungen, schwächerer gesellschaftlicher Schichten innerhalb desselben Staates und Volkes.

Der Stärkere ist als solcher noch lange nicht der Bessere. Auch in der Pflanzenwelt ist ein Vordringen des Gemeineren und Frecheren hie und da erweisbar. In der Geschichte aber bildet das Unterliegen des Edlen, weil es in der Minorität ist, besonders für solche Zeiten eine große Gefahr, da eine sehr allgemeine Kultur herrscht, welche sich alle Rechte der Majorität beilegt. Und nun waren alle diese unterlegenen Kräfte vielleicht edler und besser; allein die Sieger, obwohl nur von Herrschsucht vorwärts getrieben, führen eine Zukunft herbei, von welcher sie selbst noch keine Ahnung haben. Nur in der Dispensation der Staaten vom allgemeinen Moralgesetz, bei fortwährender Geltung desselben für den Einzelnen, blickt etwas wie eine Ahnung durch.

Das größte Beispiel bietet das römische Weltreich, begonnen mit den entsetzlichsten Mitteln bald nach Erlöschen des Kampfes zwischen Patriziern und Plebejern in Gestalt der Samniterkriege, vollendet durch Unterwerfung von Orient und Okzident mit unermeßlichen Strömen von Blut.

Hier erkennen wir im Großen einen wenigstens für uns recht scheinbaren weltgeschichtlichen Zweck: die Schöpfung einer gemeinsamen Weltkultur, wodurch auch die Verbreitung einer neuen Weltreligion möglich wurde, beides überlieferbar auf die barbarischen Germanen der Völkerwanderung als künftiger Zusammenhalt eines neuen Europas.

Allein daraus, daß aus Bösem Gutes, aus Unglück relatives Glück geworden ist, folgt noch gar nicht, daß Böses und Unglück nicht anfänglich waren, was sie waren. Jede gelungene Gewalttat war böse und ein Unglück und allermindestens ein gefährliches Beispiel.

Karl R. Popper
Hat die Weltgeschichte einen Sinn? (1945)

Hat die Weltgeschichte einen Sinn?

Ich will mich hier nicht mit dem Problem der Bedeutung des Wortes ‚Sinn‘ beschäftigen; ich setze voraus, daß die meisten Menschen mit hinreichender Klarheit wissen, was sie meinen, wenn sie vom ‚Sinn der Geschichte‘ oder dem ‚Sinn des Lebens‘ sprechen. Und in diesem Sinn, in dem Sinn, in dem die Frage nach dem Sinn der Geschichte gewöhnlich gestellt wird, gebe ich zur Antwort: *Die Weltgeschichte hat keinen Sinn.*

Um meine Gründe für diese Ansicht zu geben, muß ich zunächst etwas über jene Art von ‚Geschichte‘ sagen, an die man denkt, wenn man die Frage nach ihrem Sinn stellt. [. . .]

In der Tat, es gibt keine Geschichte der Menschheit, es gibt nur eine unbegrenzte Anzahl von Geschichten, die alle möglichen Aspekte des menschlichen Lebens betreffen. Und eine von ihnen ist die Geschichte der politischen Macht. Sie wird zur Weltgeschichte erhoben. Aber das ist eine Beleidigung jeder sittlichen Auffassung von der Menschheit. Es ist kaum besser, als wenn man die Geschichte der Unterschlagung oder des Raubes oder des Giftmordes zur Geschichte der Menschheit machen wollte. Denn *die Geschichte der Machtpolitik ist nichts anderes als die Geschichte der nationalen und internationalen Verbrechen und Massenmorde* (einige Versuche zu ihrer Unterdrückung eingeschlossen). Diese Geschichte wird in der Schule gelehrt, und einige der größten Verbrecher werden als ihre Helden gefeiert.

Aber gibt es wirklich keine Universalgeschichte im Sinne einer konkreten Geschichte der Menschheit? Eine solche Geschichte kann es nicht geben. Dies muß die Antwort jedes humanitär gesinnten Menschen und insbesondere jedes Christen sein. Eine konkrete Geschichte der Menschheit –

wenn es sie gäbe – müßte die Geschichte aller Menschen sein. Sie müßte die Geschichte aller menschlichen Hoffnungen, Kämpfe und Leiden sein. Denn kein Mensch ist wichtiger als irgendein anderer. Diese konkrete Geschichte kann nicht geschrieben werden. Wir müssen Abstraktionen machen, wir müssen vernachlässigen und auswählen. Aber damit kommen wir zu den vielen Geschichten; und unter ihnen zu jener Geschichte internationaler Verbrechen und Massenmorde, die als die Geschichte der Menschheit, als die ‚Weltgeschichte‘ angepriesen worden ist.

Aber warum wurde gerade die Geschichte der Macht und nicht zum Beispiel die Geschichte der Religion oder der Dichtkunst ausgewählt? Dafür gibt es verschiedene Gründe. Einer dieser Gründe ist, daß die Macht uns alle, die Dichtung aber nur wenige von uns beeinflußt. Ein anderer ist, daß die Menschen die Neigung haben, die Macht anzubeten. Aber es steht ohne jeden Zweifel fest, daß die Anbetung der Macht einer der übelsten Götzendienste der Menschheit ist, ein Denkmal der menschlichen Knechtschaft. Die Anbetung der Macht ist aus der Furcht geboren; aus einem Gefühl, das wir mit Recht verachten. Ein dritter Grund dafür, daß die Machtpolitik zum Kern der ‚Geschichte‘ erhoben worden ist, liegt in der Tatsache, daß die Mächtigen es wünschen, angebetet zu werden und daß sie die Mittel besaßen, ihre Wünsche durchzusetzen. Viele Historiker schrieben im Auftrag und unter der Aufsicht der Kaiser, der Generäle und der Diktatoren. [...]

Die Lehre, daß Gott sich und seinen Urteilsspruch in der Geschichte offenbart, ist von der Lehre, daß der weltliche Erfolg der letzte Richter und die letzte Rechtfertigung unserer Handlungen ist, nicht zu unterscheiden. Sie läuft auf dasselbe hinaus wie die Lehre, daß die Geschichte uns richten wird; das heißt, daß *zukünftige Macht Recht* ist; eine Lehre, die ich ‚moralischen Futurismus‘ genannt habe. Die Behauptung, daß Gott sich in dem offenbart, was man gewöhnlich ‚Geschichte‘ nennt, in der Geschichte internationaler Verbrechen und Massenmorde, diese Behauptung ist eine grobe Lästerung; und sie wird nicht besser, wenn wir an die zukünftigen Machthaber und Massenmörder appellieren. Was sich wirklich im Bereich des menschlichen Lebens ereignet – das wird durch diese grausame und zugleich kindische Affäre kaum je berührt. Das Leben des vergessenen, des unbekannten individuellen Menschen; seine Trauer, seine Freude, seine Leiden und sein Tod – sie sind der wirkliche Gehalt der menschlichen Erfahrung durch alle Zeiten. Könnte die Geschichte das erzählen, dann würde ich sicher nicht sagen, daß es Lästerung ist, den Finger Gottes in ihr zu sehen. Aber eine solche Geschichte gibt es nicht und kann es nicht geben; und was von der Geschichte existiert, unsere Geschichte der Großen und Mächtigen, ist bestenfalls eine schale Komödie, eine Opera buffa, die von den Mächten hinter der Wirklichkeit gespielt wird (vergleichbar Homers Opera buffa der olympischen Mächte hinter der Szene der menschlichen Streitigkeiten). Sie ist, was einer unserer schlechtesten Instinkte, die götzenhafte Anbetung der Macht, des Erfolges, uns als die Wirklichkeit vorspiegelt. Um in dieser vom Menschen nicht einmal geschaffenen, sondern von ihm gefälschten ‚Geschichte‘ wagen einige Christen den Finger Gottes zu sehen! Sie wagen es, zu verstehen und zu wissen, was Sein Wille ist, wenn sie Ihm ihre erbärmlichen, kleinen historischen Interpretationen unterstellen! [. . .]

Die Geschichte hat keinen Sinn; das ist meine Behauptung. Aber aus dieser Behauptung folgt nicht, daß wir nichts tun können, daß wir die Geschichte der politischen Macht mit Entsetzen akzeptieren müssen oder daß wir gezwungen sind, sie als einen grausamen Scherz hinzunehmen. Denn wir können sie interpretieren mit dem Blick auf jene Probleme der Machtpolitik, deren Lösung wir in unserer eigenen Zeit versuchen wollen. Wir können die Geschichte der Machtpolitik deuten im Sinn unseres Kampfes für die offene Gesellschaft, für eine Herrschaft der Vernunft, für Gerechtigkeit, Freiheit, Gleichheit und für die Kontrolle des internationalen Verbrechens. Obwohl die Geschichte kein Ziel hat, können wir ihr dennoch diese unsere Ziele stellen. *Und obwohl die Geschichte keinen Sinn hat, können doch wir ihr einen Sinn geben.*

Es ist das Problem von Natur und Konvention, auf das wir hier stoßen. Weder Natur noch Geschichte kann uns sagen, was wir tun sollen. Tatsachen, seien es nun Tatsachen der Natur oder Tatsachen der Geschichte, können die Entscheidung nicht für uns treffen, sie können nicht die Ziele bestimmen, die wir wählen werden. Wir sind es, die Zweck und Sinn in die Natur und in die Geschichte einführen. Die Menschen sind einander nicht gleich; aber wir können uns entschließen, für gleiche Rechte zu kämpfen. Menschliche Institutionen, wie etwa der Staat, sind nicht rational; aber wir können uns dazu entschließen zu kämpfen, um sie mehr rational zu machen. Wir selbst wie auch unsere gewöhnliche Sprache sind im großen und ganzen eher emotional als rational; wir können aber versuchen, vernünftiger zu werden. Wir können uns darin üben, unsere Sprache nicht als ein Ausdrucksmittel (wie unsere romantischen Erziehungstheoretiker sagen würden), sondern als ein Mittel der rationalen Verständigung zu verwenden. Die Geschichte selbst – ich meine hier natürlich die Geschichte der Machtpolitik und nicht die nichtexistente Geschichte der Entwicklung der Menschheit – hat weder ein Ziel noch einen Sinn; aber wir können uns entschließen, ihr beides zu verleihen. Wir können sie zu unserem Kampf für die offene Gesellschaft und gegen ihre Feinde machen; und wir können sie dementsprechend interpretieren. Schließlich läßt sich dasselbe auch über den ‚Sinn des Lebens' sagen. An uns liegt es, zu entscheiden, was der Zweck unseres Lebens sein soll, und unsere Ziele zu bestimmen.

Ich halte diesen Dualismus von Tatsachen und Entscheidungen für fundamental. Tatsachen als solche haben keinen Sinn; sie können einen Sinn nur durch unsere Entscheidungen erhalten. Der Historizismus ist nur einer der vielen Versuche, über diesen Dualismus hinwegzukommen. Er ist aus der Furcht geboren, denn er scheut vor der Einsicht zurück, daß wir die Verantwortung tragen, selbst für die ethischen Maßstäbe, die wir anerkennen. Aber ein solcher aus der Furcht geborener Versuch scheint mir genau das zu sein, was man gewöhnlich einen Aberglauben nennt. Denn er nimmt an, daß wir dort ernten können, wo wir nicht gesät haben; er versucht uns einzureden, daß alles gut ausgehen wird und muß, wenn wir nur mit der Geschichte Schritt halten, daß wir selbst keine grundlegende Entscheidung zu treffen brauchen; und er versucht unsere Verantwortlichkeit auf die Geschichte und damit auf ein uns weit überragendes dämonisches Kräftespiel abzuwälzen; er versucht unsere Handlungen auf die verborgenen Absichten dieser Mächte zu gründen, auf Absichten, die uns nur in mystischen Inspirationen und Institutionen geoffenbart werden können; und er stellt damit uns und unsere Handlungen auf das moralische Niveau eines Menschen, der, durch Horoskope und Träume inspiriert, seine Glückszahl in der Lotterie wählt. Wie die Glücksspiele, so ist auch der Historizismus aus unserer Verzweiflung an der Rationalität und der Verantwortlichkeit unserer Handlungen geboren. Er ist eine entartete Hoffnung und ein entarteter Glaube, ein Versuch, die Hoffnung und den Glauben, der in unserem moralischen Enthusiasmus und in der Verachtung des Erfolges begründet ist, durch eine Sicherheit zu ersetzen, die einer Pseudowissenschaft entspringt. Und es macht keinen Unterschied, ob das eine Pseudowissenschaft von den Sternen ist, von der ‚menschlichen Natur‘, oder von unserem historischen Schicksal. [. . .]

Dieser Nachdruck auf den Dualismus von Tatsachen und Entscheidungen bestimmt auch unsere Einstellung zu Ideen, wie der Idee des ‚Fortschritts‘. Wenn wir glauben, daß die Geschichte fortschreitet oder daß wir selbst fortschreiten müssen, dann begehen wir denselben Fehler wie ein

Mensch, der die Geschichte für sinnvoll hält und der glaubt, daß sich dieser Sinn in ihr entdecken läßt und ihr nicht verliehen zu werden braucht. Denn ,Fortschritt' heißt, sich auf ein bestimmtes Ziel hin bewegen, auf ein Ziel, daß für uns als menschliche Wesen besteht. ,Die Geschichte' kann dies nicht tun; nur wir, die menschlichen Individuen, können es tun. Wir können es tun, indem wir jene demokratischen Institutionen verteidigen und stärken, von denen die Freiheit und mit ihr der Fortschritt abhängt. Und wir werden es viel besser tun, sobald wir einmal die Tatsache besser erkannt haben, daß der Fortschritt bei uns liegt, daß er abhängt von unserer Wachsamkeit, von unseren Anstrengungen, von der Klarheit, mit der wir unsere Ziele vorstellen, sowie auch vom Realismus unserer Entscheidungen.

Statt als Propheten zu posieren, müssen wir zu den Schöpfern unseres Geschicks werden. Wir müssen lernen, unsere Aufgaben zu erfüllen, so gut wir nur können, und wir müssen auch lernen, unsere Fehler aufzuspüren und einzusehen. Und wenn wir einmal von der Idee abgekommen sind, daß die Geschichte der Macht unser Richter sein wird; wenn wir nicht mehr von der Frage besessen sind, ob uns die Geschichte wohl rechtfertigen wird, dann wird es uns vielleicht eines Tages gelingen, die Macht unter unsere Kontrolle zu bringen. In dieser Weise könnten wir vielleicht sogar die Weltgeschichte rechtfertigen: sie hat eine solche Rechtfertigung dringend nötig.

VI. Kultur

Zhuangzi

Kulturpessimismus (4. Jh. v. u. Z.)

Pferde haben Hufe, mit denen sie durch Schnee und Eis laufen können; ihre Mähnen halten Wind und Kälte ab; sie fressen Gras, saufen Wasser und galoppieren mit weitausholenden Beinen über das Land. Das ist die wahre Natur der Pferde, und wenn sie großartige Terrassen oder weite Hallen hätten, könnten sie damit nichts anfangen.

Bis dann Bo Le daherkam und erklärte: „Ich beherrsche die Pferdedressur". Er brandmarkte, schor und bändigte sie, spannte sie ins Joch und sperrte sie in Gatter und Ställe. Von zehn Pferden gingen zwei oder drei dabei zugrunde. Er ließ sie hungern und dürsten, rennen, tänzeln, in Formation gehen, vorne mit Zaum und Zügel geplagt, und hinten von der Peitsche geschreckt. Da war schon über die Hälfte der Pferde verendet.

Der Töpfer sagt: „Ich beherrsche die Gestaltung von Ton; (was ich) rund (mache), stimmt mit dem Zirkel überein, (was ich) eckig (mache), mit dem Winkelmaß". Der Zimmermann sagt: „Ich beherrsche die Bearbeitung von Holz; (das von mir) gebogene stimmt mit der Kurvenlehre überein, (das von mir) gerade (gerichtete) mit der Meßschnur".

Wie aber sollte die wahre Natur von Ton und Holz es wünschen, mit Zirkel, Winkelmaß, Kurvenlehre und Meßschnur übereinzustimmen?

Trotzdem preist Generation auf Generation, wie gut Bo Le als Pferdedresseur war und wie sehr Töpfer und Zimmerleute den Umgang mit ihren Werkstoffen beherrschen. Denselben Fehler machen auch die Regierenden.

In meinen Augen ist das keine gute Regierung! Die Menschen haben doch unveränderliche Anlagen. Weben, sich kleiden, pflügen, sich nähren – das heißt teilhaben an der Tugend. Wenn sie (alle) eins sind und keine Gruppen bilden, so heißt dies die natürliche Freiheit.

Und wirklich:

Zur Zeit der wahren Tugend gingen die Menschen gemächlich ihrer Wege und schauten einfältig um sich. Damals gab es keine Pfade oder Rampen in den Bergen und weder Boote noch Brücken auf den Gewässern. Alles wuchs reichlich und nahe bei den Wohnstätten. Tiere lebten in Scharen, Pflanzen und Bäume entfalteten sich zu vollem Wuchs. Daher konnten die Menschen wilde Tiere an Leinen führen und zu den Nestern der Vögel hinaufklettern und hineinschauen.

Zur Zeit der wahren Tugend hausten Menschen mit wilden Tieren zusammen und lebten mit allen Wesen in Gemeinschaft. Wie hätten sie da wissen sollen, was Adelige und was kleine Leute sind? Alle waren unwissend, so verließ sie die Tugend nicht, alle waren begierdelos. Das heißt man Schlichtheit. Durch diese Schlichtheit bewahrte das Volk seine Natürlichkeit.

Doch als die Weisen Zwang zur Menschlichkeit und Aufgeblasenheit zur Rechtschaffenheit (erhoben), begann die Welt zu zweifeln. Und als sie Liederliches zur Musik und groteske Normen zu Riten machten, begann die Spaltung der Welt. [. . .]

Die Pferde indessen leben auf den Ebenen, fressen Gras, saufen Wasser, reiben ihre Hälse aneinander, wenn sie gutgelaunt sind. Wenn sie gereizt sind, drehen sie einander den Rücken zu und schlagen aus. Das ist alles, was Pferde wissen. Wenn man sie aber in die Deichsel spannt und unter das Joch zwingt, werden sie bockig, lernen den Zügeln auszuweichen und das Zaumzeug durchzubeißen. Auf diese Weise werden die Pferde raffiniert und lernen allerlei üble Tricks. Das ist die Schuld der Bo Le's.

Zur Zeit des Hauses He Xu lebten die Menschen, ohne zu wissen, was sie taten. Sie gingen, ohne zu wissen wohin, hatten den Mund voll Essen, waren fröhlich, klopften sich auf den Bauch und lebten dahin. Das war alles, was sie konnten. Bis dann die Weisen mit Sitten und Musik daherkamen, um die Welt zurechtzubiegen. Sie propagierten Menschlichkeit und Rechtschaffenheit, um allen Herzen auf Erden Trost zu bringen. Die Menschen aber fingen damals an, gierig nach Kenntnissen Ausschau zu halten und um jeden Profit zu streiten. Jetzt läßt es sich nicht mehr aufhalten. Auch das haben die Weisen auf dem Gewissen.

Immanuel Kant

Ob das menschliche Geschlecht im beständigen Fortschreiten zum Besseren sei (1798)

Wie kann man es wissen?

Als wahrsagende Geschichtserzählung des Bevorstehenden in der künftigen Zeit: mithin als eine a priori mögliche Darstellung der Begebenheiten, die da kommen sollen. – Wie ist aber eine Geschichte a priori möglich? – Antwort: wenn der Wahrsager die Begebenheiten selber macht und veranstaltet, die er zum Voraus verkündigt.

Jüdische Propheten hatten gut weissagen, daß über kurz oder lang nicht bloß Verfall, sondern gänzliche Auflösung ihrem Staat bevorstehe; denn sie waren selbst die Urheber dieses ihres Schicksals. – Sie hatten als Volksleiter ihre Verfassung mit so viel kirchlichen und daraus abfließenden bürgerlichen Lasten beschwert, daß ihr Staat völlig untauglich wurde, für sich selbst, vornehmlich mit benachbarten Völkern zusammen zu bestehen, und die Jeremiaden ihrer Priester mußten daher natürlicher Weise vergeblich in der Luft verhallen: weil diese hartnäckicht auf ihrem Vorsatz einer unhaltbaren, von ihnen selbst gemachten Verfassung beharrten, und so von ihnen selbst der Ausgang mit Unfehlbarkeit vorausgesehen werden konnte.

Unsere Politiker machen, so weit ihr Einfluß reicht, es eben so und sind auch im Wahrsagen eben so glücklich. – Man muß, sagen sie, die Menschen nehmen, wie sie sind, nicht wie der Welt unkundige Pedanten oder gutmüthige Phantasten träumen, daß sie sein sollten. Das *wie sie sind* aber sollte heißen: wozu wir sie durch ungerechten Zwang, durch verrätherische, der Regierung an die Hand gegebene Anschläge gemacht haben, nämlich halsstarrig und zur Empörung geneigt; wo dann freilich, wenn sie ihre Zügel ein wenig sinken läßt, sich traurige Folgen eräugnen, welche die Prophezeiung jener vermeintlich-klugen Staatsmänner wahrmachen.

Auch Geistliche weissagen gelegentlich den gänzlichen Verfall der Religion und die nahe Erscheinung des Antichrists, während dessen sie gerade das thun, was erforderlich ist, ihn einzuführen: indem sie nämlich ihrer Gemeine nicht sittliche Grundsätze ans Herz zu legen bedacht sind, die geradezu aufs Bessern führen, sondern Observanzen und historischen Glauben zur wesentlichen Pflicht machen, die es indirect bewirken sollen, woraus zwar mechanische Einhelligkeit als in einer bürgerlichen Verfassung, aber keine in der moralischen Gesinnung erwachsen kann; alsdann aber über Irreligiosität klagen, welche sie selber gemacht haben, die sie also auch ohne besondere Wahrsagergabe vorherverkündigen konnten.

Durch Erfahrung unmittelbar ist die Aufgabe des Fortschreitens nicht aufzulösen.

Wenn das menschliche Geschlecht, im Ganzen betrachtet, eine noch so lange Zeit vorwärts gehend und im Fortschreiten begriffen gewesen zu sein befunden würde, so kann doch niemand dafür stehen, daß nun nicht gerade jetzt vermöge der physischen Anlage unserer Gattung die Epoche seines Rückganges eintrete; und umgekehrt, wenn es rücklings und mit beschleunigtem Falle zum Ärgeren geht, so darf man nicht verzagen, daß nicht eben da der Umwendungspunkt (punctum flexus contrarii) anzutreffen wäre, wo vermöge der moralischen Anlage in unserem Geschlecht der Gang desselben sich wiederum zum Besseren wendete. Denn wir haben es mit freihandelnden Wesen zu thun, denen sich zwar vorher dictiren läßt, was sie thun sollen, aber nicht vorhersagen läßt, was sie thun werden, und die aus dem Gefühl der Übel, die sie sich selbst zufügten, wenn es recht böse wird, eine verstärkte Triebfeder zu nehmen wissen, es nun doch besser zu machen, als es vor jenem Zustande war. – Aber „arme Sterbliche (sagt der Abt Coyer), unter euch ist nichts beständig, als die Unbeständigkeit!"

Vielleicht liegt es auch an unserer unrecht genommenen Wahl des Standpunkts, aus dem wir den Lauf menschlicher Dinge ansehen, daß dieser uns so widersinnisch scheint. Die Planeten, von der Erde aus gesehen, sind bald rückgängig, bald stillstehend, bald fortgängig. Den Standpunkt aber von der Sonne aus genommen, welches nur die Vernunft thun kann, gehen sie nach der Kopernikanischen Hypothese beständig ihren regelmäßigen Gang fort. Es gefällt aber einigen sonst nicht Unweisen, steif auf ihrer Erklärungsart der Erscheinungen und dem Standpunkte zu beharren, den sie einmal genommen haben: sollten sie sich darüber auch in Tychonische Cyklen und Epicyklen bis zur Ungereimtheit verwickeln. – Aber das ist eben das Unglück, daß wir uns in diesen Standpunkt, wenn es die Vorhersagung freier Handlungen angeht, zu versetzen nicht vermögend sind. Denn das wäre der Standpunkt der Vorsehung, der über alle menschliche Weisheit hinausliegt, welche sich auch auf freie Handlungen des Menschen erstreckt, die von diesem zwar gesehen, aber mit Gewißheit nicht vorhergesehen werden können (für das göttliche Auge ist hier kein Unterschied), weil er zu dem letzteren den Zusammenhang nach Naturge-

setzen bedarf, in Ansehung der künftigen freien Handlungen aber dieser Leitung oder Hinweisung entbehren
muß.

Wenn man den Menschen einen angebornen und unver-
änderlich-guten, obzwar eingeschränkten Willen beilegen
dürfte, so würde er dieses Fortschreiten seiner Gattung zum
Besseren mit Sicherheit vorhersagen können: weil es eine
Begebenheit träfe, die er selbst machen kann. Bei der Mi-
schung des Bösen aber mit dem Guten in der Anlage, deren
Maß er nicht kennt, weiß er selbst nicht, welcher Wirkung
er sich davon gewärtigen könne.

An irgend eine Erfahrung muß doch die wahrsagende
Geschichte des Menschengeschlechts angeknüpft werden.

Es muß irgend eine Erfahrung im Menschengeschlechte
vorkommen, die als Begebenheit auf eine Beschaffenheit
und ein Vermögen desselben hinweiset, Ursache von dem
Fortrücken desselben zum Besseren und (da dieses die
That eines mit Freiheit begabten Wesens sein soll) Urheber
desselben zu sein; aus einer gegebenen Ursache aber läßt
sich eine Begebenheit als Wirkung vorhersagen, wenn sich
die Umstände eräugnen, welche dazu mitwirkend sind. Daß
diese letztere sich aber irgend einmal eräugnen müssen,
kann wie beim Calcul der Wahrscheinlichkeit im Spiel wohl
im Allgemeinen vorhergesagt, aber nicht bestimmt werden,
ob es sich in meinem Leben zutragen und ich die Erfahrung
davon haben werde, die jene Vorhersagung bestätigte. –
Also muß eine Begebenheit nachgesucht werden, welche
auf das Dasein einer solchen Ursache und auch auf den Act
ihrer Causalität im Menschengeschlechte unbestimmt in
Ansehung der Zeit hinweise, und die auf das Fortschreiten
zum Besseren als unausbleibliche Folge schließen ließe,
welcher Schluß dann auch auf die Geschichte der vergangenen Zeit (daß es immer im Fortschritt gewesen sei) ausge-

dehnt werden könnte, doch so, daß jene Begebenheit nicht selbst als Ursache des letzteren, sondern nur als hindeutend, als Geschichtszeichen (signum rememorativum, demonstrativum, prognostikon), angesehen werden müsse und so die Tendenz des menschlichen Geschlechts im Ganzen, d. i. nicht nach den Individuen betrachtet (denn das würde eine nicht zu beendigende Aufzählung und Berechnung abgeben), sondern wie es in Völkerschaften und Staaten getheilt auf Erden angetroffen wird, beweisen könnte.

Von einer Begebenheit unserer Zeit, welche diese moralische Tendenz des Menschengeschlechts beweiset.

Diese Begebenheit besteht nicht etwa in wichtigen, von Menschen verrichteten Thaten oder Unthaten, wodurch, was groß war, unter Menschen klein oder, was klein war, groß gemacht wird, und wie gleich als durch Zauberei alte, glänzende Staatsgebäude verschwinden, und andere an deren Statt wie aus den Tiefen der Erde hervorkommen. Nein: nichts von allem dem. Es ist bloß die Denkungsart der Zuschauer, welche sich bei diesem Spiele großer Umwandlungen öffentlich verräth und eine so allgemeine und doch uneigennützige Theilnehmung der Spielenden auf einer Seite gegen die auf der andern, selbst mit Gefahr, diese Parteilichkeit könne ihnen sehr nachtheilig werden, dennoch laut werden läßt, so aber (der Allgemeinheit wegen) einen Charakter des Menschengeschlechts im Ganzen und zugleich (der Uneigennützigkeit wegen) einen moralischen Charakter desselben wenigstens in der Anlage beweiset, der das Fortschreiten zum Besseren nicht allein hoffen läßt, sondern selbst schon ein solches ist, so weit das Vermögen desselben für jetzt zureicht.

Die Revolution eines geistreichen Volks, die wir in unseren Tagen haben vor sich gehen sehen, mag gelingen oder scheitern; sie mag mit Elend und Greuelthaten dermaßen angefüllt sein, daß ein wohldenkender Mensch sie, wenn er sie zum zweitenmale unternehmend glücklich auszuführen hoffen könnte, doch das Experiment auf solche Kosten zu machen nie beschließen würde, – diese Revolution, sage ich, findet doch in den Gemüthern aller Zuschauer (die nicht selbst in diesem Spiele mit verwickelt sind) eine Theilnehmung dem Wunsche nach, die nahe an Enthusiasm grenzt, und deren Äußerung selbst mit Gefahr verbunden war, die also keine andere als eine moralische Anlage im Menschengeschlecht zur Ursache haben kann.

Diese moralische einfließende Ursache ist zwiefach: erstens die des Rechts, daß ein Volk von anderen Mächten nicht gehindert werden müsse, sich eine bürgerliche Verfassung zu geben, wie sie ihm selbst gut zu sein dünkt; zweitens die des Zwecks (der zugleich Pflicht ist), daß diejenige Verfassung eines Volks allein an sich rechtlich und moralisch gut sei, welche ihrer Natur nach so beschaffen ist, den Angriffskrieg nach Grundsätzen zu meiden, welche keine andere als die republicanische Verfassung, wenigstens der Idee nach, sein kann, mithin in die Bedingung einzutreten, wodurch der Krieg (der Quell aller Übel und Verderbniß der Sitten) abgehalten und so dem Menschengeschlechte bei aller seiner Gebrechlichkeit der Fortschritt zum Besseren negativ gesichert wird, im Fortschreiten wenigstens nicht gestört zu werden.

Wahrsagende Geschichte der Menschheit.

Es muß etwas Moralisches im Grundsatze sein, welches die Vernunft als rein, zugleich aber auch wegen des großen und Epoche machenden Einflusses als etwas, das die dazu anerkannte Pflicht der Seele des Menschen vor Augen stellt, und das menschliche Geschlecht im Ganzen seiner Vereinigung (non singulorum, sed universorum) angeht, dessen verhofftem Gelingen und den Versuchen zu demselben es mit so allgemeiner und uneigennütziger Theilnehmung zujauchzt. – Diese Begebenheit ist das Phänomen nicht einer Revolution, sondern (wie es Hr. Erhard ausdrückt) der Evolution einer naturrechtlichen Verfassung, die zwar nur unter wilden Kämpfen noch nicht selbst errungen wird – indem der Krieg von innen und außen alle bisher bestandene statutarische zerstört –, die aber doch dahin führt, zu einer Verfassung hinzustreben, welche nicht kriegssüchtig sein kann, nämlich der republicanischen; die es entweder selbst der Staatsform nach sein mag, oder auch nur nach der Regierungsart, bei der Einheit des Oberhaupts (des Monarchen) den Gesetzen analogisch, die sich ein Volk selbst nach allgemeinen Rechtsprincipien geben würde, den Staat verwalten zu lassen.

Nun behaupte ich dem Menschengeschlechte nach den Aspecten und Vorzeichen unserer Tage die Erreichung dieses Zwecks und hiemit zugleich das von da an nicht mehr gänzlich rückgängig werdende Fortschreiten desselben zum Besseren auch ohne Sehergeist vorhersagen zu können. Denn ein solches Phänomen in der Menschengeschichte vergißt sich nicht mehr, weil es eine Anlage und ein Vermögen in der menschlichen Natur zum Besseren aufgedeckt hat, dergleichen kein Politiker aus dem bisherigen Laufe der Dinge herausgeklügelt hätte, und welches allein Natur und Freiheit, nach inneren Rechtsprincipien im Menschengeschlechte vereinigt, aber, was die Zeit betrifft, nur als unbestimmt und Begebenheit aus Zufall verheißen konnte.

Aber wenn der bei dieser Begebenheit beabsichtigte Zweck auch jetzt nicht erreicht würde, wenn die Revolution oder Reform der Verfassung eines Volks gegen das Ende doch fehlschlüge, oder, nachdem diese einige Zeit gewährt hätte, doch wiederum alles ins vorige Gleis zurückgebracht würde (wie Politiker jetzt wahrsagern), so verliert jene philosophische Vorhersagung doch nichts von ihrer Kraft. –

Denn jene Begebenheit ist zu groß, zu sehr mit dem Interesse der Menschheit verwebt und ihrem Einflusse nach auf die Welt in allen ihren Theilen zu ausgebreitet, als daß sie nicht den Völkern bei irgend einer Veranlassung günstiger Umstände in Erinnerung gebracht und zu Wiederholung neuer Versuche dieser Art erweckt werden sollte; da dann bei einer für das Menschengeschlecht so wichtigen Angelegenheit endlich doch zu irgend einer Zeit die beabsichtigte Verfassung diejenige Festigkeit erreichen muß, welche die Belehrung durch öftere Erfahrung in den Gemüthern Aller zu bewirken nicht ermangeln würde.

Es ist also ein nicht bloß gutgemeinter und in praktischer Absicht empfehlungswürdiger, sondern allen Ungläubigen zum Trotz auch für die strengste Theorie haltbarer Satz: daß das menschliche Geschlecht im Fortschreiten zum Besseren immer gewesen sei und so fernerhin fortgehen werde, welches, wenn man nicht bloß auf das sieht, was in irgend einem Volk geschehen kann, sondern auch auf die Verbreitung über alle Völker der Erde, die nach und nach daran Theil nehmen dürften, die Aussicht in eine unabsehliche Zeit eröffnet; wofern nicht etwa auf die erste Epoche einer Naturrevolution, die (nach Camper und Blumenbach) bloß das Thier- und Pflanzenreich, ehe noch Menschen waren, vergrub, noch eine zweite folgt, welche auch dem Menschengeschlechte eben so mitspielt, um andere Geschöpfe auf diese Bühne treten zu lassen, u.s.w. Denn für die Allgewalt der Natur, oder vielmehr ihrer uns unerreichbaren obersten Ursache ist der Mensch wiederum nur eine Kleinigkeit. Daß ihn aber auch die Herrscher von seiner eigenen Gattung dafür nehmen und als eine solche behandeln, indem sie ihn theils thierisch, als bloßes Werkzeug ihrer Absichten, belasten, theils in ihren Streitigkeiten gegen einander aufstellen, um sie schlachten zu lassen, – das ist keine Kleinigkeit, sondern Umkehrung des Endzwecks der Schöpfung selbst.

Von der Schwierigkeit der auf das Fortschreiten zum Weltbesten angelegten Maximen in Ansehung ihrer Publicität.

Volksaufklärung ist die öffentliche Belehrung des Volks von seinen Pflichten und Rechten in Ansehung des Staats, dem es angehört. Weil es hier nur natürliche und aus dem gemeinen Menschenverstande hervorgehende Rechte betrifft, so sind die natürlichen Verkündiger und Ausleger derselben im Volk nicht die vom Staat bestellte amtsmäßige, sondern freie Rechtslehrer, d.i. die Philosophen, welche eben um dieser Freiheit willen, die sie sich erlauben, dem Staate, der immer nur herrschen will, anstößig sind, und werden unter dem Namen Aufklärer als für den Staat gefährliche Leute verschrieen; obzwar ihre Stimme nicht vertraulich ans Volk (als welches davon und von ihren Schriften wenig oder gar keine Notiz nimmt), sondern ehrerbietig an den Staat gerichtet und dieser jenes sein rechtliches Bedürfnis zu beherzigen angefleht wird; welches durch keinen andern Weg als den der Publicität geschehen kann, wenn ein ganzes Volk eine Beschwerde (gravamen) vortragen will. So verhindert das Verbot der Publicität den Fortschritt eines Volks zum Besseren, selbst in dem, was das Mindeste seiner Forderung, nämlich bloß sein natürliches Recht, angeht.

Die Idee einer mit dem natürlichen Rechte der Menschen zusammenstimmenden Constitution: daß nämlich die dem Gesetz Gehorchenden auch zugleich, vereinigt, gesetzgebend sein sollen, liegt bei allen Staatsformen zum Grunde, und das gemeine Wesen, welches, ihr gemäß durch reine Vernunftbegriffe gedacht, ein platonisches Ideal heißt (respublica noumenon), ist nicht ein leeres Hirngespinst, sondern die ewige Norm für alle bürgerliche Verfassung überhaupt und entfernt allen Krieg. Einer dieser gemäß organisirte bürgerliche Gesellschaft ist die Darstellung derselben nach Freiheitsgesetzen durch ein Beispiel in der Erfahrung (respublica phaenomenon) und kann nur nach mannigfaltigen Befehdungen und Kriegen mühsam erworben werden; ihre Verfassung aber, wenn sie im Großen einmal errungen worden, qualifizirt sich zur besten unter allen, um den Krieg, den Zerstörer alles Guten, entfernt zu halten; mithin ist es Pflicht in eine solche einzutreten, vorläufig aber (weil jenes nicht so bald zu Stande kommt) Pflicht der Monarchen, ob sie gleich autokratisch herrschen, dennoch republicanisch (nicht demokratisch) zu regieren, d.i. das Volk nach Principien zu behandeln, die dem Geist der Freiheitsgesetze (wie ein Volk mit reifer Vernunft sie sich selbst vorschreiben würde) gemäß sind, wenn gleich dem Buchstaben nach es um seine Einwilligung nicht befragt würde.

Welchen Ertrag wird der Fortschritt zum Besseren dem Menschengeschlecht abwerfen?

Nicht ein immer wachsendes Quantum der Moralität in der Gesinnung, sondern Vermehrung der Producte ihrer Legalität in pflichtmäßigen Handlungen, durch welche Triebfeder sie auch veranlaßt sein mögen; d.i. in den guten Thaten der Menschen, die immer zahlreicher und besser ausfallen werden, also in den Phänomenen der sittlichen Beschaffenheit des Menschengeschlechts, wird der Ertrag (das Resultat) der Bearbeitung desselben zum Besseren allein gesetzt werden können. – Denn wir haben nur empirische Data (Erfahrungen), worauf wir diese Vorhersagung gründen: nämlich auf die physische Ursache unserer Handlungen, in sofern sie geschehen, die also selbst Erscheinungen sind, nicht die moralische, welche den Pflichtbegriff von dem enthält, was geschehen sollte, und der allein rein, a priori, aufgestellt werden kann.

Allmählich wird der Gewaltthätigkeit von Seiten der Mächtigen weniger, der Folgsamkeit in Ansehung der Gesetze mehr werden. Es wird etwa mehr Wohlthätigkeit, weniger Zank in Processen, mehr Zuverlässigkeit im Wort-

halten u.s.w. theils aus Ehrliebe, theils aus wohlverstande-
nem eigenen Vortheil im gemeinen Wesen entspringen und
sich endlich dies auch auf die Völker im äußeren Verhältniß
gegen einander bis zur weltbürgerlichen Gesellschaft er-
strecken, ohne daß dabei die moralische Grundlage im
Menschengeschlechte im mindesten vergrößert werden darf;
als wozu auch eine Art von neuer Schöpfung
(übernatürlicher Einfluß) erforderlich sein würde. – Denn
wir müssen uns von Menschen in ihren Fortschritten zum
Besseren auch nicht zu viel versprechen, um nicht in den
Spott des Politikers mit Grunde zu verfallen, der die Hoffnung des ersteren gerne für Träumerei eines überspannten
Kopfs halten möchte.[*]

In welcher Ordnung allein kann der Fortschritt
zum Besseren erwartet werden?

Die Antwort ist: nicht durch den Gang der Dinge von un-
ten hinauf, sondern den von oben herab. – Zu erwarten, daß
durch Bildung der Jugend in häuslicher Unterweisung und
weiterhin in Schulen, von den niedrigen an bis zu den höchsten, in Geistes- und moralischer, durch Religionslehre ver-
stärkter Cultur es endlich dahin kommen werde, nicht bloß
gute Staatsbürger, sondern zum Guten, was immer weiter
fortschreiten und sich erhalten kann, zu erziehen, ist ein
Plan, der den erwünschten Erfolg schwerlich hoffen läßt.
Denn nicht allein daß das Volk dafür hält, daß die Kosten
der Erziehung seiner Jugend nicht ihm, sondern dem Staate
zu Lasten kommen müssen, der Staat aber dagegen seiner-
seits zu Besoldung tüchtiger und mit Lust ihrem Amte
obliegender Lehrer kein Geld übrig hat (wie Büsching klagt),
weil er alles zum Kriege braucht: sondern das ganze Ma-

[*] Es ist doch süß, sich Staatsverfassungen auszudenken, die den Forderungen der Vernunft (vornehmlich in rechtlicher Absicht) ent-
Fortsetzung der Fußnote auf der nächsten Seite

schinenwesen dieser Bildung hat keinen Zusammenhang, wenn es nicht nach einem überlegten Plane der obersten Staatsmacht und nach dieser ihrer Absicht entworfen, ins Spiel gesetzt und darin auch immer gleichförmig erhalten wird; wozu wohl gehören möchte, daß der Staat sich von Zeit zu Zeit auch selbst reformire und, statt Revolution Evolution versuchend, zum Besseren beständig fortschreite. Da es aber doch auch Menschen sind, welche diese Erziehung bewirken sollen, mithin solche, die dazu selbst gezogen werden müssen: so ist bei dieser Gebrechlichkeit der menschlichen Natur unter der Zufälligkeit der Umstände, die einen solchen Effect begünstigen, die Hoffnung ihres Fortschreitens nur in einer Weisheit von oben herab (welche, wenn sie uns unsichtbar ist, Vorsehung heißt) als positiver Bedingung, für das aber, was hierin von Menschen erwartet und gefordert werden kann, bloß negative Weisheit zur Beförderung dieses Zwecks zu erwarten, nämlich daß sie das größte Hinderniß des Moralischen, nämlich den Krieg, der diesen immer zurückgängig macht, erstlich nach und nach menschlicher, darauf seltener, endlich als Angriffskrieg ganz schwinden zu lassen sich genöthigt sehen werden, um eine Verfassung einzuschlagen, die ihrer Natur nach, ohne sich zu schwächen, auf ächte Rechtsprincipien gegründet, beharrlich zum Bessern fortschreiten kann.

sprechen: aber vermessen, sie vorzuschlagen, und strafbar, das Volk zur Abschaffung der jetzt bestehenden aufzuwiegeln.

Platos Atlantica, Morus' Utopia, Harringtons Oceana und Allais' Severambia sind nach und nach auf die Bühne gebracht, aber nie (Cromwells verunglückte Mißgeburt einer despotischen Republik ausgenommen) auch nur versucht worden. – Es ist mit diesen Staatsschöpfungen wie mit der Weltschöpfung zugegangen: kein Mensch war dabei zugegen, noch konnte er bei einer solchen gegenwärtig sein, weil er sonst sein eigener Schöpfer hätte sein müssen. Ein Staatsproduct, wie man es hier denkt, als dereinst, so spät es auch sei, vollendet zu hoffen, ist ein süßer Traum; aber sich ihm immer zu nähern, nicht allein denkbar, sondern, so weit es mit dem moralischen Gesetze zusammen bestehen kann, Pflicht, nicht der Staatsbürger, sondern des Staatsoberhaupts.

Beschluß.

Ein Arzt, der seine Patienten von Tag zu Tag auf baldige Genesung vertröstete: den einen, daß der Puls besser schlüge; den anderen, daß der Auswurf, den dritten, daß der Schweiß Besserung verspräche, u. s. w., bekam einen Besuch von einem seiner Freunde. Wie gehts, Freund, mit eurer Krankheit? war die erste Frage. Wie wirds gehen? Ich sterbe vor lauter Besserung! – Ich verdenke es Keinem, wenn er in Ansehung der Staatsübel an dem Heil des Menschengeschlechts und dem Fortschreiten desselben zum Besseren zu verzagen anhebt; allein ich verlasse mich auf das heroische Arzneimittel, welches Hume anführt und eine schnelle Cur bewirken dürfte. – „Wenn ich jetzt (sagt er) die Nationen im Kriege gegen einander begriffen sehe, so ist es, als ob ich zwei besoffene Kerle sähe, die sich in einem Porzellänladen mit Prügeln herumschlagen. Denn nicht genug, daß sie an den Beulen, die sie sich wechselseitig geben, lange zu heilen haben, so müssen sie hinterher noch allen den Schaden bezahlen, den sie anrichteten." Sero sapiunt Phryges. Die Nachwehen des gegenwärtigen Krieges aber können dem politischen Wahrsager das Geständniß einer nahe bevorstehenden Wendung des menschlichen Geschlechts zum Besseren abnöthigen, das schon jetzt im Prospect ist.

Voltaire

Mensch (1764)

Alle Menschenrassen haben stets in Gesellschaft gelebt

Alle Menschen, die in den wildesten und entlegensten Ländern je entdeckt worden sind, leben in Gesellschaft wie die Biber, die Ameisen, die Bienen und einige andere Tierarten.

Niemals hat man ein Land gefunden, in dem sie jeder für sich lebten, der Mann sich nur zufällig zur Frau gesellte und sie gleich danach aus Überdruß verließ, die Mutter ihre Kinder verleugnete, nachdem sie sie aufgezogen hatte, oder man ohne Familie und ohne jede Gesellschaft lebte. Einige Witzbolde haben sich zu dem Paradox verstiegen, die ursprüngliche Bestimmung des Menschen sei es, allein zu leben wie die Luchse, und die Gesellschaft habe die Natur verdorben. Ebensogut könnte man sagen, die Heringe seien ursprünglich dazu bestimmt, jeder für sich im Meer umherzuschwimmen, und zögen nur infolge völliger Entartung scharenweise vom Eismeer nach unseren Küsten, die Kraniche seien ursprünglich jeder für sich geflogen und hätten sich unnatürlicherweise entschlossen, in Gesellschaft zu fliegen.

Jedes Lebewesen hat seinen Instinkt, und der Instinkt des Menschen, verstärkt durch die Vernunft, treibt ihn zum gesellschaftlichen Zusammenleben wie zum Essen und zum Trinken. Nicht die Erfordernisse der Gesellschaft haben den Menschen entarten lassen, sondern die Trennung von der Gesellschaft führt zu seiner Entartung. Wer absolut allein lebte, verlöre bald die Fähigkeit des Denkens und des Sprechens; er fiele sich selbst zur Last und würde schließlich zum Tier. Das Übermaß ohnmächtigen Stolzes, der sich gegen den Stolz der andern auflehnt, kann ein melancholisches Gemüt zur Flucht vor den Menschen veranlassen. Dann ist der Mensch verdorben, und er straft sich selbst dafür. Sein Stolz wird ihm zur Qual, ihn verzehrt in der Einsamkeit der stille Gram darüber, daß man ihn verachtet und vergessen hat; er hat sich in die abscheulichste Sklaverei begeben, um frei zu sein.

Man hat sich sogar zu der folgenden, die Grenzen des Normalen schon überschreitenden Behauptung verstiegen: „Es ist unnatürlich, daß ein Mann an einer Frau während der neun Monate ihrer Schwangerschaft festhält. Wenn der Trieb befriedigt ist, verlangt es den Mann nicht mehr nach der Frau und die Frau nicht mehr nach dem Manne. Dieser kümmert sich nicht im geringsten um die Folgen seiner Tat; er kann sie sich vielleicht nicht einmal vorstellen. Der eine geht hierhin und der andere dorthin, und nach neun Monaten hat es den Anschein, als wüßten sie nicht mehr, daß sie sich gekannt haben ... Warum sollte er ihr nach der Niederkunft zur Seite stehen? Warum sollte er ihr ein Kind aufziehen helfen, von dem er nicht einmal weiß, ob es seins ist?"

All das ist abscheulich, aber glücklicherweise auch völlig falsch. Wenn diese barbarische Gleichgültigkeit wirklich ein Naturinstinkt wäre, hätten sich die Menschen fast immer entsprechend verhalten. Instinkte sind unveränderlich und nur sehr selten nicht beständig. Stets hätten die Väter die Mütter und die Mütter ihre Kinder im Stich gelassen, und es gäbe sehr viel weniger Menschen als Raubtiere auf der Erde; denn diese sind besser ausgerüstet, ihre Instinkte reagieren rascher, sie verfügen über zuverlässigere Mittel und gesichertere Ernährungsmöglichkeiten als der Mensch.

Unsere Natur hat nichts zu schaffen mit den widerwärtigen Hirngespinsten dieses Fanatikers. Abgesehen von einigen völlig verrohten Gemütern oder vielleicht einem noch verrohteren Philosophen lieben die hartherzigsten Menschen aus einem unüberwindlichen Instinkt heraus das noch ungeborene Kind, den Leib, der es trägt, und die Mutter, die den noch inniger liebt, von dem sie den Keim eines menschlichen Wesens empfangen hat.

Der Instinkt der Kohlenbrenner im Schwarzwald spricht ebenso deutlich und stark zugunsten ihrer Kinder, wie der Instinkt die Tauben und Nachtigallen dazu treibt, ihre Jungen zu füttern. Es ist also Zeitvergeudung, solch abscheuliche Dummheiten zu produzieren.

Alle diese überspannten Bücher kranken daran, daß sie die Natur immer anders darstellen, als sie wirklich ist. Wenn Boileaus Satiren über den Mann und die Frau nicht scherzhaft gemeint wären, müßte man den schwerwiegenden Einwand gegen sie erheben, daß sie alle Männer als närrisch und alle Frauen als unverschämt hinstellen.

Der gleiche gesellschaftsfeindliche Autor erklärt, ähnlich dem Fuchs ohne Schwanz, der von allen anderen Füchsen verlangt, daß sie sich den Schwanz abschneiden, in schulmeisterlichem Ton:

„Der erste, der ein Stück Land einzäunte und dreist erklärte: *Dies gehört mir,* und einfältige Leute fand, die es ihm glaubten, war der eigentliche Begründer der Gesellschaft. Wie viele Verbrechen, Kriege, Morde, wieviel Elend und Schrecken wären der Menschheit erspart geblieben, wenn jemand die Pfähle ausgerissen oder den Graben zugeschüttet und seinen Mitmenschen zugerufen hätte: Hört nicht auf diesen Betrüger, ihr seid verloren, wenn ihr vergeßt, daß die Früchte allen gehören und die Erde niemandem.“

Nach diesem wunderbaren Philosophen wäre also ein Dieb, ein Einbrecher der Wohltäter der Menschheit gewesen, und man hätte einen rechtschaffenen Mann bestrafen sollen, der seinen Kindern gesagt hätte: Wir wollen es ebenso machen wie unser Nachbar; er hat sein Feld eingezäunt, die wilden Tiere werden es nicht mehr verwüsten, und sein Boden wird fruchtbarer werden; wir wollen unser Land bestellen wie er; er wird uns helfen, und wir werden ihm helfen; wenn jede Familie ihr eigenes Stück Land bebaut, werden wir uns besser ernähren können, werden wir gesünder, zufriedener und glücklicher sein; wir wollen uns bemühen, eine ausgleichende Gerechtigkeit zum Troste für unser armseliges Geschlecht zu schaffen, dann werden wir uns erheben über die Füchse und Marder, denen dieser Phantast uns ähnlich machen will.

Wäre das nicht vernünftiger und anständiger als die Reden des ungeselligen Narren, der den Garten des wackeren Mannes zerstören wollte?

Was ist denn das für eine Philosophie, die zu Behauptungen führt, welche der gesunde Verstand vom entlegensten Teil Chinas bis nach Kanada ablehnt? Es ist die Philosophie eines armseligen Lumpen, dessen Wunsch es ist, daß alle Reichen von den Armen ausgeraubt werden, damit die brüderliche Vereinigung der Menschen leichter zustande kommen kann.

Wenn alle Hecken, alle Wälder, alle Felder voll von nahrhaften und wohlschmeckenden Früchten wären, dann freilich wäre es unmöglich, ungerecht und lächerlich, sie zu bewachen.

Wenn es irgendwo Inseln gibt, auf denen die Natur alles, was der Mensch zum Leben braucht, reichlich zur Verfügung stellt, ohne daß der Mensch sich darum mühen muß, dann wollen wir dorthin ziehen und ohne den Plunder unserer Gesetze leben. Aber wenn wir uns dort erst einmal niedergelassen haben, werden wir zum Mein und Dein zurückkehren müssen und zu diesen Gesetzen, die oft sehr schlecht, aber doch unentbehrlich sind.

Ist der Mensch von Natur aus böse?

Daß der Mensch weder böse noch als ein Kind des Teufels zur Welt kommt, scheint mir erwiesen. Wenn seine Natur so beschaffen wäre, würde er Schandtaten und Grausamkeiten begehen, sobald er laufen könnte, würde das erste beste Messer nehmen, um jeden umzubringen, der ihm mißfiele. Er würde dann notwendigerweise den jungen Wölfen und Füchsen gleichen, die zubeißen, sobald sie dazu imstande sind.

In Wirklichkeit hat der Mensch überall auf der Erde als Kind die Natur eines Lammes. Warum also und auf welche Weise wird er so oft zum Wolf und zum Fuchs? Nun, er kommt weder gut noch böse zur Welt, aber die Erziehung, das gute oder schlechte Beispiel, die Staatsordnung, in die er hineingesetzt wird, kurz, die äußeren Umstände und Gelegenheiten bestimmen ihn zur Tugend oder zum Verbrechen.

Vielleicht konnte die menschliche Natur nicht anders sein. Der Mensch konnte nicht immer falsch und nicht immer richtig denken, er konnte nicht immer zur Sanftmut und nicht immer zur Grausamkeit neigen.

Es scheint mir erwiesen, daß die Frauen besser sind als die Männer. Auf eine *Klytämnestra* kommen hundert *feindliche Brüder*.

Es gibt Berufe, die das Gemüt notwendigerweise verhärten. Das gilt für die Soldaten, für die Schlächter, für die Polizisten, für die Kerkermeister, für alle Berufe, die sich auf das Unglück anderer Menschen gründen.

Der Polizist, der Scherge, der Kerkermeister zum Beispiel sind nur insofern glücklich, als sie andere unglücklich machen. Gewiß sind sie unentbehrlich im Kampf gegen die Übeltäter und daher für die Gesellschaft nützlich; aber auf tausend Leute dieser Art kommt kaum einer, der im Hinblick auf das Wohl der Allgemeinheit handelt oder auch nur weiß, daß er für das Wohl der Allgemeinheit unentbehrlich ist.

Besonders merkwürdig ist es, wenn man sie von ihren Heldentaten sprechen hört, wenn sie von der Zahl ihrer Opfer erzählen, von den Listen, mit denen sie sie eingefangen haben, von den Leiden, die sie ihnen zugefügt haben, und von dem Geld, das sie dabei verdient haben.

Wer Gelegenheit gehabt hat, die übliche Praxis der Advokaten im einzelnen kennenzulernen, wer nur einmal gehört hat, wie Anwälte sich vertraulich unterhalten und sich über die Schwierigkeiten ihrer Klienten amüsieren, der kann zu einer sehr schlechten Meinung über die menschliche Natur gelangen.

Es gibt noch abscheulichere Berufe, die trotzdem begehrt sind wie eine Domherrnpfründe.

Es gibt Berufe, die einen anständigen Menschen zum Schurken machen und ihn wider seinen Willen ans Lügen und Betrügen gewöhnen, ohne daß er es richtig merkt, die ihn daran gewöhnen, eine Binde vor den Augen zu tragen, sich durch die Interessen und den Dünkel seines Standes

verblenden zu lassen und die Menschen ohne Gewissens-
bisse zu verdummen.

Die Frauen, unablässig mit der Erziehung ihrer Kinder
beschäftigt und von ihren häuslichen Sorgen in Anspruch
genommen, sind von all diesen Berufen, die die menschliche
Natur verderben und verrohen, ausgeschlossen. Sie sind
überall weniger roh als die Männer. Das Körperliche ver-
bindet sich mit dem Moralischen, um die Frauen von
schweren Verbrechen fernzuhalten. Ihr Blut ist sanfter, und
sie neigen weniger zu starken Getränken, die verrohend
wirken. Ein klarer Beweis dafür ist die Tatsache, daß, wie
wir an anderer Stelle nachgewiesen haben, auf tausend Opfer der Justiz, auf tausend Hinrichtungen wegen Mordes
kaum vier Frauen kommen. Ich glaube nicht einmal, daß in
Asien auch nur zwei Frauen wegen Mordes zum Tode ver-
urteilt worden sind.

Es scheint also, daß unsere Sitten und Gebräuche die
Männer bösartig gemacht haben.

Wäre dies allgemein und ohne Ausnahme der Fall, so wäre das männliche Geschlecht scheußlicher, als es in unseren
Augen die Spinnen, die Wölfe und die Marder sind. Glücklicherweise aber gibt es nur sehr wenige Berufe, die das
Herz verhärten und abscheuliche Leidenschaften in ihm
wecken. Man beachte, daß es in einer Nation von rund
zwanzig Millionen höchstens zweihunderttausend Soldaten
gibt. Auf zweihundert Menschen kommt also nur ein Sol-
dat. Diese zweihunderttausend Soldaten werden in strengster Disziplin gehalten. Es gibt unter ihnen sehr anständige
Menschen, die in ihr Dorf zurückkehren, um dort als gute
Väter und Gatten ihr Leben zu beschließen.

Die sonstigen für die Sitten gefährlichen Gewerbe sind
wenig zahlreich.

Landleute, Handwerker und Künstler sind zu beschäftigt,
um oft zu Verbrechern zu werden.

Es wird auf der Erde immer abscheuliche Bösewichte geben, aber in der Literatur wird die Zahl stets übertrieben

werden. Sie ist zwar zu groß, jedoch geringer, als allgemein behauptet wird.

Hätte die Menschheit unter der Herrschaft des Teufels gestanden, so würde kein Mensch mehr auf Erden leben.

Trösten wir uns mit der Feststellung, daß es von Peking bis La Rochelle immer edle Menschen gegeben hat und geben wird und daß trotz des Geredes aller Lizentiaten und Studenten Männer wie Titus, Trajan, die Antonine und Pierre Bayle sehr anständige Menschen gewesen sind.

Jean-Jacques Rousseau

Ungleichheit (1755)

Der erste, welcher ein Stück Landes umzäunte, sich in den Sinn kommen ließ zu sagen: *dieses ist mein,* und einfältige Leute antraf, die es ihm glaubten, der war der wahre Stifter der bürgerlichen Gesellschaft. Wieviel Laster, wieviel Krieg, wieviel Mord, Elend und Greuel hätte einer nicht verhüten können, der die Pfähle ausgerissen, den Graben verschüttet und seinen Mitmenschen zugerufen hätte: „Glaubt diesem Betrüger nicht; ihr seid verloren, wenn ihr vergeßt, daß die Früchte euch allen, der Boden aber niemandem gehört." Allein, allem Ansehen nach muß es damals schon so weit gekommen gewesen sein, daß es nicht mehr auf dem alten Fuße hat bleiben können. Der Begriff des Eigentums hat nicht auf einmal in dem menschlichen Verstande entstehen können, denn er hängt von vielen vorhergehenden Begriffen ab, die sich alle erst nach und nach entwickelt haben müssen. Fleiß und Einsicht müssen erst sehr zugenommen, von Alter zu Alter mitgeteilt und fortgepflanzt worden sein, bevor der Stand der Natur dergestalt seinen letzten Zeitpunkt erreicht hat. Wir wollen also noch früher anfangen und die langsame Folge von Begebenheiten und Einsichten in ihrer natürlichen Ordnung unter einen einzigen Gesichtspunkt versammeln.

Die erste Empfindung des Menschen war die Empfindung seines Daseins und seine erste Sorge die Sorge für seine Erhaltung. Die Erde brachte ihm alles hervor, was er nötig hatte, und der Instinkt trieb ihn an, sich dieser Dinge zu bedienen. Der Hunger und verschiedene andere Begierden ließen ihn eine mannigfache Abwechslung seines Daseins erproben und darunter fand sich eine, welche ihn sein Geschlecht fortzupflanzen anreizte. Die Folgen dieses blinden Triebes, der von keiner Empfindung des Herzens begleitet ward, konnten nichts anderes als eine bloß tierische Handlung sein. War die Begierde gestillt, so kannten sich die Geschlechter nicht mehr, und das Kind selbst hatte mit der Mutter nichts mehr zu schaffen, sobald es ihrer nicht mehr bedurfte.

Dieses war der Zustand des menschlichen Geschlechts nach seiner Entstehung; so lebte damals dieses Tier, als sein ganzes Leben noch in bloßen Empfindungen bestand, als es sich der Gaben, mit welchen es die Natur beschenkt hatte, noch kaum zunutze zu machen wußte und um so weniger darauf bedacht war, ihr Geschenke zu entreißen. Jedoch es zeigten sich bald Schwierigkeiten, die der Mensch zu übersteigen trachten mußte. Bäume, die zu hoch waren, als daß er ihre Früchte erreichen konnte, eine Menge von Tieren, die nach eben diesen Früchten strebten, weil sie davon leben mußten, und die oft so wild waren, daß sie nach seinem Leben trachteten, nötigten ihn, sich auf Übungen des Leibes zu legen. Er mußte sich hurtig, zum Laufen behende und zum Kampf handfest machen. Die natürlichen Waffen, Zweige und Steine, waren ihm bei der Hand. Er lernte die Hindernisse der Natur übersteigen, andere Tiere, wenn es nötig war, zu bekämpfen, den Menschen selbst ihren Unterhalt streitig zu machen und sich schadlos zu halten, wenn er irgend einem Stärkeren etwas abtreten mußte.

Als sich das menschliche Geschlecht ausbreitete, vermehrten sich die Ungemächlichkeiten so, wie die Menschen zunahmen. Die Verschiedenheit des Erdbodens, der Weltgegenden und der Jahreszeiten veranlaßten sie auch, ihre Lebensart verschieden einzurichten. Unfruchtbare Zeiten, lange und strenge Winter, brennende und alles verzehrende Sommer nötigten ihnen einen neuartigen Fleiß ab. Am Meere und an anderen Flüssen erdachten sie Angel und Haken, wurden Fischer und Fischesser. In den Wäldern machten sie sich Bogen und Pfeile, wurden Jäger und Kriegsleute; in den kalten Ländern erlegten sie Tiere und bedeckten sich mit ihren Häuten. Der Blitz, ein feuerspeiender Berg oder sonst ein glücklicher Zufall machte ihnen das Feuer bekannt, dessen sie sich vornehmlich wider die strenge Kälte bedienen konnten. Sie lernten das Mittel, dieses Element zu verwahren, hernach es wieder anzuzünden und endlich die Speisen dadurch zuzubereiten, die sie vorher roh verschlucken mußten.

Sowie sich diese Geschöpfe, welche sich selbst und einer dem andern so ungleich waren, immer mehr und mehr auf dergleichen Erfindungen legten, entstanden natürlicherweise bei ihnen gewisse Begriffe von Verhältnis und Verwandtschaft, die wir durch groß, klein, stark, schwach, behende, langsam, zaghaft und kühn und ähnliche Begriffe auszudrükken pflegen. Und wenn sie diese Begriffe mit ihren Bedürfnissen verglichen, so mußten sie auf eine Art von Überlegung oder mechanischer Klugheit verfallen, um auf allerhand Art dasjenige zu besorgen, was zu ihrer Sicherheit nötig war.

Die neuen Einsichten, welche sie solchergestalt erlangten, gaben ihnen ihre Herrschaft über die Tiere zu erkennen, und eben dadurch wurde diese Herrschaft immer größer. [...]

Nachdem das gesellschaftliche Leben angefangen hat und die Verhältnisse zwischen den Menschen eingeführt worden sind, mußten sie vieles ändern, was ihre ursprüngliche Beschaffenheit mit sich brachte. Die Sittlichkeit fing an, bei den menschlichen Handlungen ihren Platz einzunehmen, und da ein jeder vor Einführung der Gesetze sein eigener Richter war und die Beleidigungen selbst bestrafte, die ihm ein anderer zugefügt hatte, so konnte er bei der Entstehung der Gesellschaften die Güte nicht mehr behalten, die dem reinen Stande der Natur zukam. Ja, die Strafen mußten umso härter werden, je häufiger und gewöhnlicher die Gelegenheit war, einem andern Leides zu tun, weil die Furcht vor der Rache statt des Zaums der Gesetze dienen mußte. Obgleich nun die Menschen in diesem Zustande schon weniger aushalten und ihr natürliches Mitleid schon ziemlich verändert hatten, so war dennoch diese Zeit, da sich ihre Fähigkeiten entwickelten, vielleicht die glücklichste und dauerhafteste Zeit für die Menschen, weil sie zwischen der Faulheit des ursprünglichen Zustandes und der törichten Wirksamkeit unserer Eigenliebe die wahre Mitte hält. Je mehr man dieser Sache nachdenkt, desto mehr wird man finden, daß dieser Zustand den Revolutionen am wenigsten unterworfen war und dem Menschen am besten ansteht. Ein heilloser Zufall, der zum allgemeinen Besten sich nimmermehr hätte ereignen sollen, muß sie aus diesem Zustande gerissen haben. Die Wilden, die man meistens an diesem Punkte angetroffen, scheinen durch ihr Beispiel zu bestätigen, daß dem Menschengeschlecht bestimmt war, in diesem Zustande zu verbleiben, daß er eigentlich das jugendliche Weltalter genannt zu werden verdiente, und daß ein jeder Schritt, den man weiter tat, allem Anschein nach der Vollkommenheit des Individuums fortgeholfen hat, aber ein Schritt näher zur Verderbnis seines Geschlechts gewesen ist.

Solange die Menschen es sich genügen ließen, in bäurischen Hütten zu wohnen, ihre Kleidungen aus verschiedenen Häuten mit Fischgräten oder Dornen zusammenzuheften, sich mit Federn und Muschelwerk zu putzen, Bogen und Pfeile auszubessern oder mit Zierat zu versehen und mit schneidenden Steinen einige Fischerkähne oder einige grobe musikalische Instrumente zu verfertigen, mit einem

Worte, solange sie sich noch auf Handwerke legten, die ein jeder selbst lernen und ausüben konnte, solange sie noch an keine Künste dachten, zu denen viele Hände erfordert werden, solange waren sie so frei, so gesund, so gütig und so glücklich, als es ihre eigene Natur erlaubte, und genossen ohne Unterlaß einen freien unabhängigen Umgang. Sobald aber ein Mensch der Hilfe eines andern zu bedürfen anfing, sobald man für nützlich hielt, daß ein Mensch Vorrat genug besaß, zwei zu unterhalten, so verschwand die Gleichheit, und das Eigentum ward an seiner Stelle eingeführt. Große, weit ausgedehnte Wälder wurden in lachende Felder verwandelt, die der Landmann mit seinem Schweiße befeuchten mußte und darauf man Elend und Sklaverei zugleich mit der Ernte aufkommen sah. [...]

Ehe man über gewisse Zeichen einig geworden war, um Reichtum dadurch auszudrücken, bestand er in nichts als in Acker und Herden. Dies sind die einzigen Güter, welche die Menschen damals besitzen konnten. Als die Erbgüter an Anzahl und Ausdehnung so sehr zugenommen hatten, daß sie den ganzen Boden bedeckt und einander berührt haben, konnte niemand die Grenzen seiner Landgüter anders als zum Nachteil eines anderen erweitern, und die Überzähligen, die zu schwach oder zu träge waren, auch etwas zu erwerben, wurden arm, ohne jemals Schaden gelitten zu haben, denn alles um sie herum veränderte seinen Zustand, nur sie hatten sich nicht verändert. [...]

Indem der Mächtigste also durch seine Gewalt und der Elendeste durch seine Notdurft ein Recht auf fremde Güter zu haben glaubten, das ebenso gültig wäre wie das Recht des Eigentums, so war die aufgehobene Gleichheit schuld an den größten Unordnungen. Die Gewaltsamkeiten der Reichen, die Plünderungen der Armen, die ungebundenen frechen Leidenschaften, die das natürliche Gefühl des Mitleidens unterdrückten, und die damals noch schwache Stimme der Gerechtigkeit machten die Menschen geizig, boshaft und ehrsüchtig. Das Recht des Stärkeren war mit dem Recht des ersten Besitzers in beständigem Streit, der sich niemals anders als durch Mord und Schlägerei endigte. Die kaum entstandene Geselligkeit wich dem Stande des Krieges, und das trostlose und erniedrigte menschliche Geschlecht konnte weder zurückgehen noch auf alle Unglücksgüter Verzicht tun, die es erworben hatte. Es arbeitete zu seiner eigenen Schande immer fort, und durch den Mißbrauch der Fähigkeiten, die ihm zur Zierde gegeben worden, befand es sich jetzt am Rande seines Verderbens. [. . .]

Notwendig mußten die Menschen damals über ihren bedauernswürdigen Zustand und über die Drangsale, die sie zu Boden drückten, Betrachtungen anstellen. Die Reichen werden bald innegeworden sein, wie nachteilig ihnen ein beständiger Krieg sei, der bloß auf ihre Kosten geführt wird und in dem alle Menschen ihr Leben und sie insbesondere auch ihre Glücksgüter auf das Spiel setzen mußten. Sie mochten den Usurpationen einen Anstrich geben, welchen sie wollten, so konnte ihnen dennoch nicht verborgen bleiben, daß sich ihr Recht auf keinen wahren Grund, sondern auf einen Mißbrauch stützte, und daß sie sich nicht beklagen könnten, wenn ihnen dasjenige durch Gewalt wieder weggenommen würde, was sie sich durch Gewalt erworben hatten. Selbst die durch eigenen Fleiß reich geworden waren, konnten ihr Eigentum auf kein besseres Recht stützen. Sie mochten sagen: Ich habe mir diese Mauer aufgeführt, ich habe mir durch meine Arbeit dieses Grundstück verdient. Wohl, allein, wer hat euch diesen Bezirk ausgegrenzt, könnte man ihnen antworten, wodurch wollt ihr euch eine Arbeit auf unsere Kosten bezahlen lassen, die euch niemand aufgetragen hat? Wißt ihr nicht, daß viele von euren Brüdern darben oder daran Not leiden, wovon ihr zu viel habt? Wißt ihr nicht, daß sich das ganze menschliche Geschlecht erst einmütig entschließen muß, euch den Teil des allgemeinen Unterhalts einzuräumen, den ihr nicht notwendig braucht? Diese nun hatten weder tüchtige Gründe, sich zu rechtfertigen, noch Kräfte genug, sich zu verteidigen. Einzelne Menschen konnten sie vielleicht unterdrücken, aber einem zusammengerotteten Haufen mußten sie selbst unterliegen. Der Reiche war jetzt in bedenklichen Umständen. Er war allein gegen viele und die gegenseitige Eifersucht ließ ihm keine Hoffnung übrig, mit einigen seinesgleichen in ein Bündnis zu treten und seinen Feinden, die sich durch Raubsucht wider ihn vereinigt hatten, gemeinschaftlich zu widerstehen. Er geriet endlich auf den wohlausgesonnensten Anschlag, den der menschliche Verstand je erdacht hat: die Kräfte seiner Feinde selbst wendete er zu seinem Besten an, und seine Gegner wurden seine Beschützer. Er flößte ihnen andere Maximen ein, er gab ihnen andere Gesetze, die ihm mehr Vorteil brachten, als er von dem Rechte der Natur Nachteil zu befürchten hatte.

Demzufolge wird er seinen Nachbarn vor Augen gestellt haben, wie greulich eine Situation sei, die sie alle einen wider den andern in Harnisch bringt, in der der Besitz nicht weniger beschwerlich ist als das Bedürfnis und in der weder Reiche noch Arme froh und sicher leben könnten. Er wird ihnen Scheingründe genug eingebildet haben, um sie nach seinem Zwecke zu lenken. „Wir wollen uns vereinigen", mag er zu ihnen gesagt haben, „wir wollen die Schwächeren vor Unterdrückung bewahren, die Ehrsüchtigen in Schranken halten und einen jeden dasjenige in Sicherheit besitzen lassen, was ihm gehört. Wir wollen Verordnungen der Gerechtigkeit und des Friedens vorschreiben, die die Menschen verpflichten sollen, miteinander verträglich zu sein. Niemand soll davon ausgenommen sein, und dadurch wollen wir dem Eigensinn des Glückes die Waage halten, indem wir Starke und Schwache einerlei Pflichten gegeneinander unterwerfen. Kurz, statt unsere Kräfte zu unserem Verderben anzuwenden, wollen wir sie lieber in eine einzige obere Gewalt versammeln, die uns nach weisen Gesetzen regieren, alle Glieder der Gesellschaft beschützen und verteidigen, den allgemeinen Feind zurücktreiben und uns in einer unveränderlichen Eintracht erhalten soll."

Seine Rede brauchte nur halb so gut zu sein, um diese groben und leicht zu verführenden Menschen auf seine Seite zu bringen. Sie hatten auch überdies so viele Dinge unter sich auszumachen, daß sie nicht länger ohne Schiedsrichter, und so viel Geiz und Ehrsucht, daß sie nicht länger ohne Oberherrn bleiben konnten. Alle liefen in ihre Ketten, indem sie sich frei zu machen glaubten, denn sie waren vernünftig genug, die Vorteile, die eine politische Verfassung mit sich bringt, einzusehen, es fehlte ihnen aber an Erfahrung, die Gefährlichkeit derselben vorauszuwissen. Die sich vielleicht am meisten auf die Mißbräuche der neuen Einrichtung verstanden, dachten eben ihre Rechnung dabei zu finden, und die Weisesten unter dem Volke sahen wohl, daß sie einen Teil ihrer Freiheit aufopfern mußten, um den Rest in Sicherheit zu setzen, so wie sich ein Verwundeter den Arm abnehmen läßt, um den übrigen Körper zu retten.

Die Gesetze und die Gesellschaften, die auf diese Art entweder wirklich entstanden oder wenigstens entstehen konnten, hielten die Armen noch fester im Zaume und den Reichen legten sie neue Kräfte bei, richteten unsere natürliche Freiheit ohne Rettung zugrunde, setzten das Gesetz des Eigentums und der Ungleichheit auf ewig fest, verwandelten eine geschickte Usurpation in ein unwiderrufliches Recht, und einigen Ehrsüchtigen zum Besten verdammten sie das ganze menschliche Geschlecht zu Arbeit, Dienstbarkeit und Jammer. Sobald nur eine einzige Gesellschaft erst gestiftet war, so sieht man leicht, daß ihr alle anderen haben nachfolgen müssen. Man mußte sich auch zusammentun, um jener mit vereinigten Kräften die Spitze bieten zu können. So vermehrten sich die Gesellschaften oder breiteten sich schnell aus und bedeckten bald die ganze Erde. Da war schon kein Winkel mehr auf dem ganzen Erdboden, da man von dem Joche frei sein und sein Haupt dem nicht selten schlecht geführten Schwerte entziehen konnte, das ein jeder Mensch unaufhörlich über sich schweben sah. Das bürgerliche Gesetz wurde zur allgemeinen Richtschnur aller Bürger, und das natürliche Gesetz fand nirgends mehr als zwischen verschiedenen Gesellschaften statt, oder man wurde stillschweigend darüber einig, das natürliche Gesetz durch eine Art von Völkerrecht gewissermaßen einzuschränken, die Gemeinschaft zwischen den Gesellschaften zu erleichtern und dadurch dem natürlichen Mitleiden aufzuhelfen. Denn dieser Trieb hatte zwischen Gesellschaft und Gesellschaft fast alle Kraft verloren, die sich zwischen Mensch und Mensch zu äußern pflegt, und nur die großen Geister einiger Weltbürger überschritten die eingebildeten Grenzen, durch die sich die Völker trennten, und umfaßten nach dem Beispiele ihres Schöpfers das ganze menschliche Geschlecht mit ihrer Wohltätigkeit.

Martin Heidegger

Das Man (1927)

Das Dasein steht als alltägliches Miteinandersein in der *Botmäßigkeit* der Anderen. Nicht es selbst *ist,* die Anderen haben ihm das Sein abgenommen. Das Belieben der Anderen verfügt über die alltäglichen Seinsmöglichkeiten des Daseins. Diese Anderen sind dabei nicht *bestimmte* Andere. Im Gegenteil, jeder Andere kann sie vertreten. Entscheidend ist nur die unauffällige, vom Dasein als Mitsein unversehens schon übernommene Herrschaft der Anderen. Man selbst gehört zu den Anderen und verfestigt ihre Macht. „Die Anderen", die man so nennt, um die eigene wesenhafte Zugehörigkeit zu ihnen zu verdecken, sind die, die im alltäglichen Miteinandersein zunächst und zumeist „*da sind*". Das Wer ist nicht dieser und nicht jener, nicht man selbst und nicht einige und nicht die Summe Aller. Das „Wer" ist das Neutrum, *das Man.*

Früher wurde gezeigt, wie je schon in der nächsten Umwelt die öffentliche „Umwelt" zuhanden und mitbesorgt ist. In der Benutzung öffentlicher Verkehrsmittel, in der Verwendung des Nachrichtenwesens (Zeitung) ist jeder Andere wie der Andere. Dieses Miteinandersein löst das eigene Dasein völlig in die Seinsart „der Anderen" auf, so zwar, daß die Anderen in ihrer Unterschiedlichkeit und Ausdrücklichkeit noch mehr verschwinden. In dieser Unauffälligkeit und Nichtfeststellbarkeit entfaltet das Man seine eigentliche Diktatur. Wir genießen und vergnügen uns, wie *man* genießt; wir lesen, sehen und urteilen über Literatur und Kunst, wie *man* sieht und urteilt; wir ziehen uns aber auch vom „großen Haufen" zurück, wie *man* sich zurückzieht; wir finden „empörend", was *man* empörend findet. Das Man, das kein bestimmtes ist und das Alle, obzwar nicht als Summe, sind, schreibt die Seinsart der Alltäglichkeit vor.

Das Man hat selbst eigene Weisen zu sein. Die genannte Tendenz des Mitseins, die wir die Abständigkeit nannten, gründet darin, daß das Miteinandersein als solches die *Durchschnittlichkeit* besorgt. Sie ist ein existenzialer Charakter des Man. Dem Man geht es in seinem Sein wesentlich um sie. Deshalb hält es sich faktisch in der Durchschnittlichkeit dessen, was sich gehört, was man gelten läßt und was nicht, dem man Erfolg zubilligt, dem man ihn versagt. Diese Durchschnittlichkeit in der Vorzeichnung dessen, was gewagt werden kann und darf, wacht über jede sich vordrängende Ausnahme. Jeder Vorrang wird geräuschlos niedergehalten. Alles Ursprüngliche ist über Nacht als längst bekannt geglättet. Alles Erkämpfte wird handlich. Jedes Geheimnis verliert seine Kraft. Die Sorge der Durchschnittlichkeit enthüllt wieder eine wesenhafte Tendenz des Daseins, die wir die *Einebnung* aller Seinsmöglichkeiten nennen.

Abständigkeit, Durchschnittlichkeit, Einebnung konstituieren als Seinsweisen des Man das, was wir als „die Öffentlichkeit" kennen. Sie regelt zunächst alle Welt- und Daseinsauslegung und behält in allem Recht. Und das nicht auf Grund eines ausgezeichneten und primären Seinsverhältnisses zu den „Dingen", nicht weil sie über eine ausdrückliche zugeeignete Durchsichtigkeit des Daseins verfügt, sondern auf Grund des Nichteingehens „auf die Sachen", weil sie unempfindlich ist gegen alle Unterschiede des Niveaus und der Echtheit. Die Öffentlichkeit verdunkelt alles und gibt das so Verdeckte als das Bekannte und jedem Zugängliche aus.

Das Man ist überall dabei, doch so, daß es sich auch schon immer davongeschlichen hat, wo das Dasein auf Entscheidung drängt. Weil das Man jedoch alles Urteilen und Entscheiden vorgibt, nimmt es dem jeweiligen Dasein die Verantwortlichkeit ab. Das Man kann es sich gleichsam leisten, daß „man" sich ständig auf es beruft. Es kann am leichtesten alles verantworten, weil keiner es ist, der für etwas einzustehen braucht. Das Man „war" es immer und doch kann gesagt werden, „keiner" ist es gewesen. In der Alltäglichkeit des Daseins wird das meiste durch das, von dem wir sagen müssen, keiner war es.

Das Man *entlastet* so das jeweilige Dasein in seiner Alltäglichkeit. Nicht nur das; mit dieser Seinsentlastung kommt das Man dem Dasein entgegen, sofern in diesem die Tendenz zum Leichtnehmen und Leichtmachen liegt. Und weil das Man mit der Seinsentlastung dem jeweiligen Dasein ständig entgegenkommt, behält es und verfestigt es seine hartnäckige Herrschaft.

Jeder ist der Andere und Keiner er selbst. Das *Man,* mit dem sich die Frage nach dem *Wer* des alltäglichen Daseins beantwortet, ist das *Niemand,* dem alles Dasein im Untereinandersein sich je schon ausgeliefert hat. [. . .]

Allerdings ist das Man so wenig vorhanden wie das Dasein überhaupt. Je offensichtlicher sich das Man gebärdet, um so unfaßlicher und versteckter ist es, um so weniger ist es aber auch nichts. Dem unvoreingenommenen ontischontologischen „Sehen" enthüllt es sich als das „realste Subjekt" der Alltäglichkeit. Und wenn es nicht zugänglich ist wie ein vorhandener Stein, dann entscheidet das nicht im mindesten über seine Seinsart. Man darf weder vorschnell dekretieren, dieses Man ist „eigentlich" nichts, noch der Meinung huldigen, das Phänomen sei ontologisch interpretiert, wenn man es etwa als nachträglich zusammengeschlossenes Resultat des Zusammenvorhandenseins mehrerer Subjekte „erklärt". Vielmehr muß sich umgekehrt die Ausarbeitung der Seinsbegriffe nach diesen unabweisbaren Phänomenen richten. [...]

Zunächst „bin" nicht „ich" im Sinne des eigenen Selbst, sondern die Anderen in der Weise des Man. Aus diesem her und als dieses werde ich mir „selbst" zunächst „gegeben". Zunächst ist das Dasein Man und zumeist bleibt es so. Wenn das Dasein die Welt eigens entdeckt und sich nahebringt, wenn es ihm selbst sein eigentliches Sein erschließt, dann vollzieht sich dieses Entdecken von „Welt" und Erschließen von Dasein immer als Wegräumen der Verdeckungen und Verdunkelungen, als Zerbrechen der Verstellungen, mit denen sich das Dasein gegen es selbst abriegelt.

Kunst

Aristoteles
Über die Tragödie (4. Jh. v. u. Z.)

Im allgemeinen scheinen es zwei – in der Natur des Menschen begründete – Ursachen gewesen zu sein, welche die
Dichtkunst hervorgebracht haben.

Dem Menschen ist von Kindheit an der *Nachahmungstrieb* angeboren; er unterscheidet sich von allen anderen
lebenden Wesen dadurch, daß er am meisten Lust und
Geschick zur Nachahmung hat; seine ersten Fähigkeiten
erwirbt der Mensch durch Nachahmung. Ferner ist die
Freude an der Kunst der Nachahmung allen Menschen eigen.

Beweis dafür ist die Erfahrung, die wir beim Betrachten
von Kunstwerken an uns machen. Dieselben Objekte, die
wir in ihrer Wirklichkeit mit Unlust sehen, betrachten wir
in einer sorgfältigen Nachbildung mit Vergnügen, wie zum
Beispiel Gestaltungen von verächtlichen Tieren, sogar die
von Leichen.

Der Grund ist der, daß das Lernen nicht nur für den
Philosophen höchste Lust ist, sondern genauso für alle anderen Menschen. Allerdings mit dem Unterschied, daß diese
nur in geringem Maße der Erkenntnis teilhaftig werden.

Der Anblick von Bildern erfreut die Menschen, weil diese
Betrachtung von der folgenden Erkenntnis begleitet ist, was
ein jedes darstellt; zum Beispiel, daß dieser Mann der und
der ist. Hat man den Gegenstand der Darstellung vorher
noch nie gesehen, dann wird es nicht die nachahmende
Wiedergabe sein, die einem Freude macht, sondern die
technische Gestaltung des Bildes, die Farbgebung oder ein
ähnlicher Grund.

Weil uns der Nachahmungstrieb und Sinn für Harmonie
und Rhythmus angeboren sind – Versmaße sind nur ein-

zelne Arten des Rhythmus –, waren es von Anfang an die durch die Natur dazu befähigten Menschen, welche die Dichtkunst hervorbrachten, indem sie sie aus anfänglichen Improvisationen höher entwickelten. Entsprechend den spezifischen Eigentümlichkeiten der dichterisch Schaffenden entstanden in der Dichtkunst zwei Hauptrichtungen. Die ernsteren Dichter stellten edle Menschen und ihre edlen Taten dar; die mehr leichtfertig veranlagten stellten die Handlungen von weniger guten Menschen dar. Sie verfaßten zunächst Spottgedichte, wie jene anderen Hymnen und Lobgesänge. [. . .]

Eine Tragödie ist also die Nachahmung einer ernsten und in sich abgeschlossenen Handlung, der eine gewisse Größe eigen ist. Ihre Sprache muß künstlerische Würze haben, die je nach dem Teil der Tragödie verschieden ist. Die Handlung wird nicht durch bloßen Bericht erzählt, sondern von Menschen vorgeführt. Sie bewirkt durch Mitleid und Furcht eine Katharsis (läuternde Reinigung) von derartigen Gefühlen.

„Künstlerisch gewürzte Sprache" nenne ich eine Sprache, die voll Rhythmus und Harmonie [und Melodie] ist. Die „Würze ist je nach dem Teil der Tragödie verschieden" heißt, daß einige Teile nur rhythmisch gehalten sind, andere aber musikalisch.

Ferner wird wohl, da handelnde Personen die nachahmende Darstellung ausführen, die für das Auge des Zuschauers berechnete Dekoration der Bühne (und die Kostümierung der Spieler) ein Bestandteil der Tragödie sein. Weitere Bestandteile sind das Musikalische und das Sprachliche; denn das sind ja die Darstellungsmittel. Unter dem Sprachlichen verstehe ich die künstlerische Formung der Sprechpartien. Das Wesen des Musikalischen ist ohne weiteres klar.

Die Tragödie ist die nachahmende Darstellung einer Handlung, zur Handlung gehören aber gewisse Personen, die notwendig bestimmte Eigenschaften charakterlicher und intellektueller Art besitzen müssen – denn dadurch wird das Urteil des Zuschauers über die Art ihrer Handlungsweise bestimmt –, und je nach der Art dieser beiden Grundursachen erreichen handelnde Menschen ihr Ziel oder verfehlen es.

Ferner gilt: Die nachahmende Darstellung der Handlung ist die Fabel (des Stückes); darunter verstehe ich die Verknüpfung der Begebenheiten; aber unter „Charakter" das, was unser Urteil über die sittliche Qualität der Handelnden bestimmt; unter dem „Gedanklichen" die Begabung, seine Gedanken in der Form der Rede darzutun oder einen Entschluß zu verkünden.

Die Tragödie hat also notwendigerweise sechs Bestandteile, durch die ihre Güte bestimmt wird:

die Fabel des Stückes, die Charaktere, das Sprachliche, das Gedankliche, die szenische Ausstattung, das Musikalische.

Zwei dieser Bestandteile (das Sprachliche und das Musikalische) gehören dazu, um durch die auftretenden Personen die Handlung darzustellen. Die Art, wie man das Spiel aufführt, setzt einen dieser Bestandteile voraus (die Ausstattung, also Dekoration, Kostümierung). Das Ziel der nachahmenden Darstellung setzt dreierlei voraus (die Fabel des Stückes, die Charaktere der auftretenden Menschen, das Gedankliche). Weiter Bestandteile gibt es nicht. [...]

Am wichtigsten ist die Verknüpfung der Begebenheiten. Denn die Tragödie ist nicht eine nachahmende Darstellung von Menschen, sondern von Handlung und Leben. (Glück und Unglück beruhen auf Handlung. Das Ziel des Spiels ist also eine Handlung, nicht eine Eigenschaft. Die Charaktere der Menschen sind verschieden. Ob sie aber glücklich oder nicht glücklich werden, das hängt von ihren Handlungen ab.) Die Dichter lassen ihre Gestalten also nicht handeln, um ihren Charakter vor uns darzustellen, sondern sie lassen uns die Charaktere kennen, um aus ihnen die Handlung folgen zu lassen. Demnach sind die Handlungen, also die

Fabel, das Endziel der Tragödie. Das Endziel ist aber das Wichtigste von allem. [...]

Wenn ein Dichter unablässig noch so viele charakterschildernde Reden und trefflich formulierte Aussprüche und Gedanken zusammenstellte, so würde er damit noch keinesfalls die von uns skizzierte Wirkung der Tragödie erreichen. Vielmehr würde das diejenige Tragödie schaffen, die vielleicht bei einem recht sparsamen Einstreuen von Sprüchen und charakterschildernden Wendungen statt dessen eine richtige Fabel mit einer überzeugenden Verknüpfung der Begebenheiten bietet. Zudem sind die Mittel, durch die eine Tragödie ihren wirkungsvollsten Einfluß auf des Zuschauers Gemüt ausübt, Teile der Fabel: ich denke an die Szenen mit Umschlag vom Glück zum Unglück und an die mit Erkennungen. Ein Beweis für unsere Ansicht ist die Tatsache, daß die Anfänger im Dichten eher imstande sind, eine brauchbare sprachliche Form und eine richtige Charakterbezeichnung zu liefern als einen guten Aufbau der Handlung durch überzeugende Aufeinanderfolge der Begebenheiten. Dafür bieten auch die Dichter unserer Frühzeit viele Beispiele. Die Grundlage und sozusagen die Seele der Tragödie ist die Fabel.

An *zweiter* Stelle kommen die Charaktere. Es ist dabei ähnlich wie bei den Malern. Wenn ein Maler ohne klaren Plan bloß die schönsten Farben auftrüge, so würde er nicht dieselbe wohlgefällige Wirkung hervorbringen, wie wenn er ein Bild – sei's auch bloß mit Kreide – zeichnete.

Die Tragödie ist also die nachahmende Darstellung einer Handlung; durch sie stellt sie zugleich vor allem die Handelnden dar.

Der *dritte* Hauptbestandteil einer Tragödie ist das Gedankliche. Man muß als Dichter das in der Sache enthaltene und dazu Passende zu sagen wissen. Bei den Reden im öffentlichen Leben ist das die Aufgabe der Politiker und Rhetoren. Die alten Dramendichter ließen ihre Gestalten wie Politiker reden; die jetzigen Dichter lassen sie wie

Rhetoren sprechen. Eine Charakterbezeichnung muß aber erkennen lassen, von welcher Art die Einstellung der Person ist. Sie fehlt deshalb in Reden die uns gänzlich im unklaren lassen, was der Redende erstrebt oder was er vermeiden will. Zum Gedanklichen gehören die Stellen der Rede, wo der Sprechende darlegt, daß etwas ist bzw. nicht ist, oder wo er irgendein allgemeines Problem behandelt.

Der *vierte* der genannten Bestandteile ist das Sprachliche. Wie schon gesagt, verstehe ich darunter den sprachlichen Ausdruck, der durch die Wortwahl bedingt ist; dieses Moment ist für Äußerungen in Poesie oder Prosa gleich wichtig.

Von den übrigen Bestandteilen der Tragödie ist das *Musikalische* die wirksamste Würze. Die fürs Auge des Zuschauers berechnete *szenische Ausstattung* ist zwar sehr wirkungsvoll, doch ist sie der Kunst des Dichters am fernsten und unter allen sechs Bestandteilen der Tragödie seinem Geist am wenigsten nah. Denn sie übt ihre Wirkung aus auch ohne Aufführung und Schauspieler. Die geschickte sinngemäße Darbietung bei der Aufführung ist weit mehr Sache des Bühnenmeisters als des Dichters. [...]

Nun ist es wohl an der Zeit, im Anschluß an das bisher Erörterte zu untersuchen, was der Dichter beim *Aufbau* seiner Fabel zu beachten hat und wovor er sich hüten muß, wenn er den Endzweck der Tragödie erreichen will. Der Aufbau einer vollendeten Tragödie soll nicht einfach, sondern verflochten sein und furcht- und mitleiderregende Begebenheiten darstellen. Das ist ja das Eigentümliche dieser Art von nachahmender Darstellung. So ist zunächst das Folgende klar: In dem dargestellten Schicksalswechsel dürfen einerseits nicht untadlige Leute aus Glück in Unglück stürzen, denn das ist weder furcht- noch mitleiderregend, sondern abscheulich. Andererseits dürfen auch nicht schlechte Leute aus Unglück ins Glück geraten, denn das ist von allen Fällen der am wenigsten tragische; er enthält nämlich keines der Momente, auf die es ankommt. Er erregt weder menschliche Teilnahme noch Mitleid noch Furcht bei uns. Ebensowenig dürfen andererseits schlechte Menschen aus Glück in Unglück geraten. Einer solchen Art der Führung der Ereignisse würde zwar das Moment allgemeiner menschlicher Teilnahme nicht fehlen, sie kann aber weder Mitleid noch Furcht erregen. Das *Mitleid* gilt dem, der unverdient ins Unglück gerät. Die *Furcht* gilt dem, der uneresgleichen ist. Folglich wird das Geschehen (in dem zuletzt genannten Fall) weder Mitleid noch Furcht auslösen. Es bleibt also fürs Drama der in der Mitte stehenden Charakter übrig. Ein solcher aber ist derjenige, der weder durch seine Tugend und Gerechtigkeit alle überragt noch auf Grund seiner Schuld und Schlechtigkeit den Umschlag von Glück in Unglück erleidet. Vielmehr ist es ein Mensch, der durch einen Fehltritt stürzt. Am wirkungsvollsten sind Helden von großem Ansehen und glücklicher Lebenslage, zum Beispiel Ödipus, Thyestes und andere bekannte Männer vornehmer Geschlechter.

Die Erregung von *Furcht und Mitleid* kann aus dem Anblick, den die Aufführung dem Auge vermittelt, stammen; sie kann aber auch aus der Verknüpfung der Begebenheiten hervorgehen. Das aber ist das Vollkommenere und die Sache des besseren Dichters. Ganz unabhängig von der Anschauung durchs Auge soll die Fabel so gebaut sein, daß, wer den Verlauf der Begebenheiten nur als Hörer vernimmt, sowohl Schauder als Mitleid auf Grund der Ereignisse empfinden muß. Das würde der Fall sein bei dem, der die Fabel des Ödipus hört. Diese Wirkung durch den Anblick hervorzurufen, ist ein weniger künstlerisches Unterfangen, es hängt ab von dem szenischen Aufwand. [...]

Die Personen, die dementsprechende Taten ausführen, müssen miteinander befreundet oder miteinander verfeindet sein, oder sie sind einander zunächst gleichgültig. Wenn nun ein Feind den anderen tötet, so bietet er uns weder in dem Augenblick, wo er die Tat ausführt, noch in der Zeit, wo er sie vorbereitet, ein bemitleidenswertes Schauspiel, außer dem des Leids.

Ebensowenig werden Mitleid oder Furcht erregt, wenn jene beiden Personen weder befreundet noch verfeindet sind. Wenn aber die Unheilstat in solchen Lebensverhältnissen begangen wird, deren eigentliches Wesen die Liebe und die Freundschaft sind – wenn zum Beispiel ein Bruder den Bruder tötet oder ein Sohn den Vater oder eine Mutter den Sohn oder ein Sohn seine Mutter umbringt oder zu verderben beabsichtigt und dergleichen –, das sind Sujets, die der Dichter zu suchen hat. Die überlieferten Sagen soll der Dichter freilich nicht auflösen. Daß Klytaimestra von der Hand des Orestes stirbt und daß Eriphyle durch die Hand des Alkmeon zugrunde geht, darf man nicht ändern. Der Dichter muß in dem, was er zur Überlieferung hinzuerfindet, und in der Art, wie er die Einzelheiten der Überlieferung aufbaut, sein Geschick bewähren.

Was wir darunter verstehen, soll gleich genauer erklärt werden. Die Handlung kann nämlich einerseits so verlaufen, wie die alten Dichter sie darzustellen pflegten: also, daß die handelnden Personen die anderen kennen, denen sie ein Leid antun wollen; so wie zum Beispiel Euripides seine Medea als Mörderin ihrer Kinder darstellt. Die Handlung kann aber auch so vor sich gehen, daß die Handelnden zwar die Tat tun, aber ohne im Moment der Tat das Entsetzliche zu erkennen, und erst nachträglich des freundschaftlichen Verhältnisses innewerden; etwa so wie der Ödipus des Sophokles. Bei ihm liegt freilich die Tat außerhalb des Dramas. Beispiele, wo sie innerhalb des Dramas liegt, sind der „Alkmeon" des Astydamas oder der Telegonos im „Verwundeten Odysseus".

Es besteht noch eine dritte Möglichkeit: Der Mensch, der im Begriff ist, in Unwissenheit eine schwere Untat auszuführen, kommt vorher zur Erkenntnis und nimmt davon Abstand. Damit sind alle überhaupt möglichen Fälle genannt. Denn entweder vollbringt der Handelnde seine Tat, oder er nimmt davon Abstand. Entweder weiß er, was er tut, oder er weiß es nicht.

Der Fall, daß einer die Tragweite seiner Tat kennt, sie aber doch ausführen will, sie dann aber nicht begeht, ist der für die Tragödie am wenigsten geeignete. Hier bleibt das Gräßliche des Eindrucks, ohne daß es tragisch wirkt, weil das Erschütternde der vollbrachten Tat fehlt. Darum führt kein Dichter die Handlung in dieser Weise, abgesehen von wenigen Fällen. Eine Ausnahme ist folgender Fall: in der „Antigone" Haimon dem Kreon gegenüber. Als zweiter Fall ist der zu nennen, wo der Handelnde die Tat ausführt. Besser ist es, wenn der Handelnde seine Tat unwissentlich vollbringt, die Erkennung der Tat erst folgt. Das Gräßliche fehlt hier. Aber die auf die Tat folgende Erkennung wirkt erschütternd.

Am wirksamsten jedoch ist der letzte Fall.

VII. Lebensweisheit

Demokrit
Lebensweisheit (5. Jh. v. u. Z.)

Wer in guter Laune leben will, darf sich nicht besonders bemühen, weder im Privatleben noch im öffentlichen Leben, und bei dem, was er jeweils treibt, darf er sein Ziel nicht höher ansetzen, als eigene Kompetenz und Natur es erlauben. Vielmehr muß er eine solche Vorsicht walten lassen, daß er, auch wenn das Glück sich ihm zur Seite stellt und ihm dem Anschein nach noch viel mehr vormacht, solches nicht beachtet und nicht mehr anpackt, als seinen Möglichkeiten entspricht. Denn befriedigende Fülle ist zuverlässiger als Überfülle.

Denn eine gute Laune erlangen die Menschen nur durch Mäßigung des Genusses und entsprechendes rechtes Lebensmaß. Das Zuwenig und Zuviel aber verändert sich ständig in sein Gegenteil und verursacht dadurch große Bewegungen innerhalb der Seele. Diejenigen Seelen aber, die sich über weite Räume [hin und her] bewegen, sind weder im Gleichgewicht noch in guter Laune. Man soll also seinen Sinn auf das Mögliche richten und zufrieden sein mit dem, was man hat, ohne das, was Neid und Bewunderung erregt, sehr zu beachten und ständig in Gedanken dabei zu verweilen. Vielmehr muß man das Leben der Sichquälenden im Auge haben und sich durchaus vergegenwärtigen, was ihnen widerfährt, damit dir das, was du hast und was dir zur Verfügung steht, groß und beneidenswert erscheint und es dir nicht geschieht, daß du, weil du nach mehr begehrst, in eine unglückliche seelische Verfassung gerätst. Denn wer die Besitzenden und von den anderen Menschen Glücklichgepriesenen bewundert und in Gedanken jede Stunde bei ihnen verweilt, wird gezwungen, ständig etwas Neues zu unternehmen und gar aus Gier darauf zu warten, etwas zu tun, was nicht wiedergutzumachen ist und deshalb von den Gesetzen verboten wird. Deshalb soll man diesem nicht nachjagen und vielmehr guter Laune sich des anderen erfreuen, indem man das eigene Leben mit dem Leben derjenigen vergleicht, denen es nicht so gut geht; und indem man sich vergegenwärtigt, was ihnen widerfährt, soll man sich glücklich preisen, daß es einem so viel besser geht als ihnen und daß man so viel besser lebt als sie. Hältst du dich an diese Erkenntnis, so wirst du in entsprechend besserer Laune dein Leben führen und während deines Lebens nicht wenig Unheil vertreiben: Neid und Ehrgeiz und Feindschaft.

✳

Wer guter Laune ist und deshalb sich zu gerechten und gesetzlichen Handlungen hingezogen fühlt, ist im Wachen wie im Träumen heiter und stark und ohne Sorgen. Aber wer sich um das Recht nicht kümmert und nicht tut, was sein soll, für den ist alles Derartige ein Unbehagen, wenn er sich an irgend etwas erinnert, und er hat Angst und verdirbt sich das Leben.

✳

Die Grenze des Zuträglichen ist das Genießen, die des Unzuträglichen das Nichtgenießen.

✳

Leute, die sich an ihres nächsten Unglück ergötzen, verstehen nicht, daß die Gaben des Zufalls allen Menschen gemeinsam sind, und sind außerstande, ihre Freude aus eigener Quelle zu schöpfen.

✳

Sparsamkeit und Hunger sind gut; zur rechten Zeit ist aber auch Aufwand gut. Das zu verstehen ist Sache des Tüchtigen.

*

Ein Leben ohne Festlichkeiten ist ein langer Weg ohne Herbergen.

*

Man soll sich vor sich selbst nicht weniger schämen als vor den Menschen, und man soll, wenn niemand es erfahren wird, genausowenig etwas Böses tun, als wenn es alle Menschen erfahren würden. Vielmehr soll man sich vor sich selbst am meisten schämen, und dies sollte ein festes Gesetz für die Seele sein, so daß man nichts tut, was sich nicht gehört.

*

Die Armut in einer demokratischen Gesellschaft ist dem in Diktaturen angeblich zu genießenden Glück um so viel vorzuziehen wie Freiheit der Sklaverei.

*

Die Pflichten gegenüber der Polis soll man unter allen Pflichten für die wichtigsten halten, auf daß sie gut regiert wird. Dabei darf man weder aus Ehrgeiz gegen die Moral verstoßen noch sich dem Nutzen der Gemeinschaft zuwider Macht aneignen. Denn eine gut regierte Polis ist das bestmögliche Korrektiv, und hierin ist alles beschlossen: wenn dieses erhalten bleibt, bleibt alles erhalten, und wenn dieses zugrunde geht, geht alles zugrunde.

*

Wenn die Unfähigen die Ämter antreten – je unwürdiger sie sind, um so nachlässiger benehmen sie sich und um so mehr strotzen sie vor Dummheit und Draufgängertum.

*

Derjenige, für den irgendeine Notwendigkeit besteht, sich einen Sohn anzuschaffen, nimmt ihn meiner Meinung nach besser einem seiner Freunde ab. Er wird dann einen Sohn bekommen, so wie er ihn sich wünscht, denn er kann auswählen, wie er ihn will, und einer, der ihm geeignet zu sein scheint, wird ihm charakterlich auch sicher am meisten nahekommen. Dabei besteht insofern ein großer Unterschied, als man in dem einen Fall sich den Sohn nach Wunsch, wie man ihn eben braucht, aus vielen aussuchen kann. Zeugt man ihn sich aber selbst, so liegen darin viele Gefahren: denn man muß nun einmal mit dem, den man bekommt, vorliebnehmen.

*

Die Menschen glauben, es gehöre zu den von Natur und nach alter Einrichtung unumgänglichen Dingen, daß sie sich Kinder anschaffen. Ebenso steht es offensichtlich bei den übrigen Lebewesen. Denn alle schaffen sich Nachkommen an, indem sie der Natur gehorchen, ohne Hinsicht auf irgendwelchen Nutzen; aber wenn sie sie haben, mühen sie sich ab und ziehen jeden einzelnen groß, so gut sie können, und solange diese klein sind, sind sie von großer Angst um sie erfüllt, und wenn ihnen etwas widerfährt, empfinden sie Schmerz. So ist die Natur aller Wesen, die eine Seele haben. Beim Menschen hat sich aber zusätzlich die Communis opinio herausgebildet, daß der Nachkomme auch einen gewissen Vorteil bringt.

Lü Bu Wei

Über den Umgang mit Menschen (3. Jh. v. u. Z.)

Einst hatte jemand eine Axt verloren. Er hatte seines Nachbars Sohn in Verdacht. Er beobachtete die Art wie er ging: es war die Art eines Axtdiebes; seine Mienen: es waren die eines Axtdiebes; seine Worte: es waren die eines Axtdiebes; seine Bewegungen und sein ganzes Wesen, alles was er tat: alles war die Art eines Axtdiebes. Zufällig grub er dann einen Graben und fand seine Axt. Am andern Tag sah er wieder seines Nachbars Sohn, alle seine Bewegungen und sein ganzes Verhalten glichen nicht mehr der Art eines Axtdiebes. Sein Nachbarsohn hatte sich nicht verändert. Er selbst hatte sich verändert. Was war der Grund davon? Nichts anderes, als daß etwas da war, das ihn in unbefangener Beobachtung störte.

Han Fei Zi
Über den Umgang mit Menschen (3. Jh. v. u. Z.)

Im Staate Song lebte ein reicher Mann, dessen Mauer nach einem heftigen Regenguß zu zerbröckeln begann. „Wenn die Mauer nicht ausgebessert wird", warnte sein Sohn ihn, „könnte leicht ein Dieb kommen." Sein Nachbar sagte dasselbe. Kaum war es dunkel geworden, da wurden bereits zahlreiche Dinge gestohlen. Die Familie des reichen Mannes bewunderte daraufhin die Klugheit des Sohnes; den Nachbarn aber verdächtigte sie. [...]

Ein Mann aus Wei, der seine Tochter verheiratete, sagte ihr: „Lege unbedingt persönliche Ersparnisse an; viele Männer lassen sich wieder scheiden, und die Frauen können von Glück reden, wenn sie nachher noch eine Existenz gründen können!"

Seine Tochter begann also für sich zu sparen, bis ihre Schwiegermutter sie für zu selbstsüchtig hielt und die Scheidung bewirkte. Bei der Rückkehr ins Elternhaus besaß die Tochter doppelt so viel wie ihre ursprüngliche Mitgift. Dem Vater kam nie ein Zweifel, ob er die Tochter nicht schlecht beraten habe, und er war stolz darauf, wie er sein Vermögen vergrößern konnte.

Heutzutage benehmen sich die Leute, wenn sie mit einem hohen öffentlichen Amt betraut werden, ganz genau so.

Weltsichten

Heraklit
Alles fließt (um 500 v. u. Z.)

In dieselben Flüsse steigen wir und steigen wir nicht, wir sind und wir sind nicht.

Es ist unmöglich, zweimal in denselben Fluß hineinzusteigen, *so Heraklit*. [Der Fluß] zerstreut und bringt wieder zusammen [. . .] und geht heran und geht fort.

Gottfried Wilhelm Leibniz
Die beste aller möglichen Welten (1710)

1. Nachdem wir die Rechte des Glaubens und der Vernunft so geregelt haben, daß die Vernunft dem Glauben dient und weit davon entfernt ist, ihm zu widersprechen, wollen wir sehen, wie man sich dieser Rechte bedient, um das, was uns das natürliche Licht und die Offenbarung über die Stellung Gottes und des Menschen zum Übel lehrt, zu stützen und in Einklang zu bringen. Die Schwierigkeiten kann man in zwei Klassen einteilen: die einen stammen aus der menschlichen Freiheit; denn diese scheint mit der göttlichen Natur unverträglich zu sein und muß dennoch notwendig angenommen werden, um Schuld und Strafbarkeit des Menschen aufrecht zu erhalten. Die anderen haben es mit dem Verhalten Gottes zu tun; dieser habe einen zu großen Anteil an der Existenz des Bösen; selbst wenn der Mensch frei wäre und auch seinen Anteil daran hätte. Dieses Verhalten scheint mit der göttlichen Güte, Heiligkeit und Gerechtigkeit in Wider-

spruch zu stehen; da Gott am physischen wie moralischen Übel mitwirkt, und zwar hier auf moralische, dort auf physische Art und Weise; im Reich der Natur scheinen diese Übel ebenso hervorzutreten wie im Reich der Gnade und in dem ewigen zukünftigen Leben ebenso, ja noch mehr als in diesem vergänglichen Leben.

2. Um diese Schwierigkeiten kurz aufzuzeigen, muß bemerkt werden, daß Freiheit (dem Augenschein nach) mit Vorherbestimmung und Gewißheit, welcher Art diese Gewißheit auch sei, unverträglich ist; trotzdem geht die gewöhnliche philosophische Lehre dahin, die Wahrheit kommender zufälliger Ereignisse als eine vorherbestimmte aufzufassen. Das Vorherwissen Gottes macht die ganze Zukunft sicher und bestimmt; seine Vorsehung und Vorausbestimmung, auf die sich das Vorherwissen gründet, tut noch weit mehr; Gott ist nämlich nicht einem Menschen vergleichbar, der die Ereignisse als Unbeteiligter betrachten und ihn mit seinem Urteil zurückhalten kann; alles verdankt vielmehr seinen Willensentschlüssen und seiner Tathandlung die Existenz. Wollte man selbst von der Mitwirkung Gottes absehen, so ist dennoch alles in der Ordnung der Dinge vollständig verbunden; nichts würde geschehen ohne eine zur Erzeugung dieser Wirkung bestimmte Ursache: und dies hat für Willensakte genau die gleiche Geltung wie für alles andere. Danach scheint der Mensch zu seinen guten und bösen Taten gezwungen zu sein und verdient infolgedessen weder Belohnung noch Strafe; dies aber zerstört die Moralität der Handlungen und stößt die göttliche und menschliche Gerechtigkeit um.

3. Gesteht man aber dem Menschen diese Freiheit, mit der er sich zu seinem Schaden aufputzt, zu, so würde das Verhalten Gottes dennoch Gegenstand der Kritik sein; und die anmaßende Dummheit der Menschen, die ihre Schuld ganz oder teilweise auf Gott abwälzen möchten, würde diese Kritik mit Gründen unterstützen. Die ganze Realität, so wirft man ein, und die sogenannte Substanz der Handlung

sei nämlich sogar bei der Sünde ein Erzeugnis Gottes; denn er ist es, der allen Kreaturen und allen ihren Handlungen Realität verleiht. Daraus möchte man folgern, daß er nicht bloß die physische, sondern auch die moralische Ursache der Sünde ist. Er nämlich handelt frei und tut nichts ohne vollkommene Kenntnis der Sache und ihrer möglichen Folgen. Es genügt nicht zu sagen, Gott habe es sich zum Gesetz gemacht, an allen Willensentschlüssen des Menschen mitzuwirken, ob man dies nun nach der gewöhnlichen Ansicht oder nach dem System der Gelegenheitsursachen meint. Abgesehen davon, daß man ein solches, von Gott sich selbst gegebenes Gesetz sehr merkwürdig finden würde, da er doch dessen Folgen sehr gut kannte, bleibt als Hauptschwierigkeit, daß sogar der schlechte Wille scheinbar ohne eine Mitwirkung nicht bestehen kann und sogar nicht ohne eine Vorherbestimmung von seiner Seite, die zur Erzeugung dieses Willens im Menschen oder in einer anderen mit Vernunft begabten Kreatur beiträgt: denn mag sie auch schlecht sein, so ist eine Handlung darum nicht weniger von Gott abhängig. Daraus schließt man: Gott habe alles ohne Rücksicht auf Gut und Böse geschaffen; wenn man nicht mit den Manichäern sagen will, es gäbe zwei Prinzipien, ein gutes und ein böses. Ja noch mehr! Nach der gewöhnlichen theologischen und philosophischen Anschauung ist die Erhaltung eine beständige Erschaffung. Und so sagt man, der Mensch werde beständig verdorben und sündhaft geschaffen, ganz abgesehen von der Annahme moderner Kartesianer, Gott sei der alleinige Schöpfer und seine Kreaturen rein passive Organe.

4. Aber selbst wenn Gott bei Handlungen nur in allgemeiner Weise, oder, wenigstens bei den schlechten Handlungen, überhaupt nicht mitwirkt, so genügt dies (sagt man), um ihm die Schuld zu geben und ihn zur moralischen Ursache zu machen: denn nichts geschieht ohne seine Erlaubnis. Er weiß – ganz abgesehen von dem Fall der Engel – alles was geschehen wird, wenn er den Menschen nach sei-

ner Erschaffung in diese und jene Lagen bringt; und dennoch unterläßt er es nicht. Der Mensch wird einer Versuchung ausgesetzt, der er, das weiß man genau, unterliegen muß, und von da an datieren jene schrecklichen Übel ohne Ende. Von diesem Sturz wird das ganze Menschengeschlecht in Mitleidenschaft gezogen und in eine Art notwendige Sündhaftigkeit verstrickt, die man als Erbsünde bezeichnet. Die Welt wird so in eine merkwürdige Verwirrung gebracht: Tod und Krankheit sind hierdurch entstanden und mit ihnen tausendfaches Unglück und Elend, das Gute und Böse in gleicher Weise trifft; die Schlechtigkeit regiert, die Tugend wird hienieden unterdrückt, und es gewinnt den Anschein, als gäbe es keine alles lenkende Vorsehung mehr. Noch ärger ist es mit dem zukünftigen Leben: dort wird es nur eine kleine Anzahl Geretteter geben: alle andern sind ewiger Verderbnis verfallen; ganz abgesehen davon, daß die zum Heil bestimmten Menschen durch eine grundlose Auslese der verdorbenen Masse enthoben sind: ob man nun sagt, Gott hätte bei ihrer Auswahl auf ihre zukünftigen guten Handlungen, auf ihren Glauben oder auf ihre Werke gesehen, oder ob man annimmt, gerade weil sie zur Seligkeit bestimmt sind, habe er ihnen diese guten Eigenschaften und diese Handlungen zuerteilen wollen. Wenn es auch in dem gemäßigten System heißt, Gott habe alle Menschen retten wollen, oder wenn man sich in den anderen, allgemein anerkannten Systemen darüber einig ist, daß Gott seinem Sohne Menschennatur gab, um die Menschen von ihren Sünden zu erlösen, und daß alle errettet werden, die an ihn aus vollem Herzen und ohne Zagen glauben, so bleibt es immer noch wahr, daß dieser Herzensglaube eine Gottesgabe ist, daß wir, allen guten Werken abgestorben, einer vorgreifenden Gnade bedürfen, um unseren Willen aufzustacheln, und daß Gott uns das Wollen und Gelingen gibt. Mag diese Gnade nun durch sich selbst wirksam sein, d. h. durch eine innerliche, göttliche Bewegung unseren Willen völlig zu dem von uns getanen Guten bestimmen, oder mag es nur eine zureichende Gnade geben, die uns dennoch unaufhörlich beeinflußt und vermittels der inneren und äußeren Umstände, worin der Mensch sich befindet und worein ihn Gott versetzt hat, auf uns wirkt: immer wieder muß man sagen, Gott ist der letzte Grund des Heiles, der Gnade, des Glaubens und der Erlösung durch Jesum Christum. Mag Gott die Absicht gehabt haben, durch die Erlösung den Glauben zu gewähren, oder mag dieser Glaube die Erlösung verursacht haben: es bleibt desungeachtet wahr, daß er den Glauben oder das Heil nach seinem Gutdünken gibt, ohne scheinbar einen Grund für seine Wahl zu haben, und daß diese nur auf eine kleine Zahl Menschen fällt. [. . .]

6. Wenden wir jetzt die Medaille um und führen wir uns auch das vor Augen, was sich auf diese Einwände antworten läßt. Hierbei werden wir allerdings weiter ausholen müssen: denn viele Schwierigkeiten lassen sich mit wenigen Worten andeuten, während man ausführlich werden muß, wenn man in ihre Erörterung eintreten will. Unsere Absicht ist es, die Menschen von ihren falschen Vorstellungen abzubringen, als ob Gott ein absoluter Fürst sei, nach Willkür verfährt und wenig geeignet und würdig ist, geliebt zu werden. Diese Ansichten über Gott sind um so schlimmer, als das Wesen der Frömmigkeit nicht darin besteht, ihn zu fürchten, sondern ihn über alles zu lieben. Dies ist nicht möglich ohne Kenntnis der Vollkommenheiten, aus welchen die Liebe, die er verdient und die Glückseligkeit aller derer, die ihn lieben, entspringt.

Und weil wir uns von einem Eifer beseelt fühlen, der ihm gefallen muß, so dürfen wir hoffen, daß er uns erleuchten und uns bei einer Untersuchung beistehen wird, die zu seinem Ruhme und zu der Menschen Wohl unternommen ist. [. . .]

7. Gott ist die erste Ursache aller Dinge: [. . .]

Diese mit Verstand begabte Ursache muß außerdem in jeder Weise unendlich sein, ihre Macht, Weisheit und Güte müssen unbedingt vollkommen sein; denn sie umfaßt jede

Möglichkeit. Da alles miteinander in Verbindung steht, so läßt sich auch nicht mehr als eine Ursache annehmen. Ihrem Verstande entquillt jede Wesensbeschaffenheit, ihr Wille ist Ursprung jeder Existenz. Dies ist in wenigen Worten der Beweis für einen einzigen Gott, für seine Vollkommenheiten und für die Entstehung der Dinge aus ihm.

8. Diese überlegene Weisheit konnte in Verbindung mit einer nicht weniger unendlichen Güte einzig und allein das Beste erwählen. Denn wie ein geringes Übel eine Art Gut und ein geringes Gut eine Art Übel ist, wenn es ein größeres Gut verhindert, so hätte man Ursache, die Handlungen Gottes zu tadeln, wenn es ein Mittel gäbe, es besser zu machen. Und wie in der Mathematik ohne ein Maximum und Minimum, kurz ohne etwas bestimmt Unterschiedenes, alles gleichförmig verläuft, oder wenn dies nicht möglich ist, überhaupt nichts geschieht, so läßt sich dasselbe von der vollkommenen Weisheit sagen, die gleichen Regelmäßigkeiten untersteht wie die Mathematik: gäbe es nicht die beste (optimum) aller möglichen Welten, dann hätte Gott überhaupt keine erschaffen. „Welt" nenne ich hier die ganze Folge und das ganze Beieinander aller bestehenden Dinge, damit man nicht sagen kann, mehrere Welten könnten zu verschiedener Zeit und an verschiedenen Orten bestehen. Man muß sie insgesamt für eine Welt rechnen, oder, wie man will, für ein Universum. Erfüllte man jede Zeit und jeden Ort; es bleibt dennoch wahr, daß man sie auf unendlich viele Arten hätte erfüllen können und daß es unendlich viel mögliche Welten gibt, von denen Gott mit Notwendigkeit die beste erwählt hat, da er nichts ohne höchste Vernunft tut.

9. Kann ein Gegner diesem Argument nicht beikommen, so wird er vielleicht auf unsere Schlußfolgerung mit einem entgegengesetzten Argument antworten: er wird sagen, die Welt hätte ja sündlos und ohne Leiden sein können; aber was ich bestreite, ist, daß sie dann besser wäre. Wissen muß man, daß in jeder möglichen Welt alles miteinander in Verbindung steht: jedwedes Universum ist ein Ganzes aus

einem Stück, gleich dem Ozean; die geringste Bewegung breitet sich in beliebige Entfernung aus, wenn sie auch schwächer und schwächer wird entsprechend dieser Entfernung: so hat Gott ein für allemal alles im voraus geregelt, er, der die Gebete, die guten und schlechten Handlungen und alles andere voraussah; und jedes Ding hat vor seiner Existenz idealiter zu dem Entschlusse beigetragen, der über das Dasein aller Dinge gefaßt wurde. Darum kann in der Welt nichts ohne Schaden an seiner Wesensart, oder (wie bei einer Zahl), wenn man will, an seiner numerischen Individualität verändert werden. Wenn somit das geringste Übel, das in der Welt eintrifft, fehlte, es wäre nicht mehr diese Welt, die, alles in allem, von dem sie auswählenden Schöpfer als die beste befunden worden ist.

10. Zwar kann man sich Welten ohne Sünde und ohne Unglück vorstellen, und so etwas daraus machen wie die Romane von Utopien und den Sevaramben; aber diese Welten würden im übrigen der unsrigen erheblich nachstehen. Ich will das nicht im einzelnen aufzeigen: wie könnte ich wohl diese Unendlichkeiten erkennen, darstellen und miteinander vergleichen? Aber man muß mir das *ab effectu* zugeben, da Gott unsere Welt so erwählt hat, wie sie ist. Wir wissen außerdem, daß oft ein Übel ein Gut bewirkt, welches ohne dieses Übel nicht eingetroffen wäre. Oft haben sogar zwei Übel ein großes Gut zur Folge gehabt. [...]

12. Zum Nachweise, daß Ähnliches auch bei den geistigen Freuden statthat, bediente man sich zu allen Zeiten eines aus den sinnlichen Freuden geschöpften Vergleiches: bei diesem nämlich treten dem Schmerz verwandte Symptome auf. Etwas Saures, Scharfes oder Bitteres gefällt oft besser als Zukker; der Schatten läßt die Farbe stärker hervortreten und selbst eine Dissonanz am rechten Platze hebt die Harmonie. Seiltänzer, im Begriffe hinabzustürzen, sollen uns in Schrekken versetzen, Trauerspiele sollen uns bis zu Tränen ergreifen. Kostet man die Gesundheit aus und dankt man Gott dafür, wenn man niemals krank gewesen ist? Und muß

nicht meistens ein kleines Übel das Gute fühlbarer, sozusagen größer werden lassen?

13. Sagt man, die Übel seien bedeutend und ihre Zahl sei groß, verglichen mit den Gütern, dann täuscht man sich. Nur aus Mangel an Achtsamkeit verkleinern wir unsere Güter, und es bedarf einiger Übel, um diese Achtsamkeit in uns wach werden zu lassen. Wären wir für gewöhnlich krank und selten bei guter Gesundheit, dann würden wir die Größe dieses Gutes wunderbar schätzen und unsere Leiden weniger beachten, aber ist es nicht trotzalledem besser, daß die Gesundheit an der Regel, die Krankheit selten ist? Fügen wir darum in unserer Reflexion das hinzu, was unserer Vorstellung abgeht, um uns das Gut der Gesundheit fühlbarer zu machen. Hätten wir keine Kenntnis des zukünftigen Lebens, so würden sich, glaube ich, nur wenige finden, die beim Herannahen des Todes nicht zufrieden wären, das Leben noch einmal bei gleich großen Gütern und Übeln zu durchleben, besonders wenn diese nicht von derselben Art sind. Man wäre mit der bloßen Veränderung zufrieden, ohne einen besseren Zustand als den erlebten zu verlangen.

14. Betrachtet man zudem die Gebrechlichkeit des menschlichen Körpers, so muß man die Weisheit und Güte des Schöpfers der Natur bewundern, der diesen Körper so widerstandsfähig und seinen Zustand so erträglich gemacht hat. Das hat mich oft zu dem Ausspruch genötigt, ich wunderte mich nicht, die Menschen zuweilen krank zu finden, wohl aber erstaune ich, daß sie dies so selten, ja daß sie es nicht ständig sind. Darum müssen wir auch das göttliche Kunstwerk des tierischen Mechanismus immer mehr bewundern, dessen Schöpfer so schwache, dem Verderben ausgesetzte und dennoch so existenzfähige Maschinen erzeugt hat. Die Natur heilt uns ja doch weit besser als die Medizin. Diese Gebrechlichkeit folgt aus der Natur der Dinge, wofern man nicht will, daß diese Art vernunftbegabter Kreaturen mit Fleisch und Bein keinen Platz in der Welt habe. Das wäre jedoch ein Mangel. [...]

15. Leute, die Humor genug besitzen, Natur und Schicksal zu loben, statt sich darüber zu beklagen, selbst wenn sie
nicht besonders gut abgeschnitten haben, sind, so dünkt
mich, den anderen vorzuziehen. Denn abgesehen davon, daß
diese Klagen schlecht begründet sind, heißt dies doch in
Wirklichkeit gegen die Anordnungen der Vorsehung mur-
ren. Man darf sich in dem Staate, in dem man lebt, nicht
leichthin zur Zahl der Unzufriedenen gesellen, und am aller-
wenigsten darf man dies im Reiche Gottes, wo es mit einer
Ungerechtigkeit verbunden wäre. Bücher über das menschliche Elend [...] sind meiner Ansicht nach von keinem großen Nutzen: man verdoppelt die Übel, wenn man ihnen
eine Aufmerksamkeit widmet, die man von ihnen abwenden
sollte, um sie auf die weit gewichtigeren Güter zu richten.

Voltaire

Alles ist gut (1764)

Ein hübscher Lärm entstand in den Schulen und sogar unter
vernünftigen Leuten, als Leibniz, den Platon umschreibend,
sein Gebäude von der besten aller möglichen Welten er-
richtete und ausdachte, daß alles zum Besten gehe. Er be-
teuerte im Norden Deutschlands, daß Gott nur eine einzige Welt machen könne. Platon wenigstens hatte ihm die
Freiheit zwischen fünf Welten gelassen, sintemalen es nur
fünf regelmäßige Körper gibt: den Tetraeder oder die
Pyramide, dreiseitig und mit gleichem Boden, den Würfel,
den Hexaeder, den Dodekaeder und den Ikosaeder. Allerdings hätte Platon, weil unsere Welt nach keinem seiner
fünf Körper geformt ist, Gott eine sechste Machart erlauben
sollen.

Lassen wir ab vom göttlichen Platon. Leibniz also, der
gewiß in der Geometrie besser und in der Metaphysik tiefer

forschte, erwies der Menschheit den Dienst zu zeigen, daß wir sehr zufrieden sein müssen und daß Gott nicht mehr für uns hat tun können, da er notwendig unter allen möglichen Entschlüssen jenen fand, welcher unwidersprochen der beste war.

„Und wo bleibt die Erbsünde?" rief man. „Wo sie mag!" sprachen Leibniz und seine Freunde; doch öffentlich schrieb er, sie gehöre notwendig in die beste aller Welten.

Wie! verjagt zu sein aus einem wonnevollen Ort, wo man für immer gelebt haben würde, hätte man nicht einen Apfel gegessen? Wie! im Elend seine elenden Kinder zu zeugen, damit sie alles leiden und anderen jedes Leid tun? Wie! mit allen Krankheiten gepeinigt zu sein, jeden Kummer zu fühlen, schmerzvoll zu sterben und der Erfrischung halber zu brennen ewige Jahrhunderte lang? War keine bessere Zuteilung möglich als diese? Sie ist nicht allzu gut für uns; worin kann sie gut für Gott sein?

Leibniz fühlte, daß es nichts zu antworten gebe, und so schrieb er dicke Bücher, worin er sich selber nicht verstand.

Zu leugnen, daß es das Übel gibt, vermöchte nur ein lachender Lukullus, der bei guter Mahlzeit mit seinen Freunden und seiner Geliebten behaglich im Saal des Apoll sitzt. Indessen braucht er nur den Kopf aus dem Fenster zu strekken, so wird er unglückliche Leute sehen, und er selbst wird unglücklich sein, wenn er Fieber hat.

Ich zitiere nicht gern; meist ist dies ein dorniges Geschäft: man unterschlägt, was der zitierten Stelle vorangeht und was ihr folgt, so daß man sich tausendfachem Zank aussetzt. Notgedrungen zitiere ich dennoch den Kirchenvater Lactantius, welcher in seinem dreizehnten Kapitel *Über Gottes Zorn* den Epikur so reden läßt: „Entweder Gott will das Übel von dieser Welt nehmen und kann es nicht, oder er kann es und will nicht, oder er kann weder noch will er, oder schließlich er kann und will. Wenn er es will und nicht kann, so heißt dies Ohnmacht, was der Natur Gottes entgegen ist; wenn er es kann und nicht will, so heißt das Bosheit und ist seiner Natur nicht weniger entgegen; wenn er weder kann noch will, so ist dies Bosheit *und* Ohnmacht; wenn er will und kann, welcher Entschluß einzig Gott geziemt: woher kommt dann das Übel?"

Solche Überlegung ist drückend, und Lactantius antwortet schlecht, wenn er sagt, Gott wolle das Übel, habe uns aber die Vernunft gegeben, womit wir das Gute erwerben. Die Antwort (man muß es gestehen) ist, verglichen mit dem Einwand, recht schwach; denn sie nimmt an, daß Gott uns die Vernunft nur geben konnte, indem er das Übel schuf; obendrein haben wir eine lächerliche Vernunft!

Der Ursprung des Übels war schon immer ein Abgrund, dessen Boden niemand zu sehen vermochte. Ebendies brachte so viele Philosophen und Gesetzgeber der Alten dazu, sich mit zwei Prinzipien zu helfen: eins gut, das andere böse. Typhon war das böse Prinzip bei den Ägyptern, Ahriman bei den Persern. Wie man weiß, übernahmen die Manichäer jene Theologie; aber weil diese Leute niemals weder mit dem guten Prinzip noch mit dem bösen gesprochen, so braucht man ihnen nicht zu glauben, ja nicht einmal auf Ehrenwort.

Unter den Ungereimtheiten, von denen unsere Welt überquillt und die man zu unseren Übeln zählen kann, ist es besonders ungereimt anzunehmen, daß zwei allmächtige Wesen sich darum raufen, wer mehr von seinem Teil auf dieser Welt unterbringe, und daß sie einen Vertrag schließen wie die beiden Ärzte bei Molière: „Mir allein das Brechmittel, dir allein den Aderlaß."

Nach den Platonikern behauptete Basilides schon im ersten kirchlichen Jahrhundert, daß Gott unsere Welt seinen letzten Engeln zu schaffen gegeben; jene aber hätten aus Ungeschick die Dinge so gemacht, wie wir sie sehen. Dies theologische Märchen zerfällt zu Staub beim schlimmen Einwand, es sei nicht in der Natur eines allmächtigen und allwissenden Gottes, eine Welt von solchen Architekten bauen zu lassen, die nichts davon verstünden.

Simon, welcher diesen Einwand fühlte, kommt ihm zuvor mit dem Spruch, jener Engel, welcher die Werkstatt befehligte, sei verdammt worden, da er sein Werk so schlecht getan; doch es heilt uns nicht, daß jener Engel schmort.

Das Abenteuer der Pandora bei den Griechen antwortet unserem Einwand nicht besser. Die Büchse, worin sich alle Übel befinden und auf deren Boden die Hoffnung übrigbleibt, ist gewiß ein zauberhaftes Gleichnis; aber diese Pandora ward vom Vulkanus nur erschaffen, weil er sich am Prometheus rächen wollte, der aus Schlamm einen Menschen gemacht hatte.

Die Inder treffen nicht genauer: Gott, da er den Menschen geschaffen, gab diesem eine Arznei, um ihn ständiger Gesundheit zu versichern; der Mensch lud die Arznei auf seinen Esel; der ward durstig, die Schlange wies ihm eine Quelle, und während der Esel trank, nahm die Schlange sich die Arznei.

Die Syrer haben ausgedacht, daß Mann und Frau, nachdem sie im vierten Himmel erschaffen worden, einmal einen Ölkuchen essen wollten statt der Ambrosia, die ihre natürliche Mahlzeit war. Die Ambrosia entwich aus den Poren; nach dem Ölkuchen aber tat der Gang zum Stuhle not. Mann und Frau baten einen Engel, ihnen den Weg zu zeigen. „Seht ihr" (sprach der Engel) „den kleinen Planeten dort, groß wie ein Nichts und einige sechzig Millionen Meilen entfernt? Dort ist der Abtritt des All; geht nur eilig hin!" Sie gingen und man ließ sie dort; seitdem ist unsere Welt, wozu sie damals ward.

Man kann die Syrer indessen fragen, warum Gott den Menschen erlaubte, solchen Ölkuchen zu essen, und warum uns daraus solch eine Menge schrecklichen Übels wuchs.

Um nicht die Geduld zu verlieren, komme ich von jenem vierten Himmel geschwind auf den Lord Bolingbroke. Dieser Mensch, der gewiß einen großen Geist besaß, lieferte dem berühmten Pope seinen Plan *Vom guten Ganzen,* welchen man tatsächlich Wort für Wort in den posthumen Werken des Lord Bolingbroke wiederfindet und welchen schon Lord Shaftesbury in seine *Charakteristiken* eingefügt hatte. Man lese bei Shaftesbury das Kapitel über die Moralisten, so findet man diese Worte:

„Vieles läßt sich auf die Klagen über die Mängel der Natur erwidern. Warum ging sie so ohnmächtig und mangelhaft aus den Händen eines vollkommenen Wesens hervor? Doch ich bestreite, daß sie mangelhaft sei ... Ihre Schönheit entsteht aus den Gegensätzen, und ein dauernder Kampf gebiert den Einklang des All ... Notwendig muß jedes Wesen anderen hingeopfert werden: die Pflanzen den Tieren, die Tiere der Erde ... und die Gesetze des Schwerpunktes und der Fliehkraft lassen sich nicht einem armseligen Tier zuliebe stören, das zwar durch ebendiese Gesetze vollends behütet ist, jedoch ihnen gehorchend bald in Staub zerfallen muß."

Bolingbroke, Shaftesbury und ihr Schriftsetzer Pope lösen die Frage nicht besser als die andern: ihr *Alles ist gut* heißt nichts, als daß sich alles nach unabänderlichen Gesetzen lenkt; wer wüßte dies nicht? Ihr lehrt uns nichts, wenn ihr bemerkt (wie alle kleinen Kinder auch), daß die Fliegen geboren sind, um von den Spinnen gefressen zu werden, die Spinnen von den Schwalben, die Schwalben von den Elstern, die Elstern von den Adlern, die Adler, damit sie von den Menschen getötet werden, die Menschen, um sich gegenseitig zu töten und von den Würmern gefressen zu werden und darauf von den Teufeln, wenigstens tausend auf einen.

Nicht wahr? wir sehen eine saubere und dauerhafte Ordnung zwischen den Lebewesen aller Art: überall geht es ordentlich zu. Bildet sich ein Stein in meiner Blase, so ist die Mechanik bewundernswert: Tropfen um Tropfen dringen steinhaltige Säfte in mein Blut; sie sickern in die Nieren, durch den Harnleiter, setzen sich in meiner Blase ab, versammeln sich dort mit vorzüglicher Newtonscher Anziehungskraft; der Kiesel bildet sich, er wächst, ich leide nach der besten Ordnung der Welt tausend Schmerzen schlimmer als der Tod; es kommt ein Chirurg, welcher die Kunst des Tubalkain verbessert hat; er rennt mir ein spitz schneidendes Eisen in den Damm, packt mit seiner Zange meinen Stein, der unter seinen Anstrengungen nach einem notwendigen Mechanismus zersplittert, und nach ebendiesem Mechanismus sterbe ich unter gräßlichen Qualen. *Dies alles ist gut,* dies alles ist die offenkundige Wirkung der unabänderlichen physikalischen Gesetze: ich pflichte euch bei, denn ich wußte es so gut wie ihr.

Wären wir gefühllos, so ließe sich nichts gegen die Physik sagen. Aber nicht darum geht es; wir fragen euch, ob fühlbares Übel da ist und woher es kommt. „Es gibt keine Übel", sagt Pope in seiner vierten Epistel *Vom guten Ganzen,* „oder wenn es einzelne Übel gibt, so bilden sie das allgemeine Wohl".

Gewiß doch! nur wie sonderbar dies allgemeine Wohl sich zusammensetzt aus Gallenstein und Gicht, aus allen Freveln und allen Leiden, aus Tod und Verdammung.

Der Sündenfall des Menschen ist das Wundpflaster, womit wir alle solche einzelnen Übel von Leib und Seele zudecken, die ihr das allgemeine Wohl nennt. Aber Shaftesbury und Bolingbroke lachen die Erbsünde aus; Pope spricht nie davon; eindeutig untergräbt ihr System den Boden christlicher Religion und erklärt nichts.

Indessen ist dies System neulich von mehreren Theologen gebilligt worden, welche seine Widersprüche gern in Kauf nehmen; recht so! niemandem sei der Trost geneidet, die Sintflut unserer Übel zu erklären, wie er mag. Genauso billig erlaubt man dem verzweifelten Kranken zu essen, was er will. Man hat sogar die Behauptung gewagt, dieses System sei tröstlich. „Gott" (spricht Pope) „sieht mit dem gleichen Auge den Helden und den Spatzen sterben, ein Atom oder tausend Planeten in Trümmer stürzen, eine Seifenblase oder eine Welt untergehen".

Das ist, wie ich bekenne, ein hübscher Trost; findet ihr nicht ein prächtiges Beruhigungsmittel im Rezepte des Lord Shaftesbury, welcher sagt, Gott werde seine ewigen Gesetze nicht stören um solch ein erbärmliches Lebewesen, wie der Mensch ist? Nur sollte man zugestehen, daß jenes erbärmliche Lebewesen recht hat, demütig zu schreien und begreifen zu wollen, warum diese ewigen Gesetze nicht zum Wohl eines jeden einzelnen gemacht sind.

Das System *Vom guten Ganzen* stellt den Schöpfer aller Natur nicht anders dar als einen mächtigen und boshaften König, den es nicht kümmert, daß vier- oder fünfhunderttausend Menschen mit dem Leben bezahlen und die andern ihre Tage in Hunger und Tränen hinschleppen, damit er an das Ziel seiner Pläne komme.

Weit entfernt, uns zu trösten, läßt jene Meinung von der bestmöglichen aller Welten die Philosophen verzweifeln, welche sich darauf einlassen. Die Frage nach dem Guten und Bösen bleibt ein unentwirrbares Chaos für jeden, der gutgläubig sucht; sie ist ein Gedankenspiel für Leute, die gern streiten und den Zuchthäuslern gleich mit ihren Ketten spielen. Was das gedankenlose Volk betrifft, so gleicht es ziemlich den Fischen, die man aus dem Bach in ein Becken gebracht hat; sie ahnen nicht, daß sie dort sind, um während der Fastenzeit verspeist zu werden: auch wir wissen durch uns nicht das geringste von den Ursachen unseres Schicksals.

Beschließen wir dies wie beinahe jedes andere Kapitel der Metaphysik mit den beiden Buchstaben, welche die römischen Richter setzten, wenn sie einen Rechtshandel nicht durchschauten: *N. L., non liquet,* das ist nicht klar.

Leid und Erlösung vom Leid (5. Jh. v. u. Z.)

Durch das Nichtverstehen, Nichtdurchdringen von vier Dingen, ihr Mönche, haben sowohl ich als auch ihr in diesen langen Zeiten das Dasein durcheilt, das Dasein durchwandert. Von welchen vier Dingen?

Durch das Nichtverstehen, Nichtdurchdringen der edlen Wahrheit vom Leiden, der edlen Wahrheit von der Leidensentstehung, der edlen Wahrheit von der Leidenserlöschung und der edlen Wahrheit von dem zur Leidenserlöschung führenden Pfade. Durch das Nichtverstehen, Nichtdurchdringen dieser vier Dinge haben sowohl ich als auch ihr in diesen langen Zeiten das Dasein durcheilt, das Dasein durchwandert.

I. Was aber, ihr Mönche, ist die edle Wahrheit vom Leiden? Geburt ist Leiden, Altern ist Leiden, Sterben ist Leiden, Sorge, Klage, Schmerz, Trübsal und Verzweiflung sind Leiden, mit Unliebem vereint sein ist Leiden, von Liebem getrennt sein ist Leiden, kurz gesagt, die fünf Anhaftungsgruppen sind Leiden.

Was aber, ihr Mönche, ist die Geburt? Was da bei diesen und jenen Wesen in dieser und jener Wesenswelt Geburt ist, Geborenwerden, Empfängnis *(okkanti),* Insdaseintreten, das Erscheinen der Daseinsgruppen, das Erlangen der Sinnenorgane: Das, ihr Mönche, nennt man die Geburt.

Was aber, ihr Mönche, ist das Altern? Was da bei diesen und jenen Wesen aus dieser und jener Wesensart Altern ist, Gealtertsein, Zerfall der Zähne, Grau- und Runzeligwerden, Versiegen der Lebenskraft, Absterben der Sinnenorgane: Das, ihr Mönche, nennt man das Altern.

Was aber, ihr Mönche, ist das Sterben? Was da bei diesen und jenen Wesen aus dieser und jener Wesenswelt Abscheiden ist, Abgeschiedensein, Auflösung, Hinschwinden, Tod, Sterben, Ableben, Schwund der Daseinsgruppen, das

Ablegen des Körpers: Das, ihr Mönche, nennt man das Sterben.

Was aber, ihr Mönche, ist Sorge? Was da bei dem von irgendeinem Verlust oder Leiden Betroffenen Sorge ist, Besorgnis, Besorgtsein, innerliche Sorge, innerliche Besorgnis: Das, ihr Mönche, nennt man Sorge.

Was aber, ihr Mönche, ist Klage? Was da bei dem von irgendeinem Verlust oder Leiden Betroffenen Jammer und Klage ist, Jammern und Klagen, Jammer- und Klagezustand: Das, ihr Mönche, nennt man Klage.

Was aber, ihr Mönche, ist Schmerz? Was da körperlich schmerzhaft und unangenehm ist, durch Körpereindrücke bedingt an schmerzlichem und unangenehmem Gefühl besteht: Das, ihr Mönche, nennt man Schmerz.

Was aber, ihr Mönche, ist Trübsal? Was da geistig schmerzhaft und unangenehm ist, durch geistige Eindrücke bedingt an schmerzlichem und unangenehmem Gefühl besteht: Das, ihr Mönche, nennt man Trübsal.

Was aber, ihr Mönche, ist Verzweiflung? Was da bei dem von irgendeinem Verlust oder Leiden Betroffenen Trostlosigkeit und Verzweiflung ist, trostloser und verzweifelter Geisteszustand: Das, ihr Mönche, nennt man Verzweiflung.

Was aber ist das Leiden im Vereintsein mit Unliebem? Was da unerwünschte, unerfreuliche, unangenehme (Objekte sind, wie) Formen, Töne, Gerüche, Geschmäcke, Berührungen und Gedanken oder (Wesen), die einem Schaden, Unheil, Unannehmlichkeiten und Unsicherheit wünschen; die Begegnung mit solchen, die Zusammenkunft, das Zusammentreffen, die Verbindung mit ihnen: Das ist das Leiden im Vereintsein mit Unliebem.

Was aber ist das Leiden im Getrenntsein von Liebem? Was da erwünschte, erfreuliche, angenehme (Objekte sind, wie) Formen, Töne, Gerüche, Geschmäcke, Berührungen und Gedanken oder (Wesen), die einem Gutes, Glück, Wohlbefinden und Sicherheit wünschen; der Begegnung mit solchen ermangeln, mit ihnen nicht zusammenkommen und zusammentreffen, mit ihnen nicht verbunden sein: Das ist das Leiden im Getrenntsein von Liebem.

Was aber, ihr Mönche, ist das Leiden beim Nichterlangen dessen, was man wünscht? Da steigt den der Wiedergeburt unterworfenen Wesen der Wunsch auf: ‚Ach, daß wir doch nicht mehr der Wiedergeburt unterworfen wären, daß uns doch keine Wiedergeburt bevorstünde!‘ ... Den dem Altern, Sterben, den Sorgen, Klagen, Schmerzen, der Trübsal und Verzweiflung unterworfenen Wesen steigt der Wunsch auf: ‚Ach, daß wir doch nicht mehr diesen Dingen unterworfen wären, daß uns doch diese Dinge nicht mehr bevorstünden!‘ Solches aber läßt sich nicht durch Wünschen erreichen. Das, ihr Mönche, ist das Leiden beim Nichterlangen dessen, was man wünscht. [...]

Das, ihr Mönche, nennt man die edle Wahrheit vom Leiden.

II. Was aber, ihr Mönche, ist die edle Wahrheit von der Leidensentstehung? Es ist eben jenes Wiederdaseinerzeugende, von Lust und Gier begleitete, sich hier und da erfreuende Begehren, nämlich sinnliches Begehren, das Daseinsbegehren und das Selbstvernichtungsbegehren.

Wo aber, ihr Mönche, kommt dieses Begehren zum Entstehen und wo faßt es Wurzel? Was es da in der Welt an Lieblichem und Angenehmem gibt, dort kommt dieses Begehren zum Entstehen, dort faßt es Wurzel. Was aber gilt in der Welt als das Liebliche und Angenehme?

Auge, Ohr, Nase, Zunge, Körper und Geist sind in der Welt etwas Liebliches und Angenehmes. Dort kommt dieses Begehren zum Entstehen, dort faßt es Wurzel.

Formen, Töne, Düfte, Säfte, Körpereindrücke und Geistobjekte ... Seh-, Hör-, Riech-, Schmeck-, Körper- und Geistbewußtsein ... Seh-, Hör-, Riech-, Schmeck-, Körper- und Geisteindrücke ... Durch Seh-, Hör-, Riech-, Schmeck-, Körper- und Geisteindruck bedingtes Gefühl ... Wahrnehmung von Formen, Tönen, Düften, Säften,

Körpereindrücken und Geistesobjekten... Auf Formen, Töne, Düfte, Säfte, Körpereindrücke und Geistobjekte gerichteter Wille... Begehren... Gedankenfassen... Überlegen. Alle diese Dinge sind in der Welt etwas Liebliches und Angenehmes. Dort kommt jenes Begehren zum Entstehen, dort faßt es Wurzel. Das, ihr Mönche, nennt man die edle Wahrheit von der Leidensentstehung.

III. Was aber, ihr Mönche, ist die edle Wahrheit von der Leidenserlöschung? Eben jenes Begehrens restlose Abwendung und Erlöschung, Verwerfung, Fahrenlassen, Befreiung davon, Nichthaften daran.

Wo aber, ihr Mönche, gelangt jenes Begehren zur Aufhebung und Erlöschung? Was es da in der Welt an Lieblichem und Angenehmem gibt, dort gelangt jenes Begehren zur Aufhebung und Erlöschung.

Was aber gilt in der Welt als das Liebliche und Angenehme? Auge, Ohr, Nase, Zunge, Körper und Geist... Formen, Töne, Düfte, Säfte, Körpereindrücke und Geistobjekte... Seh-, Hör-, Riech-, Schmeck-, Körper- und Geistbewußtsein... Seh-, Hör-, Riech-, Schmeck-, Körper- und Geisteindruck... Durch Seh-, Hör-, Riech-, Schmeck-, Körper- und Geisteindruck bedingtes Gefühl... Wahrnehmung von Formen, Tönen, Düften, Säften, Körpereindrücken und Geistobjekten... Auf Formen, Töne, Düfte, Säfte, Körpereindrücke und Geistobjekte gerichteter Wille... Begehren... Gedankenfassen... Überlegen: Diese Dinge sind in der Welt etwas Liebliches und Angenehmes. Dort kommt jenes Begehren zur Aufhebung und Erlöschung. Das, ihr Mönche, nennt man die edle Wahrheit von der Leidenserlöschung.

IV. Was aber, ihr Mönche, ist die edle Wahrheit von dem zur Leidenserlöschung führenden Pfade? Es ist dieser edle achtfache Pfad, nämlich: Rechte Erkenntnis, rechte Gesinnung, rechte Rede, rechtes Tun, rechter Lebensunterhalt, rechte Anstrengung, rechte Achtsamkeit und rechte Sammlung.

1. Was aber, ihr Mönche, ist rechte Erkenntnis? Das Erkennen des Leidens, das Erkennen der Leidensentstehung, das Erkennen der Leidenserlöschung, das Erkennen des zur Leidenserlöschung führenden Pfades: Das gilt als rechte Erkenntnis.

2. Was aber, ihr Mönche, ist rechte Gesinnung? Entsagende Gesinnung, haßlose Gesinnung, friedfertige Gesinnung: Das gilt als rechte Gesinnung.

3. Was aber, ihr Mönche, ist rechte Rede? Abstehen vom Lügen, Abstehen von Zwischenträgerei, Abstehen von roher Rede, Abstehen von törichtem Geplapper: Das gilt als rechte Rede.

4. Was aber, ihr Mönche, ist rechtes Tun? Abstehen vom Töten lebender Wesen, Abstehen von Aneignung fremden Eigentums, Abstehen von unerlaubtem Umgang mit dem anderen Geschlecht: Das gilt als rechtes Tun.

5. Was aber, ihr Mönche, ist rechter Lebensunterhalt? Da, ihr Mönche, gibt der edle Jünger einen verkehrten Beruf auf und gewinnt seinen Lebensunterhalt durch eine rechte Beschäftigung.

6. Was aber, ihr Mönche, ist rechte Anstrengung? Da, ihr Mönche, erzeugt der Mönch in sich den Willen, strengt sich an, setzt seine Tatkraft ein, treibt seinen Geist an und kämpft, um die noch nicht aufgestiegenen üblen, unheilsamen Dinge nicht aufsteigen zu lassen; ... um die bereits aufgestiegenen üblen, unheilsamen Dinge zu überwinden; ... um die noch nicht aufgestiegenen heilsamen Dinge zum Aufsteigen zu bringen; ... um die bereits aufgestiegenen heilsamen Dinge zu erhalten, nicht schwinden zu lassen, sondern zur Zunahme, Entwicklung und vollen Entfaltung zu bringen. Das, ihr Mönche, gilt als rechte Anstrengung.

7. Was aber, ihr Mönche, ist rechte Achtsamkeit? Da, ihr Mönche, weilt der Mönch beim Körper in der Betrachtung des Körpers, eifrig, klarbewußt, achtsam, nach Überwindung von weltlicher Begierde und Trübsal. Bei den Gefühlen weilt er in Betrachtung der Gefühle ... beim Geist (Be-

wußtsein) in der Betrachtung des Geistes ... bei den Geist-objekten in der Betrachtung der Geistobjekte, eifrig, klar-bewußt, achtsam, nach Überwindung von weltlicher Be-gierde und Trübsal.

8. Was aber, ihr Mönche, ist rechte Sammlung? Da, ihr Mönche, verweilt der Mönch, abgeschieden von den Sin-nendingen, abgeschieden von den unheilsamen Geisteszu-ständen, im Gewinne der von Gedankenfassen und Überle-gen begleiteten, durch Abgeschiedenheit gezeugten, von Verzückung und Glück erfüllten ersten Vertiefung.

Nach Stillung von Gedankenfassen und Überlegen aber gewinnt er den inneren Frieden und die Einheit des Geistes, die von Gedankenfassen und Überlegen freie, durch Samm-lung gezeugte und von Verzückung und Glücksgefühl er-füllte zweite Vertiefung.

Nach Abwendung von der Verzückung aber verweilt er gleichmütig, achtsam, klarbewußt, und er empfindet in sei-nem Inneren ein Glück, wovon die Edlen sprechen: ‚Glück-lich verweilt der Gleichmütige, Achtsame‘; und so gewinnt er die dritte Vertiefung.

Nach Überwindung von Wohl- und Wehegefühl und zufolge des schon früher erreichten Schwindens von Froh-sinn und Trübsal gewinnt er den leidlosen, freudlosen, durch Gleichmut und Achtsamkeit geläuterten Zustand der vierten Vertiefung.

Das, ihr Mönche, gilt als rechte Sammlung.

Das, ihr Mönche, nennt man die Wahrheit von dem zur Leidenserlöschung führenden Pfade.

*

(Zur ersten Wahrheit)

O Mensch, sahst du nicht unter den Menschen den ersten Himmelsboten erscheinen? ... Sahst du nie unter den Men-schen eine Frau oder einen Mann im Alter von achtzig,

neunzig oder hundert Jahren, abgelebt, gekrümmt wie
Dachsparren, gebückt, auf eine Krücke gestützt, schlottern-
den Ganges dahinschleichend, siech, mit verwelkter Jugend,
mit abgebrochenen Zähnen und ergrauten Haaren, oder
kahl, mit wackelndem Kopfe, voller Runzeln, die Glieder
mit Flecken bedeckt? Und dachtest du nicht, o Mensch, der
du Verstand besitzest und alt genug bist: ‚Auch ich bin dem
Alter unterworfen, kann dem Alter nicht entgehen. So laß
mich denn Gutes tun in Werken, Worten und Gedanken‘?
O Mensch, aus Leichtsinn hast du weder in Werken noch in
Worten, noch in Gedanken Gutes getan. Wahrlich, o
Mensch, gemäß deinem Leichtsinne wird man dir’s vergelten. Denn jene böse Tat wurde weder von deiner Mutter
getan, noch von deinem Vater, noch von deinem Bruder,
noch von deiner Schwester, noch von deinen Freunden und
Genossen, noch von deinen Vettern und Blutsverwandten,
noch von Geistern, noch von Asketen und Priestern. Du
allein hast jene böse Tat begangen, du allein sollst deren
Frucht erfahren.

O Mensch, sahst du nicht unter den Menschen den zweiten Himmelsboten erscheinen? Sahst du nie unter den Menschen eine Frau oder einen Mann, krank, elend, schwerlei-
dend, sich im eigenen Kot und Urin herumwälzend, die von
dem einen aufgehoben, von einem anderen wieder niederge-
legt wurden? . . . Und dachtest du nicht, o Mensch, der du
Verstand besitzest und alt genug bist: ‚Auch ich bin der
Krankheit unterworfen, kann der Krankheit nicht entgehen.
So laß mich denn Gutes tun in Werken, Worten und Gedanken‘? O Mensch, aus Leichtsinn hast du weder in Werken noch in Worten, noch in Gedanken Gutes getan. Wahrlich, o Mensch, gemäß deinem Leichtsinne wird man dir’s
vergelten. Denn jene böse Tat wurde weder von deiner
Mutter getan, noch von deinem Vater, noch von deinem
Bruder, noch von deiner Schwester, noch von deinen
Freunden und Genossen, noch von deinen Vettern und
Blutsverwandten, noch von Geistern, noch von Asketen

und Priestern. Du allein hast jene böse Tat begangen, du allein sollst deren Frucht erfahren.

O Mensch, sahst du nicht unter den Menschen den dritten Himmelsboten erscheinen? ... Sahst du nie unter den Menschen eine Frau oder einen Mann einen oder zwei oder drei Tage nach dem Tode, aufgeschwollen, blauverfärbt, mit Eiter bedeckt? ... Und dachtest du nicht, o Mensch, der du Verstand besitzest und alt genug bist: ‚Auch ich bin dem Tod unterworfen, kann dem Tode nicht entgehen. So laß mich denn Gutes tun in Werken, Worten und Gedanken'? O Mensch, aus Leichtsinn hast du weder in Werken noch in Worten, noch in Gedanken Gutes getan. Wahrlich, o Mensch, gemäß deinem Leichtsinne wird man dir's vergelten. Denn jene böse Tat wurde weder von deiner Mutter getan, noch von deinem Vater, noch von deinem Bruder, noch von deiner Schwester, noch von deinen Freunden und Genossen, noch von deinen Vettern und Blutsverwandten, noch von Geistern, noch von Asketen und Priestern. Du allein hast jene böse Tat begangen, du allein sollst deren Frucht erfahren.

Vier Dinge, ihr Mönche, kann niemand bewirken, kein Asket, Priester oder Himmelswesen, kein Gott noch Teufel, noch irgend einer in der Welt. Welche vier?

Daß das, was dem Verfall unterworfen ist, nicht verfallen möge ... daß das, was der Krankheit unterworfen ist, nicht erkranken möge ... daß das, was dem Sterben unterworfen ist, nicht sterben möge ... daß für jenes böse Wirken (Karma), das befleckende, wiedergebärende, schreckliche, leiderzeugende, von neuem wieder zu Geburt, Alter und Sterben führende, keine Frucht ersehen möge: Das ihr Mönche, kann niemand bewirken, kein Asket, Priester oder Himmelswesen, kein Gott noch Teufel, noch irgend einer in der Welt.

Was glaubt ihr, ihr Mönche, was ist wohl mehr: Der Tränenstrom, den ihr auf dieser langen Daseinsrunde, mit Unerwünschtem vereint und von Erwünschtem getrennt, klagend und weinend vergossen habt, oder das Wasser der vier Weltmeere? ... Lange Zeiten hindurch, ihr Mönche, habt ihr den Tod von Mutter und Vater, Sohn und Tochter erfahren, den Verlust von Verwandten und Schätzen erfahren, das Unglück der Krankheit erfahren. Und dabei habt ihr mehr Tränen vergossen, als sich Wasser in den vier Weltmeeren befindet. So habt ihr denn, ihr Mönche, lange Zeiten hindurch Leiden erfahren, Qualen erfahren, Unglück erfahren und das Leichenfeld vergrößert, wahrlich genug, um sich von allen Daseinsgebilden abzuwenden, loszulösen und zu befreien. [...]

(Zur zweiten Wahrheit)

Durch Begehren bedingt, ihr Mönche, durch Begehren veranlaßt, durch Begehren verursacht, eben nur aus lauter Begehren streiten Fürsten mit Fürsten, Priester mit Priestern, Bürger mit Bürgern, Mutter mit Sohn, Sohn mit Mutter, Vater mit Sohn, Sohn mit Vater, Bruder mit Bruder, Bruder mit Schwester, Schwester mit Bruder, Freund mit Freund. Und so, in Zank, Zwist und Streit geraten, greifen sie mit Fäusten, Steinen, Stöcken und Schwertern einander an und verfallen dabei dem Tode oder tödlichem Schmerze. Das, ihr Mönche, gilt als der Unsegen des Begehrens, als die gegenwärtige Leidensanhäufung, durch Begehren bedingt, durch Begehren veranlaßt, durch Begehren verursacht, eben nur durch lauter Begehren bedingt.

Fernerhin, ihr Mönche: Durch Begehren bedingt, durch Begehren veranlaßt, durch Begehren verursacht, eben nur aus lauter Begehren führen die Menschen in Werken, Worten und Gedanken einen schlechten Wandel, und in Werken, Worten und Gedanken einen schlechten Wandel führend geraten sie, beim Zerfall des Körpers, nach dem Tode, auf leidvolle Fährte, in verstoßene Welt, zur Hölle, zu einem niederen Dasein. Das aber, ihr Mönche, gilt als der

Unsegen des Begehrens, als die zukünftige Leidensanhäufung, durch Begehren bedingt, durch Begehren veranlaßt, durch Begehren verursacht, eben nur durch lauter Begehren bedingt.

Eigner und Erben ihres Wirkens, ihr Mönche, sind die Wesen, ihrem Wirken entsprossen, mit ihrem Wirken verknüpft, haben ihr Wirken zur Zuflucht und werden das gute und schlechte Wirken, das sie verüben, als Erbschaft haben.

Da, ihr Mönche, bringt einer lebende Wesen um, vergreift sich an fremdem Eigentum, pflegt unerlaubten Verkehr mit dem anderen Geschlecht, er spricht die Unwahrheit, ist ein Zwischenträger, redet roh, ergibt sich leerem Plappern; er ist habgierig, grausam gesinnt, voll verkehrter Ansichten. Und er verkriecht sich in Werken, Worten und Gedanken; versteckt ist sein Wirken in Werken, Worten und Gedanken; versteckt sind seine Wege und Ziele. Wer aber versteckte Wege und Ziele verfolgt, der, sage ich, hat einen von diesen beiden Ausgängen zu erwarten: eine qualvolle Hölle oder den Tierschoß der Kriechtiere ...

So, ihr Mönche, steht es mit der Wiedergeburt der Wesen: Danach, was sie tun, werden sie wiedergeboren, und wiedergeboren treffen sie die Eindrücke. Darum sage ich, ihr Mönche, sind die Wesen die Erben ihres Wirkens [...]

Das Umbringen von Lebewesen, ihr Mönche, ausgeübt, gepflegt und häufig betrieben, führt zur Hölle, zum Tierschoße oder zum Gespensterreiche. Und schon die allergeringste Wirkung des Umbringens von Lebewesen bringt dem Menschen kurzes Leben.

Die Aneignung von fremdem Eigentum, ihr Mönche, führt zur Hölle, zum Tierschoß oder zum Gespensterreich. Und schon die allergeringste Wirkung der Aneignung von fremdem Eigentum bringt dem Menschen den Verlust an Gütern.

Verbotener Umgang mit dem anderen Geschlecht, ihr Mönche, ausgeübt, gepflegt und häufig betrieben, führt zur Hölle, zum Tierschoß oder zum Gespensterreich. Und schon die allergeringste Wirkung des verbotenen Umgangs mit dem anderen Geschlecht bringt dem Menschen Feindschaft mit seinen Rivalen.

Das Lügen, ihr Mönche, ausgeübt, gepflegt und häufig betrieben, führt zur Hölle, zum Tierschoß oder zum Gespensterreich. Und schon die allergeringste Wirkung des Lügens bringt dem Menschen falsche Anschuldigungen.

Die Zwischenträgerei, ihr Mönche, ausgeübt, gepflegt und häufig betrieben, führt zur Hölle, zum Tierschoß oder zum Gespensterreich. Und schon die allergeringste Wirkung der Zwischenträgerei bringt dem Menschen Zwietracht mit seinen Freunden.

Das rohe Reden, ihr Mönche, ausgeübt, gepflegt und häufig betrieben, führt zur Hölle, zum Tierschoß oder zum Gespensterreich. Und schon die allergeringste Wirkung der rohen Reden führt dazu, daß der Mensch unangenehme Worte zu hören bekommt.

Das sinnlose Plappern, ihr Mönche, ausgeübt, gepflegt und häufig betrieben, führt zur Hölle, zum Tierschoß oder zum Gespensterreich. Und schon die allergeringste Wirkung des sinnlosen Plapperns führt dazu, daß der Mensch unannehmbare Worte spricht.

Der Genuß berauschender Getränke, ihr Mönche, ausgeübt, gepflegt und häufig betrieben, führt zur Hölle, zum Tierschoß oder zum Gespensterreich. Und schon die allergeringste Wirkung des Genusses berauschender Getränke bringt dem Menschen Betäubung. [...]

(Zur dritten Wahrheit)

Was aber, ihr Mönche, ist die edle Wahrheit von der Leidenserlöschung? Durch die restlose Abwendung und Erlöschung der Unwissenheit kommt es zur Erlöschung der Karmaformationen, durch Erlöschung der Karmaformationen zur Erlöschung des (mit der Empfängnis in einem neuen Mutterleibe beginnenden) Bewußtseins, durch Erlöschung des Bewußtseins zur Erlöschung des Geistigen und Körperlichen, durch Erlöschung des Geistigen und Körperlichen zur Erlöschung der sechs Grundlagen (fünf Sinnesorgane und Geist), durch Erlöschung der sechs Grundlagen zur Erlöschung des Bewußtseinseindrucks, durch Erlöschung des Bewußtseinseindrucks zur Erlöschung des Gefühls, durch Erlöschung des Gefühls zur Erlöschung des Begehrens, durch Erlöschung des Begehrens zur Erlöschung des Anhaftens, durch Erlöschung des Anhaftens zur Erlöschung des (Karma- und Wiedergeburts-) Werdeprozesses, durch Erlöschung des (Karma-)Werdeprozesses zur Erlöschung der (Wieder-)Geburt, und durch Erlöschung der Geburt erlöschen Alter und Sterben, Sorge, Klage, Schmerz, Trübsal und Verzweiflung. So kommt es zur Erlöschung dieser ganzen Leidensfülle. Das, ihr Mönche, nennt man die edle Wahrheit von der Leidenserlöschung. [...]

(Zur vierten Wahrheit)

Der Erhabene zu Cunda, dem Schmiedesohn.

Dreifach ist, Cunda, Reinheit in Werken, vierfach in Worten, dreifach in Gedanken.

Wie aber, Cunda, ist Reinheit in Werken dreifach? – (1) Da, Cunda, meidet einer die Zerstörung von Leben, enthält sich der Zerstörung von Leben; Stock und Waffe verwerfend verweilt er voll Liebe und Wohlwollen zu allen lebenden Wesen. – (2) Er meidet das Stehlen, steht ab vom Nehmen des Nichtgegebenen; was ein anderer im Dorfe oder Walde an Hab und Gut besitzt, das nimmt er nicht in diebischer Absicht weg. – (3) Er meidet geschlechtliche Ausschreitungen, steht ab von geschlechtlichen Ausschreitungen; er vergeht sich nicht gegen Mädchen, die unter der Obhut von Vater, Mutter, Bruder, Schwester oder Verwandten oder unter dem Schutze des Gesetzes stehen, oder gegen verheiratete Frauen, oder gegen weibliche Sträflinge, oder gar gegen blumengeschmückte Bräute. So, Cunda, ist Reinheit in Werken dreifach.

Wie aber, Cunda, ist Reinheit in Worten vierfach? – (1) Da, Cunda, meidet einer die Lüge, enthält sich der Lüge. Befindet er sich in einer Versammlung oder unter Menschen oder unter seinen Verwandten oder inmitten einer Gesellschaft, oder wird er vor Gericht geladen und als Zeuge befragt: ‚Komm, lieber Mann, sage aus, was du weißt!‘, so sagt er, wenn er nichts weiß: ‚Ich weiß es nicht‘, und wenn er etwas weiß: ‚Ich weiß es‘. Hat er nichts gesehen, so sagt er: ‚Ich habe nichts gesehen‘, und hat er etwas gesehen, so sagt er: ‚Ich habe es gesehen‘. So spricht er weder um seiner selbst willen noch um eines anderen willen, noch um irgend eines weltlichen Vorteils willen eine bewußte Lüge. – (2) Er meidet die Zwischenträgerei, enthält sich der Zwischenträgerei; was er hier gehört hat, erzählt er dort nicht wieder, um diese zu entzweien; und was er dort gehört hat, erzählt er hier nicht wieder, um jene zu entzweien. So einigt er die Entzweiten, ermutigt die Geeinten, findet Freude, Lust und Gefallen an Eintracht, und Eintracht fördernde Worte spricht er. – (3) Er meidet rohe Worte, enthält sich roher Worte; milde Worte, die dem Ohre angenehm sind, liebevoll, zu Herzen gehend, höflich, viele erfreuend, viele beglückend: solcher Worte bedient er sich. – (4) Er meidet das leere Geplapper, enthält sich des leeren Geplappers; er redet zur rechten Zeit, den Tatsachen gemäß, zweckmäßig, im Sinne des Gesetzes und der Disziplin, führt Reden, die wertvoll sind, mit passenden Gleichnissen ausgestattet, angemessen und sinnvoll. So, Cunda, ist Reinheit in Worten vierfach.

Wie aber, Cunda, ist Reinheit in Gedanken dreifach? – (1) Da, Cunda, ist einer ohne Habgier; was ein anderer an Hab und Gut besitzt, danach giert er nicht. – (2) Er ist voll wohlwollender Gesinnung, trägt unverdorbene Gedanken in seinem Herzen, wie: ‚Ach, möchten doch diese Wesen ohne Übel und Beschwerden sein und ein leidloses, glückliches Leben führen! – (3) Er hat die rechte Erkenntnis, die unbeirrte Ansicht: Gaben, Geschenke und Opfer sind nicht wertlos; es gibt eine Frucht und ein Ergebnis der heilsamen und unheilsamen Taten; es gibt sowohl diese Welt als auch die nächste Welt; Vater, Mutter und geistgeborene Wesen sind keine leeren Worte; es gibt in der Welt Mönche und Priester von rechtem und vollkommenen Wandel, die diese Welt wie die nächste Welt selber erkannt und verwirklicht haben und sie erklären können. So ist Lauterkeit in Gedanken dreifach.

Dies, Cunda, sind die zehn heilsamen Wissensfährten.

Arthur Schopenhauer

Von der Nichtigkeit und dem Leiden des Lebens
(1819)

Aus der Nacht der Bewußtlosigkeit zum Leben erwacht findet der Wille sich als Individuum, in einer end- und gränzenlosen Welt, unter zahllosen Individuen, alle strebend, leidend, irrend; und wie durch einen bangen Traum eilt er zurück zur alten Bewußtlosigkeit. – Bis dahin jedoch sind seine Wünsche gränzenlos, seine Ansprüche unerschöpflich, und jeder befriedigte Wunsch gebiert einen neuen. Keine auf der Welt mögliche Befriedigung könnte hinreichen, sein Verlangen zu stillen, seinem Begehren ein endliches Ziel zu setzen und den bodenlosen Abgrund seines Herzens auszufüllen. Daneben nun betrachte man, was dem Menschen, an Befriedigungen jeder Art, in der Regel, wird: es ist meistens nicht mehr, als die, mit unablässiger Mühe und steter Sorge, im Kampf mit der Noth, täglich errungene, kärgliche Erhaltung dieses Daseyns selbst, den

Tod im Prospekt. – Alles im Leben giebt kund, daß das irdische Glück bestimmt ist, vereitelt oder als eine Illusion erkannt zu werden. Hiezu liegen tief im Wesen der Dinge die Anlagen. Demgemäß fällt das Leben der meisten Menschen trübsälig und kurz aus. Die komparativ Glücklichen sind es meistens nur scheinbar, oder aber sie sind, wie die Langlebenden, seltene Ausnahmen, zu denen eine Möglichkeit übrig bleiben mußte, – als Lockvogel. Das Leben stellt sich dar als ein fortgesetzter Betrug, im Kleinen, wie im Großen. Hat es versprochen, so hält es nicht; es sei denn, um zu zeigen, wie wenig wünschenswerth das Gewünschte war: so täuscht uns also bald die Hoffnung, bald das Gehoffte. Hat es gegeben: so war es, um zu nehmen. Der Zauber der Entfernung zeigt uns Paradiese, welche wie optische Täuschungen verschwinden, wann wir uns haben hinäffen lassen. Das Glück liegt demgemäß stets in der Zukunft, oder auch in der Vergangenheit, und die Gegenwart ist einer kleinen dunklen Wolke zu vergleichen, welche der Wind über die besonnte Fläche treibt: vor ihr und hinter ihr ist Alles hell, nur sie selbst wirft stets einen Schatten. Sie ist demnach allezeit ungenügend, die Zukunft aber ungewiß, die Vergangenheit unwiederbringlich. Das Leben, mit seinen stündlichen, täglichen, wöchentlichen und jährlichen, kleinen, größern und großen Widerwärtigkeiten, mit seinen getäuschten Hoffnungen und seinen alle Berechnung vereitelnden Unfällen, trägt so deutlich das Gepräge von etwas, das uns verleidet werden soll, daß es schwer zu begreifen ist, wie man dies hat verkennen können und sich überreden lassen, es sei da, um dankbar genossen zu werden, und der Mensch, um glücklich zu seyn. Stellt doch vielmehr jene fortwährende Täuschung und Enttäuschung, wie auch die durchgängige Beschaffenheit des Lebens, sich dar, als darauf abgesehen und berechnet, die Ueberzeugung zu erwekken, daß gar nichts unsers Strebens, Treibens und Ringens werth sei, daß alle Güter nichtig seien, die Welt an allen Enden bankrott, und das Leben ein Geschäft, das nicht die

Kosten deckt; – auf daß unser Wille sich davon abwende. [. . .]

Weil nun aber unser Zustand vielmehr etwas ist, das besser nicht wäre; so trägt Alles, was uns umgiebt, die Spur hievon – gleich wie in der Hölle Alles nach Schwefel riecht, – indem Jegliches stets unvollkommen und trüglich, jedes Angenehme mit Unangenehmem versetzt, jeder Genuß immer nur ein halber ist, jedes Vergnügen seine eigene Störung, jede Erleichterung neue Beschwerde herbeiführt, jedes Hülfsmittel unserer täglichen und stündlichen Noth uns alle Augenblicke im Stich läßt und seinen Dienst versagt, die Stufe, auf welche wir treten, so oft unter uns bricht, ja, Unfälle, große und kleine, das Element unsers Lebens sind, und wir, mit Einem Wort, dem Phineus gleichen, dem die Harpyen alle Speisen besudelten und ungenießbar machten. Zwei Mittel werden dagegen versucht: erstlich die ευλαβεια, d.i. Klugheit, Vorsicht, Schlauheit: sie lernt nicht aus und reicht nicht aus und wird zu Schanden. Zweitens, der Stoische Gleichmuth, welcher jeden Unfall entwaffnen will, durch Gefaßtseyn auf alle und Verschmähen von Allem: praktisch wird er zur kynischen Entsagung, die lieber, ein für alle Mal, alle Hülfsmittel und Erleichterungen von sich wirft: sie macht uns zu Hunden, wie den Diogenes in der Tonne. Die Wahrheit ist: wir sollen elend seyn, und sind's. Dabei ist die Hauptquelle der ernstlichsten Uebel, die den Menschen treffen, der Mensch selbst: *homo homini lupus.* Wer dies Letztere recht ins Auge faßt, erblickt die Welt als eine Hölle, welche die des Dante dadurch übertrifft, daß Einer der Teufel des Andern seyn muß; wozu denn freilich Einer vor dem Andern geeignet ist, vor Allen wohl ein Erzteufel, in Gestalt eines Eroberers auftretend, der einige Hundert Tausend Menschen einander gegenüberstellt und ihnen zuruft: „Leiden und Sterben ist euere Bestimmung: jetzt schießt mit Flinten und Kanonen auf einander los!" und sie thun es. – Ueberhaupt aber bezeichnen, in der Regel, Ungerechtigkeit, äußerste Unbilligkeit, Härte, ja Grausamkeit, die Handlungsweise der Menschen gegen einander: eine entgegengesetzte tritt nur ausnahmsweise ein. Hierauf beruht die Nothwendigkeit des Staates und der Gesetzgebung, und nicht auf euern Flausen. Aber in allen Fällen, die nicht im Bereich der Gesetze liegen, zeigt sich sogleich die dem Menschen eigene Rücksichtslosigkeit gegen seines Gleichen, welche aus seinem gränzenlosen Egoismus, mitunter auch aus Bosheit entspringt. Wie der Mensch mit dem Menschen verfährt, zeigt z.B. die Negersklaverei, deren Endzweck Zucker und Kaffee ist. Aber man braucht nicht so weit zu gehen: im Alter von fünf Jahren eintreten in die Garnspinnerei, oder sonstige Fabrik, und von Dem an erst 10, dann 12, endlich 14 Stunden täglich darin sitzen und die selbe mechanische Arbeit verrichten, heißt das Vergnügen, Athem zu holen, theuer erkaufen. Dies aber ist das Schicksal von Millionen, und viele andere Millionen haben ein analoges. [...]

Inzwischen heißt ein Optimist mich die Augen öffnen und hineinsehen in die Welt, wie sie so schön sei, im Sonnenschein, mit ihren Bergen, Thälern, Strömen, Pflanzen, Thieren u.s.f. – Aber ist denn die Welt ein Guckkasten? Zu sehen sind diese Dinge freilich schön; aber sie zu seyn ist ganz etwas Anderes. – Dann kommt ein Teleolog und preist mir die weise Einrichtung an, vermöge welcher dafür gesorgt sei, daß die Planeten nicht mit den Köpfen gegeneinander rennen, Land und Meer nicht zum Brei gemischt, sondern hübsch auseinandergehalten seien, auch nicht Alles in beständigem Froste starre, noch von Hitze geröstet werde, imgleichen, in Folge der Schiefe der Ekliptik, kein ewiger Frühling sei, als in welchem nichts zur Reife gelangen könnte, u.dgl. m. – Aber Dieses und alles Aehnliche sind ja bloße *conditiones sine quibus non.* Wenn es nämlich überhaupt eine Welt geben soll, wenn ihre Planeten wenigstens so lange, wie der Lichtstrahl eines entlegenen Fixsterns braucht, um zu ihnen zu gelangen, bestehen und nicht, wie Lessings Sohn, gleich nach der Geburt wieder abfahren sollen; – da durfte sie freilich nicht so ungeschickt gezimmert seyn, daß schon ihr Grundgerüst den Einsturz drohte. Aber wenn man zu den Resultaten des gepriesenen Werkes fortschreitet, die Spieler betrachtet, die auf der so dauerhaft gezimmerten Bühne agiren, und nun sieht, wie mit der Sensibilität der Schmerz sich einfindet und in dem Maaße, wie jene sich zur Intelligenz entwickelt, steigt, wie sodann, mit dieser gleichen Schritt haltend, Gier und Leiden immer stärker hervortreten und sich steigern, bis zuletzt das Menschenleben keinen andern Stoff darbietet, als den zu Tragödien und Komödien, – da wird, wer nicht heuchelt, schwerlich disponirt seyn, Hallelujahs anzustimmen. [. . .]

Sogar aber läßt sich den handgreiflich sophistischen Beweisen Leibnitzens, daß diese Welt die beste unter den möglichen sei, ernstlich und ehrlich der Beweis entgegenstellen, daß sie die schlechteste unter den möglichen sei. Denn Möglich heißt nicht was Einer etwan sich vorphantasiren mag, sondern was wirklich existiren und bestehen kann. Nun ist diese Welt so eingerichtet, wie sie seyn mußte, um mit genauer Noth bestehen zu können: wäre sie aber noch ein wenig schlechter, so könnte sie schon nicht mehr bestehen. Folglich ist eine schlechtere, da sie nicht bestehen könnte, gar nicht möglich, sie selbst also unter den möglichen die schlechteste.

Friedrich Nietzsche

Verführung zum Leben (1879)

Das Gute verführt zum Leben. – Alle guten Dinge sind starke Reizmittel zum Leben, selbst jedes gute Buch, das gegen das Leben geschrieben ist.

Friedrich Nietzsche

Ja-Sagen zum Leben (1885)

Ihr höheren Menschen, was dünket euch? Bin ich ein Wahrsager? Ein Träumender? Trunkener? Ein Traumdeuter?
Eine Mitternachts-Glocke?

Ein Tropfen Thau's? Ein Dunst und Duft der Ewigkeit?
Hört ihr's nicht? Riecht ihr's nicht? Eben ward meine Welt
vollkommen, Mitternacht ist auch Mittag, –

Schmerz ist auch eine Lust, Fluch ist auch ein Segen,
Nacht ist auch eine Sonne, – geht davon oder ihr lernt: ein
Weiser ist auch ein Narr.

Sagtet ihr jemals Ja zu Einer Lust? Oh, meine Freunde, so
sagtet ihr Ja auch zu *allem* Wehe. Alle Dinge sind verkettet,
verfädelt, verliebt, –

– wolltet ihr jemals Ein Mal Zwei Mal, spracht ihr jemals
„du gefällst mir, Glück! Husch! Augenblick!" so wolltet ihr
Alles zurück!

– Alles von neuem, Alles ewig, Alles verkettet, verfädelt,
verliebt, oh so *liebtet* ihr die Welt, –

– ihr Ewigen, liebt sie ewig und allezeit: und auch zum
Weh sprecht ihr: vergeh, aber komm zurück! *Denn alle
Lust will – Ewigkeit!*

*

Alle Lust will aller Dinge Ewigkeit, will Honig, will Hefe,
will trunkene Mitternacht, will Gräber, will Gräber-
Thränen-Trost, will vergüldetes Abendroth –

– *was* will nicht Lust! sie ist durstiger, herzlicher, hung-
riger, schrecklicher, heimlicher als alles Weh, sie will *sich,*
sie beisst in *sich,* des Ringes Wille ringt in ihr, –

– sie will Liebe, sie will Hass, sie ist überreich, schenkt,
wirft weg, bettelt, dass Einer sie nimmt, dankt dem Neh-
menden, sie möchte gern gehasst sein, –

– so reich ist Lust, dass sie nach Wehe durstet, nach
Hölle, nach Hass, nach Schmach, nach dem Krüppel, nach
Welt, – denn diese Welt, oh ihr kennt sie ja!

Ihr höheren Menschen, nach euch sehnt sie sich, die Lust,
die unbändige, selige, – nach eurem Weh, ihr Missrathenen!
Nach Missrathenem sehnt sich alle ewige Lust.

Denn alle Lust will sich selber, drum will sie auch Herze-
leid! Oh Glück, oh Schmerz! Oh brich, Herz! Ihr höheren
Menschen, lernt es doch, Lust will Ewigkeit.

– Lust will *aller* Dinge Ewigkeit, *will tiefe, tiefe Ewigkeit!*

❋

Lernet ihr nun mein Lied? Erriethet ihr, was es will?
Wohlan! Wohlauf! Ihr höheren Menschen, so singt mir nun
meinen Rundgesang!

Singt mir nun selber das Lied, dess Name ist „Noch ein
Mal", dess Sinn ist „in alle Ewigkeit!", singt, ihr höheren
Menschen, Zarathustra's Rundgesang!

      Oh Mensch! Gieb Acht!
      Was spricht die tiefe Mitternacht?
      „Ich schlief, ich schlief –,
      „Aus tiefem Traum bin ich erwacht: –
      „Die Welt ist tief,
      „Und tiefer als der Tag gedacht.
      „Tief ist ihr Weh –,
      „Lust – tiefer noch als Herzeleid:
      „Weh spricht: Vergeh!
      „Doch alle Lust will Ewigkeit –,
      „ – will tiefe, tiefe Ewigkeit!"

Yang Zhu

Sich des Lebens freuen (4./3. Jh. v. u. Z.)

Dsï Tschan war Kanzler in Dscheng, und nachdem er die Gewalt im Staate drei Jahre lang in seiner Hand vereinigt hatte, da folgten die Guten seinem Einfluß, und die Bösen scheuten seine Strenge. So kam der Staat Dscheng in Ordnung, und die übrigen Reichsfürsten fürchteten ihn. Er aber hatte einen älteren Bruder namens Gung Sun Tschan und einen jüngeren Bruder namens Gung Sun Mu. Der ältere war dem Wein ergeben und der jüngere der Frauenschönheit.

Vor dem Hause des älteren standen Tausende von Weinfässern aufgestapelt, und die Hefe lag in Haufen umher. Wenn man auf hundert Schritt dem Tore nahte, so beleidigte der Geruch von Trebern und ungegorenem Wein die Nase. Und nun erst seine Unmäßigkeit im Weingenuß! Er kümmerte sich nicht um des Weltlaufs Sicherheit oder Gefahr, nicht um Reue oder Verzweiflung menschlicher Vernunft, nicht um Besitz oder Verlust im eigenen Hause, nicht um Zuneigung oder Entfremdung seiner Verwandten, nicht um Freude und Trauer über Leben und Tod, ja selbst wenn Wassersnot und Feuersnot, Schwert und Spieß gleichzeitig ihn bedroht hätten, er hätte es nicht beachtet.

Der jüngere hatte sich in seinen hinteren Gemächern einen Harem von Dutzenden von Zimmern angelegt, den er mit ausgesucht jungen und schönen Mädchen gefüllt hatte. Und nun erst seine Ausschweifung in Wollust! Die Verwandten trieb er weg, und mit den Freunden brach er. Er zog sich in die inneren Gemächer zurück und trieb dort Tag und Nacht sein Wesen. Alle drei Monate kam er nur einmal hervor, und selbst dabei war ihm noch nicht wohl. Wenn in der Gegend irgendwo eine besonders schöne Jungfrau war, so sandte er sicher Geschenke, um sie herbeizulocken, brauchte Kuppler, um sie zu verführen, und ließ nicht ab, ehe er sie bekommen.

Dsï Tschan war Tag und Nacht darüber bekümmert. Er suchte heimlich den Deng Si auf, um ihn um Rat zu fragen, und sprach: „Ich weiß, daß man erst sein Selbst in Ordnung bringen muß, um auf die Familie Einfluß zu gewinnen, daß man erst sein Haus in Ordnung bringen muß, um auf den Staat Einfluß zu gewinnen. Dieser Grundsatz besagt, daß man im engsten Kreise anfangen muß, um weitere Kreise zu erreichen. Nun habe ich im Staate Ordnung geschaffen, aber meine Familie ist in Unordnung. Das ist der verkehrte Weg. Was für ein Mittel gibt es nun, um die beiden Herren zurechtzubringen? Willst du mir's nicht kundtun?" Deng Si sprach: „Ich wundere mich schon lange darüber; aber ich habe nicht gewagt, zuerst davon zu reden. Willst du sie nicht schleunigst zur Ordnung bringen, indem du ihnen die Wichtigkeit von Leib und Leben klarmachst und sie anziehst durch die Erhabenheit von Recht und Sitte?"

Dsï Tschan befolgte die Worte Deng Si's und benützte eine freie Stunde, um seine Brüder zu besuchen. Und er redete mit ihnen also: „Was den Menschen vor dem Tiere auszeichnet, das ist sein sinnender Verstand; worauf der sinnende Verstand uns weist, das ist Sitte und Recht. Wenn man in allen Stücken nach Sitte und Recht lebt, so kommt man zu Ehren und Ämtern; wenn man von seinen Leidenschaften sich treiben läßt und sich der Völlerei und Wollust ergibt, so bringt man Leib und Leben in Gefahr. Wenn ihr meine Worte zu Herzen nehmt und morgens Buße tut, so habt ihr abends schon ein Amt."

Die beiden Brüder sprachen: „Das wissen wir schon längst und haben auch schon längst unsere Wahl getroffen! Wir brauchten nicht auf dich zu warten, um das zu erfahren. Es ist ein seltenes Glück zu leben; der Tod aber kommt ganz von selbst. Was ist das für ein Gedanke, das seltene Glück des Lebens preiszugeben, um auf den Tod zu warten, der doch ganz von selbst kommt; Sitte und Recht hochzuhalten, um vor den Menschen zu prahlen; seinen Gefühlen und seiner Natur Gewalt anzutun, um den Ruhm herbeizulocken! Wenn wir das tun wollten, wären wir dann nicht so gut wie schon tot? Wir wünschen die Freuden dieses einen Lebens auszukosten und die Genüsse der Gegenwart zu erschöpfen. Darum kennen wir nur die Sorge, daß, wenn der Leib überfüllt ist, der Genuß am Trunk gehindert wird, daß, wenn die Kraft erschöpft ist, die Befriedigung der Lust gehindert wird; nicht aber beunruhigen wir uns darüber, daß unser Name stinkend wird und unser Leib und Leben in Gefahr kommt. Du aber kannst doch mit deiner Geschicklichkeit, den Staat zu ordnen, vor der Welt prahlen! Nun willst du auch noch mit deinem Geschwätz unser Herz verwirren und mit Ehre und Ämtern unseren Gedanken schmeicheln. Ist das nicht gemein oder erbärmlich?

Nun wollen wir einmal mit dir rechten. Wenn einer tüchtig ist in der Ordnung des Äußeren, so ist es noch lange nicht sicher, daß die Welt durch ihn in Ordnung kommt; aber er selbst hat eitel Mühsal. Wenn einer dagegen tüchtig ist, sein Inneres in Ordnung zu bringen, so ist damit noch lange nicht gesagt, daß die Welt durch ihn in Unordnung kommt; aber sein eignes Wesen hat eitel Behagen. Deine Art, das Äußere in Ordnung zu bringen, mag wohl zeitweise in einem Staat Erfolg haben; aber sie stimmt nicht überein mit dem Herzen der Menschen. Unsere Art, das Innere in Ordnung zu bringen, kann auf die ganze Welt ausgedehnt werden, und das Verhältnis zwischen Fürst und Untertan käme schließlich dadurch zur Ruhe. Wir haben schon lange im Sinne gehabt, dich diese Kunst zu lehren. Nun kommst statt dessen du zu uns, um uns in jener Kunst zu unterweisen!"

Dsï Tschan kam in Verlegenheit und hatte nichts zu erwidern. Am anderen Tag teilte er es dem Deng Si mit. Deng Si sprach: „Du lebst mit Übermenschen zusammen und hast es nicht gewußt; wer will behaupten, daß du weise seist! Daß der Staat Dscheng in Ordnung ist, ist Zufall und nicht dein Verdienst."

Tod

Epikur
Tod und Leben (um 290 v. u. Z.)

Gewöhne dich an den Gedanken, daß der Tod uns nichts angeht. Denn alles Gute und Schlimme beruht auf der Wahrnehmung. Der Tod aber ist der Verlust der Wahrnehmung. Darum macht die rechte Einsicht, daß der Tod uns nichts angeht, die Sterblichkeit des Lebens genußreich, indem sie uns nicht eine unbegrenzte Zeit dazugibt, sondern die Sehnsucht nach der Unsterblichkeit wegnimmt. Denn im Leben gibt es für den nichts Schreckliches, der in echter Weise begriffen hat, daß es im Nichtleben nichts Schreckliches gibt. Darum ist jener einfältig, der sagt, er fürchte den Tod nicht, weil er schmerzen wird, wenn er da ist, sondern weil er jetzt schmerzt, wenn man ihn erwartet. Denn was uns nicht belästigt, wenn es wirklich da ist, kann nur einen nichtigen Schmerz bereiten, wenn man es bloß erwartet.

Das schauerlichste Übel also, der Tod, geht uns nichts an; denn solange wir existieren, ist der Tod nicht da, und wenn der Tod da ist, existieren wir nicht mehr. Er geht also weder die Lebenden an noch die Toten; denn die einen geht er nicht an, und die anderen existieren nicht mehr. Die Menge freilich flieht bald den Tod als das ärgste der Übel, bald sucht sie ihn als Erholung von den Übeln im Leben. Der Weise dagegen lehnt weder das Leben ab noch fürchtet er das Nichtleben. Denn weder belästigt ihn das Leben, noch meint er, das Nichtleben sei ein Übel. Wie er bei der Speise nicht einfach die größte Menge vorzieht, sondern das Wohlschmeckendste, so wird er auch nicht eine möglichst lange, sondern eine möglichst angenehme Zeit zu genießen trachten.

Wer aber dazu mahnt, der Jüngling solle edel leben und der Greis edel sterben, der ist töricht, nicht nur weil das Leben liebenswert ist, sondern auch weil die Sorge für ein edles Leben und diejenige für einen edlen Tod eine und dieselbe ist.

Noch viel schlimmer steht es mit dem, der sagt: „Das beste ist, nicht geboren zu sein – wenn man aber geboren ist, so eilig als möglich zu den Toren des Hades zu streben." Wenn er das nämlich aus Überzeugung sagt, warum scheidet er dann nicht aus dem Leben? Dies steht ihm ja frei, wenn er wirklich zu einem festen Entschlusse gekommen ist. Wenn es aber bloßer Spott ist, so ist es ein einfältiger Spott bei Dingen, die Spott nicht vertragen.

Marc Aurel

Tod und Leben (um 175)

Betrachten wir die Geschichte, z.B. die Zeiten Vespasians, so finden wir Menschen, die sich freien, Kinder zeugen, krank liegen, sterben, Krieg führen, Feste feiern, Handel treiben, Acker bauen; finden Schmeichler, Freche, Mißtrauische, Listige, oder solche, die ihr Ende herbeiwünschen, die sich über die schlimmen Zeiten beklagen; finden Liebhaber, Geizhälse, Ehrgeizige, Herrschsüchtige. Nicht wahr? Ihr Leben ist jetzt nirgends mehr zu finden. Gehen wir über auf die Zeiten des Trajan: alles ganz ebenso. Und auch diese Zeit ging zu Grabe. – So betrachte die Grabschriften aller Zeiten und Völker, damit du siehst, wie viele, die sich aufschwangen, nach kurzer Zeit wieder sanken und vergingen. Namentlich muß man immer wieder an die denken, bei denen wir's mit eignen Augen gesehen haben, wie sie nach eitlen Dingen trachteten, wie sie nicht taten, was ihrer Bildung entsprach, daran nicht unablässig festhielten und sich daran nicht genügen ließen. Und fällt uns dann die Regel ein, daß die Behandlung einer Sache ihren Maßstab in dem Wert der Sache selbst hat, so wollen wir sie doch ja beobachten, damit wir uns vor dem Ekel bewahren, der die notwendige Folge davon ist, daß man den Dingen mehr Wert beilegt, als sie verdienen.

*

Worte, die ehemals im Gebrauch waren, sind nun veraltet. So sind auch die Namen einst hochberühmter Männer, eines Camill, Scipio, Cato, dann eines Augustus, dann Hadrians, dann Antoninus Pius, später gleichsam veraltete Worte. Sie verbleichen bald und nehmen das Gewand der Sage an, bald sind sie gar versunken in Vergessenheit. Dies gilt von denen, die ehemals so wunderbar geleuchtet haben. Denn von den andern, sind sie nur tot, weiß man nichts mehr, hat man nie etwas gehört. Also ist Unvergeßlichkeit ein leeres Wort. Aber was ist es denn nun, wonach sich's lohnt zu streben? Nur das eine: eine tüchtige Gesinnung, ein Leben zum Besten anderer, Wahrheit in jeder Äußerung, ein Zustand des Gemüts, wonach dir alles, was geschieht, notwendig scheint und dir befreundet, aus einer Quelle fließend, mit der du vertraut bist.

Gib dich dem Schicksal willig hin und erlaube ihm, dich mit den Dingen zu verflechten, die es dir irgend zuerkennt.

*

Bedenke, wie viele Ärzte sind gestorben, nachdem sie an wie vielen Krankenbetten bedenklich den Kopf geschüttelt; wie viele Astrologen, die erst andern mit großer Wichtigkeit den Tod verkündigten; wie viele Philosophen, nachdem sie über Tod und Unsterblichkeit ihre tausenderlei Gedanken ausgekramt; wie viele Kriegshelden mit dem Blute anderer bespritzt; wie viele Fürsten, die ihres Rechtes über Leben und Tod mit großem Übermute brauchten, als wären sie selbst nicht auch sterbliche Menschen; wie viele Städte – Helion, Pompeji, Herkulanum und unzählige andere – sind, daß ich so sage, gestorben! Dann die du selbst gekannt hast, einer nach dem andern! Der jenen begrub, wurde dann selbst begraben, und das binnen kurzem. Denn alles Menschliche ist nichtig und vorübergehend, das Gestern eine Seifenblase, das Morgen – erst eine einbalsamierte Leiche, dann ein Haufen Asche. Darum nutze das Heute so wie du sollst, dann scheidet sich's leicht: wie die Olive, wenn sie reif geworden, abfällt – preisend den Zweig, an dem sie hing, dankend dem Baum, der sie hervorgebracht!

*

Niemand ist so glücklich, daß nicht einst an seinem Sterbelager einige stehen sollten, die diesen Fall willkommen heißen. Ist's auch ein trefflicher und weiser Mensch, so findet sich am Ende doch immer jemand, der aufatmend von ihm sagt: Nun werde ich von diesem Zuchtmeister erlöst; er war zwar keinem von uns lästig, aber ich hatte immer das Gefühl, als verdamme er uns stillschweigend alle miteinander! Und das ist beim Tode eines Trefflichen! Wie vieles mag unsereiner also an sich haben, um deswillen so mancher wünscht, von uns befreit zu werden. Daran denke in deiner Sterbestunde! Denke, du sollst eine Welt verlassen, aus der dich deine Genossen, aus der dich die, für die du so vieles ausgestanden, soviel gebetet und gesorgt hast, nun hinwegwünschen, indem sie aus deinem Scheiden so manche Hoffnung schöpfen. Was könnte dich also noch länger hier festhalten! Und doch darfst du deshalb mit nicht geringerem Wohlwollen von ihnen scheiden, sondern mußt um deiner selbst willen ihnen Freund bleiben und freundlich, sanft von ihnen Abschied nehmen, ebenso sanft, wie sich die Seele dessen vom Körper trennt, dem ein seliges Sterben beschieden ist. Denn die Natur hat dich auch so mit deinen Freunden verbunden. Und wenn sie dich jetzt von ihnen ablöst, so geschieht dies eben als von deinen Freunden, und nicht so, daß du von ihnen fortgerissen würdest, sondern sanft von ihnen scheidest. Es ist dies wenigstens auch eine von den Forderungen der Natur.

Michel de Montaigne

Sterben (um 1580)

Der Tod ist unvermeidlich. „Alle steuern wir dem gleichen
Ziele zu; für jeden wird sein Los in der Urne geschüttelt, bis
es früher oder später herausspringt und wir mit dem Kahn
in die ewige Verbannung fahren müssen."

Infolgedessen ist der Tod, wenn wir ihn fürchten, eine
dauernde Beunruhigung für uns; diese Last kann uns nicht
abgenommen werden. Von allen Seiten kann er uns überfal-
len; es nützt nichts, wenn wir, wie in verdächtigem Gelände,
den Kopf unaufhörlich hierhin und dorthin drehen: er
hängt immer über uns, wie der Felsblock über dem Haupte
des Tantalus. . . .

Das Ziel unseres Lebenslaufes ist der Tod; zwangsweise
richten wir unseren Blick auf ihn: wenn er uns erschreckt,
wie können wir da einen Schritt ohne Schaudern gehen?
Was tut der gemeine Mann dagegen? er denkt nicht daran. [. . .]

Aber es wäre Torheit, zu denken, man könne auf diesem
Wege das Ziel erreichen. Solche Menschen laufen hin und
her, sie rennen, sie tanzen; vom Tod ist nicht die Rede. Soweit ist es ganz schön; aber dann, wenn der Tod kommt, zu
ihnen oder zu ihren Frauen, Kindern und Freunden, und sie
plötzlich überfällt, ohne daß es eine Deckung gibt, da
krümmen sie sich und schreien vor Wut, weil die Verzweiflung sie packt. Sie sind vollständig niedergebrochen, verstört,
wie umgewandelt. Dagegen muß man rechtzeitig etwas tun.
Die Beruhigung durch die viehische Gleichgültigkeit ist zu
teuer erkauft; ich finde es ja auch ganz unmöglich, daß ein
vernünftiger Mensch sich ihr überläßt. Wenn der Tod wäre
wie ein Feind, dem man ausweichen kann, würde ich geradezu empfehlen, die Feigheit als Waffe zu benutzen: aber da
das nun eben nicht angeht, und er dich ebenso trifft, wenn
du ihm feige zu entfliehen suchst wie wenn du ihm männ-

lich entgegentrittst, „Er holt den Fliehenden ein und schont auch die nicht, die zum Kriegsdienst noch zu jung sind oder die der Gefahr den Rücken kehren", und da auch die stärkste Sicherung uns nicht vor ihm schützen kann, . . ., wollen wir lieber lernen, wie wir ihm entgegentreten und mit ihm fertigwerden können: zunächst, wenn wir ihn um den Hauptvorteil, den er uns gegenüber hat, bringen wollen, müssen wir gerade den umgekehrten Weg einschlagen, als es gewöhnlich geschieht; wir müssen versuchen, ihm seine furchtbare Fremdartigkeit zu nehmen, mit Geschick an ihn heranzukommen, uns an ihn zu gewöhnen, nichts anderes so oft wie den Tod im Kopf zu haben, ihn uns in unserer Phantasie immer wieder in den verschiedensten Erscheinungsformen auszumalen; wenn ein Pferd stolpert, wenn ein Zügel vom Dach fällt, wenn ich mich irgendwie steche, immer wieder sage ich mir dann: „So, und wenn das nun der Tod selber wäre!" Darauf können wir mit trotziger, mit männlicher Haltung reagieren. Im lauten Jubel und in der stillen Freude, immer können wir einen Ton hören, der uns mahnt, was der Mensch ist; wenn wir noch so sehr genießen, immer einmal sollten wir dann doch daran denken, wie diese Fröhlichkeit rings vom Tod bedroht ist, wie leicht er da hineingreifen kann. So dachten die alten Ägypter: beim Fest, wenn es am höchsten herging, ließen sie ein Menschengerippe in den Saal tragen, als Mahnung für die Gäste.

„Denke, daß jeder Tag der letzte sein kann, der dir leuchtet; die Stunden, mit denen du nicht fest gerechnet hast, werden dir dann besonders lieb sein."

Wo der Tod auf uns wartet, ist unbestimmt; wir wollen überall auf ihn gefaßt sein. Sich in Gedanken auf den Tod einrichten, heißt sich auf die Freiheit einrichten; wer zu sterben gelernt hat, den drückt *kein* Dienst mehr: nichts mehr ist schlimm im Leben für denjenigen, dem die Erkenntnis aufgegangen ist, daß es kein Unglück ist, nicht mehr zu leben. Sterbenkönnen befreit uns von aller Knechtschaft, von allem Zwang. [. . .]

Wir sollten, soweit das von uns abhängt, immer fertig und marschbereit sein; vor allem sollten wir es so einrichten, daß wir es dann nur mit uns zu tun haben; der Schritt, der uns bevorsteht, ist schwer genug, wir sollten uns nicht zusätzlich belasten. Da klagt zum Beispiel einer, mehr als über das Sterben selbst, darüber, daß er um einen schönen Sieg gebracht würde, ein anderer, daß er Abschied nehmen muß, ehe er seine Tochter verheiratet oder die Erziehung seiner Kinder abgeschlossen hat; der eine trauert, daß er mit seiner Frau, der andere, daß er mit seinem Sohn nicht mehr zusammen sein kann, was für ihn den wesentlichen Lebensinhalt gebildet hatte. Ich sehe, Gott sei Dank, meiner Todesstunde so gefaßt entgegen, daß ich gehen kann, wenn es ihm gefällt, ohne daß mir der Abschied von irgend etwas schwer würde. Ich löse allmählich alle Bindungen. Von allen kann ich leicht Abschied nehmen außer von mir. Niemals hat sich wohl jemand so absolut und so vollständig darauf eingestellt, daß er der Welt Lebewohl sagen muß, wie ich und sich so allseitig von ihr gelöst. Der Tod ist am selbstverständlichsten, wenn man schon vorher möglichst tot ist. [...]

Wenn man so vorher an den Tod denkt, ist man gegen ihn zweifellos besser gewappnet; und dann ist es doch auch schon ein Gewinn, wenn wir den Weg bis zu ihm hin ohne Aufregung und ohne Angst gehen können. Die Natur hilft uns bei dieser Aufgabe und gibt uns Mut. Wenn uns ein plötzlicher gewaltsamer Tod bevorsteht, bleibt uns keine Zeit zur Todesfurcht. Wenn uns aber ein langsamer Tod erwartet, so zeigt mir die Erfahrung, daß die Lebenslust ganz natürlich in dem Maße abnimmt, wie ich der Krankheit allmählich verfalle. Es fällt mir sicher schwerer, mich zur Todesbereitschaft zu entschließen, wenn ich gesund bin, als wenn ich mit Fieber im Bett liege; denn dann lockt mich das, was das Leben Schönes bietet, nicht mehr so, da ich es doch nicht mehr recht zur Verfügung habe und mich nicht mehr recht daran freuen kann; deshalb erscheint mir dann das Bild des Todes viel weniger fürchterlich....

Eine dauernde Veränderung und ein allmähliches Absinken unserer Lebenskraft bleibt niemandem erspart; die Natur hat es aber so eingerichtet, daß wir nicht sehen, was wir verloren haben und wie es mit uns abwärts geht. Das wollen wir uns einmal vor Augen führen. Was bleibt einem Greis von der Kraft seiner Jugend, seines Lebens?

„Ach, wie klein ist der Rest des Lebens, der den Alten geblieben ist!" ... Wenn wir auf einmal so tief herunterstürzten, so würden wir, glaube ich, nicht imstande sein, einen solchen Wechsel zu ertragen. Aber die Natur rollt uns auf einer Bahn, die sich langsam und kaum merklich senkt, allmählich, stufenweise hinab in das Elend des Alters, so daß wir es hinnehmen und keinen Stoß fühlen, wenn die Jugend in uns stirbt; und doch ist dies eigentlich und in Wahrheit ein härterer Tod als das endgültige Erlöschen eines matten Lebens und als das Sterben aus Altersschwäche. Ist doch der Sprung vom Elend ins Nichtsein nicht so hart wie der von der blühenden Jugendkraft in ein schmerzensreiches, kümmerliches Altern. [...]

Wenn ihr das Leben genutzt habt, könnt ihr gesättigt und befriedigt scheiden. Und wenn ihr nichts damit habt anfangen können, wenn ihr es nutzlos vertan habt, da kann es euch doch erst recht gleichgültig sein, wenn es weg ist; was wollt ihr denn noch damit?

An sich ist das Leben nichts Gutes und nichts Böses; es ist der Hintergrund, auf dem ihr selbst Gutes und Böses anbringen könnt. Und wenn ihr einen Tag gelebt habt, habt ihr alles gesehen, was zu sehen ist: ein Tag ist wie alle anderen Tage. Das Licht und die Nacht sind immer die gleichen, es gibt keine anderen: unsere Sonne, unser Mond, unsere Sterne, unser Weltgebäude, es ist alles das gleiche, an dem sich eure Vorfahren erfreut haben und das auch eure Urenkel wieder erfreuen wird. Höchstens in einem Jahre läuft alles ab, was die Akte meiner Komödie an Abwechslungen und Verschiedenheiten aufweisen; wenn ihr aufmerksam zugesehen habt, wie meine vier Jahreszeiten vorüberziehn,

so habt ihr erkennen können, daß darin Kindesalter, Jüng-
lingsalter, Mannesalter und Greisenalter der Welt dargestellt
sind. Das Spiel der Welt ist damit aus; es fällt ihr keine andre Idee ein, als es noch einmal ablaufen zu lassen; es bleibt
immer das gleiche. . . .

Beim Tode, wann er auch eintritt, ist euer ganzes Leben
zu Ende. Man kann den Wert eines Lebens nicht nach der
Länge messen; er ist vom Inhalt abhängig. Manches lange
Leben ist inhaltslos. Nutzt es, solange ihr es in den Händen
habt: von eurem Entschluß, nicht von der Lebensdauer
hängt es ab, ob ihr euch mit dem Gedanken abfindet: wir
haben genug gelebt. Ihr konntet doch nicht erwarten, daß
ihr das Ziel, auf das ihr immer zugingt, nie erreichen würdet? . . .

Wozu willst du zurückweichen, wo du doch nicht end-
gültig ausweichen kannst? Viele waren glücklich, daß sie
sterben durften, wenn dadurch großes Elend von ihnen genommen wurde: habt ihr aber jemals jemanden gesehen,
dem das Sterben schlecht bekommen wäre? und doch ist es
eigentlich recht einfältig, etwas abzulehnen, worüber keine
Erfahrungen vorliegen, weder eure eigenen Erfahrungen,
noch die von anderen. [. . .]

Warum fürchtest du deinen letzten Tag? Er ist kein größerer Schritt zu deinem Tode als alle anderen Tage: die
Mündigkeit wird nicht durch den letzten Schritt verursacht;
sie wird nur sichtbar bei ihm. Alle Tage wandern wir zum
Tode; am letzten Tag kommen wir am Ziel an. So lauten die
guten Lehren unserer Mutter Natur.

Autoren- und Quellenverzeichnis

Die Seitenangaben beziehen sich auf die als letzte genannte deutschsprachige Ausgabe des Werkes.

Auslassungen in den Texten sind markiert durch [...]. Folgen Textstücke desselben Autors aufeinander – entweder voneinander unabhängige, z. B. zwei Aphorismen, oder Passagen aus weit entfernten Kapiteln desselben Textes –, so ist dies durch ein zwischen den Texten stehendes Sternchen* kenntlich gemacht.

HANS ALBERT (geb. 1921), war Professor für Soziologie und Wissenschaftslehre in Mannheim.
Glaube und Wissen (1968) 189
Aus: Traktat über kritische Vernunft, S. 124–128, [5]1991, © 1991 J. C. B. Mohr, Tübingen.

JEAN AMÉRY (1912–1978), durch seine Erfahrungen im Konzentrationslager geprägter zeitkritischer Schriftsteller.
Agnostizismus und Atheismus (1969) 184
Aus: „Atheismus ohne Provokation", in: Jean Améry. Widersprüche, S. 23–33, 1971, © 1971 Klett-Cotta, Stuttgart.

ARISTOTELES (384–322 v. u. Z.), griechischer Philosoph, Schüler Platons. Bahnbrechende Schriften über Logik, Metaphysik, Politik, Ethik, Kunst.
Tugend ist Maßhalten 90
Aus: Nikomachische Ethik, Deutsch von O. Gigon, 2. Buch, 1106 a 25 f., 1967, © Artemis und Winkler Verlag, Düsseldorf und Zürich.
Freiwilliges und unfreiwilliges Handeln 130
l. c. 3. Buch, 1109b 30 f.
Die Wahrheit von Sätzen über Zukünftiges. 125
Aus: Peri hermeneias, Kapitel 9. Deutsch von H. Weidemann, S. 11–16, 1994, © 1994 Akademie Verlag, Berlin.
Natürlichkeit der Staatenbildung 198
Aus: Politik, Buch 1, Deutsch von O. Gigon, 1971, © Artemis und Winkler Verlag, Düsseldorf und Zürich.

ETIENNE DE LA BOÉTIE (1530–1563), jung verstorbener Freund
Montaignes, bekannt nur durch seine Schrift über die „Freiwillige
Knechtschaft".

BUDDHA (563–483 v. u. Z.), lehrte vor dem Hintergrund der indi-
schen Tradition die Selbsterlösung des Individuums aus dem
leidvollen Kreislauf der Wiedergeburten durch richtige theoretische Einsicht und durch richtiges sittliches Handeln.

JACOB BURCKHARDT (1818–1897), Schweizer Historiker und Ge-
schichtsphilosoph.

RUDOLF CARNAP (1891–1970), Vertreter des logischen Empirismus.

DEMOKRIT (etwa 460–370 v. u. Z.), griechischer Philosoph, Vertreter des Atomismus.

René Descartes (1596–1650), französischer Philosoph und Mathematiker.

Aus: Principia Philosophiae, 1644, Deutsch von A. Buchenau, 1. Teil §§ 1–9, 13–15, 18, 22, 1992, © Felix Meiner Verlag, Hamburg.

Körper und Geist
Aus: Meditationes de prima philosophia, 1641, Deutsch von A. Buchenau, hrsg. von L. Gäbe, 6. Meditation, Abschnitt 19–20, 1992, © Felix Meiner Verlag, Hamburg.
Aus: Les passions de l'âme, 1649, Deutsch von K. Hammacher, Artikel 31–32, 34–35, 42, 1984, © Felix Meiner Verlag, Hamburg.
Aus: Discours de la méthode, 1637, Deutsch von A. Buchenau, hrsg. von L. Gäbe, 5. Teil, Abschnitt 10–11, 1960, © Felix Meiner Verlag, Hamburg.

Epikur (341–270 v. u. Z.), griechischer Naturphilosoph und Ethiker.
Aus: Brief an Menoikeus. In: Epikur. Von der Überwindung der Furcht. Katechismus. Lehrbriefe. Spruchsammlung. Fragmente, übers. und mit einer Einführung und Erläuterung versehen von O. Gigon, S. 101–102, © 1949/1997 Artemis & Winkler, Düsseldorf und Zürich.

Han Fei Zi (280–232 v. u. Z.), chinesischer Rechts- und Staatsphilosoph.
Englisch von W. K. Liao, The Complete Works of Han Fei Tzu, 2 Bde., London 1939 und 1959.
Aus: A. Waley: Lebensweisheit im Alten China, Deutsch von Franziska Meister-Weidner, S. 187–191, © 1974 Suhrkamp Verlag, Frankfurt am Main.
Aus: Han Fei Zi, Kap. 12 und 22; Deutsch in H. Schleichert, Klassische Chinesische Philosophie, ²1990, © 1990 Vittorio Klostermann Verlag, Frankfurt am Main.

Aus: Leviathan or the Matter, Form and Power of a Common-
wealth, Ecclesiastical and Civil, London 1651, Kap. 17 und 18,
Deutsch von W. Euchner, 1966 © Luchterhand Literaturverlag,
München.

Aus: De Cive, l. c., Seite 180–182.

PAUL THIRY D'HOLBACH (1723–1789), französischer Philosoph
vom radikalen Flügel der Aufklärung, atheistischer Materialist.
Aus: Système de la nature, 1770, Deutsch von F. G. Voigt, Teil 1,
Kap. 12, S. 168–171, 179–180, © 1960 Aufbau-Verlag, Berlin.
Aus: Système, l. c., Teil 2, Kap. 12, Seite 507–512, 517–520.

DAVID HUME (1711–1776), schottischer Philosoph, Hauptvertre-
ter des Empirismus.
Aus: Enquiry concerning Human Understanding, 1758, Deutsch
von Raoul Richter, 1. Abschnitt, © 1964 Felix Meiner Verlag,
Hamburg.
Aus: Enquiry, l. c., 7. Abschnitt.
Aus: Enquiry, l. c., 8. Abschnitt.
Aus: A Treatise of Human Nature, 1739–40, Deutsch von Th.
Lipps, 1. Buch, 4. Teil, 6. Abschnitt, S. 325–327, © Felix Meiner
Verlag, Hamburg.
Aus: A Treatise, l. c., 3. Buch, 1. Teil. 1. Abschnitt, S. 211–212.

IMMANUEL KANT (1724–1804), untersucht in seiner Erkenntnis-
theorie das Zusammenwirken von Erfahrung und Vernunft beim
Zustandekommen von Erkenntnis sowie die möglichen Rollen
von Moral und Religion in einem kritisch analysierten Weltbild.
Aus: Kritik der reinen Vernunft, ²1787, Akademie-Ausgabe Bd. 3,
S. 781–782, 826–829, 856–859.

Aus: Grundlegung zur Metaphysik der Sitten, 1785, Akademie-Ausgabe Bd. 4, S. 397–402.

Aus: Beantwortung der Frage: Was ist Aufklärung?, 1784, Akademie-Ausgabe Bd. 8, S. 35–42.
Aus: Der Streit der Facultäten, 1798, 2. Abschnitt. Akademie-Ausgabe Bd. 7, S. 79–94.

KONFUZIUS (551–479 v. u. Z.), erster chinesischer Philosoph.
Aus: Konfuzius, Gespräche 5.12, 12.2, 15.24, Deutsch von R. Moritz, Konfuzius. Gespräche (Lun-Yu), © 1983 Pahl-Rugenstein Verlag Nachfolger GmbH, Bonn.

VICTOR KRAFT (1880–1975), Professor in Wien, Mitglied des „Wiener Kreises", während des Nationalsozialismus Lehrverbot.
Aus: Erkenntnislehre, S. 23–31, © 1960 Springer-Verlag, Wien.
Aus: Einführung in die Philosophie, ²1967, S. 50–52, 66–67, 69–71, © 1967 Springer-Verlag, Wien.

LAOZI (vielleicht 5. Jh. v. u. Z.), legendärer chinesischer Autor der Spruchsammlung Dao-De-Jing.
Aus: Laozi, Spruch 80; Deutsch in: Tsung-Tung Chang, Metaphysik, Erkenntnis und Praktische Philosophie im Chuang-Tzu, S. 325, © 1982 Vittorio Klostermann Verlag, Frankfurt am Main.

GOTTFRIED WILHELM LEIBNIZ (1646–1716), Philosoph, Logiker, Mathematiker.
Aus: Theodizee, 1710, Deutsch von A. Buchenau, 1. Teil §§ 1–4, 6, 8–10, 12–15, © 1968 Felix Meiner Verlag, Hamburg.
Aus: Theodizee, l. c., 1. Teil, §§ 67–71, 73–74.

JOHN LOCKE (1632–1704), englischer Erkenntnistheoretiker und politischer Philosoph, durch sein Eintreten für (religiöse) Toleranz und gegen Tyrannei einer der Begründer der Aufklärung.

Aus: Karl Marx und Friedrich Engels, Manifest der Kommunistischen Partei, 1848, MEW Bd. 4, S. 465–468.

Aus: Das Kapital. Kritik der politischen Ökonomie, Bd. 1, 1867; MEW Bd. 23, S. 454, 464–465, 665–666.

METHODIUS VON OLYMPOS (gest. ca. 311), Kirchenvater.
Aus: Jungfräulichkeit 8, 16; Texte der Kirchenväter, hrsg. von A. Heilmann, S. 178–180, © 1964 Kösel-Verlag, München.

JOHN STUART MILL (1806–1873), englischer Philosoph, Sozialreformer und Nationalökonom. Hauptvertreter des Liberalismus.
Aus: On Liberty, 1859; Deutsch von B. Lemke, S. 16–21, 122–124, 131–137, © 1974 Philipp Reclam GmbH & Co., Stuttgart.
Aus: Utilitarianism, London 1871; Deutsch von D. Birnbacher, S. 13–14, 21, 28–30, 66–67, © 1976 Philipp Reclam GmbH & Co., Stuttgart.

MO DI (5./4. Jh. v. u. Z.), chinesischer Philosoph.
Aus: Mo Di, Kap. 17; Deutsch in H. Schleichert, Klassische Chinesische Philosophie, 2. Aufl., © 1990 Vittorio Klostermann Verlag, Frankfurt am Main.

MICHEL DE MONTAIGNE (1533–1592), französischer Skeptiker und Moralist.
Aus: Essais, 1580 f.; Deutsche Auswahl von A. Franz, S. 52–62, Philipp Reclam, Stuttgart, © 1953/1992 Sammlung Dieterich Verlagsgesellschaft mbH, Leipzig.

FRIEDRICH NIETZSCHE (1844–1900), Religionskritiker, Kulturphilosoph.
Aus: Nachlaß von 1886, Sämtliche Werke, hrsg. von G. Colli und M. Montinari, Kritische Studienausgabe Bd. 12, S. 211–212, 355–356.
Aus: Also sprach Zarathustra, 1883–1885, Teil IV.

stein vorangestellte Motto, © 1977 Suhrkamp Verlag, Frankfurt am Main.

Aus: Philosophische Untersuchungen, postum 1958, Nr. 359–361, 412, 416–420, IV, © 1977 Suhrkamp Verlag, Frankfurt am Main.

XENOPHANES (6. Jh. v. u. Z.), aufklärerischer vorsokratischer Philosoph.
Aus: Die Vorsokratiker II, Deutsch von J. Mansfeld, © 1986 Philipp Reclam GmbH & Co., Stuttgart.

YANG ZHU (4./3. Jh. v. u. Z.), nicht näher bekannter chinesischer Philosoph.
Aus: Lie Zi (eine antike chinesische Textkompilation), Kap. 7. Deutsch von R. Wilhelm, Jena 1911, © 1972 Eugen Diederichs Verlag GmbH & Co. KG, München.

ZHUANGZI (4. Jh. v. u. Z.), chinesischer Philosoph der daoistischen Richtung.
Aus: Zhuangzi, Kap. 9 „Pferdehufe". Deutsch in K. Schleichert, Klassische Chinesische Philosophie, S. 159–161, © 1990 Vittorio Klostermann Verlag, Frankfurt am Main
Aus: Zhuangzi, Kap. 2; Deutsch in: Tsung-Tung Chang, Metaphysik, Erkenntnis und Praktische Philosophie im Chuang-Tzu, S. 134–137, © 1982 Vittorio Klostermann Verlag, Frankfurt am Main.